文 / 白 / 对 / 照

# 群書治要

四

〔唐〕魏徵 褚亮 虞世南 蕭德言 撰

劉余莉 蕭祥劍 主編

團結出版社

# 目 录

卷三十一　六韬…………………… *1770*

　　　　　阴谋…………………… *1806*

　　　　　鬻子…………………… *1810*

卷三十二　管子…………………… *1814*

卷三十三　晏子…………………… *1862*

　　　　　司马法………………… *1906*

　　　　　孙子兵法……………… *1914*

卷三十四　老子…………………… *1920*

　　　　　鹖冠子………………… *1964*

　　　　　列子…………………… *1968*

　　　　　墨子…………………… *1976*

卷三十五　文子…………………… *1994*

　　　　　曾子…………………… *2042*

卷三十六　吴子…………………… *2052*

|  |  |  |
|---|---|---|
|  | 商君书 …………………… | *2060* |
|  | 尸子 ………………………… | *2068* |
|  | 申子 ………………………… | *2104* |
| 卷三十七 | 孟子 ………………………… | *2108* |
|  | 慎子 ………………………… | *2120* |
|  | 尹文子 ……………………… | *2138* |
|  | 庄子 ………………………… | *2152* |
|  | 尉缭子 ……………………… | *2166* |
| 卷三十八 | 孙卿子 ……………………… | *2178* |
| 卷三十九 | 吕氏春秋 …………………… | *2234* |
| 卷四十 | 韩子 ………………………… | *2298* |
|  | 三略 ………………………… | *2314* |
|  | 新语 ………………………… | *2326* |
|  | 贾子 ………………………… | *2344* |

## 卷三十一　六韬

周文王师姜望　撰

## 序

文王田乎渭之阳，见太公坐茅而钓，问之曰："子乐得鱼耶？"太公曰："夫钓以求得也。其情深，可以观大矣。"文王曰："愿闻其情。"太公曰："夫鱼食其饵，乃牵于缗；人食其禄，乃服于君。故以饵取鱼，鱼可杀；以禄取人，人可竭；以家取国，国可拔；以国取天下，天下可毕也。天下者，非一人之天下，天下之天下也。与天下同利者则得天下，擅天下之利者失天下。天有时，地有财，能与人共之者，仁也。仁之所在，天下归之。免人之死，解人之难，救人之患，济人之急者，德也。德之所在，天下归之。与人同忧同乐，同好同恶者，义也。义之所在，天下归之。凡人恶死而乐生，好得而归利，能生利者，道也。道之所在，天下归之。"

## 文韬

文王问太公曰："天下一乱一治，其所以然者何？天时变化自有之乎？"太公曰："君不肖则国危而民乱，君贤圣则国家安而天下治。祸福在君，不在天时。"文王曰："古之贤君可得闻乎？"太公曰："昔帝尧，上世之所谓贤君也。尧王天下之

## 序

周文王在渭水北岸打猎，见到姜太公正坐在长满茅草的河岸上钓鱼，便问道："您喜欢能钓到鱼吗？"太公说："凡是垂钓都是为了得鱼。这其中包含的道理很深奥，从中可以看出大的道理。"文王说："我想听听这其中的道理。"太公说："鱼贪吃鱼饵，就会被钓丝牵制；人享受国家的俸禄，就会服从于君王。所以用鱼饵钓鱼，就有鱼可供烹食；用爵禄网罗人才，就可使其竭尽所能；以家为基础来取得国，国就会为你所有；以国为基础来夺取天下，天下就可全部征服。天下不是一个人的天下，而是天下人的天下。能和天下人同享天下利益的人，就可以取得天下；独占天下利益者，就会失去天下。天有四时，地有财富，能和人民共同享用，就是仁爱，实施仁爱的人，天下人就归附他；使人民免遭死亡，解除人民的困难，救助人民的灾患，接济人民的急需，这些就是恩德。布施恩德者，天下人就归顺他。和人民同忧同乐，同好同恶，就是义。重义者，天下人就归附他。所有的人都害怕死亡而乐于生存，喜欢得到好处和利益。能使天下人都获得利益的，就是道。有道者，天下人就归附他。"

## 文韬

文王问太公，说："天下纷杂，有时安定，有时混乱，之所以这样，是什么原因呢？是天命的变化自然就会这样吗？"太公说："君主不贤明则国家危亡而人民动乱；君主贤明则国家安定而天下大治。国家的祸福在于君主的贤与不贤，而不在于天命。"文王说："可以把古时候贤君的事迹讲给我听听吗？"太公说："从前的尧帝，上古时代的

时,金银珠玉弗服,锦绣文绮弗衣,奇怪异物弗视,玩好之器弗宝,淫佚之乐弗听,宫垣室屋弗崇,茅茨之盖不翦,衣履不敝尽不更为,滋味重累不食,不以役作之故。留耕种之时,削心约志,从事乎无为,其自奉也甚寡,役赋也甚薄。故万民富乐而无饥寒之色,百姓戴其君如日月,视其君如父母。"文王曰:"大哉贤君之德矣。"

文王问太公曰:"愿闻为国之道。"太公曰:"爱民。"文王曰:"爱民奈何?"太公曰:"利而勿害,成而勿败,生而勿杀,与而勿夺,乐而勿苦,喜而勿怒。"文王曰:"奈何?"太公曰:"民不失其所务,则利之也;农不失其时业,则成之也;省刑罚,则生之也;薄赋敛,则与之也;无多宫室台池,则乐之也;吏清不苛,则喜之也;民失其务,则害之也;农失其时,则败之也;无罪而罚,则杀之也;重赋敛,则夺之也;多营宫室游观以疲民,则苦之也;吏为苛扰,则怒之也。故善为国者,御民如父母之爱子,如兄之慈弟也。见之饥寒则为之哀,见之劳苦则为之悲。"文王曰:"善哉。"

文王问于太公曰:"贤君治国何如?"对曰:"贤君之治

人们称他是贤君。尧帝统治天下时,不佩戴金银珠玉,不穿着锦绣华美的衣服;不观赏珍贵奇异的物品,不珍藏供玩赏的宝器;不听淫佚的音乐,不修建高大的围墙和宫室;不修剪茅草覆盖的屋顶;衣服鞋子不破旧就不去更换;不食众多的美味佳肴,不因服役劳作的缘故而耽误百姓耕种的农时;去除私心、约束欲望,致力于无为之治。尧帝自身日常生活的供养则很微薄,征用劳役赋税也很少,所以天下万民富足安乐而没有饥寒的面色。百姓尊奉他们的君主如同日月一样,看待他们的君主如同父母一般。"文王说:"伟大啊!这就是贤君的德行。"

文王问太公说:"我想知道治国的方法。"太公答:"爱民。"文王问:"如何爱民呢?"太公答:"要给予人民利益而不要加以伤害;要帮助成全人民而不要加以毁坏;要保护、生养人民而不要滥用刑罚杀害;要施与人民恩惠而不要掠夺;要使人民安乐而不要使他们劳苦;要让人民心生欢喜而不要使他们怨怒。"文王说:"应该怎样做呢?"太公说:"不使人民失去自己所从事的职业,就是利益人民;不耽误耕种、收获的农时,就是成全人民;减省刑罚,就是保护和生养人民;减轻赋税,就是施与人民恩惠;不大肆修建宫室台榭,就是使人民安乐;官吏廉洁自守而不苛刻盘剥,就是让人民心生喜悦。反之,使人民失去本来的营生,就是损害他们的利益;使人民错过耕种、收获的时节,就是败坏人民的生计;无罪而妄加惩罚,就是杀害人民;横征暴敛,就是掠夺人民;大兴土木修建宫室台榭以供游览,使人民穷困疲乏,就是苦了天下百姓;官吏苛刻扰害,就会激起人民的愤怒。所以,善于治国的君主,统驭人民就像父母爱护子女,兄长爱护弟弟一样。看到他们饥寒就为他们哀伤,看到他们劳苦就为他们悲痛。"文王赞叹道:"太好了!"

文王问太公:"贤德的君主如何治理国家呢?"太公答道:"贤

国，其政平，吏不苟；其赋敛节，其自奉薄；不以私善害公法，赏赐不加于无功，刑罚不施于无罪；不因喜以赏，不因怒以诛；害民者有罪，进贤者有赏；后宫不荒，女谒不听；上无淫慝，下无阴害；不供宫室以费财，不多游观台池以罢民，不雕文刻镂以逞耳目；官无腐蠹之藏，国无流饿之民也。"文王曰："善。"

文王问师尚父曰："王人者何上何下？何取何去？何禁何止？"尚父曰："上贤下不肖，取诚信，去诈伪，禁暴乱，止奢侈。故王人者有六贼七害。六贼者，一曰大作宫殿台池游观淫乐歌舞，伤王之德。二曰不事农桑，任气作业，游侠犯历法禁，不从吏教，伤王之化。三曰结连朋党，比周为权，以蔽贤智，伤王之权。四曰抗智高节，以为气势，伤王之威。五曰轻爵位，贱有司，羞为上犯难，伤功臣之劳。六曰强宗侵夺，陵侮贫弱，伤庶民矣。七害者，一曰无智略大谋，而以重赏尊爵之故，强勇轻战，侥幸于外，王者慎勿使将。二曰有名而无用，出入异言，掩善扬恶，进退为巧，王者慎勿与谋。三曰朴其身躬，恶其衣服，语无为以求名，言无欲以求得。此伪人也，王者慎勿近。四曰博文辨辞，高行论议，而非时俗。此奸人也，王者慎勿宠。五曰果敢轻死，苟以贪得尊爵重禄，不图大事，待利而动。王者慎勿使。六曰为雕文刻镂，技巧华饰，以伤农事。王者必禁之。七曰为方伎咒诅，作蛊道鬼神不验之物，不祥之言，欺诈良民。王者必禁止之。故民不尽其力非吾

德的君主治理国家,其政令要公平,官吏不施苛政;赋税有节制,他个人日常生活的供养微薄。不因为私惠而损害国法;赏赐不给予无功之人,刑罚不施加于无罪之人;不因高兴而滥赏,不因发怒而责罚;危害人民者加罪,进荐贤才者有赏;后宫不荒淫放逸,不听妇人之言;居上位者没有邪恶不正的行为,居下位者没有隐藏着的祸患;不供应宫室额外的开销来耗费钱财,不过多修建供游览的楼阁台榭而使百姓疲劳,不在器物上雕花镂刻来满足耳目的享受;官吏中没有腐败之人的隐藏,国内也没有流离饥饿的百姓。"文王说:"太好了!"

文王问老师尚父(即太公):"为人君者,应推崇何人,斥退何人?应选拔何人,摒弃何人?应禁止什么,防止什么?"尚父说:"应推崇有德才的人,斥退不肖之人;应选用诚实守信之人,摒弃巧诈虚伪之人;应禁止暴乱之事,制止奢侈之风。所以为人君者应当知道有'六贼'、'七害'。所谓'六贼':一是(臣有)大肆修建华屋亭榭楼台,以供游览观赏,沉溺于靡靡之音、歌舞行乐的人,就会损害君主的德行;二是(民有)不从事农耕蚕桑,意气用事,自以为仗义救难,违犯法律禁令,不服从官吏管教的人,就会伤害君主的教化;三是(臣有)拉帮结派,结党弄权,以蒙蔽贤智之臣的人,就会损害君主的权威;四是(士有)抗志不屈、自负高节来故作声势的人,就会损害君主的威严;五是(臣有)轻视爵位,蔑视官员,羞于为君主冒险的人,就会有损功臣的功劳;六是豪门大族相互争夺,凌辱欺压贫弱之民,就会损害百姓的利益。所谓'七害':一是没有才智与谋略的人,为了获得重赏高官的缘故,便会恃勇强横,轻率赴战,企求侥幸之功,君主千万不要让这种人担任将帅;二是有名无实,当面一套,背后一套,掩人之善,扬人之恶,进退专为巧好之事的人,君主千万不要与他共谋大事;三是外表朴素,衣着粗恶,谈论'无为',实际上

民；士不诚信而巧伪非吾士；臣不忠谏非吾臣；吏不平洁爱人非吾吏；相不能富国强兵，调和阴阳，以安万乘之主，简练群臣，定名实，明赏罚，令百姓富乐，非吾相也。故王人之道，如龙之首，高居而远望，徐视而审听；神其形，隐其情；若天之高不可极，若川之深不可测也。"

文王问太公曰："君务举贤而不获其功，世乱愈甚，以致危亡者，何也？"太公曰："举贤而不用，是有举贤之名也，无得贤之实也。"文王曰："其失安在？"太公曰："其失在好用世俗之所誉，不得其真贤。"文王曰："好用世俗之所誉者何也？"太公曰："好听世俗之所誉者，或以非贤为贤，或以非智为智，或以非忠为忠，或以非信为信。君以世俗之所誉者为贤智，以世俗之所毁者为不肖，则多党者进，少党者退。是以群邪比周而蔽贤，忠臣死于无罪，邪臣以虚誉取爵位。是以世乱愈甚，故其国不免于危亡。"文王曰："举贤奈何？"太公曰：

是沽名钓誉，口称'无欲'，实际上是贪求利益，这是虚伪之人，君主千万不要亲近他；四是博闻善辩，空谈高论，却非议世俗，这是奸邪之人，君主千万不可宠信他；五是鲁莽轻率不顾性命，只是为了贪求官爵俸禄，不顾大局，见利而动，君主千万不要任用这种人；六是务求雕文刻镂以及精巧的技能、华丽的装饰，因而妨害农业生产，君主对此必须加以禁止；七是使用方技、咒语，利用蛊术，假借鬼神，以不切实际的事物及不祥之言，迷惑欺骗善良的民众，君主对此必须加以制止。所以，人民不尽力劳作，就不是吾国之民；士人不忠诚守信而巧诈虚伪，就不是吾国之士；臣不能忠正直谏，就不是吾国之臣；官吏不公平廉洁、爱护人民，就不是吾国之吏；宰相不能使国家富裕，军力强盛，使阴阳有序、风调雨顺，以安定国君，选拔训练群臣，审定名实，严明赏罚，使百姓富裕安乐，那就不是吾国之相。所以为君之道，犹如神龙之首，高瞻远瞩，深刻地观察，审慎地谛听，显现其形象，隐藏其内心的情感，使人觉得他像天空那样高远而不可穷极，像深渊那样深邃而不可测量。"

文王问太公："君主致力于选用贤能，却不能获得成效。社会愈来愈混乱，以致国家陷于危亡的边缘，这是为什么呢？"太公说："选拔贤才但不能加以任用，这是有举贤的虚名而无用贤的实效。"文王问："产生这种过失的原因在哪里？"太公答："其过失在于君主喜欢任用世俗所称赞的人，而得不到真正的贤人。"文王问："喜欢任用世俗所称赞的人会怎么样？"太公答："（君主）相信世俗所称赞的人，可能会把不是贤人的人当作贤人；可能把没有才智的人当作有才智的人；可能把不忠的人当作忠臣；可能把没有诚信的人当作有诚信的人。君主把世俗所称赞的人当作贤智之士，把世俗所诋毁的人当作不肖之徒，那么党羽多的人就会被提拔，不拉帮结派的人就

"将相分职,而各以官举人;案名察实,选才考能;令能当其名,名得其实,则得贤人之道。"文王曰:"善哉。"

文王问太公曰:"愿闻治国之所贵。"太公曰:"贵法令之必行,必行则治道通,通则民大利,大利则君德彰矣。君不法天地而随世俗之所善以为法,故令出必乱,乱则复更为法。是以法令数变,则群邪成俗,而君沉于世,是以国不免危亡矣。"

文王问太公曰:"愿闻为国之大失。"太公曰:"为国之大失,作而不法法。国君不悟,是为大失。"文王曰:"愿闻不法法,国君不悟。"太公曰:"不法法则令不行,令不行则主威伤;不法法则邪不止,邪不止则祸乱起矣;不法法则刑妄行,刑妄行则赏无功;不法法则国昏乱,国昏乱则臣为变;不法法则水旱发,水旱发则万民病。君不悟则兵革起,兵革起则失天下也。"

会被排挤。这样奸邪势力就会结党营私而埋没贤人，忠臣无罪而被置于死地，奸臣凭借虚名骗取爵位，所以社会更加混乱，国家也就不能避免危亡了。"文王问："应该怎样选用贤才呢？"太公答："将相各司其职，各自按官位职能推举选拔贤才，再依照各种官职名分考核其政绩，选取人才，考察其能否胜任，要使其才能与名分相称，名副其实，这样就会获得举用贤才之道。"文王道："说得好！"

文王问太公："我想知道治理国家要重视哪些方面？"太公答："要重视国家的法令必须能贯彻施行。能实施，则治国的方针、政策就会通畅，通畅则人民就会得到很大的利益，人民获得了大的利益，君主的仁德就会得到彰显。如果君主不效法天地之德，反而附和世俗的喜好来制定法令，那么这样的法令一旦颁布，必定会引起混乱，出现混乱后就再更改法令，所以导致了法令被屡次修改，这就使得奸邪的风气流行起来，而君主就会沉溺于世俗之中，因此国家就免不了危亡了。"

文王问太公："我想知道治国最大的失误是什么？"太公答："治国最大的失误就是制定了法令而不按法令办事，而国君却没有觉察，这就是最大的失误。"文王问："希望您讲讲不按法令办事，而国君却没有觉察所造成的后果。"太公答："不按法令办事，政令就无法落实执行；政令无法实施，君主的威信就会受到损伤。不按法令办事，奸邪之事就不能禁止；奸邪之事不能禁止，必会引发祸乱。不按法令办事，刑罚就会被滥用；滥用刑罚，那么奖赏也就起不到作用。不按法令办事，则国家就会政治黑暗社会混乱；国家政治黑暗社会混乱，臣子就会生变。不按法令办事，水旱的灾害就会发生；水旱灾害发生，则万民就会贫困。君主如果不能及时醒悟，战乱就会兴起；战乱兴起，君主就会失去天下。"

文王问太公曰:"人主动作举事,善恶有福殃之应、鬼神之福无?"太公曰:"有之。主动作举事,恶则天应之以刑,善则地应之以德,逆则人备之以力,顺则神授之以职。故人主好重赋敛,大宫室,多游台,则民多病温,霜露杀五谷,丝麻不成;人主好田猎毕弋,不避时禁,则岁多大风,禾谷不实;人主好破坏名山,壅塞大川,决通名水,则岁多大水伤民,五谷不滋;人主好武事,兵革不息,则日月薄蚀,太白失行。故人主动作举事,善则天应以之德,恶则人备之以力。神夺之以职,如响之应声,如影之随形。"文王曰:"诚哉。"

文王问太公曰:"君国主民者,其所以失之者,何也?"太公曰:"不慎所与也。人君有六守三宝。六守者,一曰仁,二曰义,三曰忠,四曰信,五曰勇,六曰谋,是谓六守。"文王曰:"慎择此六者,奈何?"太公曰:"富之而观其无犯,贵之而观其无骄,付之而观其无转,使之而观其无隐,危之而观其无恐,事之而观其无穷。富之而不犯者仁也,贵之而不骄者义也,付之而不转者忠也,使之而不隐者信也,危之而不恐者勇也,事之而不穷者谋也。人君慎此六者,以为君用。君无以三宝借人。以三宝借人,则君将失其威。大农、大工、大商,谓之三宝。六守长则国昌,三宝完则国安。"

文王问太公说:"君主的言行举止及行事,其善恶会有福祸的报应和鬼神的保佑吗?"太公回答道:"有的。君主的言行举止及行事,如果不善,上天就会报之以惩罚;如果是善的,大地就会报之以恩德;逆天行事,人民就会以力对抗;若是顺从天意,神灵就会授予他职权。所以,君主如果喜好加重赋税,大造宫室,多建游赏的宫观楼台,广大的民众就会因此贫困而怨怒,霜露则会伤害五谷,丝麻歉收。如果君主喜好打猎而不避开时令的禁忌,则该年会多刮大风,庄稼难以结实。君主任意破坏名山,阻断大河,破堤导流名水,则该年会多发大水,伤害百姓所种的五谷,使其不能生长。君主好战,战事不停,则会出现日蚀、月蚀,太白星的运行偏离轨道。所以,君主行动、做事,有善行则上天降之以恩惠;有恶行则民众会以力抗拒,神灵就会剥夺他的职位,善恶之报就像回响应声,影子随形一样。"文王说:"确实如此啊!"

文王问太公:"统治国家管理人民的君主,之所以会失掉他的国家和人民,是为什么呢?"太公答:"那是用人不慎造成的。君主应坚守六条用人的原则并拥有三样珍宝。所谓六条原则:一是仁,二是义,三是忠,四是信,五是勇,六是谋。这就是要坚守的六条原则。"文王问:"如何慎重地选拔符合这六条标准的人才呢?"太公答:"使他富有来观察他能否不触犯礼法;使他尊贵来观察他能否不自高自大;交给他任务看他是不是会移交给他人;使他有所作为来观察他是否有所隐瞒;让他身处危难来观察他是否临危不惧;让他处理突发事件来观察他是否不会困窘计穷。富有而不触犯礼法即是仁;尊贵而不自高自大即是义;交给他任务不会移交给他人即是忠;使其有所作为而无隐瞒即是信;身处危难而不恐惧即是勇;面对突发事件而不困窘即是谋。君主应该慎重地选拔具有这六方面的人

文王问太公曰:"先圣之道,可得闻乎?"太公曰:"义胜欲则昌,欲胜义则亡,敬胜怠则吉,怠胜敬则灭。故义胜怠者王,怠胜敬者亡。"

武王问太公曰:"桀纣之时,独无忠臣良士乎?"太公曰:"忠臣良士,天地之所生,何为无有?"武王曰:"为人臣而令其主残虐,为后世笑,可谓忠臣良士乎?"太公曰:"是谏者不必听,贤者不必用。"武王曰:"谏不听,是不忠;贤而不用,是不贤也。"太公曰:"不然。谏有'六不听',强谏有'四必亡',贤者有'七不用'。"武王曰:"愿闻六不听、四必亡、七不用。"太公曰:"主好作宫室台池,谏者不听;主好忿怒妄诛杀人,谏者不听;主好所爱无功德而富贵者,谏者不听;主好财利巧夺万民,谏者不听;主好珠玉奇怪异物,谏者不听,是谓'六不听'。四必亡,一曰强谏不可止,必亡;二曰强谏知而不肯用,必亡;三曰以寡正强正众邪,必亡;四曰以寡直强正众曲,必亡。七不用,一曰主弱亲强,贤者不用;二曰主不明,正者少,邪者众,贤者不用;三曰贼臣在外,奸臣在内,贤者不用;四曰法政阿宗族,贤者不用;五曰以欺为忠,贤者不用;六曰忠谏者死,贤者不用;七曰货财上流,贤者不用。"

以为己用。君主不要把'三宝'借给他人,若借给他人,君主就会丧失自己的威势。大农、大工、大商就是三宝。长久坚持'六守'的原则,国家就会繁荣昌盛;'三宝'能够保全,国家就会长治久安。"

文王问太公:"先世的圣人之道可以讲给我听听吗?"太公答:"道义胜过私欲,国家就会昌盛;私欲胜过道义,国家就会衰亡;敬慎胜过怠慢,则诸事吉祥;怠慢胜过敬慎,则功业毁灭。所以道义胜过私欲者可以统治天下,怠慢胜过敬慎者就会灭亡。"

武王问太公:"桀、纣之时,难道没有忠臣贤士吗?"太公答:"忠臣贤士,为天地之所生,怎么会没有!"武王说:"作为臣子,而让他的君主凶残暴虐,被后世耻笑,能称得上忠臣贤士吗?"太公答:"那是因为臣子的进谏君主未必听从,贤良之士未必得到重用。"武王说:"不能让君主纳谏,就是不忠;不能让君主纳贤,就是不贤呀!"太公答:"并非如此。进谏有'六不听',强谏有'四必亡',贤者有'七不用'。"武王说:"希望您能讲讲这六不听、四必亡、七不用。"太公说:"君主喜好兴建宫室台池,臣谏不听;君主喜好发怒,随意杀人,臣谏不听;君主喜好所爱之人无功德而使其富贵,臣谏不听;君主喜好财利,巧取豪夺于百姓,臣谏不听;君主喜好珠玉等奇珍异宝,臣谏不听。这就是'六不听'。所谓四必亡:一是强谏而不能阻止君主为非者,必亡;二是强谏后君主已知道但不肯采纳者,必亡;三是以人少力单的公正之士去极力纠正人多势众的奸邪之辈,必亡;四是以人少力单的正直之士去极力纠正众多的邪僻之事,必亡。所谓七不用:一是君主势弱而亲族势强,贤者不被重用;二是君主不能明辨是非,正义之臣少,奸佞之人多,贤者不被重用;三是叛臣在外,奸党在内,贤者不被重用;四是法律政令偏袒宗族,贤者不被重用;五是君主把欺骗他的人当作忠臣,贤者不被重用;六是忠心规

武王伐殷，得二丈夫，而问之曰："殷之将亡，亦有妖乎？"其一人对曰："有。殷国尝雨血、雨灰、雨石，小者如椎，大者如箕，六月雨雪深尺余。"其一人曰："是非国之大妖也。殷君喜以人饲虎；喜割人心；喜杀孕妇；喜杀人之父，孤人之子；喜夺，喜诬；以信为欺，欺者为真；以忠为不忠；忠谏者死，阿谀者赏；以君子为下，急令暴取；好田猎，出入不时；喜治宫室，修台池，日夜无已；喜为酒池肉林糟丘，而牛饮者三千，饮人无长幼之序、贵贱之礼；喜听谗用举，无功者赏，无德者富；所爱专制而擅令；无礼义，无忠信，无圣人，无贤士，无法度，无升斛，无尺丈，无称衡。此殷国之大妖也。"

## 武韬

文王在酆，召太公曰："商王罪杀不辜，汝尚助余忧民。今我何如？"太公曰："王其修身，下贤，惠民，以观天道。天道无殃不可以先唱，人道无灾不可以先谋。必见天殃，又见人灾，乃可以谋。与民同利，同病相救，同情相成，同恶相助，同好相趣，无甲兵而胜，无冲机而攻，无渠堑而守。利人者天下启之，害人者天下闭之。天下非一人之天下也，取天下若逐野

谏之臣被诛杀，贤者不被重用；七是财富流向上层权贵，贤者不被重用。"

武王讨伐殷商，遇到两位男子，便问道："殷国将要灭亡了，也发生过反常怪异的事情吗？"其中一人答道："有。殷国曾下过血雨、灰雨、石雨，小的像椎，大的如箕，六月下雪深达尺余。"另一人说："这还不是殷国大的反常、怪异之事。纣王喜欢用人来喂虎；喜欢挖人的心；喜欢剖开孕妇的肚子；喜欢杀人之父，使人成为孤儿；喜欢豪夺和诬陷；把诚信当成欺诈，把欺诈当作真实，把忠臣视为不忠；忠心劝谏者被处死，阿谀奉承者受到赏赐，以君子为卑下之人；政令苛急，暴取豪夺；喜好打猎，出入不避时节；喜好修造宫室台池，日夜不停；喜好建造酒池、肉林和酒糟堆成的小山，还招集三千人狂饮；且饮酒者不分长幼的次序，没有贵贱的礼节；喜欢听信奸邪之人的谗言，并任用他们举荐的人，使无功者受赏，无德者富有；所喜爱的人是专制而独揽政令之人；不讲礼义、不讲忠信，目无圣人，无视贤士，国无法度，没有升斗等大小的标准，也没有量长短、称轻重的统一准则。这些都是殷国大的反常、怪异之事。"

## 武韬

文王在酆邑召见太公，对他说："商纣王残酷杀害无罪之人，您还得帮助我为百姓操心，现在我应该怎么办呢？"太公说："君王应当先修养自身的德行，屈己以尊贤，施惠于民，以观察天意。若上天还没有降灾祸于殷商时，不可率先倡导征伐；人事上还没有出现祸乱时，不可先行谋划起事；必定要见到天殃又看到人祸，才可以策划行动。应当与人民共享利益，与百姓处于同样的遭遇而互相救济，同心同德而互相成就，同仇敌忾而互相援助，喜好相同而互相促

兽，得之而天下皆有分肉；若同舟而济，济则皆同其利，舟败皆同其害。然则皆有启之，无有闭之矣。无取于民者，取民者也；无取于国者，取国者也。无取于天下者，取天下者也。取民者，民利之；取国者，国利之；取天下者，天下利之。故道在不可见，事在不可闻，胜在不可知。微哉微哉！鸷鸟将击，卑飞敛翼；猛兽将击，弭耳俯伏；圣人将动，必有愚色。唯文唯德，谁为之惑？弗观弗视，安知其极？今彼殷商，众口相惑。吾观其野草茅胜谷，吾观其群众曲胜直，吾观其吏暴虐残贼，败法乱刑，而上下不觉，此亡国之时也。夫上好货，群臣好得，而贤者逃伏，其乱至矣。"太公曰："天下之人如流水，鄣之则止，启之则行，动之则浊，静之则清。呜呼神哉！圣人见其所始，则知其所终矣。"文王曰："静之奈何？"太公曰："夫天有常形，民有常生。与天下共其生而天下静矣。"

文王在岐周，召太公曰："争权于天下者，何先？"太公曰：

进。如此，即使没有军队也能取胜，没有冲车和云梯也能进攻，没有壕沟也能防守。为人民谋利益的人，天下人都会开门欢迎他；残害百姓的人，天下人都会对他闭门不纳。天下不是一个人的天下，夺取天下，就像追捕野兽一样，得到了，天下人就会有分享猎物之肉的心。又像同船渡河一样，渡过去了，大家就得到了共同的利益；舟坏了，大家则同受其害。能做到利害与共，那么天下之人都会欢迎他，而没有反对他的。不掠夺人民利益的，就可以取得民心；不夺取国家利益的，就可以取得国家的政权；不夺取天下人利益的，就可以取得天下。取得民心者，人民使他得利；取得国家政权者，国家使他得利；夺取天下者，天下人使他得利。所以道之微妙在于众人无法见到，事情的严密在于众人无法听闻，取胜之巧妙在于众人无法预知。微妙啊！微妙啊！猛禽将要袭击目标时，必先低飞敛翅；猛兽将要捕捉猎物时，必先帖耳俯伏；圣人将要有所举动时，必会呈现出愚戆的表情。说到美德，谁会为之疑惑呢？不观察不研究，怎么知道它的深远极致呢？现在的殷商王朝，众人的言论互相迷惑。我观察他的田野，茅草丛生盖过了庄稼；我观察他的民众，荒诞奸邪压倒了公平正直；我观察他的官吏，凶狠残忍，败坏法纪，乱施刑罚，而君臣上下还执迷不悟，这是该亡国的时候了。君主贪爱财物，群臣贪得利益，而贤者纷纷逃避隐藏，国家的混乱已经到了。"太公说："天下之人就像流水，阻塞它就停止，敞开它就通行，动荡它就浑浊，使它静止就会清澈。哦！其中变数真是神妙莫测！圣人看到它的起始，就能推断其结果。"文王问："如何能使天下安定呢？"太公说："上天有一定的变化规律，人民有一定的常业，君主能与天下之人共安生业，天下就会安定了。"

　　文王在岐周召见太公问道："争夺天下的权力，何者为先呢？"

"先人。人与地称,则万物备矣。今君之位尊矣,待天下之贤士,勿臣,而友之,则君以得天下矣。"文王曰:"吾地小而民寡,将何以得之?"太公曰:"可。天下有地,贤者得之;天下有粟,贤者食之;天下有民,贤者收之。天下者,非一人之天下也,莫常有之,唯贤者取之。夫以贤而为人下,何人不与?以贵从人曲直,何人不得?屈一人之下,则申万人之上者,唯圣人而后能为之。"文王曰:"善。请著之金板。"于是文王所就而见者六人,所求而见者七十人,所呼而友者千人。

文王曰:"何如而可以为天下?"太公对曰:"大盖天下,然后能容天下;信盖天下,然后可约天下;仁盖天下,然后可以求天下;恩盖天下,然后王天下;权盖天下,然后可以不失天下;事而不疑,然后天下恃。此六者备,然后可以为天下政。故利天下者天下启之,害天下者天下闭之,生天下者天下德之,杀天下者天下贼之,彻天下者天下通之,穷天下者天下仇之,安天下者天下恃之,危天下者天下灾之。天下者非一人之天下,唯有道者得天下也。"

武王问太公曰:"论将之道奈何?"太公曰:"将有五才十过。所谓五才者,勇、智、仁、信、忠也。勇则不可犯,智则不可乱,仁则爱人,信则不欺人,忠则无二心。所谓十过者,将有

太公说:"人为先。人与领土是相对称的,(有了人和土地)那么万物就齐备了。如今君主的地位尊崇,若对待天下的贤士,不把他们当作臣下,而以朋友相待,那么君主就可以得到天下了。"文王问:"我的领地小而且民众少,将如何能得到天下呢?"太公说:"可以。天下有土地,贤者能得到它;天下有粮食,贤者能享用它;天下有民众,贤者能使他们聚集。天下并不是一个人的天下,没有谁可以长久拥有天下,唯有贤能之士可以得到它。自身贤德而能谦恭待人,谁不会跟随他呢?地位尊贵而能顺从他人,能屈能伸,又有什么人不能得到呢?把自己一个人放低,而被万人推崇至上者,唯有圣人才能做到。"文王说:"太好了。就把这些话刻在金板上,让我永远铭记。"于是,文王登门拜访的贤德长者有六人,前去求访的贤者有七十人,以朋友相称的才俊之士达上千人。

文王问:"怎样才可以治理天下呢?"太公答:"器量盖过天下,然后才能包容天下;诚信盖过天下,然后才能约束天下;仁爱盖过天下,然后才能怀服天下;恩德盖过天下,然后才能统治天下;威势盖过天下,然后才能不失天下;遇事决断不疑,然后才能被天下依恃。这六个条件具备了,然后就可以治理天下的政事。所以为天下谋利益的,天下人就拥护他;使天下人受祸害的,天下人就反对他;使天下人得以生养的,天下人都感激他;杀戮天下人的,天下人都毁害他;顺应天下意愿的,天下人就归顺他;使天下穷困的,天下人都仇视他;使天下安居乐业的,天下人都依靠他;给天下带来危难的,天下人就共同危害他。天下不是一个人的天下,只有有道之人,才能得到天下。"

武王问太公说:"如何评论为将之道呢?"太公说:"为将者有五种才德,十种缺陷。所谓五种才德是:勇、智、仁、信、忠。勇敢就不可被侵犯,明智就不可被扰乱,仁慈就会爱护士卒,诚信就不会

勇而轻死者，有急而心速者，有贪而喜利者，有仁而不忍于人者，有智而心怯者，有信而喜信于人者，有廉洁而不爱民者，有智而心缓者，有刚毅而自用者，有懦心而喜用人者。勇而轻死者，可暴也；急而心速者，可久也；贪而喜利者，可遗也；仁而不忍于人者，可劳也；智而心怯者，可窘也；信而喜信于人者，可诳也；廉洁而不爱人者，可侮也；智而心缓者，可袭也；刚毅而自用者，可事也；懦心而喜用人者，可欺也。故兵者，国之大器；存亡之事，命在于将也，先王之所重，故置将不可不审察也。"

武王问太公曰："王者举兵，欲简练英雄，知士之高下，为之奈何？"太公曰："知之有八征：一曰问之以言，观其辞；二曰穷之以辞，以观其变；三曰与之间谍，以观其诚；四曰明白显问，以观其德；五曰使之以财，以观其廉；六曰试之以色，以观其贞；七曰告之以难，观其勇；八曰醉之以酒，以观其态。八征皆备，则贤不肖别矣。"

## 龙韬

武王曰："士高下岂有差乎？"太公曰："有九差。"武王曰："愿闻之。"太公曰："人才参差大小，犹斗不以盛石，满则

欺骗别人，忠诚就没有二心。所谓十种缺陷是：将领有勇敢而轻率赴死的，有急躁而心求速成的，有贪婪而好利的，有仁慈而流于姑息的，有聪明却胆小怕事的，有诚信却轻信于人的，有廉洁而不肯厚爱士兵的，有聪明却犹豫不决的，有强毅而刚愎自用的，有懦弱而喜欢依赖别人的。勇敢而轻死的，可以凌辱激怒他；急躁而心求速成的，可以用持久战拖垮他；贪婪而好利的，可以贿赂他；仁慈而流于姑息的，可以劳扰他；聪明而心怯怕事的，可以胁迫他；诚信而轻信别人的，可以欺骗他；廉洁而不爱人的，可以轻侮他；有智谋却犹豫不决的，可以袭击他；强毅而刚愎自用的，可以使他轻举妄动；懦弱而喜欢依赖别人的，可以愚弄欺侮他。所以军队是国家重要的支柱，它关系着国家的存亡大事，而军队的命运就掌握在将帅手里。将帅是先王所重视的，因此任命将帅时不可不审慎考察。"

武王问太公说："君王兴师起兵，想选拔英雄，对将士德才的高低，有什么办法可以知道呢？"太公答道："了解他们，有八种考验的方法：一是提出问题，观察他的如何回答；二是详尽追问，以观察他的应变能力；三是对他说挑拨离间的话，以观察他是否忠诚；四是明知故问，看他有无隐瞒，借以考察他的德行；五是让他有得财的机会，以观察他是否廉洁；六是用女色进行试探，以观察他是否坚贞正直；七是将危难告诉他，观察他是否勇敢；八是使他痛饮醉酒，以观察他酒后是否失态。这八种方法都用过了，一个人的贤与不肖就可以区别清楚了。"

## 龙韬

武王问："人的才能高下有哪些差别？"太公答："有九种差别。"武王道："希望能听您讲讲。"太公说："人的才能大小参差不

弃矣。非其人而使之，安得不殆？多言多语，恶口恶舌，终日言恶，寝卧不绝，为众所憎，为人所疾，此可使要问闾里，察奸伺猾，权数好事。夜卧早起，虽遽不悔，此妻子将也。先语察事，实长希言，赋物平均，此十人之将也。切切截截，不用谏言，数行刑戮，不避亲戚，此百人之将也。讼辨好胜，疾贼侵陵，斥人以刑，欲正一众，此千人之将也。外貌咋咋，言语切切，知人饥饱，习人剧易，此万人之将也。战战栗栗，日慎一日，近贤进谋，使人以节，言语不慢，忠心诚必，此十万之将也。温良实长，用心无两，见贤进之，行法不枉，此百万之将也。动动纷纷，邻国皆闻，出入居处，百姓所亲，诚信缓大，明于领世，能教成事，又能救败，上知天文，下知地理，四海之内，皆如妻子，此英雄之率，乃天下之主也。"

武王问太公曰："立将之道奈何？"太公曰："凡国有难，君避正殿，召将而诏之曰：'社稷安危，一在将军。'将军受命，乃斋于太庙，择日授斧钺。君入庙，西面而立。将军入，北面立。君亲操钺持其首，授将其柄，曰：'从此以往，上至于天，将军制之。'乃复操斧持柄，授将其刃，曰：'从此以下至于泉，将军制之。'既受命，曰：'臣闻国不可从外治，军不可

齐，犹如不以斗来装一石之物，装满后，其余的便只能抛弃。使用不合适的人，怎能不危险呢？第一种人多言恶语，口不积德，整天说坏话、传是非，连睡在床上都不安生，为大众所憎恨，被他人所厌恶，这种人只是会说长道短的市井小人；第二种人察人奸邪，窥探人之狡诈，多有权术，好揽事务，晚睡早起，虽劳碌而不懊悔，这种人只能是管理妻子儿女的一家之长；第三种人在说话前先观察情况，言行谨慎，多做少说，分配平均，这种人可以做十人之主；第四种人，理事无论长短，不轻易听信别人的说法，多用刑戮，依法行事而不徇私情，这种人可以做百人之将；第五种人爱与人争论，好胜心强，疾恶如仇，训斥他人依循法度，希望以此来矫正大众，这种人可作千人之将；第六种人外貌温雅，言语恳切，了解众人的饥饱，懂得他人的艰难，这是万人之将；第七种人敬畏戒慎，做事一天比一天谨慎小心，亲近贤者，善于采纳别人意见，以礼待人，言语恭敬不轻慢，为人忠实守信，这是十万人之将；第八种人温和善良，实干多谋，用心专注不二，见贤举用，执法公正不阿，这是百万人之将；第九种人一举一动，连邻国也无不知悉，所在之处，百姓亲近拥戴，诚实守信而宽厚大度，能正确领导人民，能指导成就大事，又能拯救危难，反败为胜；上知天文，下知地理，看待四海之内的人民就如同自己家人一样，这是济世英雄的楷模，是天下之君主啊！"

　　武王问太公："立将之道是怎样的呢？"太公回答："凡是国家遭遇危难时，国君就避开正殿，在偏殿召见主将，向他下达诏令说：'国家的安危，全在于将军。'主将接受命令后，国君斋戒于太庙，选择吉日，向将帅颁授斧钺。（到了吉日）国君进入太庙，面向西而立；主将进入太庙，面向北方站立。国君亲自拿着钺的头部，把钺柄交给主将，宣告：'从此以后，军中上至于天的一切事务全由将军处置。'

从中御，二心不可以事君，疑志不可以应敌。臣既受命专斧钺之威，不敢生还，愿君亦垂一言之命于臣。君不许臣，臣不敢将。'君许之，乃辞而行。军中之事，不可闻君，命皆由将出；临敌决战，无有二心。若此，无天于上，无地于下，无敌于前，无主于后，是故智者为之虑，勇者为之斗，气厉青云，疾若驰骛，兵不接刃，而敌降服。"

武王问太公曰："将何以为威？何以为明？何以为禁止而令行？"太公曰："以诛大为威，以赏小为明，以罚审为禁止而令行。故杀一人而三军振者，杀之；赏一人而万人说者，赏之。故杀贵大，赏贵小。杀及贵重当路之臣，是刑上极也；赏及牛马厮养，是赏下通也。刑上极，赏下通，是将威之所行也。夫杀一人而三军不闻，杀一人而万民不知，杀一人而千万人不恐，虽多杀之，其将不重；封一人而三军不悦，爵一人而万人不劝，赏一人而万人不欣，是为赏无功，贵无能也。若此，则三军不为使，是失众之纪也。"

然后又亲自拿着斧柄，以斧刃授予主将，宣告：'自此以后，军中下至于渊泉的一切事务全由将军裁决。'主将接受任命后，说：'臣听说治理国家不可受外部的干预，领军作战不能由朝廷遥控指挥，臣怀二心就不能忠心侍奉君主，将帅受君主的牵制而疑虑重重，就不能专心致志去对付敌人。臣既已奉命执掌征伐大权，（不获胜利）不敢生还。请您授全权之命于臣，您不允许，臣不敢担任主将。'国君答应之后，主将就辞别君主率军出征。从此军中一切事务，不听命于国君而全部听命于主将，临敌决战，专心一意。这样，主将就能上不受天时节制，下不受地形限制，前无敌人敢于抵挡，后无君主从中牵制。这样，就能使智谋之士都愿为他出谋划策，勇武之人都愿为他殊死战斗，士气昂扬，直冲霄汉，行动迅速如快马奔腾，兵未交锋而敌人就已降服。"

武王问太公："将军用什么来树立威信？用什么来体现明察？用什么来做到令行禁止？"太公答："将军通过诛杀地位尊贵的人来树立威信，通过奖赏地位低下的人来体现明察，通过慎重、严明的惩罚来做到有禁必止，有令必行。因此杀一人能使全军震惧的，就应将他杀掉；赏一人能使万人喜悦的，就应予以奖赏。所以诛杀贵在诛杀地位高贵的人，奖赏重在奖赏地位低下的人。诛杀那些位高任重、执掌大权之臣，是刑法施及到上层；奖赏牧牛养马的士卒，则是赏赐通行于下层。刑罚能施及于上层权贵，奖赏能通行于下层士卒，这是将军威严之所在。若杀一人而三军无动于衷；杀一人而万民不知晓；杀一人而千万人不惧怕；即便多杀，这位将军也不能使人敬畏重视。提拔一人而三军都不满意；给一人封爵而万人都得不到鼓励；奖赏一人而万人都不欣喜，这是因为受奖赏的人没有功劳，被封爵而尊贵的人没有才能。如果这样，三军就不会听从他的号令，这是失去众心的根

武王问太公曰:"吾欲令三军之众,亲其将如父母,攻城争先登,野战争先赴,闻金声而怒,闻鼓音而喜,为之奈何?"太公曰:"将有三礼。冬日不服裘,夏日不操扇,天雨不张盖幕,名曰三礼也。将身不服礼,无以知士卒之寒暑。出隘塞,犯泥涂,将必下步,名曰力将。将身不服力,无以知士卒之劳苦。士卒军皆定次,将乃就舍;炊者皆熟,将乃敢食;军不举火,将亦不火食,名曰止欲。将不身服止欲,无以知士卒之饥饱。故上将与士卒共寒暑,共饥饱勤苦,故三军之众,闻鼓音而喜,闻金声而怒矣;高城深池,矢石繁下,士争先登;白刃始合,士争先赴。非好死而乐伤,为其将念其寒苦之极;知其饥饱之审,而见其劳苦之明也。"

武王问太公曰:"攻伐之道奈何?"太公曰:"势因敌家之动,变生于两阵之间,奇正发于无穷之源。故至事不语,用兵不言;其事之至者,其言不足听;兵之用者,其状不足见,倏然而往,忽然而来,能独专而不制者也。善战者不待张军;善除患者,理其未生;善胜敌者,胜于无形,上战无与战矣。故争于白刃之前者,非良将也;备于已失之后者,非上圣也;智与众同,非国师也;伎与众同,非国工也。事莫大于必成,用

源啊!"

武王问太公:"我想使全军将士,亲爱他们的将帅如同其父母一样。攻城时争相先登,野战时争先冲锋,听到撤军的金声就恼怒,听到进军的鼓声就欢喜,如何才能做到这样呢?"太公说:"为将者有三礼:冬天不穿皮衣,夏天不用扇子,雨天不张伞篷,这就是三礼。将帅不能身先垂范,就无从体会士卒的冷暖。翻越狭窄险要的关塞,通过泥泞崎岖的道路,将帅必先下马步行,这样的将帅叫力将。将帅不身体力行,就无从体会士卒的劳苦。士兵们安营扎寨就绪,将帅才进入自己的帐舍;全军的饭菜都已做好,将帅才开始就餐;全军士卒没有生火做饭,将帅也不举火煮饭。这样的将帅叫止欲将。为将者不律身克制私欲,就无以体会士卒的饥饱。因此上将能与士卒同寒暑,共饥饱,同劳苦。所以全军官兵听到前进的鼓声就欢喜,听到退兵的金声便恼怒。攻打高城深池时,即使面临箭石如雨的危境,士卒也会争先恐后,奋勇登城;短兵相接时,士卒也会勇往直前。并不是因为他们喜欢死亡、乐于受伤,而是由于他们的将帅对其冷暖困苦关怀备至,对其饥饱体察入微,对他们的劳苦明了于心的缘故啊!"

武王问太公:"攻伐之道是什么?"太公答道:"作战的态势要根据敌人的行动而决定,战术的变化产生于两军临阵对垒之中;奇正战法的恰当运用,来源于将帅无穷的智谋。所以,机要的大事不能泄露,用兵的策略不可外传。极为重大的机密,不容议论;作战意图和军队部署不能暴露于敌人。军队的调遣,突然而去,忽然而来,能独立行动而不受制于人(这是用兵的原则)。善于作战的人,不必非要陈兵列阵才能作战;善于消除祸患的人,消除隐患于未然;善于战胜敌人的人,取胜于无形之中。最高明的作战是不战而屈人之兵。所

莫贵于玄眇,动莫神于不意,谋莫大于不识。夫必胜者,先见弱于敌而后战者也,故事半而功自倍。兵之害,犹豫最大;兵之灾,莫大于狐疑。智者见利不失,遇时不疑。失利后时,反受其灾。智者从而不失,巧者一决而不犹豫。故疾雷不及掩耳,卒电不及瞬目;赴之若惊,用之若狂;当之者破,近之者亡。孰能待之?"武王曰:"善。"

武王问太公曰:"凡用兵之极,天道,地利,人事,三者孰先?"太公曰:"天道难见,地利人事易得。天道在上,地道在下,人事以饥饱劳逸文武也。故顺天道不必有吉,违之不必有害。失地之利,则士卒迷惑;人事不和,则不可以战矣。故战不必任天道,饥饱劳逸文武最急,地利为宝。"王曰:"天道鬼神,顺之者存,逆之者亡。何以独不贵天道?"太公曰:"此圣人之所生也。欲以止后世,故作为谲书而寄胜于天道,无益于兵胜,而众将所拘者九。"王曰:"敢问九者奈何?"太公曰:"法令不行而任侵诛,无德厚而用日月之数;不顺敌之强弱,幸于天道;无智虑而候氛气,少勇力而望天福;不知地形而归过,敌人怯弗敢击而待龟筮;士卒不募而法鬼神,设伏不巧而

以，用白刃殊死相搏来争胜的，不算是好的将领；失守之后再来设防戒备的，不是能驾驭大局的人。智慧与一般人相同的，不能称为国师；技艺与一般人相同的，不能算是一国中的能工巧匠。用兵最重要的莫过于克敌制胜，作战最重要的莫过于神妙难测，行动最重要的莫过于出其不意，计谋最重要的莫过于不被识破。凡必胜之军，都是先示弱于敌，然后进行决战，这样自然可以事半而功倍。对用兵的损害，最大的是犹豫；军队的灾难，莫过于狐疑。明智的将帅，见到有利的情况绝不放过，遇到有利的战机绝不迟疑。失去有利的情况，错过战机，反而会遭受其害。所以，明智的将帅抓住战机就不会放过，机智的指挥者一经决定就不再迟疑。所以才能有迅雷不及掩耳，闪电不及瞬目之势。进军如惊马奔驰，作战如狂风骤雨，阻挡者即被击破，靠近者无不败亡，谁能抵抗得了这种军队呢？"武王说："您讲得太好了！"

　　武王问太公："凡是用兵的最高战略中，天道、地利、人事，三者哪个为先？"太公答："天道难见，地利、人事容易掌控。天道在上，地道在下，人事主要在于饥饱、劳逸、文治武备等方面。所以，即使顺应了天道不一定都有吉祥，错过了也不一定就有祸害。但失去了地利，士卒就会感到迷惑；人事方面不能和谐，就不可以进行征战。因此征战不必取决于天道，人民的饥饱、劳逸、文才和武略等则是最急迫的问题，地利也是很宝贵的条件。"武王问："天道鬼神，顺应它的就能生存，违逆它的就会灭亡，为什么唯独不重视天道呢？"太公答："这是圣人所提出来的，用意在于警示后世莫违背天意，所以被当作奇诡玄秘的书。如果把胜利寄托在天道上，这无益于军事上的克敌致胜之道，众将领也会因此受到九种思想上的束缚。"武王问："请问这九者是哪些？"太公答："不能行使法令，反而任意欺

任背向之道。凡天道鬼神,视之不见,听之不闻,索之不得,不可以治胜败,不能制死生,故明将不法也。"

太公曰:"天下有粟,圣人食之;天下有民,圣人收之;天下有物,圣人裁之。利天下者取天下,安天下者有天下,爱天下者久天下,仁天下者化天下。"

## 虎韬

武王胜殷,召太公问曰:"今殷民不安其处,奈何使天下安乎?"太公曰:"夫民之所利,譬之如冬日之阳、夏日之阴,冬日之从阳,夏日之从阴,不召自来。故生民之道,先定其所利而民自至。民有三几,不可数动,动之有凶。明赏则不足,不足则民怨生;明罚则民慑畏,民慑畏则变故出;明察则民扰,民扰则不安其处,易以成变。故明王之民,不知所好,不知所恶,不知所从,不知所去。使民各安其所生,而天下静矣。乐哉,圣人与天下之人,皆安乐也。"武王曰:"为之奈何?"太公曰:"圣人守无穷之府,用无穷之财,而天下仰之。天下仰之,而天下治矣。神农之禁,春夏之所生;不伤不害,谨修地

凌杀戮；没有仁厚之德，却迷信于日月术数以待天时；不顺应敌人的强弱变化而调整对敌之策，却存在寄希望于天道的侥幸心理；没有智谋而依据预示吉凶的云气而行动；缺乏勇力而指望天道降福；把因不熟悉地形而造成的过失却归罪于天时；敌军胆怯，却不敢进攻，而是靠占卜来决定；不去招募训练士卒而相信依靠鬼神之助；不巧妙地布设伏兵而任意背对或面向敌军，以为天道运气能相助胜利。凡是天道鬼神，是看不到、听不见、求不得的，不可以决定胜败，不能控制死生，所以明智的将军不去效法这些。"

太公说："天下有粮，由圣人分配享用；天下有民，由圣人治理；天下的万物，由圣人裁处。为天下谋利益者取得天下，使天下安定者拥有天下，爱护天下百姓者可以长久地统治天下，仁德普施天下者可以化育天下。"

## 虎韬

武王讨伐殷商获胜，召见太公问道："现在殷国的人民不能各安其处，如何才能使天下安宁呢？"太公答："那些有利于人民的措施，譬如冬天的阳光和夏天的阴凉。冬天晒太阳，夏天乘阴凉，不用召请，人们自己就来了。因此养育百姓之道，要先制定利民的措施，然后人民自然就会前来归附。治理民众有三个要点，不可让它不断地变更，不断变更则孕育着危险。明令赏赐则不能面面俱到，不能面面俱到就会引起民怨；明令惩罚就会使人民感到畏惧，民心畏惧就会产生变故；严明苛察百姓就会受到侵扰，民众受到侵扰就不会安居其处，容易激起变故。所以圣明的君主对于其人民，使他们对好恶去从都不担心也不挂碍，使人民安居乐业，天下就会安宁。快乐啊！圣人与天下百姓都能享受安乐了。"武王问："那怎样去做呢？"太公答："圣人守护着无穷的府库，用天下无穷的财富去造福人民，而受到

利,以成万物;无夺民之所利,而农顺其时矣;任贤使能而官有材,而贤者归之矣。故赏在于成民之生,罚在于使人无罪,是以赏罚施民而天下化矣。"

## 犬韬

武王至殷,将战。纣之卒握炭流汤者十八人,以牛为礼以朝者三千人,举百石重沙者二十四人,趋行五百里而矫矛杀百步之外者五千人,介士亿有八万。武王惧,曰:"夫天下以纣为大,以周为细;以纣为众,以周为寡;以周为弱,以纣为强;以周为危,以纣为安;以周为诸侯,以纣为天子。今日之事,以诸侯击天子,以细击大,以少击多,以弱击强,以危击安。以此五短击此五长,其可以济功成事乎?"太公曰:"审天子不可击,审大不可击,审众不可击,审强不可击,审安不可击。"王大恐以惧。太公曰:"王无恐且惧。所谓大者,尽得天下之民;所谓众者,尽得天下之众;所谓强者,尽用天下之力;所谓安者,能得天下之所欲;所谓天子者,天下相爱如父子,此之谓天子。今日之事,为天下除残去贼也。周虽细,曾残贼一人之不当乎?"王大喜,曰:"何谓残贼?"太公曰:"所谓残者,收天下珠玉美女、金钱彩帛、狗马谷粟,藏之不休,此谓残也。

天下人民敬仰；受到天下人民的敬仰，就能实现天下大治了。有了神农的禁令，春夏之际万物才会显现生机，对天地万物都不去要破坏，要谨慎地利用大地的资源，以利于万物的成长。不要侵夺人民的利益，那么农业生产就能顺应其时节；委任使用贤能的人，让有德有才者担任官职，那么贤者就会前来归附。所以奖赏的目的在于成就人民的生产，刑罚的目的是使人不会犯罪。因此，赏罚用来治理化育百姓，天下就会太平了。"

## 犬韬

武王率军到达殷商，将要与商朝的军队交战，见到纣王的士卒中有不怕危难、敢于拼命者十八人；以牛为礼晋献朝廷者三千人；能举百石重沙者二十四人；疾行五百里，还能高举长矛射杀百步之外的敌人者五千人；武士十八万。武王恐惧，说："天下都认为商朝的国土大，而周的国土小；认为商朝的人口多，而周的人口少；认为周的国力弱，而商朝的国力强；认为周的形势危险，而商朝的形势安全；认为周是诸侯，而纣王是天子。如今我们攻打商纣，是以诸侯的身分攻打天子，以小国攻打大国，以人数少攻击人数多，以弱小攻击强大，以不利形势攻打有利形势，以这五个短处，攻击对方五个长处，这可以成就功业吗？"太公答："果真是天子就不可攻打，果真是领土广大就不可攻打，果真是人口众多就不可攻打，果真是国力强大就不可攻打，果真是形势安全就不可攻打。"武王非常担心而感到害怕。太公说："您不用担心害怕。所谓大者，是指能得到天下人民的拥护；所谓众者，是指能得到天下百姓的支持；所谓强者，是指天下人都愿为他效力；所谓安者，是指能顺从天下人的愿望；所谓天子，是指能做到与天下人相亲相爱如同父子一般，这才称得上是天子。当今的行

所谓贼者,收暴虐之吏,杀天下之民,无贵无贱,非以法度,此谓贼也。"


武王问太公曰:"欲与兵深谋,进必斩敌,退必克全,其略云何?"太公曰:"主以礼使将,将以忠受命。国有难,君召将而诏曰:'见其虚则进,见其实则避;勿以三军为贵而轻敌;勿以授命为重而苟进;勿以贵而贱人;勿以独见而违众;勿以辩士为必然;勿以谋简于人;勿以谋后于人;士未坐勿坐;士未食勿食;寒暑必同,敌可胜也。"

动,是为天下除去残暴之人。周虽小,可曾有过残贼一人的不当之事吗?"武王大喜道:"什么叫残贼呢?"太公答:"所谓残者,就是收集天下的珠玉、美女、金钱、彩帛、狗马及粮食,搜刮无有休止,这就叫残。所谓贼者,就是网罗凶狠残暴的官吏,杀戮天下的人民,无贵无贱,不遵循法令制度,这就叫贼。"

武王问太公:"我想在军事上有深远的谋划,进必杀敌,退可保全,这谋略该如何制定呢?"太公答:"君主以礼用将,将以忠心受命。国家有难,君主召将指示道:'见到敌人虚弱就进攻,见到敌人强大就避开。不要因统帅三军为贵就轻视敌人,不要因接受君命为重而盲目进攻;不要因地位尊贵而轻视他人,不要因固执己见而违背众意;不要认为能言善辩之人说的话都是正确的,不要自认为有谋略而怠慢他人,不要因他人有谋略而自甘落后于人;士卒未休息你也不要休息,士卒未吃饭你不要先吃饭;无论寒暑都和士卒同甘共苦。这样就可以克敌制胜了!'"

# 阴谋

传为姜望所撰

武王问太公曰:"贤君治国教民,其法何如?"太公对曰:"贤君治国,不以私害公;赏不加于无功,罚不加于无罪;法不废于仇雠,不避于所爱;不因怒以诛,不因喜以赏;不高台深池以役下,不雕文刻画以害农;不极耳目之欲以乱政,是贤君之治国也。不好生而好杀,不好成而好败,不好利而好害,不好与而好夺,不好赏而好罚;妾媵为政,使内外相疑,君臣不和;拓人田宅以为台观,发人丘墓以为苑囿;仆媵衣文绣,禽兽犬马与人同食,而万民糟糠不厌;裘褐不完,其上不知而重敛,夺民财物,藏之府库;贤人逃隐于山林,小人任大职;无功而爵,无德而贵;专恣倡乐,男女昏乱;不恤万民,违阴阳之气;忠谏不听,信用邪佞,此亡国之君治国也。"

武王问太公曰:"吾欲轻罚而重威,少其赏而劝善多,简其令而众皆化,为之何如?"太公曰:"杀一人千人惧者杀之,杀二人而万人惧者杀之,杀三人三军振者杀之;赏一人而千人喜者赏之,赏二人而万人喜者赏之,赏三人三军喜者赏之;令一人千人得者令之,禁二人而万人止者禁之,教三人而三军正

武王问太公:"贤明的君主治理国家、教化人民,其方法是什么呢?"太公答道:"贤明的君主治理国家,不因私情损害公道;奖赏不给予无功之人,刑罚不施于无罪之人;法令制度的实施,不因对待自己的仇人而偏废,也不避讳自己所宠爱的人;不因一时愤怒而滥杀人,不因一时欢喜便奖赏人;不建筑高台深池而役使民众,不雕文刻画而耽误农时;不极尽耳目的享受而扰乱政事。这就是贤明的君主治理国家之法。(相反)不爱惜生命却喜好杀戮,不喜欢成就而喜欢败坏,不喜好利益他人而喜好损害人,不喜好施与而喜好掠夺,不喜好奖赏而喜好刑罚,妻妾干预政事,使朝廷内外互相猜疑,君臣不和;侵占他人的田宅来建筑楼台宫观,挖掘他人的坟墓来修建园林;婢妾穿着秀美华丽的衣服,禽兽狗马和人吃同样的食物,而百姓却连糟糠也吃不饱,穿的则是粗陋衣服且不完整。君主不知下情且加重赋税,掠夺百姓的财物,收藏于国家府库;贤能之士逃避隐匿于山林,奸邪小人担任要职;无功者受到封爵,无德者反而显贵;放纵沉溺于歌舞之中,男女悖乱;不体恤百姓,违背阴阳调和之气;不接受忠臣的劝谏,信任委用奸邪小人。这就是亡国之君的治国之法。"

武王问太公说:"我希望减轻刑罚而增加威严,减少赏赐而勉励更多的人为善,简化政令而使大众都得到教化,如何才能做到呢?"太公回答说:"如果杀一人能使千人畏惧,就杀了他;杀两人能使万人畏惧,就杀了他们;杀三人能使三军得到整顿,就杀了他们。如果奖赏一人能让千人喜悦,就奖赏他;奖赏两人能让万人喜悦,就奖赏他们;奖赏三人能使三军喜悦,就奖赏他们。命令一人能使千人

者教之；杀一以惩万，赏一而劝众，此明君之威福也。"

武王问太公曰："吾欲以一言与身相终，再言与天地相永，三言为诸侯雄，四言为海内宗，五言传之天下无穷，可得闻乎？"太公曰："一言与身相终者，内宽而外仁也；再言与天地相永者，是言行相副，若天地无私也；三言为诸侯雄者，是敬贤用谏，谦下于士也；四言为海内宗者，敬接不肖，无贫富，无贵贱，无善恶，无憎爱也；五言传之天下无穷者，通于否泰，顺时容养也。"

武王问尚父曰："五帝之戒可闻乎？"尚父曰："黄帝之时戒曰：'吾之居民上也，摇摇恐夕不至朝；尧之居民上，振振如临深川；舜之居民上，兢兢如履薄冰；禹之居民上，栗栗恐不满日；汤之居民上，战战恐不见旦。'"王曰："寡人今新并殷居民上，翼翼惧不敢怠。"

奋进,就命令他;制止两人能使万人止恶,就禁止他们;教育三人能够使三军得到纠正,就教育他们。杀一人来警诫万人,赏一人来激励大众。这是贤明君主的赏罚之道啊!"

武王问太公:"我希望能有一句话使我终身铭记;第二句话能与天地长存;第三句话能使我成为诸侯中的杰出者;第四句话能使我成为天下的宗主;第五句话可以将天下代代相传无有穷尽,我可以听您讲讲吗?"太公说:"第一句可以使您终身铭记的话,就是要内心宽宏,对外仁爱;第二句可以与天地共存的话,就是要言行相符,像天地那样公正无私;第三句可以让您成为诸侯中杰出者的话,就是要尊敬贤者,虚心纳谏,还要谦卑地礼待士人;第四句让您可以成为天下宗主的话,就是要恭敬谨慎地对待不肖之人,不分贫富、贵贱、善恶、爱憎;第五句可以使您将天下代代相传无有穷尽的话,就是要通达吉凶盛衰的规律,顺应时宜,包容天下,涵养万物。"

武王问尚父说:"我可以听您讲讲五帝的训诫吗?"尚父说:"黄帝之时,常告诫自己,我位居人民之上,常心神不安,唯恐夕不至朝;尧帝位居百姓之上,战栗恐惧如临深渊;舜帝位居百姓之上,小心谨慎如履薄冰;禹王位居百姓之上,畏惧小心,唯恐连一天都维持不了;成汤位居百姓之上,敬慎畏惧只恐挨不到天明。"武王说:"寡人现在刚刚兼并殷商,位居万民之上,当恭敬谨慎,戒惧而不敢怠慢。"

# 鬻子

鬻熊 撰

君子不与人之谋之则已矣，若与人谋之，则非道无由也。故君子之谋，能必用道，而不能必见受也；能必忠，而不能必入也；能必信，而不能必见信也。君子非人者不出之于辞，而施之于行，故非非者行是，而恶恶者行善，而道谕矣。

文王问于鬻子曰："敢问人有大忌乎？"对曰："有。"文王曰："敢问大忌奈何？"鬻子对曰："大忌知身之恶而不改也，以贼其身，乃丧其躯。有行如此，之谓大忌也。昔之帝王，其所以为明者，以其吏也；昔之君子，其所以为功者，以其民也。力生于民，而功最于吏，福归于君，民者至庳也。而使之取吏焉，必取所爱。故十人爱之，则十人之吏也；百人爱之，则百人之吏也；千人爱之，则千人之吏也；万人爱之，则万人之吏也。"

周公曰："吾闻之于政也，知善不行者则谓之狂，知恶不改者则谓之惑。夫狂与惑者，圣人之戒也。不肖者不自谓不肖，而不肖见于行。不肖者虽自谓贤，人犹皆谓之不肖也。愚者不自谓愚，而愚见于言。愚者虽自谓智，人犹皆谓之愚也。禹之治天下也，以'五声'听，门悬钟鼓铎磬而置鼗，以待四海之士，为铭于笋簴曰：'教寡人以道者击鼓，教寡人以义者击钟，

君子不为人出谋划策则已,如果为人谋划,除却道义便无所依凭了。所以君子之谋,一定能做到遵从道义,但不一定会被人接受;一定能做到尽忠无私,但不一定会被人采纳;一定能做到诚实不欺,却不一定会被人相信。君子责备他人,不表露于言辞,而是体现于行动。所以否定应当否定之事物者,行为正确;憎恶邪恶之行者,行为美好。这样,道义就会彰显了。

文王问鬻子说:"请问人有重大的忌讳吗?"鬻子回答:"有。"文王问:"请问重大的忌讳是什么呢?"鬻子回答说:"最大的忌讳是知道自己身上的过失却不改正,以致损害自身,丧失生命。这样的行为,就是人之大忌。从前的帝王所以英明的原因,是凭借他的官吏;从前的君子所以有功绩的原因,是凭借他的百姓。力量产生于民众,而功劳聚集于官吏,幸福归于君主,百姓的地位最为低下。如果让他们选取官吏,必定会选取他们所喜爱的。因此,十人喜爱他,他就是这十人的官吏;百人喜爱他,他就是这百人的官吏;千人喜爱他,他就是这千人的官吏;万人喜爱他,他就是这万人的官吏。"

周公说:"我听说关于政务方面的事,知道是好事而不施行的叫做狂;知道是恶行而不改正的叫做惑。狂与惑是圣人所戒慎的。"不贤之人不认为自己不贤,但不贤却表现在他的行动上;不贤之人即使自认为贤能,别人还是都认为他不贤。愚昧的人不认为自己愚昧,而愚昧却显现在他的言谈中;愚昧的人即使自认为聪慧,别人还是都认为他愚昧。禹王通过聆听五种声音来治理天下。朝堂门上悬挂着钟、鼓、铎和磬,旁边摆放着鼗,以此接待天下士人,并在悬挂

教寡人以事者振铎，告寡人以忧者击磬，语寡人以讼狱者挥鼗。'此之谓五声。是以禹尝据一馈而七起，日中而不暇饱食，曰：'吾不恐四海之士留于道路，吾恐其留吾门廷也。'是以四海之士皆至，是以禹朝廷间可以罗雀。"

夫卿相无世，贤者有之；国无因治，智者理之。智者非一日之志也，治者非一日之谋也。治志治谋在于帝王，然后民知所保而知所避。发政施令，为天下福者谓之道，上下相亲谓之和，民不求而得所欲谓之信，除天下之害谓之仁。仁与信，和与道，帝王之器也。凡万物皆有器，故欲有为而不行其器者，不成也。欲王者亦然，不用帝王之器者，亦不成也。

昔者，鲁周公使卫康叔往守于殷，戒之曰："与杀不辜，宁失有罪。无有无罪而见诛，无有有功而不赏。戒之，封。诛、赏之慎焉。"

钟磬的木架上刻着铭文,说:"以道教导我的请击鼓;以义教导我的请敲钟;教导我如何处理国家大事的请摇铎;告知我国家忧患的请击磬;告诉我诉讼之事的请敲鼗。"这就是所谓的五声。因此,禹王曾经在吃一顿饭的期间七次起身处理政务,一直忙到正午都没有时间吃饱饭。禹王说:"我不怕天下的士人停留在路上,我担心他们滞留在我的门庭啊!"因此天下士人纷纷前来投奔(能够各得其所),也因此,禹的朝廷很清静。

卿相没有世代相承的,只有贤德者可以居其位;国家没有沿袭不变的太平,要靠智者来治理。智者凭借的不是一时的志向,治理国家者靠的不是一时的谋略。治国平天下的志向、治国的谋略,都决定于帝王。然后百姓就知道哪些应当保持,哪些应当避免。发布实施政令,为天下百姓造福的,叫做道;上下互相亲爱,叫做和;百姓未乞求,便得到自己所想要的,叫做信;除去天下的祸害,叫做仁。仁与信、和与道,是帝王治国的利器。凡做各种事情都要依靠工具和方法,所以想要有所作为而不使用其工具的,就不会成功。想要统治天下也是如此,不使用帝王治国的利器,也是不会成功的。

从前,鲁周公派卫康叔去监管殷地,告诫他说:"与其妄杀无辜的人,不如放过有罪的人。没有无罪而被妄杀的,也没有有功而不被赏赐的。要警戒啊!封!诛杀和赏赐要慎重啊!"

# 卷三十二 管子

管仲 撰

## 牧民

凡有地牧民者，务在四时，守在仓廪。仓廪实则知礼节，衣食足则知荣辱；上服度则六亲固，四维张则君令行。四维不张，国乃灭亡。国有四维，一维绝则倾，二维绝则危，三维绝则覆，四维绝则灭。倾可正也，危可安也，覆可起也，灭不可复错也。

四维，一曰礼，二曰义，三曰廉，四曰耻。政之所行，在顺民心；政之所废，在逆民心。民恶忧劳，我逸乐之；民恶贫贱，我富贵之；民恶危坠，我存安之；民恶灭绝，我生育之。能逸乐之，则民为之忧劳；能富贵之，则民为之贫贱；能存安之，则民为之危坠；能生育之，则民为之灭绝，故刑罚不足以恐其意，杀戮不足以服其心。故刑罚繁而意不恐，则令不行矣；杀戮众而心不服，则上位危矣。故从其四欲，则远者自亲；行其四恶，则近者叛之。故知与之为取者，政之宝也。

措国于不倾之地，积于不涸之仓，藏于不竭之府，下令于

## 牧民

  凡拥有国土、治理民众的国君,其要务在于依顺四季的农时督课农事,其职责在于保证粮仓的储备。粮仓充实,人民才懂得礼节;衣食丰足,人民才知道荣辱。在上者遵守礼法,六亲才能团结稳固;"四维"能够伸张,君主的政令才可顺利推行。"四维"不能伸张,国家就会灭亡。立国有四维,其中一维断绝,国家就会倾斜;其中二维断绝,国家就会危险;其中三维断绝,国家就会翻覆;四维全都断绝,国家就会灭亡。倾斜了可以将它扶正,危险了可以使它安定,翻覆了可以将它兴起,灭亡了就无法再恢复了。

  所谓"四维",一是礼,二是义,三是廉,四是耻。政事所以能推行,在于顺应民心;政事所以会废弛,在于违逆民心。民众厌恶忧劳,我就使他们安乐;民众厌恶贫贱,我就使他们富贵;民众厌恶危险急难,我就使他们生存安定;民众厌恶牺牲绝后,我就使他们生养繁衍。国君如果能让民众安乐,民众就情愿为他忧劳;能让民众富贵,民众就情愿为他忍受贫贱;能让民众平安,民众就情愿为他冒险;能让民众生养繁衍,民众就情愿为他牺牲生命。所以刑罚不足以使民心畏惧,杀戮也不足以使民众心服。因此刑罚繁苛而民心不惧,那么政令就不能推行了;杀戮众多而民心不服,那么君主的地位就危险了。因此,顺从民众上述的四种愿望,远方的人自会前来亲附;实行民众厌恶的四种事情,亲近的人也会叛离。由此可知,施与民众就是取于民众,这是为政的法宝。

  把国家建立在稳定的基础上,把粮食积存在取之不尽的仓廪,

流水之原，使民于不争之官，明必死之路，开必得之门，不为不可成，不求不可得，不处不可久，不行不可复。措国于不倾之地，授有德也；积于不涸之仓，务五谷也；藏于不竭之府，养桑麻、育六畜也；下令于流水之原，令顺民心也；使民于不争之官，使民各为其所长也；明必死之路，严刑罚也；开必得之门，信庆赏也；不为不可成，量民力也；不求不可得，不强民以其所恶也；不处不可久，不偷取壹世也；不行不可复，不欺其民也。

如地如天，何私何亲？如月如日，维君之节。御人之辔，在上之所贵；导民之门，在上之所先；召民之路，在上之所好恶。故君求之则臣得之，君嗜之则臣食之，君好之则臣服之。无蔽汝恶，无异汝度，贤者将不汝助。言室满室，言堂满堂，是谓圣王。城郭沟渠，不足以固守；兵甲勇力，不足以应敌；博地多财，不足以有众，唯有道者，能备患于未形也。天下不患无臣，患无君以使之；天下不患无财，患无人以分之。故知时者可立以为长，无私者可置以为政，审于时而察于用而能备官者，可奉以为君也。缓者后于事，吝于财者失所亲，信小人者失士。

把物资贮藏在用之不竭的府库,下达政令就像水从源头流下一样,派遣民众从事互不相争的行业;明示百姓犯罪必死的道路;向百姓开启有功必赏的大门;不做不能成功的事;不求不能得到的东西,不处在难以持久的位置,不去做不可重复的事情。把国家建立在不倾覆的基础上,就是要授权给有道德的人,把粮食积存在取之不尽的仓廪,就是要致力于五谷的生产,把物资贮藏在用之不竭的府库,就是要种植桑麻,饲养六畜;下达政令像水从源头流下一样,是要使政令顺应民心;派遣民众从事互不相争的行业,就是让民众各自都能发挥所长;明示百姓犯罪必死的道路,就是要严格执行刑罚;敞开有功必赏的大门,就是要奖赏有信;不做不能成功的事,就是要衡量百姓的承受能力;不求不能得到的东西,是指不强迫民众去干他们厌恶的事;不处在难以持久的位置,是说不苟安于一时,而要有长久打算;不去做不可重复的事情,是说不要欺骗民众。

要像天覆地载一样,没有亲疏的分别;要像日月一样普照万物,这才是君主治国的准则。统御万民的关键,在于君主所重视的;引导百姓的门户,在于君主所提倡的;引导万民的途径,在于君主所爱好和厌恶的。所以,君主追求之物,臣下就想得到;君王爱吃的美味,臣下就想尝试;君王喜好的事情,臣下就想实行。不要隐藏你的过错,不要擅改你的法度,否则,贤者将不会帮助你。在室内讲话,要让满室人都听到;在堂上讲话,要让满堂人都听到,能这样开诚布公,才称得上是圣明的君王。仅凭城墙和护城河,不足以坚守城池;仅凭武器精兵,不足以应对敌人;仅凭地广财多,不足以拥有百姓;只有有道德的君主才能防患于未然。天下不怕没有良臣,只怕没有明君去任用他们;天下不怕没有财货,只怕没有贤德的人去分配它们。因此,知时务者,可以立为长官;没有私心者,也可以立为长官;

## 形势

言而不可复者,君不言也;行而不可再者,君不行也。凡言而不可复,行而不可再者,有国者之大禁也。

## 权修

万乘之国,兵不可以无主;土地博大,野不可以无吏;百姓殷众,官不可以无长;操民命,朝不可以无政。地博而国贫者,野不辟也;民众而兵弱者,民无取也。故末产不禁,则野不辟;赏罚不信,则民无取。野不辟,民无取,外不可以应敌,内不可以固守。地辟而国贫者,舟舆饰,台榭广也;赏罚信而兵弱者,轻用众,民使劳也。民劳则力竭,赋敛厚则下怨上,民力竭则令不行。下怨上,令不行,而求敌勿谋己,不可得也。

欲为天下者,必重用其国;欲为其国者,必重用其民,欲为其民者,必重尽其力。无以畜之,则往而不可止也;无以牧之,则处而不可使也。远人至而不去,则有以畜之也;民众而可壹,则有以牧之也。见其可也,喜之有征;见其不可也,恶

通晓天下时势、懂得国家财用，又能任用官吏者，可以奉为国君。做事怠惰的人，总是落后于形势；吝啬财物的人，就会失去他的亲信；信任小人的人，往往会失去贤士。

## 形势

说一次而不可再说的话，君主就不说；做一次而不可再做的事，君主就不做。凡是不可重复的话，不可再做的事，都是君主最大的禁忌。

## 权修

拥有万辆兵车的大国，其军队不可以没有主帅；国土辽阔广大，其乡野不可以没有官吏；百姓众多，百官不可以没有首长；掌握人民的命运，朝廷不可以没有法令制度。土地辽阔但国家贫困，是因为荒野还没有开辟；百姓众多但军队不强，是因为百姓无人督促。所以，不限制工商业，荒野就得不到开辟；赏罚无信，百姓就得不到督促。荒野得不到开辟、百姓得不到督促，对外不能抵御敌人，对内不能固守疆土。土地已开辟而国家依旧贫困，是因为君王的车船过于雕饰，楼阁台榭过于繁多；赏罚有信而兵力依旧不强，是因为随便役使民力，使百姓劳苦不堪。百姓劳苦则民力衰竭。赋税繁重，百姓就会怨恨君主；民力衰竭，政令就不能推行。百姓怨恨君主，政令也不能推行，如此而想要敌国不图谋侵犯自己，是不可能的。

想要治理天下者，必须珍惜本国的国力；想要治理国家者，必须珍惜本国的国民；想要治理百姓者，必须珍惜民力，不能用尽。没有土地来收留人民，人民就会离去而不可阻止；没有办法治理百姓，百姓留下来也不能被役使。远方的人来归附而不离去，是因为有收留他们的土地；百姓众多而可以步调一致，是因为有管理他们的方法和

之有刑。赏罚信于其所见,虽其所不见,其敢为之乎?见其可也,喜之无征;见其不可也,恶之无刑。赏罚不信于其所见,而求其所不见之为之化,不可得也。

地之生财有时,民之用力有倦,而人君之欲无穷。以有时与有倦,养无穷之君,而度量不生于其间,则上下相疾矣。故取于民有度,用之有正止,国虽小必安;取于民无度,用之无止,国虽大必危。身者,治之本也。故上不好本事,则末产不禁;末产不禁,则民缓于时事而轻地利;轻地利而求田野之辟,仓廪之实,不可得也。商贾在朝,则货财上流;妇言人事,则赏罚不信;男女无别,则民无廉耻,而求百姓之安难,兵士之死节,不可得也。

朝廷不肃,贵贱不明,长幼不分,度量不审,衣服无等,上下凌节,而求百姓之尊主政令,不可得也。上好诈谋闲欺,臣下赋敛竞得,使民偷壹,则百姓疾怨,而求下之亲上,不可得也。有地不务本事,君国不能壹民,而求宗庙社稷之无危,不可得也。一年之计,莫如树谷;十年之计,莫如树木;终身之计,莫如树人。

制度。见到民众行为正当,感到欢喜就应该给予赏赐;见到民众行为不正当,感到厌恶就应该予以惩罚。君主对他所见到的能够赏罚分明,那么即使君主看不到,那些不被看到的人还敢为非作歹吗?见到民众行为正当,感到高兴却不予赏赐;见到民众行为不正当,感到厌恶却不予惩罚。对所见到的都不能赏罚不明,却希望他看不到的人受到教化,是不可能的。

土地生产财物有一定的时节,人民付出劳力也有倦怠的时候,而人君的欲望却没有止境。用通过一定时间生产的财物和出力有倦的民众,来奉养欲望没有穷尽的君主,如果这其间没有一定的限度,那么君主和百姓之间就会相互怨恨。所以,对人民的征收有限度,使用民力有节制,国家虽小,也必然安定;对人民的征收没有限度,使用民力没有节制,国家虽大,也必然危殆。修身,是治国的根本。所以,君主不重视农业,工商业就不能得到限制;工商业得不到限制,人民就会怠慢于四时的农事而轻视土地之利;轻视土地之利,却希求田野的开垦、仓廪的充实,是不可能的。商人在朝做官,财货就会流向上层;后妃妻妾议论政事,赏罚就不能守信;男女没有界限,人民就没有廉耻。如此,却希望百姓不避祸难、兵士为国捐躯,是办不到的。

朝廷不整肃,贵贱不分明,长幼无区别,法度不详明,服制无等差,上下逾越法度,然而却希望百姓遵从君主的政令,是办不到的。君主喜好诡诈欺骗,臣下竞相搜刮聚敛,役使百姓贪图一时之快,百姓就会怨恨,然而却希望百姓亲近君主,是办不到的。拥有土地而不致力于农事,统治国家而不能使人民和合一致,然而却希望国家没有危机,是办不到的。做一年的打算,没有比种谷物更好的了;做十年的打算,没有比种树更好的了;做一生的打算,没有比培育人才更好的了。

## 立政

君之所审者三：一曰德不当其位；二曰功不当其禄；三曰能不当其官。此三本者，治乱之原也。故国有德义未明于朝者，则不可加于尊位；功力未见于国者，则不可与重禄；临事不信于民者，则不可使任大官。故德厚而位卑者谓之过，德薄而位尊者谓之失。宁过于君子，而无失于小人。过于君子，其为怨浅矣；失于小人，其为祸深矣。

君之所慎者四：一曰大德不至仁，不可授国柄；二曰见贤不能让，不可与尊位；三曰罚避亲贵，不可使主兵；四曰不好本事，不务地利，而轻赋敛，不可与都邑。此四务者，安危之本也。故曰："卿相不得众，国之危也；大臣不和同，国之危也；兵主不足畏，国之危也；民不怀其产，国之危也。"故大德至仁，则操国得众；见贤能让，则大臣和同；罚不避亲贵，则威行于邻敌；好本事，务地利，则民怀其产矣。

## 七法

言是而不能立，言非而不能废；有功而不能赏，有罪而不能诛。若是而能理民者，未之有也。是必立，非必废，有功必

## 立政

　　君主所应注意的问题有三个：一是臣子的德行与他的爵位不相称，二是臣子的功劳与他的俸禄不相称，三是臣子的能力与他的官职不相称。这三个根本问题是国家安定与动乱的根源。所以，国中有德义尚未显明于朝廷的人，就不可以加封尊贵的爵位；功绩没有表现于国内的人，就不可以赐予丰厚的俸禄；治理政事不能取信于民的人，就不可以让他担任高官。所以，使德行深厚者地位卑下，叫做失当；使德行卑薄者地位尊贵，叫做错误。宁可任用君子失当，也不可错误使用小人。任用君子失当，造成的怨恨浅；错误使用小人，造成的祸患深。

　　君主所应谨慎对待的问题有四：一是标榜道德但却做不到仁，这样的人不可授予国家大权；二是见到贤者而不能谦让，这样的人不可赐予高贵的爵位；三是执行刑罚时却避开亲戚、权贵，这样的人不可让他统率军队；四是不重视农业、不注重地利，而随意征收赋税，这样的人不可让他担任地方长官。这四条要务是国家安危的根本。所以说，卿相得不到大众的拥戴，是国家的危险；大臣不和睦同心，是国家的危险；军中主帅不足以使人敬畏，是国家的危险；百姓不关心自己的生产，是国家的危险。因此，有大德而又做到仁爱，执掌国政就能得到大众的拥戴；见到贤者能够谦让，那么大臣之间就会和睦同心；执行刑罚而不避开亲戚、权贵，那么国家的威势就可以传布到邻近的敌国；重视农业，注重地利，那么百姓就会关心自己的生产。

## 七法

　　言论正确的人不能被任用，言论错谬的人不能被斥退；对有功劳的人不能奖赏，对有罪过的人不能惩罚。如此而能治理百姓的，从来没有过。言论正确的人必定被任用，言论错误的人必定被斥退；有

赏,有罪必诛。若是,治安矣。

## 五辅

古之圣王,所以取明名广誉、厚功大业、显于天下、不忘于后世,非得人者,未之尝闻也。暴主之所以失国家、危社稷、覆宗庙、灭于天下,非失人者,未之尝闻也。今有土之君,皆处欲安,动欲威,战欲胜,守欲固,大者欲王天下,小者欲霸诸侯,而不务得人,是以小者兵挫而地削,大者身死而国亡。故曰:"人不可不务也。"此天下之极也。

曰:然则得人之道,莫如利之;利之道,莫如教之。故善为政者,田畴垦而国邑实,朝廷闲而官府治,公法行而私曲止,仓廪实而囹圄空,贤人进而奸民退。其君子上忠正而下谄谀,其士民贵武勇而贱得利,其庶人好耕农而恶饮食,于是财用足而食饮薪菜饶。是故上必宽裕而有解舍,下必听从而不疾怨。上下和同而有礼义,故处安而动威,战胜而守固。

不能为政者,田畴荒而国邑虚,朝廷凶而官府乱,公法废而私曲行,仓廪虚而囹圄实,贤人退而奸民进。其君子上谄谀而下忠正,其士民贵得利而贱武勇,其庶人好饮食而恶耕农。于是财用匮而食饮薪菜乏,上弥残苟而无解舍,下愈覆鸷而不听从,上下交引而不和同。故处不安而动不威,战不胜而守

功必定奖赏,有罪必定惩罚。如此,国家就会太平安定。

## 五辅

古代的圣王,能得到盛大的名声和广泛的赞誉,建立丰功伟绩,显扬于天下,不被后代所忘记,而不是因为获得人心,这是从未听说过的。暴君之所以失去国家,危害社稷,颠覆宗庙,被天下人所灭亡,而不是因为失去人心,这也是从未听说过的。现在拥有国土的君主,都希望闲居时能安定,行动时有威严;作战能获胜,防守能坚固。实力强大的想能称王天下,实力小一点的想称霸诸侯,但他们却不致力于得到人心。因此,他们小则兵败地削,大则身死国亡。所以说,人心不可不注重,这是天下最重要的问题。

那么争取人心的方法,莫如给人民以利益;让人民得到利益的方法,莫如教化他们。所以,善于执政的人,能使田野得到开垦而城邑变得殷实,朝廷安闲无事而官府治理有方,国法推行而偏私不正之风得以禁止;粮仓充实而监狱空虚,贤人得到进用而奸民则被斥退;官吏崇尚忠诚正直而鄙视巴结奉承,军民重视威武勇猛而鄙视贪得私利,百姓欢喜务农而厌恶饮食奢靡。于是财用充足而饮食、薪柴、菜蔬丰富。因此,国君一定会宽宏大度而减免徭役,臣民一定服从而不怨恨国君,上下和睦同心而有礼义。所以国君才能闲居时安定而行动有威严,作战可得胜而防守可坚固。

不善于执政的人,使得田地荒芜而城邑空虚;朝廷险象环生而官府混乱不堪;国法废弛而偏私不正之风盛行,仓库空虚而监狱暴满,贤人隐退而奸民进用;官吏崇尚阿谀奉承而鄙视忠诚正直,士民注重贪得私利而轻视勇武,百姓喜好大吃大喝而厌恶农耕,于是财用匮乏而饮食、薪柴、菜蔬不足;国君更加残暴苛刻而不减免徭役,臣民更加刁蛮狠戾而不服从,上下互相牵制而不和睦同心。因此国君闲

不固。是以小者兵挫而地削，大者身死而国亡。以此观之，则政不可不慎也。

## 法法

闻贤而不举，殆也；闻善而不索，殆也；见能而不使，殆也；亲仁而不固，殆也；同谋而离，殆也。人主不周密，则正言直行之士危；正言直行之士危，则人主孤而无内；人主孤而无内，则人臣党而成群。使人主孤而无内，人臣党而成群者，此非人臣之罪也，人主之过也。号令已出又易之，礼义已行又止之，度量已制又迁之，刑法已措又移之，如是，则赏庆虽重，民不劝也；杀戮虽繁，民不畏也，使贤者食于能，斗士食于功。贤者食于能，则上尊而民从；斗士食于功，则卒轻患而傲敌。二者设于国，则天下治而主安矣。

凡赦者，小利而大害者也，故久而不胜其祸。无赦者，小害而大利者也，故久而不胜其福。故赦者，奔马之委辔也；无赦者，痤疽之砭石也。先王制轩冕，足以著贵贱，不求其观也；使君子食于道，小人食于力。君子食于道，则上尊而民顺；小人食于力，则财厚而养足。

凡人君之所以为君者，势也。势在下则君制于臣，势在上则臣制于君。故君臣之易位，势在下也。故曰："堂上远于

居不安乐,行动无威严,战而不胜,防而不固。所以,小则兵败失地,大则身死国亡。由此看来,国家的政事不可不慎重啊!

## 法法

听到有才德的人却不举用,国家会危险;听到有善行的人不去访求,国家会危险;见到有能力的人而不任用,国家会危险;亲近仁德之人而信心不坚定,国家会危险;共同谋事而又相背离,国家会危险。国君行事不周密,正言直行的人就会危险;正言直行的人危险,国君就会孤立而无亲信;国君孤立而无亲信,那么臣下就会结党组派。使国君孤立而无亲信,臣下结党组派,这不是臣下的罪过,而是君主的过错。号令已发出又更改,礼义已实行又废止,法度已制定又变动,刑法已实施又改变。像这样,奖赏即使丰厚,人民也不会勤勉努力;杀戮即使繁多,人民也不会畏惧。要让贤德之人靠才能享受俸禄,让战士靠功劳享受俸禄。贤德之人靠才能享受俸禄,国君就会尊贵而臣民就会顺从;战士靠功劳享受俸禄,士兵就会轻视祸患而傲视敌人。这二者实施于国家,就会天下太平而君主安乐了。

大凡赦免罪过,都是利益小而危害大的事,所以长久施行就会祸患无穷;不施行赦免,是危害小而利益大的事,所以长久施行就会获福无穷。因此,赦免罪过,就像狂奔的马丢弃了缰绳;不赦免罪过,就像患痈疽者得到了用以治病的石针。先王制定不同车服的样式,是用以显示贵贱的等级,不是为了追求美观。使君子靠行道生活,让百姓靠劳力生活。君子靠行道生活,那么君主就会尊贵而百姓就会顺从;百姓靠劳力生活,那么财用就会丰厚而给养也会充足。

大凡君主之所以能成为君主,是因为拥有权势。如果权势在臣下手里,君主就会受制于臣下;如果权势在君主手里,臣下就会受制

百里，堂下远于千里，门廷远于万里。"今步者一日，百里之情通矣；堂上有事，十日而君不闻，此所谓远于百里也。步者十日，千里之情通矣；堂下有事，一月而君不闻，此所谓远于千里也。步者百日，万里之情通矣；门廷有事，朞年而君不闻，此所谓远于万里也。故请入而不出谓之灭，出而不入谓之绝，入而不至谓之侵，出而道止谓之壅，灭绝侵壅之君者，非杜其门而守其户也，为政之有所不行也。

政者，正也。圣人明正以治国，故正者所以止过而逮不及也。过与不及，皆非正也。非正，则伤国一也。勇而不义伤兵，仁而不法伤正，故军之败也。生于不义，法之侵也；生于不正，故言有辩而非务者，行有难而非善者。故言必中务，不苟为辩；行必思善，不苟为难。

规矩者，方圆之正也。虽有巧目利手，不如拙规矩之正方圜也。故巧者能生规矩，不能废规矩而正方圜。圣人能生法，不能废法而治国。故虽有明智高行，背法而治，是废规矩而正方圜也。贤人不至谓之蔽，忠臣不用谓之塞，令之不行谓之障，禁而不止谓之逆。蔽塞障逆之君者，不杜其门而守其户

于君主。所以君臣调换位置，是因为权势在臣下手里的关系。所以说堂上有时比百里还远，堂下有时比千里还远，宫门外有时比万里还远。现在，步行者走一天，百里之内的情况就都知道了，如果朝堂上有事情，十天之后君主还不知道，这就是所谓的比百里还远；步行者走十天，千里之内的情况就都知道了，如果朝堂下有事情，一个月之后君主还不知道，这就是所谓的比千里还远；步行者走一百天，万里之内的情况就都知道了，如果宫门之外有事情，过了一年君主还不知道，这就是所谓的比万里还远。所以说，事情报入朝廷而政令不能发出称为"灭"（消失），政令发出而执行情况却不能报入朝廷称为"绝"（断绝），事情报入朝廷却不能上达君主称为"侵"（扣而不发），政令发出却在中途被阻拦称为"壅"（阻塞）。遭逢灭、绝、侵、壅这四种情况的君主，并不是因为有人堵塞了他的门，把守住了他的家，而是因为政令不能推行造成的。

  政，就是"正"。圣人显明"正"的涵义以治理国家。正，是用来防止过分和补充不足的。过分和不足，都不是"正"。不正，那么对国家的损害是一样的。勇敢却不合乎道义会损害军队，仁爱却不合乎法度会损害公正。所以，军队的失败，产生于不合乎道义；法度的破坏，产生于不合乎公正。所以言辞巧辩浮华即非正务，行为怪诞难为即非善行。所以，言辞必定要切合正务，不苟且于浮华巧辩；行为一定要考虑正确，不苟且于怪诞难为。

  圆规矩尺，是画方圆的标准。即使有明锐的眼睛和灵巧的双手，也不如粗劣的圆规矩尺能矫正方圆。所以，巧匠能制造圆规矩尺，却不能舍弃圆规矩尺来矫正方圆；圣人能制定法令，却不能废弃法令来治理国家。所以，君主即使有聪明智慧、高尚的品行，若违背法度而治理国家，就如同舍弃圆规矩尺来矫正方圆一样。贤人不来称为

也,为贤者之不至,令之不行也。

凡民从上也,不从口之所言,从情之所好也。上好勇则民轻死,上好仁则人轻财,故上之所好,民必甚焉。是故明君知民之必以上为心也。故置法以自治,立义以自正也,故上不行则民不从。是以有道之君,行法修制;公国壹民,以听于世;忠臣直进,以论其能;明君不以禄爵私所爱,忠臣不诬能以干爵禄;君不私国,臣不诬能。行此道者,虽未大治,正民之经也。

## 中匡

管仲朝,公曰:"寡人愿闻国君之信。"对曰:"民爱之,邻国亲之,天下信之,此国君之信。"公曰:"善。请问信安始而可?"对曰:"始于为身,中于为国,成于为天下。"公曰:"请问为身。"对曰:"道血气以求长年、长心、长德,此为身也;远举贤人,慈爱百姓,此为国也;法行而不苛,刑廉而不赦,此为天下也。"

## 小匡

桓公自莒反于齐,使鲍叔牙为宰,辞曰:"君有加惠于其

"蔽",忠臣不被重用称为"塞",有令而不能施行称为"障",有禁而不能制止称为"逆"。遭逢蔽、塞、障、逆这四种情况的君主,并非有人堵塞、把守他的门户,是因为贤人不来,政令不能施行的缘故。

人民顺从君主,不是顺从他口头所说的话,而是顺从他性情所喜好的。君主喜好勇敢,人民就轻视死亡;君主喜好仁德,人民就轻视财利。所以君主所喜好的,百姓必定更喜好。所以,圣明的君主知道人民必定会以君主的心意为心意,所以设立规范以自我管理,确立准则以自我规正。因此,君主不躬行,人民就不听从。所以,有道之君依法行事,修订制度,以公治国,统一民心,来处理天下政务;让忠臣能通过正常途径求得进用,以此来评定他的能力。明君不因私心而把爵禄授予所喜爱的人,忠臣不虚夸其才来求取爵禄。君主不以私心治国,臣子不虚夸其才,能实行这个办法,即使国家未能达到大治,也可以成为端正人民行为的准则。

## 中匡

管仲上朝,桓公说:"我希望听听关于国君信用的话题。"管仲回答说:"人民爱戴他,邻国亲附他,天下人都信任他,这就是国君的信用。"桓公说:"好。请问从哪里开始做才可以呢?"管仲回答说:"先从修养自身开始,进而治理国家,最后成于治理天下。"桓公说:"请问如何修身?"管仲回答说:"调理血气,以求寿命长久、修养身心、提高德行,这就是修身;选拔与自己疏远的贤才,慈爱百姓,这就是治国;法律实施而不严苛,刑罚简少而不妄赦,这就是治理天下了。"

## 小匡

桓公从莒国返回齐国即位,任命鲍叔牙为宰相。鲍叔牙推辞

臣,使臣不冻馁,则是君之赐也。若必治国家,则非臣之所能也,其唯管夷吾乎。臣之所不如管夷吾者五:宽惠爱民,臣不如也;治国不失柄,臣不如也;忠信可结于诸侯,臣不如也;制礼义可法于四方,臣不如也;介胄执枹,立于军门,使百姓皆加勇,臣不如也。夫管子,民之父母也。将欲治其子,不可以弃其父母。"公曰:"管夷吾亲射寡人中钩,殆于死。今乃用之,可乎?"鲍叔曰:"彼为其君也。君若宥而反之,其为君亦犹是也。"公使人请之鲁,囚管仲以与齐。桓公亲迎之郊,遂与归,礼之于庙而问为政焉。

管仲相三月,请论百官。公曰:"诺。"管仲曰:"升降揖让,进退闲习,臣不如隰朋,请立以为大行;辟土聚粟,尽地之利,臣不如宁戚,请立以为大司田;平原广牧,车不结辙,士不旋踵,鼓之而三军之士视死如归,臣不如王子城父,请立以为大司马;决狱折中,不杀不辜,不诬无罪,臣不如宾胥无,请立以为大司理;犯君颜色,进谏必忠,不避死亡,不挠贵富,臣不如东郭牙,请立以为大谏之官。此五子者,夷吾一不如。然君若欲治国强兵,则五子者存。若欲霸王,夷吾在此。"桓公曰:"善。"

## 霸形

桓公在位,管仲、隰朋见。立有间,有贰鸿飞而过之。桓

说:"君主有嘉惠于臣,让臣免于饥寒,就是君主的恩赐了。如果一定要让臣治理国家,就不是臣所能做到的了,大概只有管夷吾可以。臣不如管夷吾的地方有五个:宽厚慈惠,仁爱百姓,臣不如他;治理国家不失大权,臣不如他;忠信可以结交于诸侯,臣不如他;制定礼仪可以使四方效法,臣不如他;披甲戴盔,手执鼓槌,立于军门,使百姓都能增加勇气,臣不如他。管仲,好比是人民的父母。您想要治理子女,就不可以抛弃他们的父母。"桓公说:"管夷吾亲自用箭射中了寡人的带钩,寡人险些丧命,现在却任用他,可以吗?"鲍叔说:"他是为了他的君主才那样做的。您如果赦免其罪并使他返回齐国,他为您也会是这样的。"桓公派人到鲁国去请管仲。于是鲁国用囚车把管仲送回齐国,桓公亲自到郊外去迎接,然后和管仲同回,在庙堂上以礼相见,并向管仲请教为政之道。

管仲为相三个月时,请求向桓公评议百官。桓公说:"好的。"管仲说:"升降台阶、宾主揖让,进退举止,娴熟从容,臣不如隰朋,请立他为'大行';开垦土地、积聚粮食,尽力开发地利,臣不如宁戚,请立他为'大司田';在平坦的原野、广袤的牧地(此指战场)上,战车不停息、士卒不退却,击鼓而使三军将士视死如归,臣不如王子城父,请立他为'大司马';决断狱讼,使判刑适中,不错杀无辜者,不诬陷无罪者,臣不如宾胥无,请立他为'大司理';敢冒犯君主的尊严,进谏必定忠诚,不避死亡,不屈从于富贵,臣不如东郭牙,请立他为大谏之官。这五个人,臣一个也比不上。然而您如果想治国强兵,用这五个人就够了;如果想成就霸王之业,有我夷吾在此。"桓公说:"好!"

## 霸形

桓公在朝,管仲、隰朋进见。站了一会儿,有两只鸿鹄飞过,桓

公叹曰："今彼鸿鹄有时而南，有时而北，四方无远，所欲至焉。寡人之有仲父，犹飞鸿之有羽翼也，若济大水有舟楫也。仲父不壹言教寡人乎？"管子对曰："君若将欲霸王举大事乎？则必从其本事矣。"桓公曰："敢问何谓其本？"管子对曰："齐国百姓，公之本也。民甚忧饥，而税敛重；民甚惧死，而刑政险，民甚伤劳而上举事不时。轻其税敛，则民不忧饥；缓其刑政，则民不惧死；举事以时，则民不伤劳。"桓公曰："寡人闻命矣。"

## 霸言

夫明王之所轻者马与玉，其所重者，政与军。然轻与人政而重与人马，轻与人军而重与人玉，重宫门之营而轻四境之守，其所以削也。圣人能辅时，不能违时；智者善谋，不如当时。精时者，日少而功多。夫谋无主则困，事无备则废。是以圣王务具其备，而慎守其时；以备待时，以时兴事；德利百姓，威振天下；令行而不咈，近无不服，远无不听。

## 戒

管仲复于桓公曰："任之重者莫如身，涂之畏者莫如口，期之远者莫如年。以重任行畏涂至远期，唯君子为能及矣。"

公叹息道:"那些鸿鹄有时飞向南,有时飞向北,四方无论多远,想到哪里就能飞到哪里。我有仲父,就像飞鸿有翅膀、渡大河有舟船一样。仲父难道不发一言来教导我吗?"管子回答说:"国君想要成就霸王之业的大事吗?那就一定得从根本之事做起。"桓公问道:"请问什么是根本?"管子回答说:"齐国的百姓,是您的根本。人民很担心挨饿,而赋税沉重;人民很畏惧死亡,而刑法政令凶险严苛;人民疲于劳役,而国君举事没有定时。如果您减轻赋税,人民就不担心挨饿;宽缓刑政,人民就不怕动辄死罪;举事有时,人民就不会疲于劳役。"桓公说:"寡人接受您的教诲。"

## 霸言

英明的君王所轻视的是宝马与美玉,所重视的是政事与军队。然而,轻于把政事交给他人,却重视赐人宝马;轻于把军队交给他人,却重视赠人美玉;重视宫门的营建,而轻视边境的防守,这就是国家削弱的原因。圣人能顺应时势,而不能违背时势;智者善于谋划,也不如适合时宜。善于把握时机的人,费时少而功效多;谋划没有主见就会困惑,办事没有准备就会荒废。所以圣王努力地做好准备,谨慎地守候时机;用充分的准备来等待时机,以有利的时机来兴办事业。恩德惠及百姓,声威震慑天下,政令推行,无人敢违抗,近国无不服从,远地无不听命。

## 戒

管仲又对桓公说:"责任再重大也比不上身体重要,路途再险恶比不上人言可畏,时间再长远比不上年代久远。担负着重大的责任,行进于险恶的路途,长期坚持,只有君子才能够做到。"

## 君臣

国之所以乱者四：内有疑妻之妾，此宫乱也；庶有疑嫡之子，此家乱也；朝有疑相之臣，此国乱也；任官无能，此众乱也。四者无别，主失其体，群官朋党，以怀其私，则失强族矣。故妻必定，子必正，相必直立以听，官必忠信以敬。

## 小称

管子曰："身不善之患，无患人莫己知。民之观也察矣，不可遁逃。故我有善则立誉我，我有过则立毁我。当人之毁誉也，则莫归问于家矣。故明王有过，则反之于身；有善，则归之于民。有过而反之身，则身惧；有善而归之民，则民喜。往喜民，来惧身，此明王之所以治民也。今夫桀纣则不然，有善则反之于身，有过则归之于民。有过而归之于民，则民怒；有善而反之于身，则身骄。往怒民，来骄身，此其所以失身也。可无慎乎？"

管仲有病，桓公往问之曰："仲父之病，病矣。若不可讳，将何以诏寡人？"管仲对曰："臣愿君之远易牙、竖刁、堂巫、公子开方。夫易牙以调味事公，公曰'唯烝婴儿之未尝也'，于是烝其首子而献之公。人情非不爱其子也，于子之不爱，将何

## 君臣

　　国家之所以动乱的原因有四点：宫内有与正妻地位相当的宠妾，这是宫廷动乱的原因；庶子中有与嫡子地位相当的，这是家中动乱的原因；朝廷中有权力与宰相相当的宠臣，这是国家动乱的原因；所任用的官吏没有才能，这是百官动乱的原因。对这四种情况不能识别，君主就会有失体统；群臣结为朋党，各怀私心，君主就会失去宗族的支持。所以，嫡妻必须要确定，嫡子必须要正名，宰相必须正直以听政，百官必须忠信以敬业。

## 小称

　　管子说："只怕自身的行为不善，而不怕别人不了解自己。人民的观察是细致的，凡事逃不过人民的眼睛。因此，我有善行，人民就会马上称赞我；我有过错，人民就会马上指责我。面对人民的称赞和指责，就不必再回去问家人了。所以圣明的君王有过错，就归过于自身；有善行，就归功于人民。有过错而归过于自身，自身就会戒惧；有善行而归功于人民，人民就会喜悦。善行归于人民而使人民高兴，过错归于自己而使自己戒惧，这就是明君能治理百姓的原因。至于桀、纣就不是这样，有了善行就归功于自己，有了过错就归罪于人民。有过错而归罪于人民，人民就怨怒；有善行而归功于自己，自己就骄傲。过错归于人民而使人民怨怒，善行归于自己而使自己骄傲，这就是他们身死国亡的原因。能不慎重对待吗？"

　　管仲有病，桓公前去探问，说："仲父的病变重了，如果万一发生不幸，您可有什么话要告诉我吗？"管仲回答说："臣希望您疏远易牙、竖刁、堂巫、公子开方。易牙以烹饪来侍奉您，您说：'唯有蒸婴儿的味道不曾尝过。'于是易牙就蒸了他的长子献给您。就人之常情来说，人没有不爱自己儿子的，易牙对自己的儿子都不爱，怎么会

有于公？公喜宫而妒，竖刁自刑而为公治内。人情非不爱其身也，于身之不爱，将何有于公？公子开方事公十五年，不归视其亲。于亲之不爱，焉能有于公？"桓公曰："善。"

管仲死，已葬，公憎四子者废之。逐堂巫而苛病起，逐易牙而味不至，逐竖刁而宫中乱，逐公子开方而朝不治。桓公曰："嗟！圣人固有悖乎？"乃复四子者。处期年，四人作难，围公一室，十日不通。公曰："嗟！死者无知则已，若有知，吾何面目以见仲父于地下？"乃援素幭以裹首而绝。死十一日，虫出于户，葬以扬门之扇，以不终用贤也。

桓公、管仲、鲍叔牙、宁戚四人饮。饮酣，桓公谓叔牙曰："盍不起为寡人寿乎？"叔牙奉杯而起曰："使公无忘出而在于莒，使管仲无忘束缚在于鲁也，使宁戚无忘饭牛车下也。"桓公避席再拜曰："寡人与二大夫，能无忘夫子之言，则国之社稷必不危矣。"

## 治国

凡治国之道，必先富民。民富则易治也，民贫必难治，奚以知其然也。民富则安乡重家，安乡重家则敬上畏罪，敬上畏罪则易治也。民贫则危乡轻家，危乡轻家则敢凌上犯禁，凌上犯禁则难治也。故曰："治国常富而乱国必贫。"是以善为国

爱您呢？您喜爱后宫嫔妃而她们却相互妒忌，竖刁就自施宫刑来替您管理内宫。就人之常情来说，人没有不爱自己身体的，竖刁对自己的身体都不爱，怎么会爱您呢？公子开方侍奉您十五年，未曾回家探望父母，他连父母都不爱，怎么会爱您呢？"桓公说："好。"

　　管仲去世，殡葬之后，桓公憎恶这四个人，并罢免了他们的官职。但驱逐了堂巫，桓公就生起病来；驱逐了易牙，许多美味就吃不到；驱逐了竖刁，内宫就变得秩序混乱；驱逐了公子开方，朝政就得不到治理。桓公说："啊！圣人原来也有谬误之处呀！"于是恢复了四人的官职。过了一年，四人作乱，把桓公拘禁在一间房子里，十天不能与外界沟通。桓公说："唉！死了没有知觉就罢了，如果有知，我有什么面目到地下去见仲父呢？"于是就拿白头巾包住头自绝而死。死后十一天，尸虫爬出户外，人们才知道桓公死了，遂用扬门的门板草草收葬了尸体。这都是因为他不能始终如一地听从贤人的话啊！

　　当初，桓公、管仲、鲍叔牙、宁戚四人一起饮酒。饮到尽兴之时，桓公对鲍叔牙说："为什么不起身为我祝福呢？"鲍叔牙捧杯起身说："希愿您不要忘记出逃莒国的时候，希望管仲不要忘记被囚禁在鲁国的时候，希望宁戚不要忘记在车下喂牛的时候。"桓公离席起身，对鲍叔牙拜了又拜，说："寡人和两位大夫能够不忘记先生的话，那么国家社稷就必定没有危险了。"

## 治国

　　凡治国的方法，一定要先让百姓富裕。百姓富裕就容易治理，百姓穷困就难以治理。怎么知道会是这样呢？百姓富裕就会安于本土而重视家庭。百姓安于本土而重视家庭，就会尊敬上级而畏惧罪刑。人们尊敬上级、畏惧罪刑，国家就容易治理。人民穷困就不会

者,必先富民,然后治之。昔者,七十九代之君,法制不壹,号令不同,然俱王天下者,何也?必国富而粟多也。夫富国多粟,生于农,故先王贵之。凡为国之急者,必先禁末作文巧;末作文巧禁,则民无所游食;民无所游食,则必农,民事农则富。

先王者善为民除害兴利,故天下之民归之。所谓兴利者,利农事也;所谓除害者,禁害农事也。国富则安乡家,安乡家则虽变俗易习,驱众移民,至于杀之,而不怨也。民贫则轻家易去,轻家易去,则上令不能必行;上令不能必行,则禁不能必止;禁不能必止,则战不必胜,守不必固矣。夫令不必行,禁不必止,战不必胜,守不必固,命之曰"寄生之君",此由不利农少粟之害也。粟者,王者之本事也,人主之大务,治国之道也。

## 桓公问

齐桓公问管子曰:"吾念有而勿失,得而勿忘,为之有道

安于本土而轻视家庭。人民不安于本土而轻视家庭，就敢于凌侮尊长、违反禁令。人们凌侮尊长、违反禁令，国家就难以治理。所以安定太平的国家常常是富裕的，动乱不安的国家常常是贫穷的。因此，善于治国者，一定要先让人民富裕，然后再治理国家。从前，七十九代的君主，法令制度并不一致，号令也不相同，然而都能称王于天下，为什么呢？一定是国富而粮多的缘故。国富、粮多来源于农业，所以先王重视农业。大凡治国的当务之急，必定先要禁止工商业中奢侈品的生产与经销。奢侈品的生产和经销被禁止，人们就无法游荡求食，人们无法游荡求食就必然会从事农业生产，人民都去从事农业生产，国家就富裕了。

先王善于为民除害兴利，所以天下百姓归附他。所谓兴利，就是做有利于农业生产之事；所谓除害，就是禁止危害农业生产的事。国家富裕，人民就会安于乡土（重视）家庭。人民安于乡土（重视）家庭，即使改变其风俗习惯，使民众听从驱使，迁移百姓，甚至处死，人民也不会怨恨。人民贫困，就会轻视家庭，容易离家出走；百姓轻视家庭而容易离家出走，国君的政令就不一定能执行；国君的政令不一定能执行，所禁止的事就不一定能被制止；所禁止的事不一定能被制止，那作战就不能必胜、防守就不能必固了。政令不能必行，禁止之事不能必止；作战不能必胜，防守不能必固，这样的君主就被称为"寄生之君"。这都是由于不实行利农政策、缺少粮食造成的危害。生产粮食，是成就王业的根本，是国君的要务，是治国的方法准则。

## 桓公问

齐桓公问管仲说："我想拥有天下而不失去，得到权力而不丧

乎?"对曰:"勿创勿作,时至而随,无以私好恶害公正,察民所恶以自为戒。黄帝立明台之议,尧有衢室之问,舜有告善之旌,禹立谏鼓于朝,汤有总街之庭,以观民诽也。此古圣帝明王所以有而勿失,得而勿忘者也。"

## 形势解

人主之所以令则行,禁则止者,必令于民之所好,而禁于民之所恶也。民之情莫不欲生而恶死,莫不欲利而恶害也。故上令于生利人则令行,禁于杀害人则禁止矣。令之所以行者,必民乐其政也,而令乃行。故曰"贵有以行令也"。

人主之所以使下尽力而亲上者,必为天下致利除害也。故德泽加于天下,惠施厚于万物,父子得以安,群生得以育。故万民欢尽其力而乐为上用,入则务本疾作,以实仓廪;出则尽节死敌,以安社稷;虽劳苦卑辱,而不敢告也。民利之则来,害之则去,民之从利也,如水之走下,于四旁无择也。故欲来民者,先起其利,虽不召而民自至;设其所恶,虽召之而民不可来也。莅民如父母,则民亲爱之。导之纯厚,遇之有实,虽不言曰"吾亲民",而民亲矣。莅民如仇雠,则民疏之;导之不厚,遇之无实,虽言曰"吾亲民",民不亲也。

失,做到这一点有方法吗?"管仲回答说:"不要标新立异,时机来临就随之行事;不要以个人的好恶来损害公正,了解人民所讨厌的事,以便自己引以为戒。黄帝建立了明台的议政制度,尧帝设有衢室的谘询制度,舜帝设有奖励人们进谏的旌旗,夏禹在朝廷上设立进谏之鼓,商汤设有通途大道旁的亭舍,用来了解百姓的批评意见。这就是古代圣君贤王所以拥有天下而不失去、得到权力而不丧失的方法。"

## 形势解

国君之所以能够做到有令则行、有禁则止,其所命令的一定符合百姓所喜好的,而所禁止的也正符合人民所讨厌的。人之常情是没有不希望生存而畏惧死亡的,没有不希望得到利益而惧怕灾害的。所以,国君的政令旨在使人生存、得到利益,就能有令则行;所禁止的旨在防止人们被杀和受害,就能有禁则止。命令所以能够贯彻执行,一定是百姓欢喜君主的政治,因而政令才能够推行。所以说:"贵在命令能够贯彻执行(此指受到百姓欢迎)。"

国君所以能使臣民尽心尽力而亲附君上的原因,一定是因为他能为天下谋利益、除祸害。所以,他的恩德施加于天下,施惠厚及于万物,使人们父子得以安乐、众生得以繁育。因此,万民欢喜而竭尽其力,乐于为君主所用。百姓在家时就从事农耕、努力劳作,以充实粮仓;在外(作战)时就尽节杀敌、拼死战斗,以安定国家。即使劳苦卑辱,也绝无怨言。人民,有利于他们就会来,有害于他们就离去。人民逐利,像水往低处流一样,对四方没有选择。所以,要使民众前来,先兴办对其有利之事,即使不呼唤,民众也会自动到来。假使做他们所讨厌的事,即使召请他们,民众也不会来。治理百姓像父母对待儿女一样,百姓就会亲近爱戴他。用纯厚之德来引导百姓,用实际利益来对待百姓,即使口中不说"我爱人民",而人民也会亲近他。

圣人择可言而后言，择可行而后行。偷得利而后有害，偷得乐而后有忧者，圣人不为也。故圣人择言必顾其累，择行必顾其忧。

圣人之求事也，先论其理义，计其可否。故义则求之，不义则止；可则求之，不可则止。故其所得事者，常为身宝。小人之求事也，不论其理义，不计其可否，不义亦求之，不可亦求之。故其所得事者，未尝为赖也。故曰"必得之事不足赖也"。

人主者，温良宽厚，则民爱之；整齐严庄，则民畏之。故民爱之则亲，畏之则用。夫民亲而为用，主之所急也。故曰"且怀且威，则君道备矣"。

人主能安其民，则民事其主，如事其父母，故主有忧则忧之，有难则死之。人主视民如土，则民不为用，主有忧则不忧，有难则不死。故曰"莫乐之则莫哀之，莫生之则莫死之"。

民之所以守战至死而不衰者，上之所以加施于民者厚

治理百姓像对待仇敌一样，百姓就会疏远他。不以纯厚之德引导百姓，对待百姓没有实际利益，即使口中声称"我爱人民"，人民也不会亲近他。

圣人选择可以说的话，然后才说；选择可以做的事，然后才做。只图眼前得到利益而将来会有祸害、只图眼前得到快乐而将来会有忧患的事，圣人是不会做的。所以，圣人选择说什么话，一定会考虑到它可能造成的麻烦；选择做什么事，一定会考虑到它可能带来的忧患。

圣人选择要做的事，先考察它是否合乎理义，考虑它是否可行。合乎理义就去做，不合乎理义就不做；可行就去做，不可行就不去做。所以他所办成的事情，常常会成为自身宝贵的经验。小人选择做事，不考察它是否合乎理义，不考虑它是否可行。不合乎理义也去做，不可行也去做。所以，他所办成的事情，未必能作为依靠。所以说："一定能做到的事，是不足信赖的。"

君主温和善良、宽大厚道，那么人民就爱戴他；君主号令整齐、严肃庄重，那么人民就敬畏他。所以，人民爱戴他就亲近他，敬畏他就会为他所用。人民亲近又能为君主所用，正是君主所急需的。所以说："（人民对君主）又怀念又敬畏，那么为君之道就完备了。"

君主能使他的人民安乐，那么人民侍奉他们的君主，就像侍奉自己的父母一样。因此，君主有忧虑，人民就为他分忧；君主有危难，人民就为他效死。君主看待人民如泥土，那么人民就不愿为其所用。君主有忧虑，人民不肯为他分忧；君主有危难，人民也不肯为他效死。所以说："君主不能使人民安乐，人民就不会为他分忧；君主不能使人民生存，人民就不会为他效死。"

百姓之所以防守、攻战至死而斗志不衰，是因为君主施于百姓

也。故上施厚则民之报上亦厚,上施薄则民之报上亦薄。故薄施而厚责,君不能得于臣,父不能得于子。

民之从有道也,如饥之先食也,如寒之先衣也,如暑之先阴也。故有道则民归之,无道则民去之。故道在身则言自顺,行自正,事君自忠,事父自孝,遇人自理。天之道满而不溢,盛而不衰。明主法象天道,故贵而不骄,富而不奢。故能长守富贵,久有天下而不失也。故曰"持满者与天"。

明主救天下之祸,安天下之危者也,必待万民之为用也,而后能为之,故曰"安危者与人"。地大国富,民众兵强,此盛满之国也。虽已盛满,无德厚以安之,无度数以治之,则国非其国,而民非其民也。故曰"失天之度,虽满必涸"。臣不亲其主,百姓不信其吏,上下离而不和,故虽自安,必且危之。故曰"上下不和,虽安必危"。

古者,三王五伯,皆人主之利天下者也,故身贵显而子孙被其泽。桀、纣、幽、厉,皆人主之害天下者也,故身困伤而子孙蒙其祸。故曰:"疑今者察之古,不知来者视之往。"

的恩惠丰厚的缘故。所以,君主对百姓施恩丰厚,那么百姓对君主的回报也丰厚;君主对百姓施恩微薄,那么百姓对君主的回报也微薄。所以施惠少而索取多,君主就不能从臣下那里得到什么,父亲也不能从儿子那里得到什么。

人民追随有道之君,就像饥饿时抢先吃饭、寒冷时抢先穿衣、暑热时抢先避荫。所以,君主有道,人民就归附他;无道,人民就背离他。所以,只要道在于自身,那么言语自会顺理,行为自会端正,侍奉君主自会忠诚,侍奉父亲自会孝顺,待人接物自然合乎情理。天之道,是盈满而不外溢,长盛而不衰败。贤明的君主效法天道行事,所以尊贵而不骄傲、富裕而不奢侈,因此能长久地保有富贵,长久拥有天下而不失去。所以说:"能保持满而不溢者,则与天道相合,故得天助。"

贤明的君主,是拯救天下灾祸、安定天下危机的人。(要做到这一点)必须依靠百姓能为他所用,而后才能做到。所以说:"安定危难者,要与民心相合。"土地广大、国家富尝、人口众多、军队强盛,这是殷实富足的国家。虽然已经殷实富足,君主若是没有仁厚之德来安定它,没有法度规则来治理它,那么国家就将不是他的国家,人民也就不是他的人民了。所以说:"违背自然的法则,虽一时盈满,后必干涸。"臣下不亲近他们的国君,百姓不相信他们的官吏,上下离心不相和睦,虽然自认为安定,也必将走向危亡。所以说:"上下不和,虽一时安定,也必将危亡。"

古代的三王、五伯,都是君主中有利于天下的人,所以自身显贵而子孙蒙受其恩泽;夏桀、商纣、周幽王、周厉王,都是君主中危害天下的人,所以自身困窘受损,而子孙蒙受其灾祸。所以说:"对当今有怀疑的,可以监察古代;对未来不明白的,可以查看以往。"

古者，武王地方不过百里，战卒之众不过万人，然能战胜攻取，立为天子，而世谓之圣王者，知为之术也。桀、纣贵为天子，富有海内，地方甚大，战卒甚众，然而身死国亡，为天下戮者，不知为之术也。故能为之，则小可以为大，贱可以为贵；不能为之，则虽为天子，人犹夺之。

明主度量人力之所能为而后使焉，故令于人之所能为则令行，使于人之所能为则事成。乱主不量人力，令于人之所不能为，故其令废；使于人之所不能为，故其事败。夫令出而废，举事而败，此强不能之罪也。

明主不用其智而任圣人之智，不用其力而任众人之力，故以圣人之智思虑者，无不知也；以众人之力起事者，无不成也；能自去而因天下之智力起，则身逸而福多。乱主独用其智而不任圣人之智，独用其力，而不任众人之力，故其身劳而祸多。故曰："独任之国，劳而多祸。"

明主者，人未之见，而皆有亲心焉者，有使民亲之之道也。故其位安而民往之。故曰："未之见而亲焉，可以往矣。"

人主出言不逆于民心，不悖于理义，其所言足以安天下者也。人唯恐其不复言也。出言而离父子之亲，疏君臣之道，害天下之众，此言之不可复者也。故明君不言也。

从前，周武王的领土不过方圆百里，士卒的人数不过万人，然而战则能胜、攻则能取，最终成为天子，被世人称为圣王，这是因为他懂得治理天下的方法。夏桀、商纣贵为天子，富有海内，地方很大，士兵很多，然而却身死国亡，被天下人羞辱，这是因为他们不懂得治理天下的方法。所以，能治理天下，弱小的可以变为强大，卑贱的可以变为尊贵；不能治理天下，即使身为天子，别人也能夺取他的地位。

　　贤明的君主衡量人们的力量能够达到，然后再去役使他们。所以命令人们去做力所能及的事，命令就能执行；役使人们去做力所能及的事，事情就能成功。昏乱的君主不衡量人们的力量，命令人们去做力所不及的事，所以命令会废弛；役使人们去做力所不及的事，所以事情会失败。令出而废弛，做事而失败，这是强为不可为之事的过错。

　　贤明的君主不靠自己的智慧，而用圣人的智慧；不靠自己的力量，而用众人的力量。所以凭借圣人的智慧来思考问题，就没有不明白的；用众人的力量来做事，就没有不成功的。能够自己解脱而依靠天下人的智慧和力量来兴起，就会自身安逸而多福。昏乱君主只靠自己的智慧，而不用圣人的智慧；只靠自身的力量，而不用众人的力量。所以他自身烦劳而多祸。所以说："君主自以为是、独断专行的国家，劳苦不堪而多祸端。"

　　贤明的君主，在人们还没有见到他时就有亲爱之心，是因为他有使百姓亲近他的办法。因此，他的地位安稳而百姓都来归附。所以说："对那还未见面就想亲近他的君主，可以去投奔。"

　　君主讲话不违背民心，不违背理义，他所讲的话就足以安定天下，人们唯恐他不再多讲。如果所讲之话会离间父子的亲情，疏远君臣的关系，危害天下的百姓，这种话是不能重复的，所以贤明的君主

人主身行方正，使人有理，遇人有礼，行发于身，而为天下法式者，人唯恐其不复行也。身行不正，使人暴虐，遇人不信，行发于身，而为天下笑者，此不可复之行也。故曰："行而不可再者，君不行也。"

言之不可复者，其言不信也；行之不可再者，其行暴贼也。故言而不信，则民不附；行而暴贼，则天下怨。民不附，天下怨。此灭亡之所从生也，故明主禁之。故曰："凡言行之不可复者，有国者之大禁也。"

## 板法解

治国有三器，乱国有六攻。明君能胜六攻而立三器，故国治；不肖君不能胜六攻而立三器，故国不治。三器者何也？曰：号令也，斧钺也，禄赏也。六攻者何也？曰：亲也，贵也，货也，色也，巧佞也，玩好也。三器之用何也？曰：非号令无以使下，非斧钺无以威众，非禄赏无以劝民。六攻之败何也？曰：虽不听而可以得存，虽犯禁而可以得免，虽无功而可以得富。夫国有不听而可以得存者，则号令不足以使下；有犯禁而可以得免者，则斧钺不足以威众；有无功而可以得富者，则禄赏不足以劝民。号令不足以使下，斧钺不足以威众，禄赏不足以劝民，则人君无以自守也。

决不会说。

　　君主品行端正,用人有其道理,待人有其礼节,自身的行为举止可以成为天下人的榜样,百姓唯恐他不再这样做。如果自身行为不端正,役使百姓凶狠残暴,待人不讲诚信,其行为举止被天下人所耻笑,这是不可以重复做的行为。所以说:"不可以重复做的行为,君主不做。"

　　不可以重复说的话,这种话就是不诚信的;不可以重复做的行为,这种行为就是残暴的。因此,说话不讲诚信,百姓就不会归附;行为残酷暴虐,天下就会怨恨。百姓不归附,天下有怨恨,这就是国家灭亡之所以发生的原因。所以贤明的君主禁忌这种言行。所以说:"凡是那种不可重复的言行,都是君主最大的禁忌。"

## 板法解

　　安定的国家有"三器",混乱的国家有"六攻"。贤明的君主能制服"六攻"而确立"三器",所以国家太平;不肖的君主不能制服"六攻"而确立"三器",所以国家不太平。"三器"是什么呢?就是号令、斧钺、禄赏。"六攻"是什么呢?就是亲信、权贵、财宝、女色、巧言谄媚之人、珍奇玩赏之物。"三器"的作用是什么?回答说:"没有号令就没办法役使臣民,没有斧钺刑罚就没办法威慑民众;没有俸禄奖赏就没办法鼓励百姓。"六攻的害处是什么?回答说:"即使不听号令也可得以存在,即使违犯禁律也可得以免刑,即使没有功劳也可得到财富。"国家有不听号令而可得以保全的现象,号令就不能驱使臣下,有违犯禁律而可得以免刑的现象,斧钺刑罚就不能威慑民众;有没有功劳而可以得到财富的现象,俸禄奖赏就不能鼓励百姓。如果号令不能驱使臣下,斧钺刑罚不能威慑民众,俸禄奖赏不能鼓励百姓,那么君主就没有办法保全自己的地位了。

## 明法解

明主者，审于法禁而不可犯也，察于分职而不可乱也。故群臣不敢行其私，贵臣不得蔽贱，近者不得塞远；孤寡老弱，不失其职，此之谓治国。故曰："所谓治国者。主道明也。"

法度者，主之所以制天下而禁奸邪也；私意者，所以生乱长奸而害公正也。故法度行则国治，私意行则国乱。明主虽心之所爱而无功者弗赏也，虽心之所憎而无罪者弗罚也。案法式而验得失，非法度不留意焉。故曰："先王之治国也。不淫意于法之外。"

明主之治国也，案其当宜，行其正理。其当赏者，群臣不得辞也；其当罚者，群臣弗敢避也。夫赏功诛罪者，所以为天下致利除害也。草茅弗去，则害禾谷；盗贼弗诛，则伤良民。夫舍公法而行私惠，则是利奸邪而长暴乱也；行私惠而赏无功，则是使民偷幸而望于上也；行私惠而赦有罪，则是使民轻上而易为非也。夫舍公法，用私惠，明主弗为也。故曰"不为惠于法之内"。

权衡者，所以起轻重之数也。然而人弗事者，非心恶利也，权不能为之多少其数，而衡不能为之轻重其量也。人知事权衡之无益，故弗事也。故明主在上位，则官不得枉法，吏不得为私，民知事吏之无益。故货财不行于吏，权衡平正而待物，故奸诈之人不得行其私。故曰："有权衡之称者。不可欺

## 明法解

贤明的君主,明悉于法律禁令,于是禁令不可违犯;详察于百官职分,于是职分不容紊乱。因此,群臣不敢行私舞弊,贵臣不能埋没地位低下的人才,近臣不能阻隔远离朝廷者,孤寡老弱不会失去日常的供养。这就是安定、太平的国家。因此说:"所谓安定、太平的国家,是因为君主治国之道英明。"

法度,是君主用来控制天下、禁止奸邪的;私心,是滋生祸乱、助长奸邪而危害公正的根源。所以,法度畅行则国家太平,私意盛行则国家混乱。贤明的君主对于自己心中喜爱却无功劳之人,也不予奖赏;对于自己心中憎恶却无罪过之人,也不加惩罚。按照法规制度来检验功过得失,不合法度之事则不去留意。所以说:"先王治理国家,不放纵其心于法度之外。"

贤明的君主治理国家,依据事物恰当适宜的原则,按照正确的道理行事。应当赏赐的,群臣不得推辞;应当惩罚的,群臣不敢逃避。赏功罚罪,是用来为天下兴利除害的。杂草不锄掉,就会危害禾苗;盗贼不惩罚,就会伤害良民。如果舍弃国法而施行私惠,就是利于奸邪而助长暴乱;施行私惠而奖赏无功者,就是使人民苟且侥幸而怨恨君主;施行私惠而赦免有罪的人,就是使人民轻视君主而容易去做坏事。舍弃国法而施用私惠,明君是不会做的。所以说:"不在法度之内另行私人恩惠。"

秤锤秤杆,是用来显示轻重的数量的。然而,人们不侍奉它,并不是因为心中不喜欢利益,而是因为秤锤不能为人们增多或减少称量的数值,秤杆不能为人们减轻或加重称量的数量。人们知道侍奉秤锤秤杆是没有利益的,所以不侍奉它。因此,贤明的君主居于上位,官员就不能枉法,官吏就不能行私。百姓知道侍奉官吏没有利

以轻重也。"

尺寸寻丈者，所以得短长之情也。故以尺寸量短长，则万举而万不失矣。是故尺寸之度，虽富贵众强，不为益长；虽卑辱贫贱，弗为损短，公平而无所偏，故奸诈之人弗能误也。故曰："有寻丈之数者，不可差以长短。"

凡所谓忠臣者，务明法术，日夜佐主明于度数之理以治天下者也；奸邪之臣，知法术明之必治也，治则奸臣困而法术之士显。是故奸邪之所务事者，使法无明，主无瘖，而己得所欲也。故方正之臣得用，则奸邪之臣困伤矣。是方正之与奸邪，不两进之势也。奸邪之在主之侧者，不能勿恶之，惟恶之则必候主间而日夜危之。人主弗察而用其言，则忠臣无罪而困死，奸臣无功而富贵。故曰："忠臣死于非罪，而邪臣起于非功。"

富贵尊显，久有天下，人主莫弗欲也；令行禁止，海内无敌，人主莫弗欲也；蔽欺侵陵，人主莫不恶也；失天下，灭宗庙，人主莫不恶也。忠臣之欲明法术，以致主之所欲，而除主之所恶者也。奸臣之擅主也，有以私危之，则忠臣无从进其公正之数矣。故曰："所死者非罪，所起者非功，然则为人臣

益,所以就不用财物去贿赂官吏。能做到像秤锤秤杆一样公平正直地对待他人,那么奸诈的人就不能营私舞弊了。所以说:"有秤锤秤杆的称量,就无法在轻重上欺骗人。"

尺、寸、寻、丈这些长度单位,是用来量出长短的情况的。所以,用尺寸去量长短,就是量一万次也不会有一次相差。所以,尺寸的计量,即使是面对富裕显贵、人多势盛者,也不会为他而增长;即使是面对卑微屈辱、贫穷下贱者,也不会为他而减短。能做到像尺寸一样公平而无所偏私,那么奸诈之人就不能妄言骗人了。所以说:"有了寻、丈的计量,就不会在长短上出差错。"

凡是所谓的忠臣,必是通晓法令政策、日夜辅佐国君而使其明白法规制度的道理,以便治理天下的人。奸邪之臣知道法令政策修明则国家必会安定,国家安定则奸臣就会陷入困境,而通晓法令政策的人就会尊显。所以,奸邪之人所努力做的事,是使法度不修明、君主不觉悟,而自己就能为所欲为了。因此,品行正直的臣子得到进用,那么奸邪之臣就会困窘而受损了。这就是正直之臣与奸邪之臣不能同时进用的形势。奸邪之臣在君主身边,就不能不憎恶正直之臣;既然憎恶,就必会窥伺君主与正直之臣有嫌隙时而日夜进言危害。如果君主不能明察而听用其言,忠臣就会无罪而被迫害至死,奸臣就会无功而得到富贵。所以说:"忠正之臣往往死于无罪,奸诈之臣往往兴起于无功。"

富贵尊显、长久地拥有天下,君主没有不向往的;令行禁止、海内无敌,君主没有不向往的。蒙蔽、欺骗、侵犯、欺凌,君主没有不厌恶的;丧失天下、灭绝宗庙,君主没有不厌恶的。忠臣希望使法令政策修明以实现君主之所求,并消除君主所厌恶的事。奸臣独揽君权,就有办法用私术来危害他们,那么忠臣就没有办法进献其公正

者重私而轻公矣。"

明主之择贤人也,言勇者试之以军,言智者试之以官。试于军而有功者则举之,试于官而事治者则用之。故以战攻之事定勇怯,以官职之治定愚智。故勇怯愚智之见也,如白黑之分。乱主则不然,听言而不试,故妄言者得用;任人而不课,故不肖者不困。故明主以法案其言而求其实,以官任其身而课其功,专任法不自举焉。故曰:"先王之治国也,使法择人,弗自举也。"

凡所谓功者,安主上,利万民者也。夫破军杀将,战胜攻取,使主无危亡之忧,而百姓无死虏之患,此军士之所以为功者也。奉主法,治境内,使强不凌弱,众不暴寡,万民欢尽其力,而奉养其主,此吏之所以为功也。匡主之过,救主之失,明理义以导其主,主无邪僻之行,蔽欺之患,此臣之所以为功也。故明主之治也,明分职而课功劳,有功者赏,乱治者诛,诛赏之所加,各得其宜,而主不自与焉。故曰:"使法量功,不自度也。"

明主之治也,审是非,察事情,以度量案之,合于法则行,不合于法则止,功充其言则赏,不充则诛。故言智能者,必有见功而后举之;言恶败者,必有见过而后废之。如此,则

的策略了。所以说:"无罪的而被处死,无功的而被起用,那么为人臣者自然就会重私而轻公了。"

明主选拔贤人,对号称有勇气的人,就用作战来检验他;对号称有智慧的人,就用做官来检验他。在作战上进行检验而有功劳的,就提拔他;用做官进行检验而事情处理得好的,就任用他。所以,用征战之事来评定勇敢和怯懦,用为官的政绩来评定愚钝和聪慧。所以,勇武、怯懦、愚钝、聪慧的显现,就像黑白一样分明。昏乱的君主则不是这样。听其言论而不试验,所以言谈荒谬者也得以任用;委用人而不考核,所以不肖者也不会困窘。因此,明主依照法度根据其言论来考察他的实际,把官职授于他来考核他的政绩,只依法度来选择而不私自推举。所以说:"先王治理国家,使用法度选择人才,不私自推举。"

凡是所谓功劳,就是使君主安定、使万民得利的事。破敌军,杀敌将,战则胜,攻则取,使君主没有危亡的忧虑,使百姓没有死亡、被俘的担忧,这是军士可用来作为功劳的事。奉行国家法令,治理境内政务,使强者不欺凌弱者、人多势众者不欺辱人少势单者,使百姓都欢喜地竭尽其力来奉养君主,这是官吏可用来作为功劳的事。匡正君主的错误,补救君主的过失,阐明理义来引导君主,使君主没有邪僻的行为,没有被蒙蔽欺骗的忧患,这是大臣可用来作为功劳的事。因此,贤明的君主治理国家,明确官吏各自的职责,并考核其功绩,有功者受赏,扰乱安定者受罚。惩罚奖赏的施加,各得其宜,而君主不必亲自参与。所以说:"使用法度考核功绩,不用自己衡量。"

贤明的君主治理国家,审明是非,考察事实,用法度来衡量,符合法度的就实行,不符合法度的就废止;功绩能符合他所说的就奖赏,否则就予以惩罚。所以,所谓有智谋和才能的人,必定要见到其

士上通而莫之能妒，不肖者困废而莫之能举。故曰："能不可蔽，而败不可饰也。"

## 轻重

管子入复桓公曰："终岁之租金四万二千金，请以一朝素赏军士。"桓公曰："诺。"期于泰舟之野朝军士，桓公即坛而立，管子执枹而揖军士曰："谁能陷阵破众者，赐之百金。"三问不对。有一人秉剑而前，问曰："几何人之众也？"管子曰："千人之众。"曰："千人之众，臣能陷之。"赐之百金。管子又曰："兵接弩张，谁能得卒长者，赐之百金。"问曰："几何人卒之长也？"管子曰："千人之长。""千人之长，臣能得之。"赐之百金。管子又曰："谁能听旌旗之所指，而得执将首者，赐之千金。"言能得者累千人，赐之人千金；其余言能外斩首者，赐之人十金。一朝素赏四万二千金，廓然虚。

桓公惕然大息曰："吾曷以识此？"管子曰："君勿患，且使外为名于其内，乡为功于其亲，家为德于其妻子。若此，则士必争名报德，无北之意矣。吾举兵而攻，破其军，并其地，则非特四万二千金之利也。"公曰："诺。"

乃戒大将曰："百人之长，必为之朝礼；千人之长，必拜

功绩,而后再举用他;所谓有劣迹败德的人,必定要见到其罪过,而后才废黜他。这样,贤士就能与君主相通而没有人能嫉妒他,不肖者则受困顿遭废弃而没有人能举用他。所以说:"有才能者不会被埋没,败德之辈也不能伪饰。"

## 轻重

管子向桓公报告说:"全年的地租收入有四万二千金,请用一个早晨预先赏给军士。"桓公说:"可以。"于是约定在泰舟之野召集军队。桓公登坛站立,管子拿着鼓槌向士兵们拱手行礼说:"谁能冲锋陷阵,击败敌众,就赐给他百金。"问了三遍无人应答。有一人持剑向前,问道:"多少人的敌众呢?"管仲说:"一千人的敌众。"此人说:"一千人的敌众,臣能攻破。"于是赐给他百金。管仲又说:"在短兵相接、弓弩大张的激战中,谁能擒获敌军卒长,就赐给他百金。"一人问:"多少人的卒长?"管仲说:"一千人的卒长。"此人说:"一千人的卒长,臣能擒获他。"于是赐给他百金。管仲又说:"谁能按旌旗所指的方向,取回敌军主将的首级,就赐给他千金。"说自己能做到的共有十人,于是赏赐每人千金。其余自报能杀敌斩首的,赐给每人十金。一个早晨的预先行赏,四万二千金一扫而空。

桓公忧虑地叹息说:"我如何理解这种赏赐呢?"管子回答说:"君主不要担心,只须对外显扬他们的名声于国内,在乡里为他们的父母记功,在他们的家中给他们的妻子施予恩德。这样,士兵们必然会争取名声,报答君恩,就没有临阵败逃的想法了。我们举兵进攻,打败敌军,占领敌国土地,那就不仅仅是四万二千金的利益了。"桓公说:"好。"

于是告诫军中主将说:"统领百人的军官来进见,一定要向他

而送之。降两级,其有亲戚者,必遗之酒四石、肉四鼎;其无亲戚者,必遗其妻子酒三石、肉三鼎。"行教半岁,父教其子,兄教其弟,妻谏其夫。曰:"见礼若此,不死列阵,可以反于乡乎?"

桓公终举兵攻莱,战于莒,鼓旗未相望,而莱人大遁。故遂破其军,兼其地而虏其将。故未列地而封,未出金而赏,破莱军,并其地,禽其君。此素赏之计也。

施以朝礼参拜；统领千人的军官来进见，一定要下两级台阶拜而相送。对那些有父母的，一定要送给他们酒四石、肉四鼎；对那些没有父母的，一定要送给他们的妻子酒三石，肉三鼎。"这种办法推行了半年，父亲教导儿子、兄长教导弟弟、妻子劝告丈夫，都说："我们受到国家如此的礼遇，如果不死战于阵前，还有面目返回家乡来吗？"

桓公终于发兵攻打莱国，交战于莒地。在双方还未互相看到旗鼓时，莱国人就大肆溃逃了。于是趁势击破了莱国的军队，兼并了莱国的土地，俘虏了莱国的将领。因此，国家还没有裂地封爵，也没有出钱行赏（因为攻占莱国后所得不止四万二千金），就攻破了莱国的军队，吞并了莱国的土地，擒获了莱国的君主。这就是"素赏"之计（国家实际上不付出赏金的计策）。

# 卷三十三　晏子

晏婴　撰

## 谏上

景公饮酒数日，去冠被裳，自鼓盆瓮，问于左右曰："仁人亦乐此乐乎？"梁丘据对曰："仁人之耳目犹人也，夫何为独不乐此乐也？"公令趣驾迎晏子，晏子朝服以至。公曰："寡人甚乐，欲与夫子同此乐，请去礼。"对曰："群臣皆欲去礼以事君，婴恐君之不欲也。今齐国小童，自中以上，力皆过，又能胜君，然而不敢者，畏礼义也。君若无礼，无以使下；下若无礼，无以事上。夫人之所以贵于禽兽者，以有礼也。婴闻之，人君无礼，无以临其邦；大夫无礼，官吏不恭；父子无礼，其家必凶。《诗》曰：'人而无礼，胡不遄死？'故礼不可去也。"公曰："寡人不敏，无良左右，淫蛊寡人，以至于此，请杀之。"晏子曰："左右无罪。君若无礼，则好礼者去，无礼者至；君若好礼，则有礼者至，无礼者去矣。"公曰："善。"请易衣冠，粪洒改席。召晏子。晏子入门，三让升阶，用三献礼焉，再拜而出。公下拜送之，彻酒去乐，曰："吾以章晏子之教也。"

## 谏上

景公嗜好饮酒,有一次竟连饮数日,尽兴之时,摘掉帽子脱去衣裳,亲自敲击酒坛子。他问身边的近臣:"仁德之人也喜好此乐吗?"梁丘据回答说:"仁德之人的耳朵眼睛,同别人都一样,他们为何偏偏不喜好此乐呢?"于是景公令下臣驾车去请晏子。晏子身穿朝服而来。景公说:"我今天很高兴,愿与先生共同饮酒作乐,请你免去君臣之礼。"晏子答道:"假如群臣都免去礼节来侍奉您,恐怕君主您就不愿意了。现在齐国的孩童,凡身高中等以上的,力气都超过我,也能胜过您,然而却不敢作乱,是因为畏服礼义啊!君主假如不讲礼义,就无法命令臣下;臣下如果不讲礼义,就无法侍奉君主。人之所以比禽兽尊贵,就是因为有礼义啊!我听说,君主如果不讲礼义,就无法治理国家;大夫如果不讲礼义,底下官吏就会不恭不敬;父子之间不讲礼义,家庭就必有灾殃。《诗经》中说:'人如果不遵守礼义,不如赶快去死。'可见礼义不可免除啊!"景公说:"我自己不聪敏,也没有好的近臣,加之他们还迷惑、引诱我,才至于如此,请处死他们!"晏子说:"身边的近臣没有罪。如果君主不讲礼义,那么讲究礼义之人便会悄然离去,不讲礼义之人就会纷至沓来;君主如果讲究礼义,那么讲究礼义之人就会纷至沓来,不讲礼义之人便会悄然离去。"景公听后说道:"先生说得是啊!"于是景公要求更换衣冠,并令下人洒扫庭院,更换坐席,然后重新召见晏子。晏子进入宫门,经过三次谦让,才登上台阶,采用"三献之礼"。随即,晏子再行拜别之礼,准备离去,景公以礼拜别,然后命令下人撤掉酒宴,停止

景公之时，雨雪三日而不霁。公被狐白之裘，坐于堂侧阶。晏子入见，立有间，公曰："怪哉，雨雪三日而天不寒。"晏子对曰："天不寒乎？"公笑。晏子曰："婴闻古之贤君，饱而知人之饥，温而知人之寒，逸而知人之劳。今君不知也。"公曰："善。寡人闻命矣。"乃命出裘发粟以与饥寒。孔子闻之曰："晏子能明其所欲，景公能行其所善。"

淳于人纳女于景公，生孺子荼，景公爱之。诸臣谋欲废公子阳生而立荼。公以告晏子，晏子曰："不可。夫以贱匹贵，国之害也；置大立少，乱之本也。夫阳生长而国人戴之，君其勿易。夫服位有等，故贱不陵贵；立子有礼，故孽不乱宗。废长立少，不可以教下；尊孽卑宗，不可以利所爱。长少无等，宗孽无别，是设贼树奸之本也。君其图之，古之明君，非不知繁乐也。以为乐淫则哀，非不知立爱也，以为义失而忧。是故制乐以节，立子以道。若夫恃谗谀以事君者，不足以责信。今君用谗人之谋，乱夫之言，废长立少，臣恐后人之有因君之过以资其邪，废少而立长，以成其利者。君其图之！"公不听。景公没，田氏杀荼立阳生，杀阳生立简公，杀简公而取齐国。

音乐,并对身边臣子说:"我这么做是为了显扬晏子的教诲。"

景公在位期间,有一年接连三天大雪而不见晴。景公身披狐白裘衣,坐在殿堂侧边的台阶上。晏子进见景公,站立片刻后,景公说:"真奇怪呀!大雪纷飞下了三日,但天气却不寒冷。"晏子问道:"天气真的不寒冷吗?"景公笑了。晏子接着说:"据我所知,古代的贤明君主,自己吃饱时,便想到挨饿的百姓;自己穿暖时,便想到受冻的百姓;自己生活安逸时,便想到劳苦的百姓。而您现在却感觉不到啊。"景公听了后说:"说得有道理,我听从您的教诲。"于是,景公下令取出库中的皮衣,开放粮仓,救济那些挨饿受冻的百姓。孔子听说此事后称赞道:"晏子是能表明自己意愿的臣子,景公是能实施晏子仁政思想的君主。"

淳于国的人献美女给景公,不久生下一个儿子取名叫荼。景公很喜欢他。许多大臣便谋划废掉长子阳生,立荼为太子。景公将此事告知晏子,晏子说:"不可!荼地位低贱,阳生地位尊贵,以贱庶当嫡贵,是国家的祸患;废太子而立幼子,是混乱的根源。阳生年长且全国人民拥戴他,您还是不要改换太子吧!人的地位职务有等级,所以地位低贱者不可超越地位尊贵者;立太子也有礼法,所以妾子不可干扰嫡长子。若废长立幼,便不能教育下属,尊奉妾子而贬低嫡长子,不利于兄弟的亲爱,对所宠爱的孩子也不利。年龄长幼没有等次之分,嫡长子同妾子没有区别,这是留下灾害、种下祸乱的根源。您可要认真考虑!历代的英明君主,并非不懂得尽情享乐,而是认为沉溺于情欲享乐就会乐极生悲;并非不知道成就其所爱,而是认为丧失了道义就会出现忧患。所以要遏制享乐而应有所节度,立太子时也应依从礼法。至于那些用谗言、阿谀来侍奉君主的人,是不可以信任的。如今您若采纳进谗者的谋划,听信奸邪无道者的言论,从而

景公燕赏于国内，万钟者三，千钟者五，命三出而职计笑之。公怒，令免职计，命三出而士师笑之。公不悦。晏子见，公谓晏子曰："寡人闻君国者，爱人则能利之，恶人则能疏之。今寡人爱人不能利，恶人不能疏，失君道矣。"晏子曰："婴闻之，君正臣从谓之顺，君僻臣从谓之逆。今君赏谗谀之臣，而令吏必从，则是使君失其道，臣失其守也。先王之立爱，以劝善也；其去恶，以禁暴也。昔者，三代之兴也，利于国者爱之，害于国者恶之。故明所爱而贤良众，明所恶而邪僻灭，是以天下平治，百姓和集。及其衰也，行安简易，身安逸乐，顺于己者爱之，逆于己者恶之。故明所爱而邪僻繁，明所恶而贤良灭，离散百姓，危覆社稷。君上不度圣王之兴，而下不观惰君之衰，逆政之行，有司不敢争，以覆社稷，危宗庙矣。"公曰："寡人不知也，请从士师之策。"

废长子立幼子,我恐怕以后有人会利用君上的过错来助长其邪恶,通过废幼子而立长子来实现他们的利益。君上可要认真考虑!"景公不听。死后不久,田氏杀死国君茶,立阳生为国君;后来又杀死阳生,立简公为国君;再后来杀死简公,最终夺取了齐国政权。

　　景公设宴对臣子进行赏赐。其中,受到万钟赏赐者三人,受到千钟赏赐有五人。尽管赏赐命令下达多次,可是掌管财物的职计官却不从。景公大怒,命令罢免职计官,但命令下达多次,掌管刑狱的士师也不听从。景公很不高兴。晏子拜见景公,景公对晏子说:"寡人听说主宰国家者,爱谁就能给谁利益,厌恶谁就会疏远谁。而今我喜爱谁却不能给谁利益,厌恶谁却不能疏远谁,这是失去当君的准则了。"晏子说:"我也听说,君主公正而臣子服从称为顺从;君主不正而臣子服从称为背叛。如今赏赐谗毁阿谀之人,却让职计官吏一定服从,那就是让君主失去其执政之原则,让臣子有失其职守了。先王确立其所爱,是为了鼓励善行,确立厌恶是以此禁止凶暴。昔日,夏、商、周三代兴盛之时,有利于国家之人,君主就喜爱他;对有害于国家之人,君主就厌恶他。所以,明确其所爱,天下贤良的人就增多;明确其所恶,邪僻的人就消失。因此,天下清明,百姓和谐安定。然而,到三代衰落之时,其君主行为安于放逸,不拘礼节,自身安于纵欲享乐。顺从自己意愿的人,君主就喜爱他;违背自己意愿的人,君主就厌恶他。所以,明确了所喜爱的,天下邪僻的人就多了;明确了所厌恶的,天下贤良的人就消失了。百姓流离失散,国家危亡。今天君上您既不思考圣贤君主兴盛的原因,又不观察怠惰君主衰亡的原因,以吸取经验教训;对违逆时政的行为,主管官吏们不敢谏诤,以至国家倾覆,危及宗庙。"景公听后说:"寡人不知道这些情况啊,请按照士师的建议办理吧。"

景公观于淄上,喟然而曰:"呜呼!使国可长保而传子孙,岂不乐哉?"晏子对曰:"婴闻之,明王不徒立,百姓不虚至。今君以政乱国,以行弃民久矣,而欲保之,不亦难乎?婴闻之,能长保国者,能终善者也。诸侯并立,能终善者为长;列士并立,能终善者为师。昔先君桓公,方任贤而赞德之时,亡国恃以存,危国仰以安,是以民乐其政,而世高其德;行远征暴,劳者不疾;驱海内使朝天子,诸侯不怨。当是时,盛君之行,不能进焉。及其卒而衰,怠于德而并于乐,身溺于妇侍,而谋因于竖刁。是以民苦其政而世非其行,故身死胡宫而不举,虫出而不收。当是时也,桀纣之卒,不能恶焉。《诗》曰:'靡不有初,鲜克有终。'不能终善者,不遂其国。今君临民若寇雠,见善若避热,乱政而危贤,必逆于众,肆欲于民,而虐诛其下,恐及于身矣。婴之年老,不能待君使矣,行不能革,则持节以没世矣。"

景公出游,北面望睹齐国,曰:"呜呼!使古而无死,如何?"晏子曰:"昔上帝以人之没为善,仁者息焉,不仁者伏焉。若使古而无死,丁公、太公将有齐国,桓、襄、文、武,将

景公到淄河边观赏,叹息着说:"哎!假如国家可以长期存在,并传给子孙后代,这不是令人高兴的事吗?"晏子答道:"我听说过,英明的君主不是随随便便就能当的,百姓也不是凭白无故就来归附的。如今,您因为施政有误使国家混乱;因为行为失当抛弃百姓已有很长时间了,却想保有国家,不是很难吗!我听说,能够保持国家长久者,是能自始至终行善政的人。诸侯并立于世,自始至终能行善政者可为首领;众多士人并立于朝,自始至终能行善事者,可以为师。过去先王桓公,初期任用贤才、崇尚道德的时候,将亡之国依靠他得以恢复,面临危急的国家依仗他得以安定;因此百姓喜欢他的政策,世人推崇他的道德。他出兵远征讨伐残暴之人,人民劳苦并不痛恨他;驱使天下诸侯去朝拜周天子,诸侯也都不怨恨他。在那个时期,盛名君主的德行都不能超过他。到他最终衰败时,懒于修德而纵情享乐,自身沉湎于女色侍从之中,谋划、决策依靠奸臣竖刁。因此,百姓苦于他的政令,世人也都责备他的行为,所以最后他死在寝宫都无人为之发丧,尸体上的蛆虫爬出门外,仍没有人收殓。按当时这种情况,即使夏桀和商纣的死亡,也没有糟糕到这种程度啊!《诗经》中记载:'没有不能善始的,可惜很少有能善终的。'不能从始至终行善政的人,是不成功的国君。如今您治民就如同面对雠敌一样;看到善行就如同躲避炎热一般;既搞乱政治,又危害贤良,这样必然违背民心,极尽私欲搜刮民财;并残暴地杀害下属,恐怕要祸及自身了。我已经年迈,不能久事君上了,君上若不能改行更正,也应当有所节制保持到终身啊!"

景公外出游览,向北仰望,看到齐国都城,感叹道:"啊!假如自古以来没有死亡,该如何呢?"晏子说:"以前,将人的死亡看成好事,仁德之人可得以休息了,不仁德者也终于藏伏了。假如自古以来

皆相之,吾君将戴笠、衣褐,执铫耨,以蹲行畎亩之中,孰暇患死!"公不悦。无几何,梁丘据乘六马而来,公曰:"据与我和者夫!"晏子曰:"此所谓同也。所谓和者,君甘则臣酸,君淡则臣咸。今据也,君甘亦甘,所谓同也,安得为和!"公不悦。无几何,公西面望,睹彗星,召伯常骞使禳而去之。晏子曰:"不可。此天教也,以诫不敬。今君若设文而受谏,虽不去彗星,将自亡。今君嗜酒而并于乐,政不饰而宽于小人,近谗好优,何暇在彗,茀又将见矣。"公不悦。无几何,晏子卒,公出屏而立曰:"呜呼!昔者从夫子而游,夫子一日而三责我。今孰责寡人哉?"

景公射鸟,野人骇之,公令吏诛之。晏子曰:"野人不知也。臣闻之,赏无功谓之乱,罪不知谓之虐,两者先王之禁也。以飞鸟犯先王之禁,不可。今君不明先王之制,而无仁义之心,是以从欲而轻诛也。夫鸟兽固人之养也,野人骇之,不亦宜乎?"公曰:"善。自今以来,弛鸟兽之禁,无以拘民。"

没有死亡,那么丁公、太公将永远享有齐国,桓公、襄公、文公、武公都将辅助他,君主您也就只能戴着斗笠,穿着布衣,手持大锄小锄蹲行、劳作于田野之中,哪里还有功夫忧虑死亡呢?"景公很不高兴。没有多久,梁丘据乘着六马大车从远处赶来。景公说道:"梁丘据是与我很和谐的人啊!"晏子说:"这只是气味相投。所谓和谐,用口味做比方,君主如果尝出甜味,臣子就应尝出其中的酸味;君主觉得味淡,臣子就应尝出其中的咸味。就梁丘据而言,君主说是甜味儿,他就说是甜味儿,此称为气味相投,怎能称为和谐呢?"景公又不高兴。过了一会儿,景公向西望去,看见了彗星,便召见伯常骞,叫他进行祈祷除灾祸,让彗星隐去。晏子说:"不可,这是上苍在教诲人们,用以警诫不恭敬的行为。现在您如果修文德、纳谏言,即使不祈祷彗星隐去,它也会自行消失。而您现在好酒贪杯且连日作乐,不整改朝政,却宽容小人、亲近谗佞、喜欢伶人歌舞,岂止彗星出现,连孛星也会出现了。景公更不高兴。此后没有多久,晏子就去世了。景公走出门外,背靠照壁而立,叹息说:"以前先生伴我出游,一天之内三次责备我,如今有谁来责备我呢?"

  景公打猎,正准备射一只鸟,却被一个农民惊飞了。景公便命令官吏将其处死。晏子急忙说道:"这个农民不知道您在射鸟啊。我听说过,赏赐无功劳的人,是混乱;惩处不知情的人,是暴虐。这两样,均为先王所禁忌。因为一只飞鸟便违犯先王禁忌,是不可以的。如今您未牢记先王的制度,而没有仁爱之心,所以才随心所欲,轻易杀人。鸟兽,原本并不是人所养的,百姓惊飞了它,不是也很正常吗?"景公听后说道:"您说得好!从今以后,解除有关捕捉鸟兽的禁令,不要以此来限制百姓。"

## 谏下

景公筑路寝之台，三年未息；而又为长庲之役，二年未息，又为邹之长途。晏子谏曰："百姓之力勤矣，君不息乎？"公曰："途将成矣，请成而息之。"对曰："君屈民财者，不得其利；穷民力者，不得其乐。昔者，楚灵王作为顿（顿作顷）宫，三年未息也；又为章华之台，五年未息也；而又为乾溪之役，八年，百姓之力不足，而自息也。灵王死乾溪，而民不与归。今君不道明君之义，而修灵王之迹，婴惧君之有暴民之行，而不睹长庲之乐也，不若息之。"公曰："善。非夫子，寡人不知得罪于百姓深也。"于是令勿收斩板而去之。

景公成路寝之台，逢于何遭晏子于涂，再拜于马前曰："于何之母死，兆在路寝之台牖下。愿请合骨。"晏子曰："嘻！难矣！虽然，婴将为子复之。"遂入见公曰："有逢于何者，母死，兆在路寝，当牖下，愿请合骨。"公作色不悦曰："自古及今，子亦尝闻请葬人主宫者乎？"晏子对曰："古之君治其宫室节，不侵生人之居；其台榭俭，不残死人之墓，未尝闻请葬人主宫者也。今君侈为宫室，夺人之居；广为台榭，残人之墓，是生者愁忧，不得安处；死者离析，不得合骨。丰乐侈游，兼傲死生，非仁人之行也；遂欲满求，不顾细民，非存之道也。且婴闻之，生者不安，命之曰蓄忧；死者不葬，命之曰蓄哀。蓄忧者怨，蓄哀者危。君不如许之。"公曰："诺。"晏

## 谏下

景公下令修建路寝台，三年没有停止；又因为长庲之劳役，两年不曾停息；接着又修筑通往邹国的长途道路。晏子劝谏说："民力已经用尽了，您不考虑停下来吗？"景公说："这条路将要修成了，等修成后再停息吧！"晏子说："君主如果竭尽民财，最终会得不到利益；如果竭尽民力，最终亦得不到快乐。以前楚灵王修建寝宫，三年没有停止；后修建章华台，又是五年不曾歇息；后来又因为建乾溪台劳民苦役八年，老百姓因力不从心，自行停止，楚灵王死于乾溪，百姓不将其尸体运回。而今您不遵循英明君主之道义，而重蹈楚灵王之覆辙，我担心您有残害人民之行为，会看不到长庲宫室建成之时的快乐了，不如停止徭役吧。"景公听后说："好，如果不是先生，我还真不知自己已深深地得罪了天下百姓。"于是，命令不要收拾筑路夹板，让服徭役之百姓都回家去。

景公建成路寝台后，逢于何遭遇丧事，行路中碰到晏子，在晏子马前拜了又拜说："我母亲去世了，可我家祖坟的边界就在路寝台的台基下，望您恳求君主允许将我母亲与父亲合葬。"晏子说："唉！这事难啊！但即使很难，我也会为您向君主禀报此事。"晏子于是朝见景公，说："有个名叫逢于何的，他母亲刚去世，可他家坟地的界域却恰好在路寝台的台基下。他希望您允许他让其母与父合葬。"景公脸色突变，很不高兴地说："自古及今，您曾听说过请求将人埋葬在君主宫室旁的事吗？"晏子回答道："历代君主，建造其宫室时都加以节制，不侵占活人的住处；建造其台榭时都加以约束，不毁坏死人的坟墓；所以不曾听过请求将死人埋葬在宫室旁边的事。如今，您肆意修建宫室，侵占人家的住处；您广修台榭，损坏人家的坟墓。这是让活着的人忧愁，不能安居；让死了的人尸骨离散，不能合葬。您现

子出,梁丘据曰:"自古及今,未尝闻求葬公宫者也,若何许之?"公曰:"削人之居,残人之墓,凌人之丧,而禁其葬,是于生者无施,于死者无礼也。且《诗》曰:'谷则异室,死则同穴。'吾敢不许乎?"逢于何遂葬路寝台之牖下,解衰去绖,布衣玄冠,踊而不哭,蹲而不拜,已乃涕洟而去之。

梁丘据死,景公召晏子而告之曰:"据忠且爱我,我欲丰厚其葬,高大其垅。"晏子曰:"敢问据之所以忠爱君者,可得闻乎?"公曰:"吾有喜于玩好,有司未能我供也,则据以其财供我,吾是以知其忠也。每有风雨,暮夜求之,必存,吾是以知其爱也。"晏子曰:"婴对则为罪,不对则无以事君,敢不对乎?婴闻之,臣专其君,谓之不忠;子专其父,谓之不孝;妻专其夫,谓之嫉妒。为臣道君亲于父兄,有礼于群臣,有惠于百姓,有义于诸侯,谓之忠也。为子道父以钟爱其兄弟,施行于诸父,以慈惠于众子,诚信于朋友,谓之孝也。为妻使众妾皆得欢欣于夫,谓之不妒也。今四封之民,皆君之臣也,而唯据尽力以爱君,何爱者之少邪?四封之货,皆君之有也,而唯据

在尽情地游玩作乐,对活人死人全都轻视,这不是仁德之君应有的行为。您用权力满足私欲,不顾百姓疾苦,这也不是使国家长治久安的做法。况且我听说,活人不能安居,称之为聚积忧虑;死人不能安葬,称之为聚积悲痛。聚积忧愁的人怨恨您,聚积悲痛的人危害您。您不如答应他吧。"景公说:"那就这么办吧!"晏子离开后,梁丘据对景公说:"从古至今,不曾听过请求将死人埋葬于君主宫殿边上的事情,您为何答应呢?"景公解释道:"侵占人家的住处,损毁人家的坟地,傲视人家的丧事,又禁止人家合葬,这对活着的人是不施恩惠,对死去的人是不讲礼仪。《诗经》中讲:'活着不能住一屋,死后也要葬一墓。'我怎敢不答应呢?"于是,逢于何便将他母亲埋葬于路寝台的台基旁,脱去孝服,穿上布衣,戴上黑帽,只行踊礼(跳动),但不啼哭,使劲捶胸,却不跪拜。埋葬完毕后,才流着鼻涕眼泪离去。

  梁丘据去世后,景公召见晏子说:"梁丘据忠诚热爱于我,我想将其丧事办得隆重些,将其坟墓建得高大些。"晏子说:"请问为什么说梁丘据忠于您、热爱您,能让我听听吗?"景公对答:"我喜爱的玩物,官吏们不能供奉给我,而梁丘据就将他自己的物品奉献给我,因此,我说他忠诚于我;每当刮风下雨之日,即便夜里找他来,他也一定会来问安,因此,我说他热爱我。"晏子听完景公的陈述后说:"如果我回答您,便会有罪;如果不回答您,则是没有尽职。我怎敢不回答呢?我听说,臣子独受君主偏宠,是不忠;儿子独受父亲喜欢,是不孝;妻子独受丈夫偏爱,是嫉妒。为臣子者,引导君王对父兄亲近,对群臣有礼,对百姓施与恩惠,对诸侯有信义这叫做忠。为人子者,要引导父亲对他的弟兄钟爱,并让他们同样的对待所有的长辈,慈爱、施惠于所有子女,对他的朋友诚信,称为孝;为人妻者,让

也以其私财忠于君,何忠者之寡邪?据之防塞群臣,壅蔽君,无乃甚乎?"公曰:"善哉!微子,寡人不知据之至于是也。"遂罢为垅之役,废厚葬之令,令有司据法而责,群臣陈过而谏。故官无废法,臣无隐忠,而百姓大悦。

## 问上

景公问晏子曰:"君子常行曷若?"对曰:"衣冠不中,不敢以入朝;所言不义,不敢以要君;身行不顺,治事不公,不敢以莅众。衣冠中,故朝无奇僻之服;所言义,故下无伪上之报;身行顺,治事公,故国无阿党之义。三者,君子常行也。"

景公问晏子曰:"请问臣道。"对曰:"见善必通,不私其利,荐善而不有其名。称身居位,不为苟进;称事受禄,不为苟得。君用其言,人得其利,不伐其功,此臣道也。"

景公问晏子曰:"明王之教民何若?"对曰:"明其教令而

所有的妾全都获得丈夫的喜爱，称为不嫉妒。如今齐国境内所有百姓，均为您的臣民，只有梁丘据竭尽其力来热爱君主，为何热爱您的人这么少呢？齐国四方封疆之内的财货，都是君主所有，却只有梁丘据以私人财物来表示对君主的忠诚，为何忠诚于您的人这么少呢？梁丘据阻断众臣的忠诚与热爱，堵塞、遮蔽君主的视听，恐怕再没有比这更厉害了吧？"景公说道："您说得太好了！如果不是您的分析，我还真想不到梁丘据的行为用心竟到了如此地步。"于是下令停止为梁丘据修墓的工程，废除厚葬的命令，让官吏依据法制来惩处，命令群臣陈述君主的过失以示劝谏。所以，此后官吏没有不执行法律的，臣子们没有不竭忠尽力的，于是百姓非常喜悦。

## 问上

　　景公问晏子说："君子素常的行为应该如何？"晏子说："假如衣冠不正，就不敢进入朝廷；假如言谈不符合道义，就不敢以此要求君主；假如自己行为不顺理、处事不公正，就不敢面对众人。衣冠符合礼仪规定，因此朝堂上就不会有奇装异服；言谈符合道义，因此下属便不会有欺骗上级的报告；自己的行为顺理，处理政事公正，因此国内就不会有结党营私的现象发生。这三个方面，是君子素常应有的行为。"

　　景公问晏子说："请问为臣之道当如何？"晏子答道："遇到有道德的人，必予奏报，不图个人私利；举荐贤人而不求自己出名；衡量自己才德而居官位，不求苟且升官；衡量自己功业而接受俸禄，不求苟且获取；君主采纳其建言，可使大家得到利益，而不夸耀自己的功劳。这就是为臣之道。"

　　景公问晏子："英明的君主是怎样教化人的？"晏子答道："阐

先之以行,养民不苛而防之以刑;所求于下者,不务于上;所禁于民者,不行于身,故下从其教也。称事以任民,中听以禁邪,不穷之以劳,不害之以罚,上以爱民为法,下以相亲为义,是以天下不相违也。此明王之教民也。"

景公问晏子曰:"忠臣之事君何若?"对曰:"有难不死,出亡不送。"公不悦,曰:"君裂地而富之,疏爵而贵之,有难不死,出亡不送,其说何也?"对曰:"言而见用,终身无难,臣何死焉?谋而见从,终身不出,臣何送焉?若言不用,有难而死,是妄死也。谋而不从,出亡而送,是诈伪也。忠臣也者,能纳善于君,而不与君陷于难者也。"

景公问晏子曰:"忠臣之行何如?"对曰:"选贤进能,不私乎内;称身就位,计能受禄;睹贤不居其上,受禄不过其量;不权君以为行,不称位以为忠;不掩贤以隐长,不刻下以谀上;顺即进,否即退,不与君行邪。"

景公问晏子曰:"临国莅民,所患何也?"对曰:"所患者

明教义和政令,且自己率先履行;教育人民不用苛政,不以刑罚来预防犯罪。要求臣民做到的,君王必须要先做到。但禁止百姓做的事情,自己绝不能去做。因此,下属就会听从其教导。要估量事情的轻重来使用民力,要恰当地处理诉讼来禁止邪恶;不使百姓因过度劳役而筋疲力尽;不用惩罚来伤害百姓;在上者以爱护百姓为准则,在下者以相亲相爱为道义。这样,天下之人就不会互相背离。这就是英明的君主教育人民的方法。"

景公问晏子:"忠臣应当如何辅佐君主?"晏子答道:"君主有危难时不为他送死,君主出逃时不去送行。"景公很不高兴地说:"君主分封土地使臣子富足,分封爵位使臣子显贵,君主有灾难却不舍身拼死,出逃却不送行,这种说法是何道理?"晏子答道:"忠臣的谏言如果被采纳,君主终身都不会有难,忠臣怎么会死呢?忠臣的计谋如果被采用,君主终身都不会出逃,忠臣怎么会送君主出逃呢?如果言语不被采纳,君主有危难,忠臣即使为君主殉难,那也是白白送死;计谋如果不被采用,君主出逃,忠臣却去送他,这是虚伪欺诈的行为。所谓忠臣,是能给君主出谋划策,使君主接纳善言,而不是和君主同陷于危难境地的臣子。"

景公问晏子说:"忠臣的行持应是怎样的?"晏子答道:"推荐贤良选拔有能力的人,而不偏向自己亲近的人;衡量自己的德能来担任适当的官职,估量自己的才能来接受合适的俸禄;遇到贤人,自己的职位不超越他,接受的俸禄不超过贤者;不权衡君主的好恶去做事,不计量自己的地位去尽忠;不遮蔽贤才而埋没其长处,不苛刻地对待下属而奉承、讨好上级;能顺遂自己的志向就入朝为官,否则就隐退,不与君主一起做邪恶之事。"

景公问晏子说:"治理国家管理人民,最应忧虑的是什么呢?"

三:忠臣不信,一患也;信臣不忠,二患也;君臣异心,三患也。是以明君居上,无忠而不信,无信而不忠者。是故君臣同欲,而百姓无怨也。"

庄公问晏子曰:"威当世而服天下,时邪?"对曰:"行也。"公曰:"何行?"对曰:"能爱邦内之民者,能服境外之不善;重士民之死力者,能禁暴国之邪;中听任圣者,能威诸侯;安仁义而乐利世者,能服天下。不能爱邦内之民者,不能服境外之不善;轻士民之死力者,不能禁暴国之邪;逆谏傲贤者,不能威诸侯;背仁义而贪名实者,不能威当世而服天下者。此其道也。"公不用,任勇力之士,而轻臣仆之死,用兵无休,国疲民害。期年百姓大乱,而身及崔氏祸。

景公问晏子曰:"圣人之不得意也何如?"晏子对曰:"上作事反天时,从政逆鬼神,藉敛单百姓;四时易序,神只并怨;道忠者不听,荐善者不行;谀过者有赏,救失者有罪。故圣人伏匿隐处,不干长上,洁身守道,不与世陷于邪。是以卑而不失义,瘁而不失廉。此圣人之不得意也。"公曰:"圣人之得意何如?"晏子对曰:"世治政平,举事调乎天,藉敛和乎民;百姓乐其政,远者怀其德;四时不失序,风雨不降虐,天明象而

晏子答道："应忧虑之事有三点：忠臣得不到信任，这是忧虑之一；受信任的臣子不忠，这是忧虑之二；君臣不同心同德，这是忧虑之三。英明的君主处在高位，没有忠臣不受信任的，没有受信任却不忠君的，所以君臣之间同心同德，百姓也就没有什么埋怨了。"

庄公曾问晏子说："威震当代而使天下臣服，是靠时运吗？"晏子答道："是要靠自己的德行。"庄公问道："是什么样的德行和作为呢？"晏子说："能爱国内之民的人，就能使国外不善的人敬服；敬重士民中拼死效力的人，就能制止损害国家的邪恶势力；听中正之言而任用贤能的人，就能震慑诸侯；安于施行仁义之政，又乐于造福社会的人，就能使天下归服。反之，不能爱国内之民的人，就不能使国外不善的人敬服；轻慢士民中拼死效力的人，就不能制止损害国家的邪恶势力；不听从谏阻和傲视贤德的人，就不能威震诸侯；背弃仁义而贪图名利的人，不能成为威震当代而使天下敬服的人。这就是威震当代而使天下人归附的办法啊！"庄公没有听信晏子的话，而任用勇猛力强的人，又轻视臣下、奴仆的生死，用兵作战没有休止，导致国家疲困，人民受害。仅过了一年，齐国百姓大乱，庄公自己也遭到崔杼的杀害。

景公问晏子："圣人不得志之时将会怎样？"晏子答道："君主做事情违反天时，执政因私欲违逆鬼神，征敛赋税将百姓钱财搜刮殆尽；四季交替失去正常次序，天地神灵全都怨恨；讲忠言君主不愿听，进献良策君主不实行；奉承君主过错的人被奖赏，补救君主过失的人被治罪。因此，圣人伏藏隐居，不干预君上的政事，静身潜修德业坚守道义，不与混乱的世道同陷于邪私不义。这样，虽然处于卑微的地位，但不丧失道义；虽然生活劳苦，但不失贞廉。这就是圣人不得志时的情况。"景公又问："圣人得志之时将会怎样呢？"晏子

致赞，地育长而具物，神降福而不靡，民服教而不伪；治无怨业，居无废民。此圣人之得意也。"

景公问求贤，晏子对曰："通则视其所举，穷则视其所不为，富则视其所分，贫则视其所不取。夫上，难进而易退也；其次，易进而易退也；其下，易进而难退也。以此数物者取人，其可乎？"

景公问晏子曰："古之莅国治民者，其任人何如？"对曰："地不同宜，而任之以一种，责其俱生，不可得也。人不同能，而任之以一事，不可责遍成焉。责焉无已，知者有不能给矣；求焉无餍，天地有不能赡矣。故明王之任人，谄谀不迩乎左右，阿党不治乎本朝；任人之长，不强其短；任人之工，不强其拙。此任人之大略也。"

景公问晏子曰："富民安众，难乎？"对曰："易。节欲则民富，中听则民安。行此两者而已矣。"

景公问晏子曰："古者离散其民，而陨失其国者，其常行

答道:"社会安定,政治清平,行事调和于天时,征收赋税适合于民力;人民欢喜赞许君主的政治清明,远方之人思念君主的道德;四季交替有序,风雨调顺不降灾害;上天显示祯祥之兆来表达对君王的赞许,大地孕育生长而万物齐备;神灵降福而无有止尽,人民服从教化而不弄虚作假;管理上没有积压的政事,居民中没有闲游怠惰的百姓。这就是圣人得志之时的情况。"

景公问晏子访求贤能的事。晏子回答说:"得志时,就观察其所推举的人;不得志时,就观察其所不做的事;富裕时,就观察其是否与人分享;贫穷时,就观察其是否不苟且取财。最贤者难于受聘入朝,但却容易辞去;次一等者容易受聘入朝,但也容易辞去;下等者容易受聘入朝,但却难于辞去。凭借这几个方面事类选择人,也就足够了!"

景公问晏子:"古代治理国家、统治人民的君主,他们如何任用人才?"晏子曰:"土地适宜种的作物各不相同,却不加选择种植同一种作物,要求它们都能生长,这是做不到的;人们的才能各不相同,却委任同样的职事,不可能要求其都能干好。如果对人的要求无穷无尽,就算有才智的人也有不能供给的时候!如果贪求永无止尽,就是天地也有不能满足其需要的时候。因此英明的君主任用人才,不让阿谀谄媚之人近在身边,不让结党营私之人在朝为官;用人之长,不勉强其所短,发挥人擅长的方面,不勉强其做不擅长之事。这就是任用人才大的方面的原则。"

景公问晏子道:"让百姓富裕、万民安定,难吗?"晏子答道:"容易。君主节制私欲,人民就会富裕;处理诉讼公正,人民就会安定。做好这两件事就可以了。"

景公又问:"历代造成百姓流离失散,以致丧失其国家的人,他

何如？"对曰："国贫而好大，智薄而好专；尚谗谀而贱贤人，乐简慢而轻百姓；国无常法，民无经纪；好辨以为智，刻民以为忠；流湎而忘国，好兵而忘民；肃于罪诛，而慢于庆赏；乐人之哀，利人之害；德不足以怀人，政不足以匡民；赏不足以劝善，刑不足以防非。此亡国之行也。今民闻公令，如寇雠仇，此古之离其民陨其国常行也。"

景公问晏子曰："谋必得，事必成，有术乎？"对曰："有。"公曰："其术何如？"晏子曰："谋度于义者必得，事因于民者必成。反义而谋，背民而动，未闻存者也。昔三代之兴也，谋必度于义，事必因于民；及其衰也，谋者反义，兴事伤民。故度义因民，谋事之术也。"

景公问晏子曰"治国之患，亦有常乎？"对曰："谗夫佞人之在君侧者，好恶良臣而行与小人，此治国之常患也。"公曰："谗佞之人，则亦诚不善矣。虽然，则奚曾为国常患乎？"晏子曰："君以为耳目而好谋事，则是君之耳目缪也。夫上乱君之耳目，而下使群臣皆失其职，岂不诚足患哉？"公曰："如是乎，寡人将去之。"晏子曰："公不能去也。"公不悦，

们素常的所作所为是什么样的？"晏子回答说："国家贫困却好大喜功，才智匮乏却独断专行；重视谗佞谄谀之人而轻视贤德之人，喜欢傲慢轻浮却不重视百姓；国家没有固定的法律，人民没有可遵循的纲纪；以能言善辩者为智慧，将刻薄待百姓者看作忠臣；沉湎于饮酒作乐而忘记国家大事，喜好用兵而忘记人民的疾苦；严急于惩罚诛杀而轻忽于奖励赏赐，将自己的快乐和利益建立在别人的哀痛和危难之上；恩德不足以让人怀念，政令不足以帮助百姓；赏赐不足以鼓励人做好事，刑罚不足以防止人作奸犯科：这些是导致国家灭亡的行为。如今人民听到君主的命令，就如同遇见盗匪仇敌一样，这就是历代造成百姓流离失散、丧失其国家之人的一贯行为。"

景公问晏子说："要使谋划的事情一定实现，所做的事一定成功，有什么方法吗？"晏子回答说："有。"景公问："有哪些方法？"晏子答道："谋划与道义相合的就能实现，办事顺于民心的就能成功。违反道义来谋划，违背民意来行事，从未听说过能长久的。以前，夏、商、周三代兴盛之时，谋划必定考虑是否符合道义，做事必会依照人民的意愿。到他们衰败的时候，所谋划的办法违背道义，所兴办之事伤害百姓。所以符合道义、依照民意，是谋划和做事的正确方法。"

景公问晏子："治理国家，也有常存的忧患吗？"晏子回答说："善于花言巧语、阿谀奉承而常在君主身边的这些人，喜欢诽谤忠良的大臣，同时结交小人。这是治理国家常存的忧患。"景公继续问："谗佞之人，也的确不是善良之辈。然而，他们何尝是国家常存的忧患呢？"晏子说："君主把他们当作耳目亲信之人，喜欢和他们谋划国事，这便使君主的耳目出现了错乱。他们对上淆乱君王的视听，对下让群臣都失去其职守。难道不值得忧虑吗？"景公说："原来如此

曰:"夫子何少寡人之甚也?"对曰:"臣非敢矫也。夫能自用于君者,材能皆非常也。夫藏大不诚于中者,必谨小诚于外,以成其大不诚。入则求君之嗜欲能顺之,君怨良臣,则具其往失而益之,出则行威以取富。夫可密近,不为大利变,而务与君至义者,此难得而其难知也。"公曰:"然则先圣奈何?"对曰:"先圣之治也。审见宾客,听治不留,患日不足,群臣皆得毕其诚,谗谀安得容其私?"公曰:"然则夫子助寡人止之,寡人亦事勿用矣。"对曰:"谗夫佞人之在君侧者,若社之有鼠也,不可熏去。谗佞之人,隐君之威以自守也,是故难去也。"

景公问晏子曰:"古之盛君,其行何如?"对曰:"薄于身而厚于民,约于身而广于世。其处上也,足以明政行教,而不以威下;其取财也,权有无,均贫富,不以养嗜欲;诛不避贵,赏不遗贱;不淫于乐,不遁于哀;尽智道民而不伐焉,劳力事民而不责焉;政尚相利,故下不以相害为行;教尚相爱,故民不以相恶为名;刑罚中于法,废罪顺于民。是以贤者处上而不华,不肖者处下而不怨,四海之内,一意同欲,生有厚利,死有

啊！我将让他们离去。"晏子说："君主不可能让其离去。"景公很不高兴地说："先生为什么这样轻视寡人呢？"晏子答道："臣怎敢拂逆轻视您呢？凡是能仅凭自己的力量就被君主任用的人，才能均不一般。那些内心包藏着极大虚伪不忠的人，外表必定勤于小事上的诚实，以便实现他们的奸伪大不忠。他们入宫则搜求君主的欲望嗜好并尽力随顺满足，如果君主埋怨忠良的大臣，他们就将忠良的大臣以往之错一一列举出来，以增加其罪状；出朝在外，他们就假借君主之威敛贪财富。那些能和君主亲近的、不为有大的利益而改变气节且极力引导君主实行道德仁义的人，则难以得到，也难以知其真正的面目啊。"景公说："既然这样，那先前的圣人是如何对付谗谀之人的呢？"晏子答道："先前的圣人治理国家审慎地对待宾客，断案理政从不搁置，惟恐时间不够用，所以群臣都能够尽其忠诚，谗谀之人的私欲还怎么能得逞呢？"景公说："既然如此，那先生帮寡人杜绝这些谗佞之人，寡人办事也不任用他们了。"晏子回答说："邪恶谗佞之人和善进谗言之人在君主身边，就如同土地庙里有了老鼠，却不能用烟火熏走它。谗佞之人，隐身于君主的权威之下来保护自己，因此难以除去。"

景公问晏子说："历代仁德之君主，他们的行为如何呢？"晏子回答道："他们自己日常享用很薄俭，而给百姓的则很丰厚；他们不役于物，保全本性之善，而能广施于世间。他们居于高位，足以使政治清明、教化推行，而不以权势武力威慑臣下和百姓；他们收取财物，是为平衡有无，调剂贫富，而不用所得的钱财满足自己的私欲嗜好；惩处不避权贵，赏赐不漏贫贱；不过分享乐，不沉迷于哀伤；竭尽才智引导人民向善，而不夸耀自己的功劳，为民事日理万机，但不向人民责求回报；政治崇尚互惠互利，所以下层不会有相互对立伤害的

遗教。此盛君之行也。"

## 问下

　　景公出游，问于晏子曰："吾欲循海而南，至于琅邪，寡人何修以则夫先王之游也？"晏子曰："婴闻之，天子之诸侯为巡狩，诸侯之天子为述职。故春省耕而补不足者谓之游，秋省实而助不给者谓之豫。夏语曰：'吾君不游，我曷以休？吾君不豫，我曷以助？壹游壹豫，为诸侯度。'今君之游不然，师行而贫苦不补，劳者不息。夫从高历时而不反谓之流，从下历时而不反谓之连，从兽而不归谓之荒，从乐而忘归谓之亡。古者圣王无流连之游，无荒亡之行。"公曰："善。"令吏出粟以与贫者三千钟，公所身见老者七十人，然后归。

　　景公问晏子曰："寡人意气衰，身甚病。今吾欲具珪璧牺牲，令祝宗荐之乎上帝宗庙，意者，祀可以干福乎？"晏子对曰："婴闻之，古者先君之干福也，政必合乎民，行必顺乎神；节

行为；教化崇尚互相仁爱，所以人民不以互相丑化毁谤来争名；施行刑罚符合法律，罢免无德能者并推举贤德的人为官、纠正错误平反冤屈都顺应民心。因此，贤德之人居高位而重实行，不浮华，不成材的人甘处于下而不怨恨。普天之下，君臣同心同德，（仁德君主）在世时有厚利给予当时的人民，死去后有遗教永垂于后世。这就是仁德君主的所作所为。"

## 问下

景公外出游玩，问晏子道："我想沿着海岸往南走，一直到达琅琊山，我该怎样才能遵从效法先王的出游呢？"晏子说："我听说，天子到诸侯那里去，称为巡狩；诸侯朝于天子，称为述职。所以，春天视察耕种情况，对无力耕种的百姓给予帮助，叫做游；秋天视察收割情况，对收成不好的农户给予补助，叫做豫。夏朝有句谚语：'我们天子春天不出游，我们怎么能得以休整？我们天子秋天不出游，我们怎么能得到财物的救助？天子春秋各出游一次，行恩布德，可以成为诸侯的法度。'现在您出游却不是这样。人马所到之处消耗大量的粮食，贫困的百姓得不到补助，劳苦的百姓得不到休息。纵情游山经久不回叫做流，纵情玩水经久不回叫做连，追逐猎物不愿返回叫做荒，纵情享乐忘记返回叫做亡。历代的圣贤君主游山玩水不流连忘返，没有沉迷于狩猎酒色荒废政事的行为。"景公感叹道："您说得好啊！"于是，命令官吏从粮库取出三千钟粮食分给贫民。景公亲自拜见了七十余名老人，然后才返回。

景公对晏子说："寡人精神渐衰，身体多病。现在，寡人打算备好珪璧和牛羊牲畜等祭品，让祝宗官献给天帝和祖宗神灵，心想用祭礼来求福，可行吗？"晏子答道："据我所知，历代君主求福的做

宫室，不敢大斩伐，以无逼山林；节饮食，无多田渔，以毋逼川浦；祝宗用事，辞罪而不敢有祈求也。是以神民俱顺，而山川纳禄。今君政反于民，而行悖乎神；大宫室，多斩伐，以逼山林；羡饭食，多田渔，以逼川浦，是以神民俱怨，而山川收禄。司过荐罪，而祝宗祈福，意者逆乎？"公曰："寡人非夫子无所闻此，请革心易行。"于是废公阜之游，止海食之献，斩伐者以时，田渔者有数；居处饮食，节之勿羡；祝宗用事，辞罪而不敢有祈求焉。

景公问晏子曰："寡人欲从夫子而善齐国之政，可乎？"对曰："婴闻之，国有具官，然后其政可善。"公作色不悦，曰："齐国虽小，则可谓官不具乎？"对曰："昔吾先君桓公，身体惰解，辞令不给，则隰朋昵侍；左右多誉，狱谳不中，则弦宁昵侍；田野不修，民萌不安，则宁戚昵侍；军士惰，戎士肆，则王子城甫昵侍；居处逸怠，左右慑畏，则东郭牙昵侍；德义不中，意行衰怠，则管子昵侍。先君能以人之长续其短，以人之厚补其薄，是故诸侯朝其德，而天子致胙焉。今君之过失多矣，未有一士以闻者也，故曰'官不具'。"公曰："善。"

法是：政事一定要符合民心，行为一定要顺应神意；修建宫室加以节制，不敢大量砍伐树木，以便不掠夺性地开发山林；饮食必有节制，不敢频繁打猎捕鱼，以便不掠夺性地开发川泽湖沼。他们让祝官、宗官祭祀，只是悔过谢罪，不敢祈求福寿。因此神灵、百姓都顺从君主的意愿，高山河流献出自己的财富。目前，您的政事违背民心，行为违背神意；扩大宫室，大量砍伐，以致掠夺性地开发山林；美慕美食佳肴，频繁地打猎捕鱼，以至掠夺性地开发川泽湖沼。因此神灵、百姓都怨怒，高山河湖将收回应赐之福。司过官举出您的大错，祝官、宗官却为您祈福，我想这不是互相抵触吗？"景公说："假如没有先生，寡人就听不到这些道理，请允许寡人改正错误思想、改变错误行为吧。"于是，景公下令：取消去公阜游览的计划，停止地方进献海味，砍伐树木者要遵循时节规律；打猎捕鱼要限制数量、居住饮食须有节制而不要过于豪华、奢侈；祝官、宗官祭祀之时只向神灵悔过谢罪而不敢有所祈求。

景公问晏子："寡人想听从先生意见，将齐国的政事处理好，可以吗？"晏子答道："据我所知，国家有齐备的官吏，然后才可以治理好。"景公变了脸色，不高兴地说："齐国虽然小，但为何说官吏不齐备呢？"晏子说："以前，我们的先君桓公在其身体懈怠、言辞迟钝时，则有隰朋在旁奉侍，来提醒他；当左右近臣有了过错、刑狱议罪不公时，则有弦宁在旁奉侍，来纠正他；当田地不能整治、百姓心存不安时，则有宁戚在旁奉侍，来提醒他；当军吏怠惰、士兵肆意妄为时，则有王子成甫在旁奉侍，为他谋划；当桓公身处安逸，追求享乐，左右侍臣畏惧时，则有东郭牙在旁奉侍，向他当面谏诤；当他道德信义有所不当、意志衰弱怠惰时，则有管仲在旁奉侍开导他。先王能用别人的长处弥补自己的短处，用别人的厚重弥补自己的衰薄，因此诸

景公问晏子曰:"昔吾先君桓公,从车三百乘,九合诸侯,一匡天下。今吾从车千乘,可以逮先君桓公之后乎?"对曰:"桓公从车三百乘,九合诸侯,一匡天下者,左有鲍叔,右有仲父。今君左为倡,右为优,谗人在前,谀人在后,又焉可逮先君桓公之后乎?"

高子问晏子曰:"子事灵公、庄公、景公,皆敬子。三君一心耶?夫子之心三耶?"对曰:"婴闻一心可以事百君,三心不可以事一君。故三君之心,非一心也,而婴之心,非三心也。"

## 杂上

景公使晏子为阿宰,三年而毁闻于国。公不悦,召而免之。晏子谢曰:"婴知婴之过矣。请复治阿,三年而誉必闻于国。"公复使治阿,三年而誉闻于国。公悦。召而赏之,辞而不受。公问其故,对曰:"昔者,婴之治阿也,筑蹊径,急门闾之政,而淫民恶之;举俭力孝悌,罚偷窳,而惰民恶之;决狱不避贵强,贵强恶之;左右之所求,法则与,非法则否,而左右恶之;事贵人体不过礼,而贵人恶之。是以三邪毁乎外,二谗毁乎内,三年而毁闻乎君也。今臣更之,不筑蹊径而缓门闾之

侯因其善德来拜见他,周天子也把祭祀用过的肉送给他。而今,您的过失太多,可是没有一个人把您的过失告诉您,所以我说官吏尚未齐备。"景公说:"您说得在理啊!"

景公向晏子问道:"以前,我们的先君桓公,率领兵车三百辆,多次盟会诸侯,使天下得到安定。如今我率领兵车一千辆,可以在先君桓公之后成就霸业吗?"晏子答道:"桓公之所以能率领兵车三百辆,多次盟会诸侯,使天下得到匡正,是因为左有鲍叔,右有管仲。如今您左右都是歌舞乐人,进谗言之人在前,谄媚奉承之人在后,又怎能赶上先君桓公而成就霸业呢?"

高子问晏子说:"您相继侍奉灵公、庄公及景公,他们都尊敬您。这是三位君主的心志一样呢,还是先生您的心志有三样呢?"晏子回答说:"我听说,一心一意可以侍奉百位君主,三心二意不可侍奉一位君主。所以说,三位君主的心意并不一样,我的心意也不是三样。"

## 杂上

景公委派晏子任阿城的邑宰,过了三年,诋毁晏子的话传遍全国。景公很不高兴,便召回晏子欲将其罢免。晏子谢罪说:"我已知道我的过错了,请允许我再去治理阿城,三年之后,好名声必会传遍全国。"景公便又委派他去治理阿城。三年之后,好名声果然传遍全国。景公很高兴,召回晏子欲赏赐他,晏子推辞不受。景公问他为什么不愿受赏,晏子答道:"以前,我治理阿城的时候,修筑小路,加强住宅、里巷门户防务,以致游乐怠惰的人憎恨我;提倡生活节俭,力行孝顺父母、热爱兄长,惩罚苟且、懒惰的人,以致懒惰之人怨恨我;判决诉讼不包庇显贵、豪强,以致显贵豪强厌恶我;身边办事的人有所求,合法的就给予,不合法的就不给,以致身边之人讨厌我;

政,而淫民悦;不举俭力孝悌,不罚偷窥,而惰民悦;决狱阿贵强,而贵强悦;左右所求言诺,而左右悦;事贵人体过礼,而贵人悦。是以三邪誉于外,二谗誉乎内,三年而誉闻于君也。昔者,婴之所以当诛者宜赏,而今之所以当赏者宜诛,是故不敢受。"景公乃任以国政焉。

　　景公正昼,被发,乘六马,御妇人,以出正门,刖跪击马而反之,曰:"尔非吾君也。"公惭而不朝。晏子入见,景公曰:"昔者寡人有罪,被发乘六马以出正门,刖跪击马而反之,曰:'尔非吾君也。'寡人以子大夫之赐,得率百姓以守宗庙。今见戮于刖跪,以羞社稷,吾犹可以齐于诸侯乎?"晏子对曰:"君勿恶焉。臣闻之,下无直辞,上有惰君;民多讳言,君有骄行。古者明君在上,下多直辞;君上好善,民无讳言。今君有失行,而刖跪禁之,是君之福也。故臣来庆,请赏之以明君之好善,礼之以明君之受谏。"公笑曰:"可乎?"晏子曰:"可。"于是令刖跪倍资无征,时朝无事。

接待地位显贵之人，规格不超过礼仪规定，因此地位显贵之人不喜欢我。于是，三种邪恶之人在外边毁谤，两种谗佞之人在内部毁谤。因此，三年内这些毁谤都传到您的耳边了。如今，我改变了原来的做法，停止修筑小路，放松住宅、里巷门户防务，游乐怠惰的人便高兴；不推崇生活节俭和尽力孝顺父母、亲爱兄长，不惩罚苟且懒惰之人，懒惰之人便高兴；判决诉讼时偏袒显贵豪强，显贵豪强便高兴；身边之人有所求，全都答应，身边之人高兴；接待地位显赫之人，规格超过礼仪规定，地位尊贵之人高兴。因此，三种邪恶之人在外部称赞，两种谗佞之人在内部称赞。于是三年内，我的好名声就传到您的耳边了。以前，我受到责备的那些事情，实际上应该受到奖赏。如今，我受到奖赏的这些事情，实际上应该受到责罚。所以我不敢接受赏赐。"景公听罢，深有所悟，于是委任晏子主持国政。

齐景公大白天披散着头发，乘着六匹马驾的车，载着妇人经正门而出，门口一个受过砍脚酷刑的守门人，击打景公的车马，让其返回宫中，并说："您这个样子可不是我们的君主啊！"景公感到很惭愧，因而没有上朝。晏子入宫拜见。景公说："昨天，我有过错，我披散着头发，乘着六匹马驾的车要出宫门，被砍了脚的守门人拦住马匹，让我返回宫内，并说：'您这个样子可不是我们的君主啊！'大夫，我因您和诸大夫的辅助，能够统率百姓保有宗庙，如今受到了被砍了脚的守门人的羞辱，使国家蒙受耻辱，我还能跟诸侯们平等吗？"晏子说："君主不要厌恶守门人。我听说，如果属下没有直谏之辞，君王的行为就会懈怠；如果百姓多有忌讳之言，君主就会有放纵的行为。古时英明的君主在位，属下便多直谏之辞；君主好善，百姓就没有忌讳的话。如今您有失礼行为，而被砍了脚的守门人制止了您，这是您的福气啊！因此，我来恭贺您。请您赏赐他，以表明君主

景公饮酒,夜,移于晏子,前驱款门曰:"君至。"晏子被玄端立于门,曰:"诸侯得微有故乎?国家得微有事乎?君何为非时而夜辱?"公曰:"酒醴之味,金石之声,愿与夫子乐之。"晏子曰:"夫布荐席,陈簠簋者有人,臣不敢与焉。"公移于司马穰苴之家,前驱款门曰:"君至。"穰苴介胄操戟立于门,曰:"诸侯得微有叛乎?大臣得微有兵乎?君何为非时而来?"公曰:"酒醴之味,金石之声,愿与将军乐之。"穰苴对曰:"夫布荐席,陈簠簋者有人,臣不敢与焉。"公移于梁丘据之家,前驱款门曰:"君至。"梁丘据左拥琴,右挈竽,行歌而出。公曰:"乐哉今夕!吾饮也。微彼二子者,何以治吾国?微此一臣者,何以乐吾身?"

景公探雀鷇,鷇弱而反之。晏子闻之,不时而入见,北面再拜贺曰:"吾君有圣王之道矣。"公曰:"寡人探雀鷇,鷇弱,故反之。其当圣王之道者何也?"晏子曰:"君探雀鷇,鷇弱,故反之,是长幼也。君仁爱曾禽兽之加焉,而况于人乎!此圣王之道也。"

喜欢良言；请您尊敬他，表明君主接受劝谏。"景公笑着说："可以这样做吗？"晏子说："当然可以。"于是，景公下令加倍赏赐被砍了脚的那个守门人，且免除了他家的税赋。此后一段时间，朝廷平安无事。

景公举行酒宴，晚上时想把宴席转移到晏子家去。前边带路的随从敲晏子家的门说："君主到了！"于是，晏子身披黑色朝服来到门口，一见景公便问："诸侯们该不会有什么变故吧？国家该不会有什么事故吧？君主为何这个时候屈驾前来？"景公说："现有香醇的美酒和优雅的音乐，我愿与先生共同享受。"晏子答道："铺席设宴，安排笾簋等器具，有专人负责，我不敢参与。"于是景公便又转移到司马穰苴家去饮宴。前边带路的随从敲司马穰苴家的门说："君主来了！"司马穰苴穿上甲胄、手持戟立于门口，一见景公便问："莫非诸侯中有叛乱的么？大臣是不是有不服从命令的呢？君主为何这时候前来？"景公说："我带有香醇的美酒、动听的音乐，愿与您共同享乐。"司马穰苴回答说："铺设坐席，摆放笾簋等器具，有专人负责，我不敢参与。"景公只好又转移到梁丘据家去。带路的随从敲梁丘据家的门说："君主到了！"梁丘据左面有人抱着琴，右面有人持着竽，边走边唱出门迎接。景公说："今夜饮酒，我真快乐啊！假如没有那两个人，怎么能治理我的国家？假如没有这一个人，怎么让我快乐？"

景公掏到一只幼雀，因幼雀太弱小，就又把它放回鸟窝。晏子听到此事，没等朝见之时便进宫拜见景公。晏子面北一再拜贺，对景公说："我们君主具有圣贤君王之道了。"景公诧异地问道："我掏了一只幼雀，幼雀太弱小须母喂食，所以又放回鸟窝。您把这事当作圣贤君王之道，这是为什么呢？"晏子答道："君主有仁爱之心，所以您掏到一只幼雀，见这只幼雀很弱小，便又将它放回窝里。这是慈怜幼雀

景公使养所爱马,暴病死,公命人操刀解养马者。是时晏子侍前,左右执刀而进,晏子止之,而问于公曰:"敢问古时尧、舜支解人从何躯始?"公惧焉,遂止。曰:"以属狱。"晏子曰:"请数之,使自知其罪,然后致之狱。"公曰:"可。"晏子数之曰:"尔有三罪:公使汝养马杀之,当死罪一也。又杀公之所最善马,当死罪二也。使公以一马之故杀人,百姓闻之必怨吾君,诸侯闻之必轻吾国;汝杀公马,使怨积于百姓,兵弱于邻国,汝当死罪三也。令以属狱。"公喟然曰:"赦之。"

鲁昭公失国,走齐。齐景公问焉,曰:"子之迁位新,奚道至于此乎?"昭公对曰:"吾少之时,人多爱我者,吾体不能亲;人多谏我者,吾志不能用。是以内无弼,外无辅,辅弼无一人,谄谀我者甚众。譬之犹秋蓬也,孤其根荄,密其枝叶,春气至,偾以揭也。"景公以其言语晏子曰:"使是人反其国,岂不为古之贤君乎?"晏子曰:"不然。夫愚者多悔,不肖者自贤,溺者不问隧,迷者不问路,譬之犹临难而遽铸兵,噎而遽掘井,虽速亦无及。"

让它好好成长啊!君主连禽兽都施以恩惠,更何况对人呢?这就是圣贤君主之道啊!"

　　景公让马夫喂养自己喜爱的马,但马得急病死了,景公大怒,命令侍卫拿刀肢解马夫。此时,晏子正好陪伴景公,看见侍卫手握钢刀往前走去,晏子制止侍卫并问景公:"请问古时候尧、舜肢解活人,先从身体的哪一部分开始呢?"景公猛然恐惧起来,遂下令停止。景公又说:"将他交给狱吏治罪。"晏子说:"请允许我数说他的罪状,让其知道自己的罪过,然后再交给狱吏治罪。"景公说:"可以。"晏子对马夫说道:"你的罪状有三条:君主让你养马,你却将马给养死了,应当判死罪,这是第一条;你养死了君主最喜爱的马,当判死罪,这是第二条;因为你,使君主因一匹马病死的缘故而杀人,百姓听后一定怨恨我们君主,诸侯听后一定轻蔑我们的国家,因为你养死了君主之马,致使百姓对君主积下怨恨,使军队因丧失一匹良马而弱于邻国,你当判死罪,这是第三条。应将你交给狱吏治罪。"景公有悟,叹息说:"放了他吧!"

　　鲁昭公丧失政权逃至齐国,齐景公问他说:"您登位还不久,为什么会弄到这种地步呢?"昭公说:"我年轻时,很多人都爱我,而我自己却未能礼遇亲近他们;很多人劝谏我,而我却没能采纳他们的建议。因此,身边没有监察纠正我过失的臣子,朝堂上没有辅佐我的臣子。辅佐我的没有一个人,然而阿谀奉承我的人却很多。这就好比秋蓬,草根很小,枝叶很密,春风来到,很轻易就被吹倒。"景公把鲁昭公的话告诉晏子,说:"假如让鲁昭公返回自己的国家,难道他不会成为像古代那样的贤明国君吗?"晏子答道:"不会是这样。愚蠢之人总爱后悔,不贤德者总认为自己有德行;被水淹死者多因为不打听水的深浅,迷失方向者多是因为不问路。这就好比面临外

景公游于麦丘,问其封人曰:"年几何?"对曰:"鄙人之年八十五矣。"公曰:"寿哉!子其祝我。"封人曰:"使君之年长于国家。"公曰:"善哉!子其复之。"封人曰:"使君之嗣寿,皆若鄙人之年。"公曰:"善哉!子其复之。"封人曰:"使君无得罪于民。"公曰:"诚有鄙民得罪于君则可,安有君得罪于民者乎?"晏子对曰:"君过矣。敢问桀、纣君诛乎?民诛乎?"公曰:"寡人过矣。"于是赐封人麦丘以为邑。

晏子侍于景公。朝寒,曰:"请进暖食。"对曰:"婴非君奉馈之臣也,敢辞。"公曰:"请进服裘。"对曰:"婴非君茵席之臣也,敢辞。"公曰:"然。夫子之于寡人,何为者也?"对曰:"社稷之臣。"公问:"社稷之臣若何?"对曰:"能立社稷,别上下之义,使当其理;制百官之序,使得其所;作为辞令,可布于四方也。"自是之后,君不以礼不见晏子。

## 杂下

晏子朝,乘弊车驽马,景公见之曰:"嘻!夫子之禄寡邪?何乘不佼之甚也?"晏子出,公使梁丘据遗之路舆乘马,三反

敌入侵的危难时才急急忙忙铸造兵器,吃饭噎着以后才急急忙忙去挖井,即使很快,也来不及了。"

景公出游到了麦丘,问此地镇守边界的官员说:"您高龄多少?"那人答道:"鄙人八十五岁了。"景公说:"您真长寿啊!请为我祝福。"那人说:"但愿您寿命比国家寿命还长。"景公听后说:"好啊!您再祝福一遍。"这位守边官员说:"愿您的子孙后代都长寿,都像我这年龄。"景公说:"太好了!您再祝福一遍。"这位守边官员说:"愿您切勿得罪百姓。"景公反问道:"的确有百姓获罪于君主,这是可能的,怎会有君主获罪于百姓的呢?"晏子回答说:"您错了!恕我冒昧地问一句,夏桀和商纣是被君主杀死的,还是被百姓杀死的呢?"景公听后说:"我是错了。"于是,将麦丘赏赐给这位守边官员作为世禄的封地。

晏子陪伴着景公,早晨的天气非常寒冷,景公便说:"请给我盛碗热饭!"晏子说:"我不是为您端饭的臣子,因此,不能接受您的命令。"景公又说:"请给我穿上毛皮衣。"晏子接着说:"我不是负责您穿衣铺席的臣子,因此,仍不能接受您的命令。"景公反问道:"既然如此,那您为我做什么呢?"晏子答道:"我是社稷之臣。"景公继续问道:"所谓社稷之臣是什么样?"晏子说:"能够稳定国家。辨别君臣上下各自应遵循的道义,使他们做事合乎原则;设定百官的等级,使他们各自得到适合自己的职位;制定的辞令,能够传布四方。"从此以后,景公凡是礼义不完备时,就不敢召见晏子了。

## 杂下

晏子上朝时,坐着破车,驾着劣马。景公见到这种情景,说:"嘿!夫子的俸禄少吗?为何乘坐如此不好的车呢?"晏子走后,景

不受。公不悦,趋召晏子。晏子至,公曰:"夫子不受,寡人亦不乘。"对曰:"君使臣监百官之吏,臣节其衣服食饮之养,以先齐国之民,然犹恐侈靡而不顾行也。今路舆乘马,君乘之上,而臣亦乘之下,民之无义,侈其衣食而多不顾其行者,臣无以禁之。"遂不受。

晏子相景公,其论人也,见贤即进之,不同君所欲;见不善则废之,不避君所爱;行己而无私,直言而无讳。

景公游淄,闻晏子卒,公乘而驱。自以为迟,下车而趋;知不若车之速,则又乘。比至于国者,四下而趋,行哭而往。至,伏尸而号曰:"子大夫日夜责寡人,不遗尺寸。寡人犹且淫逸而不收,怨罪重积于百姓。今天降祸于齐国,不加寡人而加之夫子,齐国之社稷危矣。百姓将谁告乎?"

晏子没十有七年,景公饮诸大夫酒。公射出质,堂上唱善,若出一口。公作色大息,播弓矢。弦章入,公曰:"章,自吾失晏子,于今十有七年矣,未尝闻吾不善。今射出质,唱善者如出一口。"弦章对曰:"此诸臣之不肖也。智不足以知君不善,勇不足以犯君之颜,然而有一焉。臣闻君好之则臣服之,君嗜之则臣食之。尺蠖食黄其身黄,食苍其身苍,君其犹有食

公派梁丘据给晏子赠送一辆大车和四匹马,去了多次,晏子都不接受。景公很不高兴,让人快去召晏子入宫。晏子来到后,景公对他说:"您如果不接受所赠车马,我以后也不乘坐马车了。"晏子答道:"您让我监督群臣百官,因此我节制自己衣服饮食的供应,为齐国人民做出表率。尽管如此,我仍然担心人民会奢侈浪费而不顾自己的行为是否得当。您作为君王乘坐四马大车,我作为臣下也乘四马大车,那么面对百姓中不讲道义、衣食奢侈而多不考虑自己行为是否得当的人,我就无法禁止了。"于是,晏子还是没有接受。

晏子作为景公的宰相,他选拔人才的原则是:遇到贤德之人就推荐他,不迎合君主的喜好;看到不贤德的人就罢免他,不避开君主所宠爱的人。自己的所作所为无私心,规劝君主直言不讳。

景公出游淄水,听说晏子逝世,急忙驱车返回。景公自以为车行得慢,便下车奔跑,发现奔跑不如坐车快时,又上车急驰。及至到达都城后,他先后四次下车奔跑。边走边哭,赶到晏子家,卧在晏子的尸体上痛哭,说:"大夫,您白天黑夜劝谏寡人,大小事都不放过,尽管如此,寡人仍然奢侈放纵而不知收敛,使百姓的怨恨累积深重。如今,上天降灾于齐国,不降到寡人身上,却先降到夫子身上。齐国的江山危险了,百官中还有谁能指出我的过失呢?"

晏子死后十七年,景公请诸位大夫饮酒。景公酒后射箭脱靶,殿堂上饮酒的诸位大夫高喊"射得好",喊声整齐,若出一人之口。景公脸色大变,大声叹息,抛掉了弓箭。这时弦章入见,景公说:"弦章啊!自从我失去晏子,至今十七年了,未曾听到谁说我有不对之处。今天我射箭脱了靶,大喊'射得好'者如出一人之口。"弦章答道:"这是诸臣不成材呀!以他们的智慧,不足以发现君主的过错;以他们的勇气,不敢触犯国君而当面谏言。这样便出现了众口一词的情

谄人之言乎?"公曰:"善。"

况。我听说,君主喜欢穿的,臣子们便乐意穿;君主喜欢吃的,臣子们便乐意吃。尺蠖吃了黄叶,身体就发黄;吃了青叶,身体就发青。君主大概还是喜欢听谄媚者的话吧!"景公说:"你说的太好了!"

# 司马法

司马穰苴　撰

古者以仁为本,以义治之,治之谓正。治民用兵,平乱讨暴,必以义。是故杀人安人,杀之可也。以杀止杀,杀可以生也。攻其国,爱其民,攻之可也。除民害,去乱君也。以战去战,虽战可也。故仁见亲,义见悦,智见恃,勇见方,信见信。将有五材,则民亲悦恃方而信之也。故内得爱焉,所以守也;外得威焉,所以战也。利加于民则守固,威加敌民则战胜。

故战道,不违时,不历民病,所以爱吾民也;春秋兴师为违时,饥疲不行,所以爱民也。不加丧,不因凶,所以爱其民也;敌有丧饥疲不加兵,爱彼民也。冬夏不兴师,所以兼爱民也。大寒甚暑,吏士懈倦,难以警戒;大寒以露,则生外疾;甚暑以暴,则生内疾。故不出师,爱己彼之民也。故国虽大,好战必亡;天下虽平,忘战必危。天下既平,春搜秋狝,振旅治兵,所以不忘战也。

古者,逐奔不远,从绥不过三舍,不穷不能,而哀怜伤病,

古人以仁爱为根本，用合乎道义的方法来治理国家，这种治理的方法叫做常法（治民用兵，平乱讨暴，必定要合乎道义）。因此，杀掉坏人而使大众得到安宁，杀人是可以的（杀人是为防止更多的杀戮。如此杀人可以让更多人活下来）；攻打别的国家，是为了爱护它的民众，攻打是可以的（为民除害，去除乱君）；战争的目的是为了制止战争，虽然去战争，也是可以的。因此，君主施行仁道民众会亲近，坚持道义会使民众悦服，有智慧会使民众有所依靠，勇敢会为民众所效法，以诚信取信于民（将领有五种德性——仁、义、智、勇、信，则人民会亲近、会喜悦、会有所依靠、会有所效法，并能信任他）。所以，在国内得到人民的爱戴，所以可以守卫国土；在外具有威慑力量，所以能战胜敌人（利益给予人民，则可以固守国土；威慑力量加于敌人，则能战胜敌人）。

作战的原则是：不违背天时气象，不选择民众苦难时兴兵，以爱护自己的民众（春季与秋季举兵，为不合时令。饥饿疲乏不前进。这都是为了爱护百姓）；不乘敌人祸难时去进攻它，也不趁敌国灾荒时去进攻它，以爱护敌国的民众（敌人有祸难或饥饿疲乏，不以武力进攻，以爱护敌国的民众）；不在冬夏两季兴兵作战，以爱护敌我双方的民众（大寒大暑，吏士松软疲困，难以警戒。大寒暴露，则生外疾；大暑以晒，则生内疾。故不出师，以爱护敌我双方的民众）。所以国家虽然强大，好战必定灭亡；天下虽然太平，忘记备战必定危险。天下既已平定，每年春秋两季还是要用打猎来进行军事演习，整顿和训练军队，这都是为了不忘备战。

古时候，不穷追战败逃跑的敌人，追逐退却的敌军不超过九十

是以明其仁也。成列而鼓,是以明其信也。争义不争利,是以明其义也。又能舍服,是以明其勇也。知始知终,是以明其知也。五德以时合教,以为民纪,古之道也。仁义勇智信,民之本。随时而施舍,为民纲纪,古之所传政道也。

先王之治,顺天之道,设地之宜,官人之德,而正名治物,正者,正官名也。名正则可法。立国辨职,立国治民,分守境界,各治其职。诸侯悦怀,海外来服,服从己也。狱弭而兵寝,圣德之至也。

其次,贤王,制礼乐法度,乃作五刑;兴甲兵,以讨不义;巡狩省方,会诸侯,考不同。其有失命,乱常圮德,逆天之时,遍告于诸侯,章明有罪,天子正刑。刑者,正天子之法也。刑以征不义,伐不从王者之法也。冢宰与伯布命于军曰:"入罪国之地,无暴神只,无行田猎,无有暴虐,无弃土功,无燔墙屋,无伐树木,无取六畜,无取禾粟,无取器械。见其老幼,奉归勿伤。虽遇壮者,不校勿敌。敌若伤之,医药归之。既诛有罪,王及诸侯修正其国,举贤更立,明正复职。王者与四方诸侯伐无道之国,整顿其民人,举贤良更立为君,奉尊王法,复五官之职事也。

里。不使失去战斗能力的敌人陷于困境,并哀怜敌方的伤病人员,这显示出他的仁爱精神;等敌人布阵完毕再发起进攻,这是为了表明他的诚信;争礼义而不争利益,这是为了表明他的正义;还能赦免已降服的敌人,这是为了显示他的勇气;能知道战争开始时的形势并预知其结局,这是显示他的智慧。五德(此指仁、信、义、勇、智)按相应的时机实施教育,把它作为人民行为的准则,这是自古以来的法则(仁、义、勇、智、信这五德是人民行为的根本依据。随时因机施教于人民,当作人民生活的法度,这是古时候所传下来的为政方法)。

从前的君王治理天下,顺应天道,因地制宜,任用贤德的人为官吏,明确各自的名分,管理相应的事务(正的意思,是辨正官位名称,使名实相符。名正则可为人民效法);分封诸侯,区分公、侯、伯、子、男等爵位的职责(立国治民,分守疆界,各司其职)。使诸侯心悦诚服,海外诸国也来归附(指服从自己),国内诉讼止息,监狱一空,战争停息。这是圣德君主至高无上的治理方法和成效。

其次,贤王制定礼乐制度,又设立五种刑罚;派遣军队,讨伐不义之国;亲自去各诸侯国巡视,会见诸侯,考察其是否遵守礼乐制度。他们若有违误命令、扰乱纲常、泯灭道德、违逆天意的情况时,就遍告各国诸侯,公布其罪行,由天子明正典刑(刑是用以端正天子之法的。刑是用以讨伐不义、伐不从天子者的方法)。每当这时,冢宰率各级官吏向军队发布命令:"进入有罪之人的封地,不准亵渎损毁他们供奉的天神、地神等神灵之位;不准打猎,不准有暴虐行为;不准毁弃治河、筑城、建造宫殿等工程,不准烧毁房屋建筑;不准砍伐树木,不准擅取牲畜,不准私取粮食,不准私取用具;见到老人和儿童,要护送他们回家,不准伤害;即使遇到壮年人,只要他们不抵抗就不和他为敌;敌兵如果受伤了,给予医治后让他们回去。"有罪

古者逐奔不远，从绥不及，所以示君子且有礼。不远则难诱，不及则难陷。以礼为固，以仁为胜。既胜之后，其教可复，是以君子贵之也。

故礼与法，表里也；文与武，左右也。古者贤王明民之德，尽民之善，故无废德，无简民，赏无所生，罚无所诚也。民有一善，处一事，故能尽民之善，无损德弃民也。能堪其事，故赏罚无所施也。有虞氏不赏不罚而民可用，至德也；夏赏而不罚，至教也；殷罚而不赏，至威也；周以赏罚，德衰也。赏不逾时，欲民速得为善之利也；罚不迁列，欲民速睹为不善之害也。赏功不移时，罪恶不转列，所以劝善惩恶，欲速疾也。大捷不赏，上下皆不伐善也。一军皆胜；上下俱不取功也。上苟不伐善，则不骄矣；下苟不伐善，必不登矣。上下不伐善若此，让之至也。大败不诛，上下皆不善在己也。一军奔北，人皆有罪，故不诛，上下俱有过失也。上苟以不善在己，必悔其过；下苟以不善在己，必远其罪。上下分恶若此，让之至也。上下不取其善，君不骄下，下不求进也。

的人既已被诛杀,天子和诸侯们还要帮助治理好那个国家,选用贤人,改立国君,阐明政令,恢复其各级官职(天子与四方诸侯,讨伐无道之国,整顿它的人民,推举贤良之人,改立国君,奉尊王法,恢复百官的职事)。

古人用兵,不远追败逃的敌人,追逐退军不一定要赶上,这是为了表明君子的礼让。不远追就不易被敌人所诱骗,不赶上就不容易陷入陷阱。予以礼让是为了巩固自己,施以仁爱就能胜利。取胜以后,礼让、仁爱的教育还可以再进行,因而君子很重视礼让和仁爱。

所以,礼和法互为表里,文和武如左膀右臂,两者是相辅相成的。古代贤明的君王,彰显人民的美德,竭力鼓励人民的善行,所以没有败坏道德的事,也没有怠惰的人民,因而奖赏无从颁发,惩罚无从施行(人民有一种长处,就任以相应的一件事,因而能竭尽人民的善行,没有损道德的行为及被社会摒弃之人。都胜任他们所做的事,所以赏罚无所施行)。虞舜不用赏也不用罚,而人民都能为他效命,这是由于最高的道德感召所致;夏代只用奖赏而不用惩罚,这是由于最好的教化所致;商代只用惩罚,而不用奖赏,这是由于强大的威势震慑所致;周代赏罚并用,这是由于道德已经衰败了。奖赏不要错过时机,为的是使人民迅速得到做善事的利益;惩罚就地执行,为的是使民众迅速看到做坏事的害处(赏功要立刻行赏,惩恶要就地执行。这是为了劝善惩恶,让民众迅速看到果报)。战争中取得重大胜利之后不颁发奖赏,上下就不会自我夸耀(一军皆胜,上下都不会争功)。在上位的人如果不夸功,就不会骄傲自满;处下位的人如果不自我夸耀,就不会有竞比的心。上下都能这样不自我夸耀,就会形成互相谦让的好风气。全军大败之后不进行惩罚,上下都会认为过错是在自己身上(一军败逃,每个人都有罪,之所以不诛杀,是因为上下都有过失)。在上位的

人如果认为过错在自己身上,必定悔改其错误;处下位的人如果认为错误在自己,必定会远离罪过的行为。上下都像这样争着分担过错的责任,就会形成互相谦让的好风气(上下不自我夸耀长处。君王对待下位之人不骄傲,臣下不求晋升与提拔)。

# 孙子兵法

孙武 撰

孙子曰：凡用兵之法，全国为上，破国次之；兴兵深入长驱，据其都邑，绝其外内，敌举国来服为上，以兵击破服得之为次也。全军为上，破军次之；全卒为上，破卒次之。是故百战百胜，非善之善者也；不战而屈人之兵，善之善者也。未战而敌自屈服也。

故上兵伐谋，敌始有谋，伐之易也。其次伐交，交，将合也。其次伐兵，兵形已成。下攻攻城。敌国已收起外粮城守，攻之为下。故善用兵者，屈人之兵而非战也，拔人之城而非攻也，毁人之国而不久也，必以全争于天下，故兵不钝而利可全也。

兵形象水。水行避高而就下，兵之形避实而击虚。故水因地而制行，兵因敌而制胜。故兵无定势，水无常形，能与敌变化而取胜者谓之神。

孙子曰：凡用兵之法，君命有所不受。苟便于事，不拘于君命也。无恃其不来，恃吾有以能待之也；无恃其不攻，恃吾之

孙子说：大凡用兵的方法，以保全国家为上策，击破敌国使之投降次之（发兵进入到敌国境内，长途向前驱驰，占据敌人的京都，断绝敌军内外的支援，让敌方全国都来归服为最上。以兵击破敌军使敌国归服而得胜为次）；保持全军完整是上策，打败敌军次之；保持全卒完整是上策，击破敌卒使之降服次之。因此，百战百胜，还称不上是最高明的，不交战而使敌兵降服，才是高明中最高明的（还没开战而敌人自动屈服）。

所以最高的战略是破坏敌方施展的谋略而战胜敌人（敌方才开始有谋略，破坏它是比较容易的），其次是以破坏敌方与其他方面的联合来战胜敌人（交，联合他方），再其次是以通过两军对战而取胜（用兵的形势已经形成），最下策是攻击敌人的城堡或要塞（敌军已经收回其外面的军粮及城池的守备，而去攻之，为下策）。因此善于用兵者，使敌军屈服而用不着打仗，夺取敌城而不用强攻的办法，毁灭敌国就当以速战速决行之。不动一卒、不攻一城，完全用智谋使敌降伏而获得天下，所以军队既不损伤又能达到获取最大利益的目的。

用兵之道有如流水。水的特性是避开高处而奔流向下，用兵之道是避开主力而攻击薄弱之处。流水因地形而变化流向，用兵根据敌情而决定其制胜方法。所以战争没有固定的形势，流水没有固定的形态。能根据敌情变化而变通策略从而取胜的人，才算是用兵如神。

孙子说：大凡用兵的法则是，君主的命令有的可以不接受（假使方便行事，可以不拘束于君命）。不要指望敌人不来，而要依靠自己

不可攻也。

夫唯无虑而易于敌者,必禽于人。故卒未附亲而罚之,即不服,不服即难用也。卒已附亲而罚不行者,即不可用矣。故令之以文,齐之以武,是谓必取。令素行则民服。令素行者,与众相得也。

战道必胜,主曰无战,必战;战道不胜,主曰必战,无战。故进不求名,退不避罪,唯民是保,而利全于主,国之宝也。视卒如婴儿,故可与之赴深溪;视卒如爱子,故可与之俱死。厚而不能使,爱而不能令,乱而不能治,譬若骄子,不可用也。恩不可专用,罚不可专任。

知吾卒之可以击,而不知敌之不可击,胜之半也;知敌之可击,而不知吾卒之不可以击,胜之半也;知敌之可击,知吾卒之可以击,而不知地形之不可以战,胜之半也。胜之半者,未可知也。故曰:知彼知己,胜乃不殆;知天知地,胜乃可全。

能有充分的准备来应战；不要指望敌人不进攻，而要依靠自己有敌人不可攻破的条件。

只有那种既没有深谋远虑而又轻敌的人，才必然被敌人所俘虏。所以未得军心就施行处罚，士兵就会不服，不服就难以用他们去作战；士兵已经依附而不执行军纪刑罚，那么也无法用以作战。所以要用仁义道德来教导士兵，用刑罚来整治士兵，这样一定能取得他们的信任。命令一贯认真执行，人民便会信服。命令一贯认真执行，就能与众士兵相处彼此投合。

因此作战之道是：如果判定此战必胜，即使君主下令不战，主将一定要坚持开战；如果据战势权衡此战不能取胜，即使君主下令要战，主将也要坚持不战。总之，进不求战胜之名，退不避违命之罪，只求保全人民，又有利益于君主。这样的将帅，是国家的珍宝啊！爱护士兵像对待婴儿一样，那么士兵就可与他共赴深谷险境；对待士兵如同自己的爱子，那么士兵就愿意与他同生死共患难。如果厚待士兵而不能使之赴敌，爱兵如子而不能以令制之，违法乱纪而不加惩治，这就好像是骄纵的子女一样，是不能用来作战的（恩不可以单独使用，罚也不可以单独使用）。

确知我军之势强可以进攻作战，而不知此时的敌军之势亦强尚不可攻打，胜利的可能性只有一半；知道此时敌军势弱可以去攻打，而不知道自己的军队此时（士气和时势都）不宜出击，胜利的可能性也只有一半；知道此时的敌军可被攻击，知道自己的军队也可以作战，而不知地形不利于我军作战，胜利的可能性仍只有一半（胜利的可能性只有一半，就是不知道能不能胜）。所以说，洞察敌军之虚实及我军之强弱，战则必胜而不会有危险；既通天时，又懂地利，战胜之功就可以保全。

明主虑之，良将修之。非利不赴，非得不用，非危不战。不得已而用兵。主不可以怒而兴军，将不可以愠而致战。合于利而用，不合于利而止。怒可复喜，愠可复悦。亡国不可复存，死者不可复生也。故曰：明王慎之，良将敬之。此安国之道也。

兴师十万，出征千里，百姓之费，公家之奉，日千金；内外骚动，不得操事者，七十万家。古者八家为邻，一家从军，七家奉之，言十万之师举，不事耕稼者凡七十万家也。相守数年，以争一日之胜，而爱爵禄百金，不知敌之情者，不仁之至也，非民之将也，非主之佐也，非胜之主也。故明王圣主、贤君胜将，所以动而胜人，成功出于众者，先知也。先知者，不可取于鬼神，不可祷祀以求也。不可象于事也，不可以事类求也。不可验于度，不可以度数推。必取于人，知敌之情者也。

贤明的君主定会慎重地考虑战争攻伐之事，贤良的将帅定会勤修作战制胜的策略。对国家和人民不利就不要兴师动众，无必胜把握就不要轻易用兵，不是形势危急就不要轻易开战（不得已而用兵）。君主不可因愤怒而发动战争，将帅不可随情绪而进行战争。有胜算之利才可以用兵，无胜算之利就停止用兵。愤怒可以转为欢喜，生气可以转为喜悦，然而国家亡了却无法复存，人死了也不可能再活过来。所以说，明智的君主用兵特别慎重，贤良的将帅要格外警戒而不轻战。这是安定国家保全军队的关键！

　　举兵十万，出征千里之外作战，人民所负担的费用和公家的开支，每日要花费千金，国家因而不能安心从事耕作的有七十万家（古代八家为邻。一家从军，七家供奉。十万之师去打仗，而导致不耕地不做事的有七十万家）。敌我相持好多年，为的是争取最后有胜利的一天，如果因吝惜官爵、俸禄、金钱，（不使用间谍刺探敌方虚实）不能掌握敌情而导致失败，那是最不仁慈的事！此类人不是领兵高明的将帅，不是以仁义辅佐君主的贤臣，也不是克敌制胜一方的主导者。所以圣明的君主以及贤德的将帅，之所以行动必稳操胜券，成就的功绩远超众人，就在于他们事先洞察敌情。想要预先知晓敌情的人，不可通过求鬼神而获知敌情，不可以凭借类似事物的比较推断敌情，也不能用征兆去估计揣测敌情，必须通过谋略或间谍取得对方情报，才能知晓敌情。

## 卷三十四　老子

李耳　撰

## 道经

圣人处无为之事，以道治也。行不言之教，以身帅道之也。万物作焉，各自动作。而不辞，不辞谢而逆止之也。生而不有，元气生万物而不有。为而不恃，道所施为，不恃望其报也。

不尚贤，贤，谓世俗之贤者，不贵之也。使民不争；不争功名，反自然也。不贵难得之货，使民不为盗；上化清静，下无贪人。不见可欲，放郑声，远美人。使心不乱。不邪淫也。是以圣人之治，谓圣人治国，犹治身也。常使民无知无欲，反朴守淳。使夫知者不敢为也。思虑深，不轻言。为无为，不造作，动因循。则无不治。德化厚，百姓安也。

天地不仁，天施地化，不以仁恩，任自然也。以万物为刍狗。天地生万物，视之如刍草狗畜，不责望其报。圣人不仁，圣人爱养万民，不以仁恩，法天地，行自然。以百姓为刍狗。

## 道经

圣人处事顺应自然（以道治理天下），施行不用言词的教化（以身作则来引导）。任由万物按照其自身的本性去发展（各自兴起），而不以自己的观点去加以影响、妨碍（不拒绝、反对和使之停下来），生成万物而不据为私有（元气生成万物，但不占为己有），以这样的德行生育万物而又不自居其功（所做的一切顺乎自然，不依恃它们希望获得回报）。

不崇尚"能人"（"贤"是指世间所认为的"能人"，不以之为可贵），使人民没有争夺之心（不追求功业和名望，返回到自然的状态）。不以稀见难得之物为珍贵，使人民没有偷盗之心（在上位的人内心清静，下面就没有贪得无厌的人）。不显露足以引起人们欲望的东西（禁绝过分宣泄情感的音乐，远离美色诱惑），使人们的思想不被扰乱（不邪恶放纵）。因此，圣人治理天下（这是说，圣人治理天下，犹如修正自己一身一样，就是要使人常常以清净心的智慧去取代繁杂无际的知识和欲望，返回到本来的样子，保有淳朴的内心），使那些"聪明人"幡然醒悟，不敢再妄生事端（思考问题深远，不轻易说话）。一切都随顺自然的道德法则，没有自己个人的目的和追求（不随意有所作为，一言一行都因循自然之道），那么天下就没有什么不能治理的了（道德教化使人心淳厚，百姓安居乐业）。

天地无所谓仁慈（天地化育万物，并非因为有所仁慈而施恩于物，而是凭借着自己完美无缺的德能，一切顺其自然），对待万物跟对待"刍狗"没有什么两样（天地生养万物，看它们就像刍草扎的狗一般，从不指望它们有什么回报）；圣人也无所谓仁慈（圣人爱护、养育万民，也不是因

金玉满堂，莫之能守。嗜欲伤神，财多累身。富贵而骄，还自遗咎。夫富当振贫，贵当怜贱，而反骄恣，必被祸患也。功成，名遂，身退，天之道也。言人所为，功成事立，名迹称遂，不退身避位，则遇于害。此乃天之常道。譬如日中则移，月满则亏，物盛则衰，乐极则哀也。

五色令人目盲，贪淫好色，则伤精失明。五音令人耳聋，好听五音，则和气去心也。五味令人口爽。爽，妄也。人嗜于五味，则口妄，失于道。驰骋田猎，令人心发狂。人精神好安静，驰骋呼吸，精神散亡，故发狂也。难得之货，令人行妨。妨，伤也。难得之货，谓金、银、珠、玉。心贪意欲，则行伤身辱也。

太上，下知有之；太上，谓太古无名之君也。下知有之者，下知上有君，而不臣事，质朴淳也。其次，亲之誉之；其德可见，恩惠可称，故亲爱而誉之。其次畏之；设刑法以治之。其次侮之。禁多令烦，不可归诚，故欺侮之也。信不足焉，有不信焉。君信不足于下，

为仁慈才特别施人以恩惠,而是效法天地,所行皆合乎自然之道),对待百姓跟对待"刍狗"也没有什么两样。

金玉满堂,没有谁能守得住(嗜好、欲望会伤害人的精神,财富太多反而会使自身受累)。富贵而骄慢,必给自己留下祸根(富有的人本应救济贫穷的人,高贵的人本应怜惜低贱的人,如果反过来骄纵恣肆,必定会遭受祸患)。功成、名就、身退,才符合自然之理(这是说,一个人有所作为,事业有成、功绩卓著、声名日盛,此时如果不全身而退、离开高位,就必将遭遇祸害,这是上天不变的法则。就好象太阳到了中午就会下移,月亮圆了以后就会亏缺,万事万物到了全盛以后就会衰落,快乐到了极处就会生出悲哀)。

五彩缤纷的颜色,会使人眼花缭乱,对事物的真相彻底失去辨别的能力(贪求淫乐,喜好美色,则有伤肾精,会导致失明);繁复的音乐,会使人的听力麻木,再也感受不到天地间宁静、和谐的韵律(喜欢听世俗的音乐,胸中就会失去中正平和之气);经常贪食浓烈的口味,也会使人的味觉错乱,品尝不出大自然真正的美味("爽"是妄的意思。人喜好各种鲜美的味道,则口中多虚妄,于道有失);跑马打猎之类的竞逐活动,会使人心变得狂躁不安(人的精神喜欢安静。纵马驰骋,呼吸急促,贮存在人体内的精气神就会不断地散乱耗费,所以才会狂躁不安);稀有难得的财物,会诱使人的行为偏离正道("妨"是伤的意思。"难得之货",指金、银、珠、玉等。心中贪婪,念念想要得到,就会有伤品行,使自身受辱)。

最好的统治者,人们仅仅知道他的存在而已("太上",是指上古时期没有姓名的君王。"下知有之",是说百姓虽然知道上面有君王的存在,但不以臣道侍奉,内心质朴淳厚);次一等的统治者,人们爱戴他、称誉他(他的德行可以看见,他的恩惠值得称道,所以百姓亲近他、爱戴

下则应之以不信,而欺其君也。

绝巧,绝巧诈也。弃利,塞贪路也。盗贼无有。上化公正,无邪私也。以为文,不足。文不足以教民也。见素抱朴,见素守真,抱其质朴。少私寡欲。

曲则全,曲己从众,不自专,则全也。枉则直,洼则盈,地洼下,水流之。人谦下,德归之。弊则新,自受弊薄,后己先人,天下敬之,久久自新。少则得,自受少,则得多。多则惑,财多者惑于守身,学多者惑于所闻也。是以圣人抱一为天下式。抱,守也;式,法也。圣人守一,乃知万事,故能为天下法式也。不自见。故明。圣人因天下之目以视。故能明达。不自是,故彰;圣人不自为是而非人,故能彰显于世。不自伐,故有功;圣人德化流行,不自取其美,故有功于天下也。不自矜,故长。圣人不自贵大,故能长久不危也。夫唯不争,故天下莫能与之争。此言天下贤与不肖,无能与不争者争。

他、赞誉他);更次一等的统治者,人们害怕他(设立法律和刑罚来治理);最下等的统治者,人们欺骗侮慢他(禁令繁多,不能使人诚心归向,所以才会欺辱他)。所以,在上位者诚信不足,在下位者就会有不信任的心理(君王对下面的人诚信不足,下面的人就会以不信任来回应,并且欺骗君王)。

君王只崇尚老实忠厚而不崇尚聪明机巧(摒除奸巧和欺诈),只追求道义而不追求利益(堵塞通向贪欲之路),盗贼自然就没有了(在上位者以公正无私化导百姓,百姓自然没有邪恶自私的念头)。光有礼仪规范、文采辞藻等形式的东西,是不够的(仅靠形式的东西不足以教化百姓)。关键在于存心淳朴(现出本来的样子,守住天然的真心,保持单纯朴素的作风),减少私心,降低欲望。

放下自己的执着,才能对事物有全面的了解(委屈自己,听从众人的意见,不独自专断,则能保全);经得起委屈,才能成就自己的德行,所行之道才能通畅自如。如同地面低洼之处才能有积水盈满(地面低洼,水才能流进去;人谦虚下人,德行才能增长);旧的衣服污损破烂了,新的衣服才会出现(自己不求名利,甘处卑下,甘受穷困,先人后己,大众都会尊敬他。时间久了,道业成就,一切都会有根本的改变,如获新生)。人的欲望越少,得到的东西就越多(自己享用得少,则得到的多);享受得越多,人就会越容易迷失自己的本性(财富多了,人就会不明白如何保护自己的身体不受连累;学的知识多了,人就会被各种见解所迷惑,而无法恢复只有心地清静才能显示出来的真实智慧)。因此,圣人所做的,就是守住自己的一颗清静之心,作为天下人效法的榜样("抱"是持守的意思,"式"是法度的意思。圣人守住自己的清静心,一心不乱,就能通达万事万物的真相,所以一言一行都能成为天下人效法的榜样)。不固执己见,所以对事物看得分明(圣人通过天下人的眼睛来看,所以能明

飘风不终朝，骤雨不终日。飘风，疾风也。骤雨，暴雨也。言疾不能长，暴不能久也。孰为此者？天地也。孰，谁也。天地尚不能久，而况于人乎？天地至神，合为飘风暴雨，尚不能使终朝至暮，况人欲为暴卒者乎？故从事于道。人为事，当如道安静，不当如飘风骤雨也。

自见者不明，人自见其形容，以为好；自见所行，以为应道，不自知其形丑、操行之鄙也。自是者不彰，自以为是而非人，众人共蔽之，使不得彰明也。自伐者无功，所为辄自伐，即失有功也。自矜者不长，好自矜者，不以久长。故有道者不处。

道大，道大者，无不容也。天大，地大，王亦大。天大者，无

白通达）；不自以为是，所以对是非判得清楚（圣人不认为自己就是对的，别人就是错的，所以能够显出他的真正智慧）；不自我夸耀，才能成就功业（圣人的道德教化普遍传播，没有阻碍，却不认为是自己的功劳，所以对天下有大功）；不自高自大，才能长久不危（圣人不自以为高贵、了不起，所以能够长久保持而不陷于危机）。正因为不与人争，这才是圣人真正的功德所在，所以天下没有谁能与他相争（这是说，天下不论是有德行、有才能的人，还是品行不端、没有出息的人，都不能与不和人争的人相争）。

狂风刮不了一个早晨，暴雨下不了一整天（"飘风"是指迅疾的风，"骤雨"是指暴雨。这句话是说，迅疾的不能持续，狂暴的不能长久）。是谁造成这一切的呢？是天地（"孰"是谁的意思）。天地的狂暴行为尚且不能持久，更何况是人呢（天地之气最为神异，它们相合形成的狂风暴雨，尚且不能从早到晚不停，何况是那些想要侵犯别人的人呢）？所以凡事要回归于道（人们做事，应该像道一样安静，不应该像狂风骤雨一样）。

喜欢表现自己的人决不是什么聪明人（就像一个人在别人面前搔首弄姿，还以为自己这个样子很美；有些人总喜欢在人前显耀自己，自认为自己的所作所为很值得人称道。却不知道他们这样做，已经使自己的样子看上去很丑陋，品行已经很低劣了）；自以为是的人，即使自己的做法是正确的，也不会得到大众的普遍赞同（自以为是的人总是喜欢否定别人，于是就会招致众人的攻击和诽谤，从而使他的长处也很难得到彰显）；自夸其功的人，已经谈不上有什么功劳（有点功劳就自我表白，功劳就失去了）；自高自大的人，好景不会长久（好自大的人，纵然得势也不能够保持长久）。所以明白道理的人，决不会这样做。

道大（"道大"，就是无不包容），天大，地大，王也大（"天大"，

不盖；地大者，无不载；王大者，无不制。域中有四大，而王居其一焉。八极之内有四大，王居其一也。人法地，人当法地，安静和柔也，劳而不怨，有功而不宣。地法天，施而不求报，生长万物，无所收取。天法道，清静不言，万物自成。道法自然。道性自然，无所法也。

重为轻根，人君不重则不尊，治身不重则失神。静为躁君。人君不静则失威，治身不静则身危。奈何万乘之主，奈何者，疾时主，伤痛之也。而以身轻天下。疾时王奢恣轻淫也。轻则失臣，王者轻淫则失其臣，治身轻淫则失其精。躁则失君。王者行躁疾，则失其君位；治身躁疾，则失其精神也。

圣人常善救人，圣人所以常教人忠孝者，欲以救人性命也。故无弃人；使贵贱各得其所也。常善救物，圣人所以常教民顺四时者，以救万物之残伤也。故无弃物。不贱石而贵玉。

善人者，不善人之师也；人之行善者，圣人即以为人师也。

就是能够覆盖一切；"地大"，就是能够承载一切；"王大"，就是能够统御一切）。宇宙间有四"大"，君王占据其一（寰宇内有四样东西可称为"大"，君王就是其中的一样）。人所效法的是大地（人应该效法地，安静柔和，劳作但不抱怨，有功但不宣扬），地所效法的是上天（施与而不求回报，虽使万物生长，却无所收取），天所效法的是道（没有任何想法，清清静静，默默无言，任凭万物各自成就），道所效法的是自然之理（道的本性就是自然，所以实际上只是依着自己的本性去运行而已，什么也不需要效法）。

　　重是轻的根本（人君不能庄重自守，就失去了自身的尊贵；不知道保身重命，而耽于对身外之物的贪恋，就会耗失精神），静是动的主宰（人君不能守住心性的清静，就会失去威严；身体如果不静养，被欲望所牵引，就会有危险）。怎么可以让一个万乘大国的君主（"奈何"，是在感慨当时的君主，为他们感到伤痛），竟然为了身外之物而不惜戕害自己的心性与身命，连天下国家都不顾了呢（痛心当时的君主骄奢恣肆、轻慢淫佚）？不顾天下就会失去臣民（君王轻慢淫佚，就会失去臣下；身体如果轻举妄动、贪淫放逸，就会丧失体内的精气），浮躁妄动就会失去主宰的地位（君主的行为浮躁迅疾，就会失去君位；如同让身体处于急躁不安的状态，就会丧精耗神）。

　　古代的圣王在位，总是很善于挽救人（圣人之所以经常教人以忠孝之道，就是为了挽救人的本性），所以没有被抛弃不管的人（让贵贱不同的人各自安于他们的本分）；总是善于利用万物（圣人之所以经常教人顺应四时节气的变化，是为了顺应万物兴替演变的自然规律而加以合理的利用），所以没有被废弃的物品（物各有其用。不以普通石块平常就轻视它，不因玉石罕见就特别看重它）。

　　善人，是不善人的老师（行善的人，圣人让他做众人的老师）；不

不善人者,善人之资也。资,用也。人行不善,圣人教道使为善,得以为给用。不贵其师,不爱其资,虽智大迷。虽自以为智,言此人乃大迷惑。是谓要妙。能通此意,是谓知微妙要道。

知其雄,守其雌,为天下溪;雄以喻尊,雌以喻卑。人虽自知尊显,当复守之以卑微,去雄之强梁,就雌之柔和。如是,则天下归之,如水之流入深溪。为天下溪,常德不离。人能谦下如深溪,则德常在,不复离己。知其白,守其黑,为天下式;白以喻昭昭,黑以喻默默。人虽自知昭昭明达,当复守之以默默,如暗昧无所见。如是,则可为天下法式也。为天下式,常德不忒。人能为天下法式,则德常在于己,不复差忒也。知其荣,守其辱,为天下谷。知己之有荣贵,当守之以污浊。如是,则天下归之,如水流入深谷也。

将欲取天下欲为天下主也而为之,欲以有为治民也。吾见其不得已。我见其不得天道人心已明矣。天道恶烦浊,人心恶多欲。天下神器,不可为也。器,物也。人乃天下之神物也。神物好安静,不可以有为治也。为者败之,以有为治之,则败其质性也。执者失之。强执教之,则失其情实,生于诈伪也。是以圣人去甚,去奢,去泰。"甚"谓贪淫声色也;"奢"谓服饰饮食也;"泰"谓宫室台

善的人,是善人的资材("资"是给用的意思。人如果行为不善,圣人就教他明白道理,使他改恶行善,从而成为对社会有益之人)。不尊重老师,不爱惜老师的资材(老师没有了教导的对象),这样的人表面聪明,其实很糊涂(虽然自以为聪明,其实迷惑得很深)。这是深妙的道理(能够明白这个道理,才叫懂得了微妙的道理)。

　　知道什么是自己的强势,却能安守于柔弱,像水溪一样甘愿处于卑下的境地("雄"是比喻尊贵,"雌"是比喻卑微。一个人虽然知道自己尊贵显要,却应当保持卑微的姿态,舍"雄"之刚强而取"雌"的柔和,这样,天下就会归向他,就像水流汇入深溪一样)。处于卑下之处,永恒的德性就不会偏离(人能像深溪一样谦下,则德行将长在,不会和自己分开)。心中昭然明白,却能安守于暗昧,能这样,便可以做天下的榜样("白"比喻清楚明白,"黑"比喻暗昧无知。一个人内心什么都清清楚楚,仍应当就像什么都不知道的样子,好像愚昧没有见识,能够做到这样,就可以作为天下的榜样了)。一个人能做全天下的榜样,在于他有永恒不变的德行,不会出现差错(一个人能成为天下的榜样,自己必定是拥有永恒不变的德行,不会再有差失)。知道自己的荣光高贵之所在,却能安守于污辱贱下之境,这样,才能成为众望所归,如世间那百川所汇的深谷一般(一个人知道自己拥有荣贵的地位,仍应当甘愿承受污浊,这样,天下就会归向他,就像水流汇入深谷一样)。

　　谁要想占有天下(想要成为天下的君主),并且按照自己的意志去治理它(想要有所作为来治理百姓),我看他是达不到目的的(我看他与天道和人心不相应已经很明显了。天道忌讳的是繁杂污浊,人心忌讳的是欲望太多)。天下是个神圣的东西,是不能去摆弄的("器"是物的意思。人是天下神圣的东西。神圣的东西喜欢安静,不可以通过有所作为来治理)。谁勉强去摆弄,就会把天下搞乱(通过有所作为来治理,就会败坏

榭也。去此三者，处中和，行无为，则天下自化也。

以道佐人主，谓人主能以道自辅佐。不以兵强于天下。顺天任德，敌人自服也。师之所处，荆棘生焉。农事废，田不修。大军之后，必有凶年。天应之以恶气，即害五谷也。善者果而已，行善者，当果敢而已，不休也。不敢以取强焉。不敢以果敢取强大之名。果而勿矜，当果敢谦卑，勿自矜大。果而勿伐，当果敢推让，勿自伐也。果而勿骄，骄，欺。勿以骄欺也。果而勿强。果敢，勿以为强，以侵凌人也。

兵者，不祥之器，兵革者，不善之器也。非君子之器，不得已而用之。谓遭衰逢乱，乃用之以自守也。恬惔为上，不贪土地，利人财宝。胜而不美，虽得胜，不以为利美。而美之者，是乐杀人也。美得胜者，是为乐杀人也。夫乐杀人者，则不可以得志于天下矣。吉事尚左，左，生位。凶事尚右。阴道，杀也。偏将军处左，偏将军卑而居左者，以其不专杀也。上将军处右，上将军尊而居右者，以其主杀也。言以丧礼处之。丧礼尚右。杀人众多，以悲哀泣之。伤己德薄，不能以道化人，而害无辜之民。战胜，则以丧礼处之。古者，战胜，将军居丧主之位，素服而哭之。明君子贵德而

其本性);谁想把持下去,谁就会丧失天下(把自己的意志强加给天下之人,就会使其失去真心,生出奸诈虚伪之心)。因此圣人必须不走极端,杜绝奢侈,不要过分("甚"是指贪淫、声色方面,"奢"是指服饰、饮食方面,"泰"是指楼台、亭榭方面。摒除这三者,处于中正平和之中,行为顺应自然,则天下就会自然化育)。

用"道"辅佐君主(这是说人君能够用"道"来辅佐自己),不靠武力逞强于天下(顺应天道,依靠德行的感化,使敌人自己归服)。军队驻扎的地方,荆棘丛生(农事荒废,田地得不到修整)。大战之后,必有荒年(上天用恶薄的天气来回应,农作物就会受害)。所以会打仗的人,临战果敢,获得胜利就适可而止(虽然是为了行善而征伐,应当果敢,但不以征伐为美)。虽然果敢,但不一味以武力逞强(不敢因为果敢而求取强大之名)。虽然果敢,但不自大(应该果敢于谦卑,不要自大)。虽然果敢,但不自夸(应该果敢于推让,不要自夸)。虽然果敢,但不以傲气凌人("骄"是欺的意思,不要骄横欺人)。虽然果敢,但不逞强好胜(虽然果敢,但不要自以为强大,而去侵凌别人)。

凡兵戈甲胄,都是不吉祥的器物(兵革甲胄,都不是与人为善的器物),不是君子的器物。君子迫不得已时才会使用它(这是说,只有遭遇衰变或者动乱时,才用它来自卫),以清静淡泊为上(不贪求土地,不求取别人的财宝)。虽战胜敌人,不以之为美(虽然取胜,但不觉得欢喜)。如果认为战胜敌人是好事情,那就是以杀人为乐了(以得胜为美,这就是以杀人为乐了)。要是以杀人为乐,就不能实现统治天下的心愿了。吉庆事以左边为贵(左边是主生的方位),凶丧事以右边为贵(右边表示忧凶之事,是主杀的方位)。因此,不专杀的偏将军,站在兵车的左边(偏将军地位低,居于左边,这是因为他不能擅自杀戮);主杀的上将军,站在兵车的右边(上将军地位尊贵,居于右边,这是因为他主掌生杀

贱兵，不得已，诛不祥，心不乐之，比于丧也。

知人者智，能知人好恶是智。自知者明。人能自知贤不肖，是为反听无声，内视无形，故为明也。胜人者有力，能胜人者，不过以威力也。自胜者强。人能自胜己情欲，则天下无有能与己争者，故为强也。知足者富，人能知足之为足，则保福禄，故为富也。强行者则有志。人能强力行善，则为有意于道。不失其所者久，人能自节养，不失其所，则可以久也。死而不妄者寿。目不妄视，耳不妄听，口不妄语，则无怨恶于天下，故长寿也。道常无为，而无不为。道以无为为常也。侯王若能守之，万物将自化。言侯王而能守道，万物将自化，效于己也。

大权)。这就是说,它是按丧礼的位置排列的(丧礼是以右为尊的)。战争中杀人众多,要以悲痛的心情来对待(感伤于自己的德行浅薄,不能用"道"来教化人民,以至于让无辜者受害)。打了胜仗,也要用丧礼的仪式来处置有关善后事宜(古时候,战争取得胜利,将军居于主丧者的位置,穿着白色的衣服痛哭,以表明君子以德行为贵,以武力为轻,万不得已才兴兵诛杀恶人,心中实际上对此是不高兴的,就好比是在办理丧事)。

能够了解别人的人是聪明人(能够知道别人的好坏是"智"),能够了解自己的人才是有真实智慧的人(一个人能够知道自己是否贤能,这是能够返回来,在无声无形之中观照自己,所以为"明")。能够战胜别人的是有能力的人(能够战胜别人,不过靠的是威势和武力而已),能够战胜自己的毛病习气的人才是真正的强者(人能够克服自己的私情和欲望,则天下就没有人能够与自己争夺什么,所以说是"强")。知足才是真正的富有(一个人能够知足,才能真正享受自己的福报而无亏欠之忧,所以说是"富"),改过修善坚定不移才叫做有志(一个人能够坚持勉力行善,则是有志于道的人)。所作所为不离开自己本性的才能持久(一个人能够自己节制,修身养性,不背离自己的天性,就可以长久),至死而德行不乱的人必定能够长寿(眼睛不胡乱看,耳朵不胡乱听,嘴巴不胡乱说,就不会被天下人怨恨、厌恶,所以就能够长久地活在这个世界上)。

"道"看上去永远是什么都没有做,但万事万物的盛衰兴替无不都是它发挥作用的结果("道"是以"无为"作为它的常态的)。身为侯王,如果能明白这个道理,凡事都循道而行,那么万物都将无为而化,天下自然而然就能实现大治(这是说,侯王能够遵守"道",万物将自行化育,效法于自己)。

## 德经

上德不德，上德谓太古无名号之君。德大无名，故言上德也。因循自然，养人性命，其德不见，故言不德也。是以有德；言其德合于天地，和气流行，民得以全也。下德不失德，下德谓号谥之君。德不及上德，故言下德也。不失德者，其德可见，其功可称也。是以无德。以有名号及其身故也。上德无为，言法道安静，无所改为也。而无以为；言无以名号为也。下德为之，言为教令，施政事也。而有以为。言以为己取名号。

前识者，道之华，不知而言知，为前识也。此人失道之实，得道之华。而愚之始也。言前识之人，愚暗之唱始也。是以大丈夫处其厚，大丈夫，谓道德之君也。处其厚者，处身于敦朴。不处其薄；不处身违道，为世烦乱也。处其实，处忠信也。不处其华。不尚言也。

昔之得一者，昔，往也。一，无为。天得一以清，地得一以宁。言天得一，故能垂象清明；地得一，故能安静不动摇。神得一以灵，言神得一，故能变化无形。谷得一以盈，言谷得一，故能盈满

## 德经

　　上古的圣王，德配天地，虽然泽及万物，但自己却从不觉得有恩于谁（上德是指上古没有名号的圣王，虽有大德，却没有留下德名，所以称之为"上德"。他们能于无声无息中顺应天地万物的客观规律，长养人的天性和生命，而他们的恩德却不为人们所知，所以说是"不德"），所以说这才是完全与"道"相合的真德（这是说其德合乎天地的大道，阴阳之气冲和流布，人民的心性与生命都能得以保全）；后来的君王，心中念念不忘有恩于人（下德是指后来那些有谥号的君王，德能不如"上德"，故称为"下德"。所谓不失德，是说其恩德可以看见，其功劳可以被众人所称道），所以实际上已经不再具备古圣王那种与道相合的纯真之德了（这是因为已经有德名加身的缘故）。上古圣王的恩德，是出于无心而为（意思是能够效法"道"的安祥宁静，任由万物顺着自己的天性自然化育而不附加丝毫外在的影响和改造），所以能长养万物而不认为是自己的功劳（即无从赋予其任何德名）；后来的君王则是有心而为（指的是制定政教法令，实施政事等），所以事成则自居其功（是说为自己取得名号）。

　　先见之明这回事，只是"道"浮华的外表（在别人都不知道结果会怎样时就预先说出自己的准确判断，这就是所谓的先见之明，这样的人失去道的实质，只是得到了道的皮毛），也是愚昧的开始（这是说喜欢显示自己先见之明的人，恰恰是愚蠢的开始啊）。因此，大丈夫立身敦厚（大丈夫，是说有道德的君子。处其后，是说立身于敦厚淳朴），不居于浅薄（是说处世不违背大道，成为别人的烦扰）；存心朴实（处世保持忠厚信实），不居于浮华（指不浮于言谈）。

　　上古之时，天地万物皆处于一种最初始的"一"的状态（昔，指往古的时候；一，大道清净无为的象征）。天有了"一"，因而清明；地有了"一"，因而安定（说的是天循道而行，所以能显现清明的气象；大地依道而住，所以能够安宁稳固、毫不动摇）；人心有了"一"，因而成为万

而不绝。万物得一以生，言万物皆须道生成也。侯王得一以为天下贞。言侯王得一，故能为天下平正也。天无以清，将恐裂；言天当有阴阳昼夜，不可但欲清明无已时，恐将分裂不为天也。地无以宁，将恐发；言地当有高下、刚柔，不可但欲安静无已时，将恐发泄不为地。神无以灵，将恐歇；言神当有王相休废，不可但欲灵无已时，将恐虚歇不为神。谷无以盈，将恐竭；言谷当有盈缩虚实，不可但欲盈满无已时，将恐枯竭不为谷。万物无以生，将恐灭；言万物当随时死生，不可但欲常生无已时，将恐灭亡不为物也。侯王无以贵高，将恐蹶。言侯王当屈己下人，汲汲求贤，不可但欲贵高于人，将恐颠蹶，失其位也。故贵必以贱为本，言必欲尊贵，当以薄贱为本。若禹稷躬稼，舜陶河滨，周公下白屋也。高必以下为基。言必欲尊贵，当以下为本。是以侯王自称孤、寡、不穀，孤、寡，喻孤独；不穀，喻不能如车穀，为众辐所凑也。此非以贱为本邪。侯王至尊贵，能以孤寡自称，此非以贱为本乎。

物之灵（人心应道而现，因而能喜怒哀乐变化于无形）；溪谷有了"一"，因而充盈（溪谷没人管它，自然形成，所以能水流充满，绵绵不绝）；万物有了"一"，因而能自由地生长化育（世间万物皆因为自然规律的作用才得以生长化育）；侯王有了"一"，因而能公正地对待天下（侯王奉道自守，清静无为，故能作为全天下公平正直的表率）。假如天不是这样清明，恐怕就会破裂（说的是天应当有阴阳和昼夜之分，很难保持永远清明，否则恐怕终将有分裂之时，而不再成其为天）；假如地不是这样稳定，恐怕就会有崩泄（大地也有高下、刚柔之别，很难保持永远安定，否则恐怕也会有宣发泄露不成其为地的时候）；假如人心不是这样富有灵气，恐怕就会失去生机（人的心念有消长更迭的变化，不能长久保持在精神饱满的状态，否则恐怕终将有衰息之时，而失去其灵异）；假如溪谷不能长保充盈，恐怕就会有枯竭之日（溪谷终会有盈满和退缩、空虚和充实的变化，不能一直盈满下去，恐怕最终也会枯竭而不成其为溪谷）；假如万物不能顺应自然之理而生长化育，恐怕就会有灭绝的一天（万物总是随着时令季节荣枯生灭，不会一直保持在繁盛的状态，否则恐怕终究会衰亡灭绝而不成其为物）；假如侯王不能体道凝神，洞悉无为之妙用，从而保持其高贵的品质，恐怕就会有败亡的危险（侯王应当屈尊降贵、礼贤下士，一心求取贤才，不能只想以显贵凌驾于人，否则恐怕将要颠覆挫败，终究会失去自己尊贵的地位）。所以贵必定以贱为根本（说的是如果想要尊贵，应当坚守卑微为本，就如同夏禹与后稷亲身耕种、舜帝在河边劳作、周公礼下寒士一样），高必定以下为基础（说的是如果想保住高位，应当坚守卑下为根基）。因此，侯王总是以"孤""寡""不穀"这些象征卑贱的词语来自称（孤、寡，是比喻孤独；不穀，比喻不能像车轮那样，成为众多福气的汇聚）。它的意义不就是在于时时提醒自己"贵以贱为根本"吗（侯王尊贵到极点了，能以孤寡自称，这不是以贱为根本吗）？

人之所恶,唯孤、寡、不毂,而王公以为称。孤、寡、不毂,不祥之名,而王公以为称者,处谦。法空虚和柔。故物或损之而益,引之不得,推让必还。或益之而损。夫增高者崩,贪富者得患。人之所教,谓众人所以教,去弱为强,去柔为刚也。我亦教人。言我教众人,使去强为弱,去刚为柔也。强梁者不得致其死,强梁者,尚势任力,为天所绝,兵刃所伐,不得以命死也。吾将以为教父。父,始也。老子以强梁之人为教戒之始。

天下之至柔,驰骋天下之至坚,至柔者,水也;至坚者,金石也。水能贯坚入刚,无所不通也。无有入于无间。无有,谓道也。道无形质,故能出入无间,通神群生。不言之教,法道不言,帅之以身也。无为之益,法道无为,治身则有益精神,治国则有益万民,不劳烦。天下希及之。天下,谓人主也。希能有及,道无为之治。无为之治,治身、治国也。

甚爱必大费,甚爱色者费精神,甚爱财者遇祸患。所爱者少,所亡者多,故言大费。多藏必厚亡。生多藏于府库,死多藏于丘墓。生有攻劫之忧,死有发掘之患也。知足不辱,知足之人,绝利去欲,不辱于身也。知止不殆,知可止则止。财利不累于身,声色不乱于耳目,则终身不危殆。可以长久。人能知止足,则福禄在己。治身者神不劳,治国者人不扰,故可长久也。

"孤""寡""不穀",这些都是人们所厌恶的,而王侯们却拿来自我称呼(孤、寡、不穀,都是不祥的名称。而王公之所以拿来称呼自己,是处谦虚之位,效法空虚和柔和)。所以,一切事物,有时减损它,反而得到增加(求取时得不到,推让时却反而能够获得);有时候增加它,反而受到减损(刻意图谋高位,反而会败毁;一心贪求富有,反而会有祸患)。别人所教导我们的事(意思是别人所教的,是放弃柔弱而去追求刚强),我也反过来教导别人(意思是我所教人的恰恰相反,是放弃刚强而以柔弱自守)。强狠霸道的人不得善终(强横的人,崇尚势力、强暴,为天理所不容,必将兵刃加身,不得尽其天年而终),我要把这个道理作为教化人的开始(父,开始的意思。老子把强横之人的例子作为教化、劝戒世人的起点)。

天下最柔弱的东西,能够战胜天下最强硬的东西(最柔的东西,是水;最硬的东西,是金石。水能够贯穿坚硬,入于刚强,无所不通)。没有形体的东西,能够渗透进没有间隙的地方(没有形体的东西,说的是"道"。道无形无相,所以能出入没有缝隙之地,通达神明,无处不在)。不用言辞的教导(效法于道,不依赖语言的说教,而是以自身作为表率),清静无为的美善(效法于道,清静无为,修身则有益于精神,治国则有益于万民,而不加以叨扰),天下很少有人能够真正做到(天下,是说人主。很少能做到,说的是无为而治。修身、治国都是如此)。

过分珍爱,必会造成更大的耗费(过分爱色的人,耗费精神,过分爱财的人,遭遇灾难。所能爱的很少,所失去的却很多,所以说是大耗费);过多贮藏,必会遭受更重的损失(活着时财富多封藏在府库中,死后的殉葬品多藏在坟墓中。活着时有被攻打劫掠的忧患,死后坟墓有被发掘的忧虑)。因此,知道满足,便不会身遭侮辱(知道满足的人,放弃对名利的追求、远离欲望,便可使自身免于受辱);知道适可而止,便不会

大成若缺,谓道德大成之君也。如缺者,灭名藏誉,如毁缺不备。其用不弊;其用心如是,则无弊尽时也。大盈若冲,谓道德大盈满之君也。如冲者,贵不敢骄,富不敢奢也。其用不穷。其用心如是,则无穷尽。大直若屈,大直,谓修道法度正直如一也。如屈者,不与俗人争,如可屈折也。大巧若拙,大巧,谓多才术也。如拙者,亦不敢见其能也。大辩若讷。大辩,知无疑也。如讷者,无口辞也。清静以为天下正。能清能静,则为天下长持正,则无终已时也。

天下有道,谓人主有道也。却走马以粪;粪者,治田也。兵甲不用,却走马以治农田也。天下无道,谓人主无道也。戎马生于郊。战伐不止,戎马生于郊境之上,久不还也。罪莫大于可欲,好淫色也。祸莫大于不知足,富贵不能自禁止也。咎莫大于欲得。欲得人物,利且贪。故知足之足,常足矣。无欲心也。

不出户,以知天下;圣人不出户以知天下者,以己身知人身,以己家知人家,所以见天下矣。不窥牖,以见天道。天道与人道同,

身遇危险（知道该停止就停止，财利不会变成累赘，声色不会扰乱耳目，则终身都不会陷于险境）。这样才能长久平安（人能知道适可而止、知道满足，那么福禄就能自己把握了，这样修身则心神安宁，治理国家则人民安定，所以能够长治久安）。

最圆满的东西，看上去却好像是有缺憾的（这里说的是道德有大成的君子。好像还有缺憾，指的是因为抛弃了名声，隐藏起荣誉，所以总好像还有缺损而不完备），但它的作用永远不会衰败（他的用心是这样，那么就没有衰败穷尽的时候啊）；最充实的东西，看上去却好像是空虚的（这是说道德品行完备的君子。如空虚，指的是虽尊贵但却不敢骄傲，虽富有但却不敢奢侈），它的作用永远不会枯竭（如此存心，其作用自然会无穷无尽）。最中直的看上去好似可弯可曲（大直，说的是修身行道的原则，正直如一。如屈，指的是不与别人争长短，所以看上去好像可屈可折似的），最灵巧的好似笨拙（大巧，是说多才能和技巧。如拙，是说不敢向人展现自己的才能），最雄辩的好似口钝（大辩，是说智慧而无疑惑。如讷，是说不显露言辞）。清静无为，可以使天下持正而长久（能清能静，则能为天下长久保持端正，那么就没有终止的时候）。

国家治理有道（是说君主有道），好的战马都被赶去耕田（粪，是指耕种田地。军队不需要的时候，把好的战马都用于耕种农田。国家政治混乱（是说君主治理国家不遵循大道），战马便长年服役于郊野（战乱不止，战马被用于国境荒野，久久不能归来）。罪恶没有比任情纵欲更大的（荒淫好色），祸患没有比不知足更大的（富贵但自己不知道有禁忌），灾难没有比贪得无厌更惨的（想得到民众和财富，牟利并贪）。所以，只有知足的富足，才是长久的富足（没有贪欲之心）。

不出家门，就能知道天下之事（圣人足不出户就知道天下，是因为了解了自己就了解了别人，知道了自己家就知道了别人家，所以能知天下事）；

人君清静,天气自正;人君多欲,天气烦浊。吉凶利害,皆由于己也。其出弥远,其知弥少。谓去其家,观人家;去其身,观人身。所观益远,所知益少也。是以圣人不行而知,不见而名,上好道,下好德;上好武,下好力。圣人原小知大,察内知外也。不为而成。上无所为,则下无事,家给人足,物自化也。

损之又损之,损情欲,又损之,所以渐去之。以至于无为;无为而无不为。情欲断绝,德与道合,则无所不施,无所不为。取天下常以无事,取,治也。治天下常当以无事,不当劳烦民也。及其有事,不足以取天下。及其好有事,则政教烦,民不安,故不足以治天下也。

圣人无常心,圣人重改更,贵因循,若自无心也。以百姓心为心。百姓心之所便,因而从之。善者,吾善之;百姓为善,圣人因而善之。不善者,吾亦善之。百姓为不善,圣人化之使善。信者,吾信之;百姓为信,圣人因而信之。不信者,吾亦信之。百姓为不信,圣人化之使信也。

生而不有,道生万物,不有取以为利。为而不恃,道所施为,不恃望其报也。长而不宰,道长养万物,不宰割以为利用也。是谓

不望窗外，就能认识自然界的变化规律（天道与人道相感应。人君清净无为，天地之气自然和顺；人君多欲烦恼，天地之气就会烦乱恶浊。吉凶和好坏，都是由于自己啊）。谁走得越远谁就知道得越少（是说离开自己的家，去观察别人家；离开自身，去观察别人。所观察的越远，所知道的就越少）。因此圣人不必远行就能知道其实情，不必眼见就能说出其真相（君主崇尚大道，人民就崇尚德行；君主崇尚武力，百姓就会崇尚暴力。圣人推究小事就知道大事，观照自己的内心就知道外面的一切），不必作为就能成就其事功（君主无所作为，那么百姓就没有事。家庭丰足人民满足，自然得到教化）。

欲望减少再减少（减少情欲，再减少，这样来渐渐去除欲望），以至于无所作为，遵从自然规律，看似无所作为，实则无所不为（情欲断绝，德与道合，就能惠及万物，无所不成）。要想治理好天下，就得经常减少人为之事（取，是指治理。治天下常当以无事，不应当劳烦人民）。如果经常有劳民之事，就不可能治理好天下（等到治理国家多事，必定政务和教令烦复扰民，民不得安，所以不足以治理天下）。

圣人永远没有自己的愿望（圣人注重察机应时，随缘而化，贵在遵循自然大道，好像没有自己的想法一样），以百姓的愿望为自己的愿望（根据大众根机的深浅，怎样适合便怎样去做）。对待良善的人，我报之以良善（百姓有了善行，圣人欢喜赞叹，与之一起为善）；对待不善的人，我亦报之以良善（百姓不能为善，圣人以身作则，通过教化皆使之向善）。对待诚信的人，我报之以诚信（百姓讲信用，圣人欣然响应，与之一起诚实守信）；对待不信的人，我亦报之以诚信（百姓不讲信用，圣人以身作则，通过教化使大家都能诚实守信）。

滋生万物而不据为己有（道生养万物，不占有而取以为利），帮助万物而不恃功图报（道所作为，并不期望得到回报），育成万物而不去主

玄德。道之所行,恩德玄暗,不可得见也。

　　大道甚夷,夷,平易也。而民好径。径,邪不平也。大道甚平易,而人好从邪,不平正。朝甚除,高台榭,宫室修。田甚芜,农事废,不耕治。仓甚虚;五谷伤害,国无储也。服文采,好饰伪,贵外华。带利剑,尚刚强,武且奢。厌饮食,财货有余。多嗜欲,无足时。是谓盗夸,百姓不足,而君有余者,是犹劫盗以为服饰。持行夸人,不知身死家破,亲戚并随之也。非道也哉。人君所行如是,此非道也。


　　善建者不拔。建,立也。善以道立身立国者,不可得引而拔也。修之于身,其德乃真;修道于身,爱气养神。其德如是,乃为真人。修之于家,其德乃余;修道于家,父慈子孝,兄友弟顺,夫信妻贞。其德如是,乃有余庆。修之于乡,其德乃长;修道于乡,尊敬长老,爱养幼少。其德如是,乃无不覆及。修之于国,其德乃丰;修道于国,则君信臣忠,政平无私。其德如是,乃为丰厚。修之于天下,其德乃普。人主修道于天下,不言而化,不教而治;下之应上,信如影响。其德如是,乃为普博。

宰它们（道长久养育万物，不加以支配而为自己所用），这就叫做玄德（道所起用的地方，恩德在暗处，不能看见）。

　　大道很平坦（夷，平常而易于理解），有些人却爱走险僻之径（径，是邪曲不平坦的。大道非常平坦而易行，但人却偏偏喜欢走邪偏的小路，不喜平坦的正道）。宫殿很整洁（增高台木榭，宫室整饬），农田却很荒芜（农事荒废，不耕种修缮），仓库很空虚（五谷的生长被伤害，国库没有储备）；王侯们崇尚穿着华丽的衣服（喜爱装饰，看重外在的浮华），佩带锋利的宝剑（崇尚刚猛强势，炫耀武力并且奢侈），饱食终日，财物富裕有余（嗜欲旺盛，没有满足时）。这就是"劫盗"的夸耀（百姓衣食不够，而君主多有剩余，这就如同是强盗偷来衣服，穿在身上游行来夸耀，不知道自己即将身死家破，连亲戚眷属也会受到连累），是不合乎"道"的呀（君主的行为如果是这样，这是不合道的啊）！

　　善于以道立身立国者，就会坚不可摧（建，立的意思。善于以大道修身立国，就能立于不败之地，谁也不能动摇它）。以道修身，就能亲身体悟到"德"的真谛，一生受用无穷（于自身修道，就会懂得珍护元气，葆养正气，涵养精神。德行能够像这样，就可以称为真人了）；以道齐家，"德"的余庆将会佑及子孙后代（于家修道，可以令做父亲的慈爱，做儿女的孝顺，做兄长的友爱，做弟弟的顺从，做丈夫的诚信，做妻子的忠贞。德行能够像这样，不仅全家受益，还能荫及子孙后代）；以道兴乡，就能使民俗淳厚，德风长久（于乡里修道，尊敬长者老人，爱护养育婴幼儿童。德行能够像这样，则恩惠就能无所不及）；以道治国，就能德运隆盛，国泰民安（于国修道，那么君主就会讲信用，臣子就会忠心，政治公平没有偏私。德行能够像这样，就可称得上隆盛了）；以道行于天下，就能使圣贤的德教得到普遍的弘扬（君主用大道治理天下，不颁布政令就能实行教化，不需要通过言教天下就能得到治理，百姓臣子效法君主，如影随

天下多忌讳,而民弥贫。天下,谓人主也。忌讳者,防禁也。令烦则奸生,禁多则下诈。相殆,故贫也。民多利器,国家滋昏。利器者,权也。民多权则视者眩于目,听者惑于耳,上下不亲,故国家昏乱也。人多伎巧,奇物滋起。人,谓人君也。多伎巧,刻画宫观,雕琢章服,下则化上,日以滋起也。法物滋彰,盗贼多有。法,好也。珍好之物滋生彰著,则农事废,饥寒并至,故盗贼多有。我无为,而民自化;无所改作,而民自化成。我好静,而民自正;我不言不教,民皆自忠正也。我无事,而民自富;我无徭役,故皆自富。我无欲,而民自朴。我去华文,民则随我为质朴。

其政闷闷,其政教宽大,闷闷昧昧,似若不明也。其民醇醇;政教宽大,故民醇醇。富厚,相亲睦也。其政察察,其政教急疾,言决于口,听决于耳。其民缺缺。民不聊生,故缺缺,日以疏薄。祸兮,福之所倚;倚,因。夫福因祸而生,人遭祸而能悔过责己。修善行道,则祸去福来。福兮,祸之所伏。祸伏匿于福中,人得福而为骄恣,则福去祸来。孰知其极?祸福更相生,无知其穷极时也。

形,如响随身,不会有丝毫差误。德行能够像这样,就能真正显现出它广大无际的影响了)。

天下的禁令、忌讳越多,人民就越贫穷(天下,是指君主。忌讳,是指防备禁戒。政令烦扰奸邪就会滋生,禁令繁多臣子就会欺诈。相互危害,所以会表现出种种不足)。民间利器越多,国家越混乱(利器,指权谋。百姓崇尚谋略、计策,则看的人目眩,听的人迷惑,上下寡恩少义,所以国家政治会出现昏暗混乱的局面)。人主看重技艺机巧,奇丽奢华之物就会兴起(人,是指君主。偏好技艺机巧,宫殿雕梁画栋、礼服纹饰繁复,百姓效仿奢华的风气就一天天地滋长起来了)。珍奇物品越多越精美,盗贼反而越多(法,是好。珍贵的器物越多越精致,那么农事就会荒废,饥饿寒冷一起到来,所以盗贼就多了起来)。君王自己无所作为,而民众自然被教化(无所改变造作,而百姓的治理教化自然而成);君王自己喜好清静,而民众自会回归于中正之道(我不以言语去教导,百姓自然就会忠诚坚贞);君王自己不滥施徭役,而民众自会富足(圣人不征徭役,所以百姓自然富有);君王自己远离欲望,而民众自会质朴(我摒弃浮华修饰,百姓就会随我追求淳朴)。

政治宽厚(其政治教化宽厚大度,不苛求细察,好像不甚明了的样子),人民就淳朴(政治教化宽厚大度,所以百姓也会淳朴,崇尚厚道,互相之间亲爱和睦);政令苛细(政治教化严苛繁复,政令出口即为决断,耳朵听到就必须执行),人民就会疏薄诈伪(百姓没有生活的依靠,所以就会变得人情淡漠又多生伪诈)。祸是福的生长之地(倚,因的意思。福因祸而生。人遭遇灾祸,若能忏悔自己的过失,修善行道,就会祸去福来),福是祸的藏身之所(灾祸潜伏藏匿在福气中,人们生在福中如果骄傲放纵,那么就会福去祸来)。谁能知道它的结果最终是什么呢(祸和福更替相互衍生,不能知道什么时候才是穷尽)。

治大国若烹小鲜。鲜,鱼也。烹小鱼,不敢挠,恐其糜也。治国烦则下乱,治身烦则精去也。以道莅天下者,其鬼不神。以道德居位治天下,则鬼不敢见其精神以犯人也。非其鬼不神,其神不伤人。其鬼非无精神,邪不入正,不能伤自然之民也。非其神不伤人,圣人亦不伤人。非鬼神不能伤害人,以圣人在位,不伤害人,故鬼不敢干也。

道者,万物之奥,奥,藏也。道为万物之藏,无所不容。善人之宝也。善人以道为身宝,不敢违。不善人之所保,道者,不善人之所保倚也。遭患逢急,犹知自悔卑下。故为天下贵。无不覆济,恬然无为,故可为天下贵。

为无为,无所造作。事无事,除烦省事。味无味。深思远虑,味道意也。报怨以德,修道行善,绝祸于未生也。图难于其易,欲图难事,当于易时,未及成也。为大于其细。欲为大事,必作于小,祸乱从小来也。天下难事,必作于易;天下大事,必作于细,是以圣人终不为大,处谦虚也。故能成其大。天下共归之也。夫轻诺必寡信,不重言也。多易必多难,不慎患也。是以圣人犹难之,圣人动作举事,犹进退,重难之,欲塞其源也。故终无难。圣人终身无患难之事。由避害深也。

治理大国,好像煎小鱼那样,不要常常去搅动它(鲜,是指鱼。烹饪小鱼,不敢扰动,恐怕翻烂了。治国烦扰百姓就会混乱,修身烦扰则精气就不存了)。用"道"这个原则来统治天下,人无邪僻之心,不求有妄之福,所以鬼魅之类就不能再显现其神验(以道德来治理天下,则鬼魅不敢显现他的精神来冒犯人类)。不是鬼魅不神验,而是这些鬼魅的精神已经不再对人构成伤害(并不是鬼没有精神,而是人有正念,邪气就不能侵犯正气,不能伤害自然生长的人民)。不是鬼神不能伤害于人,是因为圣人清静无为,鬼神协和而致福,所以不复伤害于人(并非是鬼神不能伤害到人,因为圣人在位,不允许伤害人民,所以鬼神不敢侵犯)。

"道"是万物的归宿(奥,是指封藏。道是万物的归宿,无所不能容),既是善人的珍宝(善人把道作为立身之宝,不敢违背),也是不善人的护身符(道,是不善人可以用来保护自身的,遭受祸患和急难时,还知道自己忏悔,认为自己卑微)。所以,"道"为天下人所尊崇(无不周济到,却看上去泰然无所作为,所以可以被天下人所尊崇)。

按无为的方针去作为(无所造作),以不扰民的原则去做事(去除烦恼,减省杂事),以恬淡的心态去体味世道(深深思考,长远考虑,体味道的真义)。以德报怨(修养大道,笃行善事,祸患的因素未发生就被消灭了)。欲做成难事,要从易做的时候就开始(想要解决难事,应当从易事开始,不要等到事情已经很难办的时候才去做);欲办成大事,要从相关的小事做起(想做大事,必须从小事做起,导致事业失败的祸乱总是由小事造成的)。天下的难事,都是由易事演进而成的;天下的大事,都是由小事发展而成的。因此,圣人始终不自大(以谦虚处世),所以才能成就大事(全天下的人都归顺他啊)。随便允诺别人的要求,势必很少兑现(不重视自己说出的话);经常把事情看得太容易,势必常

其安易持，治身、治国，安静者易守持也。其未兆易谋，情欲祸患，未有形兆时，易谋正。其脆易破，祸乱未动于朝，情欲未见于色，如脆弱易破除也。其微易散。其未彰著，微小，易散去也。为之于未有，欲有所为，当以未有萌芽之时，塞其端也。治之于未乱。治身、治国于未乱之时，当豫闭其门也。合抱之木，生于毫末；从小成大也。九层之台，起于累土；从卑至高。千里之行，始于足下。从近至远。为者败之，有为于事，废于自然。执者失之。执利遇患，坚持不得，推让反还。圣人无为故无败。圣人不为华文，不为利色，故无败坏也。民之从事，常于几成而败之。从，为也。民人为事，常于其功德几成，而贪位好名，奢泰盈满，而败之也。慎终如始，则无败事。终当如始，不当懈怠。是以圣人欲不欲，圣人欲人所不欲。人欲文饰，圣人欲质朴；人欲于色，圣人欲于德。不贵难得之货；圣人不贱石而贵玉也。学不学，圣人学人所不能学。人学智诈，圣人学自然；人学治世，圣人学治身。复众人之所过，众人学问反，过本为末，过实为华。复之者，使反本。以辅万物之自然，教人反本实者，欲以辅万物自然之性也。而不敢为焉。圣人动作因循，不敢有所造为，恐远本。

常遭受困难(对于隐患不重视)。因此,圣人一直重视困难(圣人言行做事,无论进退,总是十分重视,都当作难事来办,目的是要堵塞住困难的源头),所以从没有什么办不了的难事(圣人终其一生没有灾难之事,是因为知道从根本上避免灾难)。

事物总是在安静的状态下才容易把握(修身、治国,安定、宁静的状态容易守住正道),在尚无征兆的时候容易导正(情欲和祸患,还没有征兆,这时容易矫正),在脆弱的时候容易分解(祸乱没扰动朝廷,情欲未因容色而起,脆弱的时候容易破除),在微小的时候容易消除(问题还没有很明显,微弱细小,容易化解)。解决问题,要在问题还没有产生的时候(要解决问题,应当在问题尚未萌芽的时候,堵塞它的端倪);治理动乱,要在动乱还没有开始的时候(修身、治国要在没有祸乱的时候,应当提前关闭祸乱之门)。合抱的大树,由幼芽长成(从小长成大);九层的高台,由筐土垒起(从低到高);千里的行程,从脚下开始(从近到远)。修身、治国不能守住清静无为的原则,一旦有了自己的主张,最终必致祸乱(对于事情采取干涉做作的态度,就废了自然之理);想刻意去掌握,反而会失去(执着于利益,就会遭遇祸患。勉强要求得不到,推让反而会回来)。所以圣人不去生事,所以就不会坏事(圣人不做虚荣浮夸的事情,不为利益美色而做事,所以没有失败和毁坏)。人们做事,常常功败垂成(从,是做的意思。人们做事,常常功业德行接近成功,但贪图权位追求名声,奢侈过度骄傲盈满,而败坏了它)。若能慎终如始,就不会将事情弄糟(终结的时候如同开始,不应当懈怠)。因此,圣人需要常人所不要的东西(圣人要别人所不想要的。别人想要文过饰非,圣人想要真实质朴;别人想要美色,圣人想要德行),不看重难得的财宝(圣人不轻视石头而看重美玉);圣人学习他人不愿学的东西(圣人学别人所不能学的东西。别人学智术伪诈,圣人学习自然大道;别人学治世,圣人

古之为善道者，说古之善以道治身及治国者。非以明民，非以道教民明知奸巧。将以愚之。将以道德教民，使质朴，不诈伪也。民之难治，以其智多。以其智太多而为巧伪也。以智治国，国之贼；使智惠之人治国，必远道德，妄作威福，为国之贼。不以智治国，国之福。不使智惠之人知国之政事，则民守正直，上下相亲，故为国之福也。

江海所以能为百谷王，以其善下之。江海以卑下故，众流归之，若民归就王者。是以圣人欲上人，欲在民之上也。必以言下之。法江海，处谦虚。欲先民，欲在民之前也。必以身后之。先人而后己也。是以圣人处上而民不重。圣人在民上为主，不以尊贵虐下，故民戴仰，不以为重也。处前而民不害。圣人在民前，不以光明蔽后，亲之若父母，无有欲害之者。

我有三宝，持而保之。老子言，我有三宝，抱持而保倚之。一曰慈，爱百姓若赤子。二曰俭，赋敛若取之于己。三曰不敢为天下先。执谦退，不为唱也。慈，故能勇；以慈仁，故能勇于忠孝。

学治身），众人所犯的一切过失，在圣人这里复归于正（众人的学问相反，丢掉根本去追求枝末，丢掉朴实去追逐浮华。复归，就是使之返回根本）。圣人以此辅助万物的自然发展（教导人们返回根本与朴实，是想帮助人们回归万物的自然本性），而不敢违背规律勉强去做（圣人举止因循大道，不敢有所造作，生怕远离了根本）。

古时候善于行"道"的人（说古代善于依循大道修身和治国的人），不是用"道"来使人民聪明（并非用大道教化人民学会巧饰多奸），而是用"道"来使人民质朴（而是用道德教化人民，使人们淳朴，不欺诈行伪）。人民之所以难于统治，是因为他们心机智巧过多（因为智谋太多而做欺诈之事）。用机巧智谋治理国家，是国家的祸患（使用智谋之士治国，必会远离道德，妄图凭借心机谋略取胜，作威作福，是国家之贼）；不以机巧智谋治国，是国家的福祉（不让智谋之人执掌国家政事，那么百姓就会谨守公平正直，上下亲和，所以是国家的福祉）。

江海所以能成为百川所归的总汇，是因为它善于让自己处于卑下的地位（江海因为地位卑下的缘故，众多河流都归向它，就像百姓归附君主那样）。因此圣人要想统治人民（想要位于众人之上），言辞上必须谦下（效法江海，处世谦虚）；要想领导人民（想位于众人之前），必须把自己摆在人民的后面（先考虑别人而后考虑自己）。所以圣人统治人民，人民不感到有负担（圣人在百姓之上作主宰，不以自己的尊贵虐待臣民，所以百姓拥戴敬仰，不会感到沉重）；领导人民，人民不认为有妨碍（圣人在百姓之前，不以自己的光环遮蔽臣民，像父母一般亲爱他们，所以没有想加害他的）。

我有三件法宝，掌握并珍惜它们（老子说：我有三件法宝，怀抱而作为依仗）：一是"仁慈"（爱百姓如爱自己刚出生的孩子），二是"俭约"（向百姓征赋税如同向自己征），三是"不敢先天下人而行"（坚持谦

俭，故能广；身能节俭，故民日用宽广也。不敢为天下先，故能成器长。成器长，谓得道人也。我能为道人之长也。今舍慈且勇，今世人舍慈仁，但为勇武。舍俭且广，舍其俭约，但为奢泰。舍后且先，舍其后己，但为人先。死矣！所行如此，动入死道。夫慈，以战则胜，以守则固。夫慈仁者，百姓亲附，故战则胜敌，以守卫则坚固也。用兵有言："陈用兵之道，老子疾时用兵，故托己设其义也。吾不敢为主，主，先也，不敢先举兵也。而为客；客者，和而不唱，用兵当承天而后动也。不敢进寸而退尺。"侵人境界，利人财宝为进，闭门守城为退也。祸莫大于轻敌，夫祸乱之害，莫大于欺轻敌家。侵取不休，轻战贪财也。轻敌几丧吾宝。几，近也。宝，身也。欺轻敌家，近丧身也。故抗兵相加，哀者胜矣。哀者，慈仁士卒，不远于死也。

吾言甚易知，甚易行，老子言：吾所言，省而易知，约而易行。天下莫能知，莫能行。人恶柔弱，好刚强也。夫唯无知，是以不我知。夫唯，世人也。是我德之暗，不见于外，穷微极妙，故无知也。知我者稀，则我贵矣。稀，少也。唯达道乃能知我，故为贵也。是以圣人被褐怀玉。被褐者，薄外。怀玉者，厚内也。匿宝藏德为贵也。

让,而不作为倡导者)。秉心"仁慈",故能勇敢(用心慈仁,所以能勇于为忠孝之事);励行"俭约",故能宽绰(自身能节俭,所以百姓日常用度宽裕);做到"不敢先天下人而行",故能修成大道(成器长,是指得大道的人。我能成为修道之人的首领)。现在的人舍去"仁慈",只讲勇敢(如今世人舍弃慈仁,只讲勇武);舍去"俭约",只讲豪华(舍弃俭约,只讲奢侈);舍去退让,只讲抢先(舍弃谦让,只为人先),那就必定要灭亡了(如此作为,一迈步就会踏上败亡之路)。"仁慈"这件法宝,用之于战争,就能胜利;用之于守卫,就能稳固(慈仁,百姓就亲近归附,所以战斗就能战胜敌人,守卫疆土国家就能坚固不拔)。兵家常说(陈述用兵之道。老子憎恨当时各国用兵,所以假托自己来陈述用兵的要义):我不敢先行举兵(主,先的意思。不敢先举兵),而宁愿采取守势(客,应和而不首倡。用兵应当顺承天道而后于人而动);我不敢先前进一寸,而宁愿退守一尺(侵犯别国边境、谋取别国的财宝为进,闭门守城则为退)。祸害之大,莫过于轻视敌人(祸乱的害处,莫大于欺辱轻视敌人、侵犯掠夺没有休止、轻易发动战争并且贪财),轻视敌人就离丧身不远了(几,近的意思。宝,指身体。侵犯轻视敌人,离丧命就不远了)。所以在两军对阵、兵力相当的情况下,那心怀仁慈而悲悯的一方,一定获得胜利(悲悯的一方爱护士兵,士兵就能勇于拼死效命)。

  我的话很容易懂,很容易实行(老子说:我所说的话,简明易懂,简单易行)。但世俗间却没有人能听懂,没有人能照做(因为人们不喜欢柔弱,而喜欢刚强)。由于人们不明白其中的道理,所以他们不了解我(夫唯,指世人。是因为我的品德深藏于暗处,不显现在外面,穷尽精微,极尽玄妙,所以没有知道的)。了解我的人很少很少,所以才愈加显得可贵(稀,指少。唯有通达大道才能理解我,所以说难能可贵)。因此,圣人好比外穿粗布衣服,而怀里却揣着宝玉一般不为人知(披着粗布衣,

天道不争而善胜，天不与人争贵贱，而人畏之也。不言而善应，天不言，万物自动以应时。不召而自来，天不呼召，万物皆负阴而向阳也。繟然而善谋。繟，宽也。天道虽宽博，善谋虑人事。修善行恶，各蒙其报。天网恢恢，疏而不失。天所罗网，恢恢甚大，虽疏远，司察人善恶，无有所失。

民不畏死，治国者刑罚酷深，民不聊生，故不畏死也。治身者嗜欲伤神，贪财杀身，不知畏之。奈何以死惧之？人君不宽其刑罚，教人去情欲。奈何设刑罚法，以死惧之。若使民常畏死，当除己之所残刻，教民去利欲。而为奇者，吾得执而杀之，孰敢矣？以道教化，而民不从，反为奇巧，乃应王法，执而杀之，谁敢有犯者？老子伤时主不先道德化之，而先刑罚也。

民之饥，以其上食税之多，人民所以饥寒者，以其君上税食下太多。是以饥。民之难治，以其上之有为，人民不可治者，以其君上多欲，好有为。是以难治。其民化上有为，情伪难治也。人之轻死，以其求生之厚，人民所以轻犯死者，以其求生活之道太厚，贪利以自危也。是以轻死。以求生太厚之故，轻入死地。夫唯无以生为者，是贤于贵生也。夫唯独无以生为务者，爵禄不干于意，财利不入于身，天子不得臣，诸侯不得使，则贤于贵生者也。

淡薄于外；怀抱美玉，敦厚于内。像隐藏着珍宝一样怀藏着自己的德行，故而显得珍贵）。

天之道，不通过争斗就能取得最彻底的胜利（天不与人争贵贱，而人都害怕它），不需要发话就能得到最好的回应（天不说话，万物自然顺应时节），不必召唤就能令万物自然归向（天不召唤，万物都背阴而向阳）。天看上去什么计划都没有，却比任何谋划都周到完备（繟，是宽的意思。天道虽然宽广宏大，但却善于谋划人事。世人修善和行恶，一一都会受到报应）。天网无边，网眼虽疏，可是无所漏失（天所张罗的大网，宽阔广大。虽然疏阔遥远，督查人的善恶，却没有丝毫疏漏的地方）。

人民要是不怕死（治国者刑罚严酷残忍，百姓没有生存的依靠，困顿痛苦，所以不怕死。修身者嗜好贪欲，伤害精神，贪求财报，虽有杀身之祸，不知道畏惧），又怎么能用死来威摄他们呢（君主不施行宽大的刑罚，教导人去除情欲，怎么能制定刑法，以死刑来威慑百姓）？假如人民果真怕死（应当废除自己的残忍凶暴，教化百姓去除对利益的贪欲），对不法之徒，我们可以抓起来杀掉，谁还敢作恶呢（以大道作为教化，如果有人仍不顺从，反而做奇巧之事，就对应王法条文，逮捕并且诛杀，谁还敢再犯法呢？老子哀伤当时的君主不能先用道德教化百姓，而是先用严刑惩罚百姓）？

人民之所以挨饿，是因为他们的统治者收税太多（人民饥寒的原因，是君主享受的赋税太多），因此才饥饿；人民之所以难于统治，是因为他们的统治者贪功好利的缘故（百姓难以治理，是因为他们的君主多欲，喜好做作施为），所以才难以统治（他的人民效法君主的有为，以至性情虚伪而难以治理）；人民之所以铤而走险，是因为其过分贪求生活上的享受（百姓之所以轻易触犯死罪，因为他们要求生活的享受太多，所以贪图利益而让自己陷于危难），因此才冒死求利（因为要求生活享

圣人执左契，古者，圣人无文书法律，刻契合符，以为信也。而不责于人。但执刻契信，不责人以他事也。有德司契，有德之君，司察契信而已。无德司彻，无德之君，背其契信，司人所失也。天道无亲，常与善人。天道无有亲疏，唯与善人，则与司契者也。

小国寡民，圣人虽治大国，犹以为小，俭约不奢泰；民虽众，犹若寡乏，不敢劳也。使民重死，君能为人兴利除害，各得其所，则民重死而贪生也。而不远徙。政令不烦，则民安其业，故不远迁，离其常处也。虽有舟舆，无所乘之；清静无为，不好出入。虽有甲兵，无所陈之。无怨恶于天下。甘其食，甘其蔬食，不渔食百姓也。美其衣，美其恶衣，不贵五色。安其居。安其茅茨，不好文饰之屋。乐其俗，乐其质朴之俗。邻国相望，鸡狗之声相闻，相去近也，民至老死，不相往来。无情欲也。

受丰厚的缘故,轻易使自己陷入被处死的境地)。只有那些不汲汲于生活享受的人,相比于那些贪利重欲的人而言,那才是真正高明的人(唯独不以生活享受为要事的,爵禄就不能侵犯他的意志,财利也不能干扰他的操守,连天子也不能强迫他为臣,诸侯也不能无缘无故去驱使他,这就是他高明于那些贪利重欲者的地方)。

"圣人"虽握有债权的符契(古代,圣人没有文书法律,只是以刻画的文契彼此相符合,作为信物),但不以此责求他人(只是握有文契符信,并不用别的事责求别人)。有德的人,只是握有契约而已(有德行的君主,只是督查文契符信罢了);无德的人,严格按照契约行事,不容别人有丝毫过失(没有德行的君主,违背了文契符信只是要求自己诚信的根本原则,专门督查别人的过失)。天道对谁都没有偏爱,永远帮助有德的善人(天道对人没有亲疏远近,只是亲近善人,也就是说,它一定会帮助那些虽执有符契但却不要求别人的人)。

圣人视大国为小,视民众多为少(圣人虽然治理大国,还是认为很小,勤俭节约而不奢侈;人民虽然众多,还是如同很少一样,不敢劳烦)。使人民爱惜生命(君主能为人民兴起利益、免除祸害,各得其所,使人民畏惧死亡而贪求生存),不肯向远处迁流(政令不烦扰,那么百姓就安心于本业,所以不向远处迁徙,而离开他们恒常的住处)。虽有船和车,没有必要乘坐它(清净无为,不喜好出入往来);虽有武备,却没有地方列阵(没有招致天下百姓的怨恨厌恶)。人们总觉得自己吃得很香甜(美美地享受蔬菜粮食,不掠夺百姓的缘故),衣服很好看(觉得粗布衣服很美,不看重各种彩色),住得很安适(安住在自己的茅屋里,不好修饰自己的房屋),觉得本地的风俗很称心如意(乐于享受淳朴的风俗)。邻国相互可望见,鸡狗啼叫声相互都能听得见(离得很近),而人民直到老死,也不相互迁徙,更不会发生争执(因为没有情欲的缘故)。

圣人不积，圣人积德不积财，有德以教愚，有财以与贫。既以为人己愈有。既以财贿布施于人，财益多如日月之光，无有尽时。天之道，利而不害。天生万物，爱育之，令长大，无所害也。圣人之道，为而不争。圣人法天所施为，化成事就，不与下争功名，故能全其圣功也。

"圣人"不会去积累什么东西(圣人积累德行而不积累钱财,有了德行就用来教化愚昧的人民,有了财物就用来帮助穷人)。他尽全力帮助别人,自己反而越富有(已经把财物广泛地施与别人,财富反而会更多,如同日月的光芒,没有穷尽的时候)。天之道,利于万物而不妨害它们(天地生成万物,用爱来养育,用善来滋长,无所相害)。圣人之"道",就只是施教化、做好事而已,与人一无所争(圣人效法天道的施为,教化完成、事业成就,不与在下者争功名,所以能够成全至圣之功)。

# 鹖冠子

鹖冠子　撰

## 博选

博选者,序德程俊也。道凡四稽:一曰天,二曰地,三曰人,四曰命。人有五至:一曰百己,二曰十己,三曰若己,四曰厮役,五曰徒隶。所谓天者,理物情者也;所谓地者,常弗去者也;所谓人者,恶死乐生者也;所谓命者,靡不在君者也。君者,端神明者也;神明者,以人为本。人者,以贤圣为本;贤圣者,以博选为本;博选者,以五至为本。故北面事之,则百己者至;先趋而后息,先问而后默,则十己者至;人趋己趋,则若己者至;冯几据杖,指麾而使,则厮役者至;噫嗟叱则徒隶人至矣。故帝者与师处,王者与交处,亡主与役处。

## 著希

夫君子者,易亲而难狎,畏祸而难劫,嗜利而不为非,时

## 博选

所谓"博选",就是通过对人的道德水平依次考核排序来选用优秀人才。对人才需要从四个方面来考核:一是"天"(能知天道),二是"地"(能尽地义),三是"人"(能通人情),四是"命"(能守臣职)。根据衡量,把人分为五个等级:一是百倍于己的,二是十倍于己的,三是与己相当的,四是适宜于供驱使、服杂役的,五是只能做苦力、当奴隶的。所谓"天",就是能统理万物之情;所谓"地",就是做事从不背离纲常;所谓"人",就是厌恶死而乐于生;所谓"命",就是一切都取决于君主。君主是端正万民精神的人。人的精神,以人的品行为根本;人的品行,以贤圣为根据;是否贤圣,以博选为根据;博选,以人的德行才智所能达到的五个层次为根据。屈身面北,以尊师之礼待人,那么,才德百倍于己者会前来(效力);开始恭敬而随后又停止,此前已探访而后又默无声息,那么,才德十倍于己者会前来(效力);他人敬慕,自己也跟着表示敬慕,那么,才德与己相当者会前来(效力);靠着矮桌、拿着拐杖来指挥、差遣,那么,适宜供驱使、服杂役者会前来(效力);随意呼唤喝斥,那么,只有服劳役、当奴隶者会前来(效力)。所以,能成为天下之帝者,常与自己的老师相处;能成为封国之君者,常与自己的朋友相处;导致国家灭亡的君主,常与自己的仆役相处。

## 著希

大凡君子,总是容易亲近,但不易过分亲密;害怕灾难,但是为了道义即使面临死亡也不害怕;喜爱利益,但绝不会为了利益去做违

动静而不苟作。体虽安之而弗敢处，然后礼生焉；心虽欲之而弗敢信，然后义生焉。夫义节欲而治，礼反情而辨者也。


## 世贤

悼襄王问庞暖曰："夫君人者，亦有为其国乎？"庞暖曰："王独不闻俞拊之为医乎？已识必治，神避之。昔尧之任人也，不用亲戚而必使能；其治病也，不任所爱，必使旧医。"襄王曰："善。"庞暖曰："王其忘之乎？昔伊尹医殷，太公医周，百里医秦，申麃医郢，原季医晋，范蠡医越，管仲医齐，而立五国霸。其善一也，然道不同数。"襄王曰："愿闻其数。"暖曰："王独不闻魏文侯之问扁鹊邪？曰：'子昆弟三人，其孰最善为医？'扁鹊曰：'长兄最善，中兄次之，扁鹊最为下也。'文侯曰：'可得闻耶？'扁鹊曰：'长兄于病视神，未有形而除之，故名不出于家。中兄治病，其在毫毛，故名不出于闾。若扁鹊者，镵血脉，投毒药，割肌肤，而名出闻于诸侯。'文侯曰：'善。'使管子行医术以扁鹊之道，则桓公几能成其霸乎！"

背道义的事情；即使时势动荡，都不苟且作为。身心虽然得到安顿也不敢安然处之，然后礼仪规范产生；心中虽有私欲但不敢放任，然后道义产生。用正义来节制私欲，就可使社会安定；用礼来纠正自己的性情，就可以明辨事理。

## 世贤

悼襄王问庞暖："作为君主，也有治理他的国家的方法吗？"庞暖说："君主难道没有听说过俞拊行医的事吗？既知道病因，便一定要治好，连神鬼也避让于他。昔日尧帝用人，不任用其亲戚，而必定使用有才能者。他若治疗疾病，不用所喜爱之人，定会使用曾为之治病的医生。"悼襄王说："很对！"庞暖说："君主难道忘了吗？从前伊尹医治殷朝之弊病，太公医治周朝之弊病，百里奚医治秦国之弊病，申麃救治楚国郢都之患，原季医治晋国之弊病，范蠡医治越国之弊病，管仲医治齐国之弊病，才成就这五国之霸业。这几人的贤能都是一样的，但其治理之道却有着不同的策略。"悼襄王说："希望听你讲一讲'策略'。"庞暖说："君主难道没有听说过魏文侯询问扁鹊的事吗？魏文侯问道：'你兄弟三人，其中谁最善于治病？'扁鹊说：'大哥医术最高，二哥次之，我的医术在他俩之下。'文侯说：'可以请你说得仔细些吗？'扁鹊说：'大哥对于疾病，在其隐伏未发之时便能看到，并在未出现症状时便除去病源，所以他的名声传不出病人之家，二哥医治疾病，是在病情十分轻微时便予以治愈，所以名声传不出病人所在村巷，像我扁鹊这样，（在病人病势沉重时）刺穿病人血脉，使用有毒性的药物，割开病人体肤，却能使名声传闻于诸侯。'文侯说：'你讲得有道理。'试想，如果让管仲主持政务，却使用扁鹊治病的方法，那么齐桓公岂能成就其霸业呢？"

# 列子

列御寇　撰

## 天瑞

子列子曰："天地无全功，圣人无全能，万物无全用。全犹备也。故天职生覆，地职形载，圣职教化，物职所宜。职，主也。生各有性，性各有宜。然则天有所短，地有所长，圣有所否，物有所通，夫职适于一方者，余涂则罔矣。形必有所分，声必有所属，若温也则不能凉，若宫也则不能商。何则？生覆者不能形载，形载者不能教化，教化者不能违所宜，宜定者不出所位。皆有素分，不可逆也。故天地之道，非阴则阳；圣人之教，非仁则义；万物之宜，非刚则柔。此皆随所宜而不能出所位者也。"方圆靖躁，理不得兼。

## 殷汤问

大禹曰："六合之间，四海之内，照之以日月，经之以星辰，纪之以四时，要之以太岁。神灵所生，其物异形，或夭或寿，唯圣人能通其道。"圣人顺天地之道，因万物之性，任其所适，通其所逆，使群异各得其方，寿夭尽其分。

## 天瑞

列子说:"天地没有完备的功效,圣人没有完备的才能,万物没有完备的用途。所以上天的职责在于覆育众生,大地的职责在于承载万物,圣人的职责是施行教化,万物的职责是各自施行其所宜之事(职,主持、掌管的意思。万事万物生来就有各自不同的本性,各自有不同的本性,就有各自所宜之事)。既如此,那么,天必然有其所短,地必然有其所长,圣人也必然有其困厄、不顺之时,万物必然有其通达的功用(职责适用于一方面时,则不适用于其他方面。有形之物和有声之音都一定有其局限性,比如能使温度上升的,则不能使温度下降,若能发出宫声,则不能发出商声)。为什么呢?因为天覆育众生但不能承载万物,地承载万物但不能施行教化,圣人施行教化但不能违背事物的本性,万物施行其所宜之事但不能超出其本位(事物都各有其本分,不能够不守其本分)。所以,天地的法则,不是阴便是阳;圣人的教化,不是仁便是义;万物的属性,不是刚便是柔。这都是依据各自适宜的功用而不能超出其所应处的定位(方和圆、动和静,从理上讲是不可能兼具的)。"

## 殷汤问

大禹说:"天地四方之间、四海之内,大自然以日月之光照耀着它,以星辰为标志划出天区地域,以四季的变化使它有规律,以岁星的运转周期规定它的纪年。神灵造化生成的万物,其形状各有不同,有的早夭,有的长寿,只有圣人才能通晓它们的规律(圣人遵循天地间的自然规律,顺着万事万物的本性,让其回归本性,疏通其不顺之处,使

## 力命

　　管夷吾有病,小白问之,曰:"仲父之病,病矣。至于大病,则寡人恶乎属国而可?"夷吾曰:"公谁欲欤?"小白曰:"鲍叔牙可。"曰:"不可。其为人洁廉善士,清己而已。其于不己若者,不比之人。欲以己善齐物也。一闻人之过,终身不忘。不能弃瑕录善。使之治国,上且钩乎君,下且逆乎民。必引君令其道不弘,道苟不弘,则逆民而不能纳矣。其得罪于君,将弗久矣。"小白曰:"然则孰可?"对曰:"勿已则隰朋可。其为人也,愧不若黄帝,而哀不己若者。慙其道之不及圣,矜其民不以逮己,故能无弃人也。以德分人,谓之圣人;化之使合道,而不宰割。以财分人,谓之贤人。既以与人,己愈有也。以贤临人者,未有得人者也;求备于人,则物所不与也。以贤下人者,未有不得人者也。与物升降者。物必归之也。其于国,有不闻也;其于家,有不见也。道行则不赖闻见,故曰不瞽不聋,不能成功。勿已,则隰朋可。"若有闻见,则事钟于己,而群生无所措手足,故遗之可。未能尽道,故仅可耳。然则管夷吾非薄鲍叔也,不得不薄;非厚隰朋也,不得不厚。厚薄之去来,弗由我也。皆天理也。

形形色色的事物各归其类,无论是长寿的还是夭的,都能各尽其分)。"

## 力命

　　(齐相)管夷吾有病,齐桓公小白问他说:"仲父的病势很重了,万一治不好,我把国政托付给谁呢?"夷吾说:"您打算交给谁呢?"小白说:"可以交给鲍叔牙。"夷吾说:"那不可以。他为人清白廉洁,是贤德之人(只是以清廉之德要求自己而已)。对于德行不如自己的人,他便不会与之交往(希望以己之善为标准来影响整治其他人);一听见他人的过失,便终身不忘(不能放下别人的过失而记取别人的优点)。假如让他管理国政,对上则求全责备于君主,对下又违逆百姓(一定会将君主引导至使其治道不广大的地步。治道假若不广大,就会违逆而不能包容百姓)。他得罪于您的日子,大概也为时不远了。"小白说:"那么谁可以呢?"管仲答道:"如果我不行了,那么隰朋可以接任。他为人处世,只惭愧自己的德才不如黄帝,而能哀怜那些不如自己的人(只是惭愧其德行不如圣人,怜惜百姓之德行不如自己,所以能够做到不舍弃任何一个人)。自己修德、以德来感化他人的人称作圣人(自己先修德,以身教来感化百姓,使其与道相合,而不是采用强制、逼迫的方式),以财物来济施他人的人称作贤人(懂得将财物分给他人,自己的财物将会越来越多)。因为自己贤能而傲气凌人的人,从来就没有能得人心的(对人要求十全十美、毫无瑕疵,那么世上万物都不能达到他的要求);自己贤能,却能谦虚对人者,没有不得人心的(随顺万物,与万物一起升进与黜退的人,万物定会归顺于他)。隰朋对于国事,不该管的不管,对于家事,不该知的不知(只要自己力行道义,治理国家就不必依赖所闻所见。所以有人说:不盲不聋,就不能成就功业)。如果我不行了,那么隰朋可以接任(如果根据自己的所闻所见来处理国事,那么事情都集

## 说符

晋国苦盗。有郄雍者，能视盗之貌，察其眉睫之间，而得其情。晋侯使视盗，千百无遗一焉。晋侯大喜，告赵文子曰："吾得一人而一国盗为尽，奚用多为？"文子曰："吾君恃伺察而得盗，盗不尽矣，且郄雍必不得其死焉。"俄而群盗谋曰："吾所穷者郄雍也。"遂共盗而戕。杀之也。晋侯闻而大骇，召文子而告之曰："果如子言，郄雍死。然取盗何方？"文子曰："周谚有言：'察见渊鱼者不祥，智料隐匿者有殃。'且君欲无盗，莫若举贤而任之，使教明于上，化行于下。人有耻心，则何盗之为？"于是用随会知政，而群盗奔秦焉。用聪明以察是非者，群诈之所逃。用先识以擿奸伏者，众恶之所疾。智之为患，岂虚也哉。

孔子自卫反鲁，息驾乎河梁而观焉。其悬水三十仞，圜流九十里，鱼鳖弗能游，鼋鼍弗能居。有一丈夫方将厉之，孔子使人止之曰："此悬水三十仞，圜流九十里，鱼鳖鼋鼍弗能

中于自身来处理,众人将无所适从,因此可以不这样做。隰朋做得还不能完全合乎道,所以仅仅是可以)。"但是,管夷吾并非有意鄙薄鲍叔牙,而是不得不鄙薄;并非推重隰朋,而是不得不推重。推重与鄙薄的取舍,不在于自己(推重与鄙薄都是依天理而行)。

## 说符

晋国苦于盗贼为害。有个叫郤雍的人,会审视盗贼的相貌,观察其眉目之间的神色,便可得知其真实情况。晋侯派他去辨认盗贼,结果千百个盗贼无一遗漏。晋侯大喜,告诉赵文子说:"我得到这一个人,便使全国的盗贼因之而除尽,还要用那么多人干什么呢?"文子说:"君主依靠伺察的方法来捕捉盗贼,盗贼是捉不完的,而且郤雍也必定不得善终。"不久,盗贼们共同商议说:"我等之所以走投无路,都因为那个郤雍。"于是一同绑架了郤雍并杀死了他。晋侯听到消息后大为惊骇,立刻召见赵文子,对他说:"果然像你说的那样,郤雍死了,可是究竟采用什么办法来捕捉盗贼呢?"文子说:"周人的谚语有这么一句话:'能看清深潭中游鱼的人定不吉利,以智巧算出隐藏者的人必有灾殃。'您要想使晋国没有盗贼,不如选拔贤良并予以任用,使在上政教昌明,在下百姓得以教化。人们有了羞耻之心,还会去做什么盗贼呢?"于是,晋侯便任用随会主持有关政务,盗贼便成群地逃往秦国去了(用聪明才智来分辨是非,是奸诈之人所躲避的;用先见远识使隐秘的奸人无法藏身,是行恶之人所嫉恨的。聪明才智使用不当将形成灾祸,难道是虚言么)。

孔子从卫国返回鲁国,在桥上停下马车观望。只见瀑布高达二三十丈,漩涡达九十余里,鱼鳖不能浮游,鼋鼍无法停留。有一男子正准备涉水过河,孔子连忙派人顺岸边跑去劝止他说:"这里瀑

居也。意者难可以济乎?"丈夫不以措意,遂度而出。孔子问之曰:"巧乎?有道术乎?所以能入而出者何也?"丈夫对曰:"始吾之入也,先以忠信;吾之出也,又从以忠信。措吾躯于波流,而吾不敢用私,所以能入而复出者以此也。"孔子谓弟子曰:"二三子识之!水且犹可以忠信亲之,而况人乎?"

楚庄王问詹何曰:"治国奈何?"詹何盖隐者也。詹何对曰:"臣明于治身,而不明于治国也。"楚王曰:"寡人得奉宗庙社稷,愿学所以守之。"詹何对曰:"臣未尝闻身治而国乱者也,又未尝闻身乱而国治者也。故本在身,不敢对以末。"楚王曰:"善。"

布二三十丈,漩涡九十里,鱼鳖鼋鼍都不能停留,想来你很难渡过去吧?"男子听了毫不在意,渡过河流,出水上岸。孔子问他说:"你是有高超的技巧呢,还是有什么道术?能够入水又出水的奥妙何在呢?"男子回答说:"我开始入水时,事先具备忠信之心;待我出水时,跟着依靠忠信之心。这忠和信使我的身躯安处于急流波浪之中,而我不敢任从个人的心智和技巧。之所以能入水而又出水的道理,就在于此。"孔子对学生说:"你们几个记住,水尚且可以凭忠信来亲近,更何况人呢?"

楚庄王问詹何说:"请问该如何治理国家?"(詹何,为一隐居不仕之士)。詹何回答说:"我只明白修身的道理,不明白治国的道理。" 楚王说:"寡人得以供奉宗庙、掌管国家,希望学到保住它的方法。"詹何回答说:"我不曾听说君主自身修养很好而国家却混乱的,也不曾听说君主自身修养不好而国家却大治的。所以,治国的根本在于君主自身的修养,别的细枝末节我就不敢跟您讲了。"楚王说:"你讲得很好。"

# 墨子

墨翟 撰

## 所染

子墨子见染丝者而叹曰:"染于苍则苍,染于黄则黄。所入者变,其色亦变。故染可不慎耶?非独染丝然也,国亦有染。舜染于许由、伯阳,禹染于皋陶、伯益,汤染于伊尹、仲虺,武王染于太公、周公。此四王者所染当,故王天下,立为天子,功名蔽天地。举天下之仁义显人,必称此四王者。夏桀染于干辛、推哆,殷纣染于崇侯、恶来,厉王染于厉公长文、荣夷终,幽王染于傅公夷、蔡公谷。此四王者所染不当,故国残身死,为天下戮。举天下不义辱人,必称此四王者。"

"齐桓公染于管仲,晋文公染于咎犯,楚庄染于孙叔,吴阖庐染于伍员,越勾践染于范蠡。此五君者所染当,故霸诸侯,名传于后世。范吉射染于张柳朔,中行寅染于籍秦,吴夫差染于宰嚭,知伯瑶染于智国,中山尚染于魏义,宋康染于唐鞅。此六君者所染不当,故国家残亡,身为刑戮,宗庙破灭,绝无后类,君臣离散,民人流亡。举天下之贪暴苛扰者。必称此六君也。"

## 所染

墨子看到染丝的人很感叹地说:"丝放在青色的染料里就变成青色了,放在黄色的染料里就变成黄色了。投入的染料不同,丝的颜色也就不同,因此对于染丝怎么能不慎重呢!不只是染丝如此啊!国君也有受臣子影响的情形。舜受到许由、伯阳的薰陶;禹受到皋陶、伯益的薰陶;汤受到伊尹、仲虺的薰陶;武王受到太公、周公的薰陶。这四位君王受到的薰陶是正面的,因此他们的仁政惠及天下,被拥立为天子,功盖四方,扬名天下。若要列举天下仁义、显赫之人,一定会推举这四位圣王。夏桀王受到干辛、推哆的薰染;殷纣王受到崇侯、恶来的薰染;周厉王受到厉公长文、荣夷终的薰染;周幽王受到傅公凡、蔡公谷的薰染。这四位帝王所受到的是负面的影响,因此国破身亡,受到天下人的羞辱。若要列举天下不义、可耻之人,一定会举出这四位帝王。"

"齐桓公受到管仲的薰染;晋文公受到咎犯的薰染;楚庄王受到孙叔敖的薰染;吴王阖闾受到伍员的薰染;越王勾践受到范蠡的薰染。这五位君主受到的薰染是正面的,因此称霸于诸侯,名声流传于后世。范吉射受到张柳朔的薰染;中行寅受到籍秦的薰染;吴王夫差受到伯嚭的薰染;知伯瑶受到智国的薰染;中山尚受到魏义的薰染;宋康王受到唐鞅的薰染。这六位君主所受到的薰染是负面的,因此国家衰败以至于灭亡,自身受到刑罚处置或者被杀,并且祭祀祖先的祠堂也被毁坏了,从此断绝了后代子孙,君臣之间离心离德,人民流离失所。若要列举天下贪婪残暴、苛刻扰民的人,一定会举出这六

"凡君之所以安者何也？其行理生于染当。故善为君者，劳于论人而逸于治官；不能为君者，伤形费神，愁心劳意，然国愈危，身愈辱。此六君者，非不重其国，爱其身也，以不知要故也。不知要者，所染不当也。"

## 法仪

子墨子曰："天下从事者，不可以无法仪，无法仪而其事能成者无有也。故百工从事，皆有法度。今大者治天下，其次治大国，而无法度，此不若百工也。然则奚以为治法而可？莫若法天。天之行广而无私，其施厚而不息，其明久而不衰，故圣王法之。既以天为法，动作有为，必度于天。天之所欲则为之，天所不欲则止。然而天何欲何恶也？天必欲人之相爱相利，而不欲人之相恶相贼也，以其兼而爱之、兼而利之也。奚以知天之兼而爱之、兼而利之也？今天下无小大国，皆天之邑也；人无幼长贵贱，皆天之臣也。故曰爱人利人者，天必福之；恶人贼人者，天必祸之。是以天欲人相爱相利，而不欲人相恶相贼也。昔之圣王禹、汤、文、武，兼爱天下之百姓，率以尊天事鬼，其利人多，故天福之，使立为天子，天下诸侯皆宾事之。暴王桀、纣、幽、厉，兼恶天下之百姓，率以诟天侮鬼，其贼人多，故天祸之，使遂失其国家，身死为僇于天下后世，

位君主。"

"大凡国君能够安稳,其原因是什么呢?是因为他们行正道。他们行正道是因为受到身边人的正面薰染。所以说,善于做国君的人,致力于培养和选拔德才兼备的人才,而不是把心力用在管理官员上;不会做国君的人,身心都很疲惫,然而国家更加危险,自身亦更受屈辱。上述的六位国君并不是不看重自己的国家,不是不爱惜自己的身体,而是不懂治国要领的缘故。不懂治国要领,是因为薰染他们的人行为不正确得当!"

## 法仪

墨子说道:"天下从事各种职业的人,都不能没有准则。没有准则而他所做的事情能够成功,那是不可能的。所以从事各种行业的工匠,也都有一定的规矩。然而如今大到治理天下,其次到治理大国,却没有圣贤的礼制,这还不如各行各业的工匠呢!那么,用什么作为治理的法则才可以呢?最好的法则就是效法天道。上天的品行博大无私,它施予的恩惠厚重而且永不停息,它给予的光明持久而且永不衰减,所以圣明的君王都效法它。既然以上天作为标准,那么所作所为就一定要以上天的标准来衡量,上天希望做的事就做,上天不希望做的事就不做。那么上天希望做什么、厌恶做什么呢? 上天肯定希望人们相互友爱、相互帮助,而不希望人们相互憎恨、相互残害,因为上天对所有人都很爱护,都给予好处。怎么知道上天对所有人都如此呢?如今,天下无论大国小国,都是上天的属国;人无论老幼贵贱,都是上天的臣民。人们常说:'爱护人、利于人者,上天必定赐福给他;憎恨人、残害人者,上天必定降祸于他。'以此可见上天希望人们相互友爱、相互帮助,而不希望人们相互憎恨、相互残害。以

子孙毁之,至今不息。故为不善以得祸者,桀、纣、幽、厉是也;爱人利人以得福者,禹、汤、文、武是也。"

## 七患

　　子墨子曰:"国有七患。七患者何?城郭沟池不可守而治宫室,一患也;边国至境四邻莫救,二患也;先尽民力无用之功,赏赐无能之人,三患也;仕者持禄,游者忧佼,君修法讨臣,臣慑而不敢咈,四患也;君自以为圣智而不问事,自以为安强而无守备,五患也;所信者不忠,所忠者不信,六患也;蓄种菽粟不足以食之,大臣不足以事之,赏赐不能喜,诛罚不能威,七患也。以七患居国,必无社稷;以七患守城,敌至国倾。七患之所当,国必有殃。"

## 辞过

　　墨子曰:"古之民未知为宫室时,就陵阜而居,穴而处下,

前的圣君禹、汤、文王及武王，爱天下所有的百姓，率先尊崇上天，敬重鬼神，他们给予世人的好处很多，所以上天佑护他们，使他们成为天子，天下的诸侯都归顺、侍奉他们。暴君桀、纣、幽王及厉王，厌恶天下所有的百姓，率先咒骂上天，侮慢鬼神，他们残害百姓极多，所以上天降祸给他们，使他们丧失自己的国家，身遭杀戮，并受到天下人的羞辱，后代子孙咒骂他们，直到现在仍不停止。因此说，做邪恶之事而遭受灾祸者，就是桀、纣、幽王及厉王这些人；爱人利人而得到护佑者，就是禹、汤、文王及武王这些人。"

## 七患

墨子说："国家有七种忧患。这七种忧患是什么呢？整个国家不能得到很好的保卫，却去修建宫殿，这是第一种忧患；敌国军队压境，却得不到周边国家的救援，这是第二种忧患；让老百姓去做没有实际利益的事情，奖赏没有才能的人，这是第三种忧患；为官者只想着保持俸禄，游说者只担心结交不到好的朋友，国君制订法令来处置臣子，臣子畏惧而不敢直言上谏，这是第四种忧患；国君自以为仁爱聪慧而不询问政事，自认为国家安定强盛而不加强守备，这是第五种忧患；国君信任的人并不忠诚，忠于国君的人却不被信任，这是第六种忧患；种植和储藏的粮食不足以养活老百姓，大臣的德能不能够为国家办事，奖赏不能让人心悦诚服，惩处不能让人产生敬畏，这是第七种忧患。治理国家出现这七种忧患，国家必定灭亡；守护城池出现这七种祸患，敌军一到，必然城失国灭。这七种忧患存在于哪个国家，哪个国家必定会有灾难。"

## 辞过

墨子说："上古的先人们不懂得建造房屋，选择靠近山丘的地

润湿伤民。故圣王作为宫室,为宫室之法曰:'室高足以避润湿,边足以圉风寒,上足以待雪霜雨露,官墙之高,足以别男女之礼,谨此则止。'凡费财劳力不加利者不为也。是故圣王作为宫室,使上不以为观乐也;作为衣服带履,使身不以为辟怪也。故节于身,诲于民。是以天下之民,可得而治,财用可得而足。当今之主,其为宫室则与此异矣。必厚敛于百姓,暴夺民衣食之财,以为宫室台榭曲直之望、青黄刻镂之饰。为宫室若此,故左右皆法象之。是以其财不足以待凶饥、振孤寡,故国贫而民难治也。君诚欲天下之治而恶其乱也,当为宫室不可不节。"

"古之民未知为衣服时,衣皮带茭,冬则不轻而温,夏则不轻而清。圣王以为不中人之温清,故作诲妇人以为民衣,为衣服之法:冬则练帛之中,足以为轻且暖,夏则絺绤之中,足以为轻且清,谨此则止。故圣人之为衣服,适身体,和肌肤而足矣,非荣耳目而观愚民也。当是之时,坚车良马,不知贵也;刻镂文采,不知喜也。得其所以自养之情,而不感于外,是以其民俭而易治,其君用财,节而易赡也;府库实满,足以待不极;兵革不顿,士民不劳,足以征不服。故霸王之业,可行于天下矣。当今之主,其为衣服则与此异矣。冬则轻暖,夏则轻清,皆已具矣。必厚作敛于百姓,暴夺民衣食之财,以为锦绣

方，挖掘洞穴，居住在里面。由于地下潮湿而影响身体健康，所以，圣明的君王便建造房屋。建造房屋的原则是：地基的高度足以避免潮湿，四周墙壁足以抵御风寒，屋顶足以防备雪霜雨露，屋内墙壁的高度足以区分出男女有别，仅此而已。但凡耗尽财力、劳力又无更多益处的工程，是不会去做的。因此，圣贤的国君建造房屋，（是为了方便生活），不是用来观赏和享乐的；制作衣服、腰带、鞋子，是为了有益于身体，不是用来显示奇特怪异的。所以，圣贤的国君他自己本身节俭而使人民得到他的身教，因此天下的百姓都来归附，并且得到很好的教化，日常生活丰衣足食。如今的君主建造宫殿却不是这样的。他们一定会向百姓大量征收钱物，凶残地掠夺百姓用于衣食的财物，来建造宫室楼台、亭榭曲直交错的景观和彩绘雕刻的装饰。国君建造这样的房屋，那么左右的亲近臣子也都会效仿。因此国家的财物不够用来应付饥荒、救济孤寡，所以国家贫穷，百姓难以治理。国君确实想要天下太平，憎恶天下混乱，那么建造房屋就不能不节俭了。"

上古的先人们不懂得制作衣服，披着兽皮，扎着草绳，冬天即使不轻便但却温暖，夏天即使不轻便但却凉爽。圣贤的君王认为这不能很方便的让人得到温暖与凉爽，于是就教妇女制作人穿的衣服。制作衣服的原则是：冬天则将柔弱的丝麻夹于衣中，足以变得轻便而且温暖；夏天则用葛麻布夹于衣中，足以变得轻便而且凉爽。仅此而已。所以圣人制作的衣服，只要合身保暖就足够了，并不是为了显示尊贵而让老百姓观赏。在那时候，结实的车子、优良的马匹，并不被认为是高贵，雕刻刺绣并不让人觉得喜欢，人们对于自给自足的生活很满足，而不会去攀比。所以老百姓节俭而且容易教化，君王花费节省而且容易照顾；府库充足，足以应对非常之变；武器、铠甲不困顿，兵士、百姓不疲劳，足以征讨不肯臣服的诸侯。所以称霸天下的

文采靡曼之衣，铸金以为钩，珠玉以为佩；女工作文采，男工作刻镂，以身服之。此非云益暖之情也，单财劳力，毕归之于无用也。以此观之，其为衣服非为身体，皆为观好。是以其民淫僻而难治，其君奢侈而难谏也。夫以奢侈之君，御淫僻之民，欲用无乱，不可得也。君诚欲天下之治而恶其乱，当为衣服不可不节。"

"古之民未知为饮食，故圣人作诲男耕稼树艺以为民食也，足以增气充虚强体适腹而已矣。其用财节，其自养俭，故民富国治。今则不然，厚敛于百姓以为美食刍豢蒸炙；大国累百器，小国累十器；前方丈，目不能遍视，手不能遍掺，口不能遍味；冬则冻冰，夏则饻饐。人君为饮食如此，故左右象之。是以富贵者奢侈，孤寡者冻馁，欲无乱不可得。君诚欲天下治而恶其乱，当为食饮不可不节。"

"古之民未知为舟车时，重任不移，远道不至，故圣王作为舟车以便民之事。其为舟车也，完固轻利，可以任重致远，用财少而为利多，是以民乐而利之。法禁不急而行，民不劳而上足以用，故民归之。当今之主，其为舟车与此异矣，完固轻利，皆已具矣。必厚敛于百姓以为舟车饰，饰车以文采，饰舟

大业就可以实现了。当今的君主,他们制作衣服就与此不同了。冬天的衣着轻便暖和、夏天的衣着轻便凉爽,全都具备了,他们却仍然向百姓大量征收税赋,凶暴地掠夺百姓用于衣食的钱财,用来制作锦绣光彩的华丽衣裳,并用金子熔铸成带钩,用珍珠宝玉制作佩带的饰品;女工刺绣,男工雕刻,用来制作身上的穿戴。这就不是为增加温暖的情形了,耗尽财力人力,完全得不到实际的利益。由此看来,他们制作衣服,不是为了身体舒适,而都是为了显耀华丽。因此,他们的百姓邪僻而且很难教化,国君奢侈而且很难劝谏。让奢侈的国君去统治邪僻的百姓,想要财政不混乱是不可能的。国君要是真想让天下太平,真憎恶天下混乱,那么制作衣服就不能不节俭"。

"上古的先人们不懂得制作食物的时候,圣人就教给男人们耕种庄稼、栽培果树等技艺来供给百姓饮食,使其能够增加元气,补充虚弱,解决温饱,强身健体而已。他们的开支节省,生活简朴,所以百姓富裕,国家太平。而今却不是这样,国君对百姓厚征重敛,用来制作美食、蒸烤畜肉。大国使用的餐具器皿上百件,小国使用的餐具器皿数十件。摆在面前一丈见方的地方,眼睛都不能全看到,手都不能全抓到,口都不能全尝到。剩余的食物冬天凝冻,夏天腐烂。君主享用饮食如此,那么左右近臣也都效仿。因此,富贵的人铺张浪费,孤寡的人受冻挨饿,想保持天下不乱,是不可能的。国君真想让天下太平,真憎恶天下混乱,那么对于制作饮食就不能不节俭。"

"上古的先人们不懂得制造车船,太重的东西无法搬运,路途遥远很难到达。因此,圣贤的君王开始制造车船,用来方便老百姓作事。他们制造车船,强调完整、坚固、轻巧、便利,可以载负重物到达遥远的地方。因为花钱少又获利多,因此百姓喜悦并用它赚取利益。于是,法律、禁令不需要催促就可以施行,人民安逸而国君财用

以刻镂。女子废其纺织而修文采，故民寒；男子离其耕稼而修刻镂，故民饥。人君为舟车若此，故右左象之。是以其民饥寒并至，故为奸邪。奸邪多则刑罚深，刑罚深则固国乱。君诚欲天下之治而恶其乱，当为舟车不可不节。"

## 尚贤

子墨子曰："今者王公大人为政于国家者，皆欲国家之富，人民之众，刑政之治。然而不得，是其故何也？是在王公大人为政于国家者，不能以尚贤事能为政也。是故国有贤良之士众，则国家之治厚。故大人之务，将在于众贤而已。然则众贤之术，将奈何哉？譬若欲众其国之善射御之士者，必将富之贵之，敬之誉之，然后国之善射御之士将可得而众也。况又有贤良之士，厚乎德行，辨乎言谈，博乎道术者乎？此固国家之珍，而社稷之佐也。亦必且富之贵之，敬之誉之，然后国之良士，亦将可得而众也。是故古者圣王之为政也，言曰：'不富不义，不贵不义，不亲不义，不近不义。'是以国之富贵人闻之，皆退而谋曰：'始我所恃者富贵也。今上举义不避贫贱，然则我不可不为义。'亲者闻之，亦退而谋曰：'始我所恃者亲也。今上举义不避亲疏，然则我不可不为义。'近者闻之，亦退而谋曰：'始我所恃者近也。今上举义不避远近，然则我不可

充足,所以百姓归附。而今的君主制造车船就与此不同了。完备、坚固、轻巧、便利都具备了,却仍向百姓横征暴敛,用来装饰车船,用彩色刺绣装饰车辆,用精雕细刻装饰舟船。于是,女子放弃纺织而去学习刺绣施彩,所以百姓受冻;男子放弃耕种而去学习雕刻,所以百姓挨饿。君主制造车船如此华美,亲近臣子也都效仿。因此,老百姓饥寒交迫,于是就去做奸邪的事。奸邪之事多则刑罚苛刻,刑罚苛刻但国家却依然混乱。国君真想使天下太平,真憎恶天下混乱,那么制造车船就不能不节俭。"

## 尚贤

墨子说:"现在朝廷中从政的王公大人,都希望国家富强、人口众多、刑律政教都井井有条。然而却不能如此,这是什么缘故呢?究其原因,在于现在朝廷中从政的王公大人,不能把尊重贤才、重用有德能的人作为执政方略。国家拥有的贤良之士越多,那么国家风气就越淳厚。所以大人们的要务,就在于使贤才越来越多而已。然而,使贤才越来越多的方法是什么呢?譬如想使国家善于射箭驾车的人多起来,就一定要使这类人富裕、高贵,受到尊敬和赞誉,于是国内善于射箭驾车的人将会增多,更何况德行敦厚、言谈雄辨、道术广博的贤士呢?这些人本来就是国家的珍宝、社稷的辅臣,也一定要使其富裕、高贵,受到尊敬和赞誉,然后,国家的贤良之士也会增多。所以前代的圣君执政时讲道:'对不义之人不使其富足,不使其尊贵,不予亲爱,不予接近。'因此,国内富贵之人听到后,都退而考虑说:'以前我们所依仗的是富贵,如今君王选拔义士不避贫贱者。既然如此,我们不能不行仁义'。君王亲爱的人听到后,退而考虑道:'以前我所凭借的是君王的宠爱呀,如今君王选拔义士不排斥被疏远的人。既然如此,我们不能不行仁义啊。'君王亲近之人听到后,退而

不为义。'远者闻之,亦退而谋曰:'我始以远无恃。今上举义不避远,然则我不可不为义。'人闻之皆竞为义,是其故何也?曰:'上之所以使下者一物也,下之所以事上者一术也。'故古者圣王之为政,列德而尚贤。虽在农与工肆之人,有能则举之,高与之爵,重与之禄,任之以事。非为贤赐也,欲其事之成。故当以德就列,以官服事,以劳受赏,量功而分禄。故官无常贵,而民无恒贱,有能则举之,无能则下之。举公义,避私怨,故得士。得士则谋不困,体不劳,名立而功成,美章而恶不生,故尚贤者政之本也。"

子墨子言曰:"天下之王公大人,皆欲其国家之富也,人民之众也,刑法之治也,然而莫知尚贤而使能。我以此知天下之士君子,明于小而不明于大也。何以知其然也?今王公大人,有一牛羊不能杀,必索良宰;有一衣裳不能制,必索良工;有一疲马不能治,必索良医;有一危弓不能张,必索良工。虽有骨肉之亲、无故富贵、面目美好者,诚知其不能也,必不使。是何故?恐其败财也。当王公大人之于此也,则不失尚贤而使能。至建其国家则不然,王公大人骨肉之亲,无故富贵、面

考虑道：'以前我们所依赖的是君王的亲近，如今君王选拔义士不在意和自己关系远近。既然如此，我们不能不行仁义啊。'君王疏远之人听到后，退而考虑说：'以前我们认为自己被疏远而无所依靠，如今君王选拔义士不避疏远者。既然如此，我们不能不行仁义啊。'人们听到这些，都争着去做合情合理合法的事情。这是什么缘故呢？答案是：君王使用臣子只用'尚贤'这个标准；臣子侍奉君王只有'仁义'这一条途径。所以，以前圣明之君施政，使有德者列于其位，使贤能者得到尊重；即使是农民、工匠和商人，他们中有才能的也会被选拔举荐，给以高位，给以厚禄，委任以政事。这并不是因为其贤能便赏赐，而是想要通过他们成就事业。所以，应当凭德行归其位次，以官职为国家服务，论业绩进行奖赏，按功劳而颁给俸禄。所以官吏不会始终富贵，而百姓也不会终生贫贱，有才能就会得到选拔举荐，无才能就会被免职，崇尚公义，消除私怨，所以能获得贤士。（君王）得到贤才则计谋不会穷尽，身体不会疲劳，名声树立且功业成就，正面的人事物更加彰显而邪恶的就不会产生了。因此说，尊重贤才，是为政的根本。"

墨子说："天下的王公大人们都希望自己的国家富裕，人口众多，刑罚律令有序，然而却不知道（实现这一期望）必须尊重贤人，使用有才能的人。因此，我认为天下的士大夫君子们小事上明白选贤任能的道理，而大事上却不明白。怎么知道他们是这样呢？如今，王公大人有一只牛羊不会屠杀，必然去寻求好屠夫；有一套衣料不会缝制，必然去寻求好裁缝；有一匹生病之马不能医治，必然去寻求好兽医；有一张有破损的弓不能拉开，必然去寻求好工匠。纵然（他们身边）有骨肉至亲，没有技能却富贵起来的人和面貌美好的人，如果知道他们没有能力做这些事，必定不会让他们来做。这是什么缘故呢？

目美好者,则举之。则王公大人之亲其国家也,不若其亲一危弓、疲马、衣裳、牛羊之财欤?我以此知天下之士君子,皆明于小而不明于大也。古之圣王之治天下也,其所贵未必王公大人骨肉之亲,无故富贵、面目美好者也。是故昔者尧之举舜也,汤之举伊尹也,武丁之举傅说也。岂以为骨肉之亲,无故富贵、面目美好者哉?唯法其言,用其谋,行其道,上可而利天,中可而利鬼,下可而利人。是故尚贤之为说,不可不察也。尚贤者,天、鬼、百姓之利,而政事之本也。"

## 非命

　　古之圣王,举孝子而劝之事亲,尊贤良而劝之为善,发宪布令以教诲,赏罚以劝沮。若此,则乱者可使治而危者可使安矣。若以为不然,昔者桀之所乱,汤治之;纣之所乱,武王治之。此世不渝而民不改,上变正而民易教。其在汤、武则治,其在桀、纣则乱。安危治乱,在上之发政也,则岂可谓有命哉?昔者,三代之暴王,不缪其耳目之淫,不慎其心志之僻;外之驱骋田猎毕弋,内沉于酒乐;不肯曰"我为刑政不善",曰"我命故且亡"。虽昔也三代之伪民,亦犹此也。繁饰有命,以教众愚。昔者,禹、汤、文、武方为政乎天下之时,曰:"必使

恐怕他们毁坏财物呀。此时，王公大人在这一点上，则不丧失其尊贤使能的'原则'。然而他们对治国就不是这样了。王公大人对于骨肉至亲，对无缘无故富贵起来的人和外貌美好的人，就予以推举。原来，王公大人对其国家的热爱，还不如喜爱他的一张有毛病的弓、一匹生病的马、一套衣服、一只牛羊啊！因此，我认为天下的士大夫君子们，小事上明白选贤任能之道而大事上却不明白。从前的圣君治理天下，其所看重的未必是王公大人的骨肉至亲、无缘无故富贵起来的人和外貌美好的人。因此，从前尧推举舜、汤选拔伊尹、武丁推举傅说，哪里是因为他们是骨肉之亲、正当富贵起来的人和外貌美好的人呢？仅仅是因为要依照他们的言论，运用他们的谋略，实行他们的治国之道，上可以利于大自然，中可以利于鬼神，下可以利于人民。所以'尚贤'这一学问，不可不详察呀！'尚贤'，关乎大自然、鬼神、百姓的利益，是政事的根本。"

## 非命

　　古时候圣贤的君王，推崇孝子，劝导人们侍奉双亲；尊重贤良，劝导人们做好事；颁布有关法令，来教育人民；明确奖罚，来对人民进行勉励和劝阻。照这样做，混乱的社会就可以恢复安定和谐，危险的局面可使其稳定。若认为不是这样，（请看）以前夏桀王造成的混乱局面，商汤王却将其治理得很好；商纣王所造成的混乱局面，周武王也治理的很好。时代和百姓都没有改变，但君主的统治方法变端正了，百姓就容易教育。天下在商汤王、周武王统治下就安定，在夏桀、商纣统治下就混乱。国家的安危治乱，关键在于君主的施政，这难道可以说是命运吗？此前夏商周三代的暴君，对其耳目声色的过分追求不以为错，对其心思、志向的邪僻不加谨慎，外出则骑马打猎、

饥者得食，寒者得衣，劳者得息，乱者得治。"遂得光誉令闻于天下，夫岂可以为命哉？故以为其力也。今贤良之人，尊贤而好蓄道术，故上得其王公大人之赏，下得其万民之誉，遂得光誉令闻于天下。岂以为其命哉？

## 贵义

子墨子曰："世之君子，使之一犬一彘之宰，不能，则辞之；使为一国之相，不能，而为之。岂不悖哉？世之君子，欲其义之成，而助之修其身则愠，是犹欲其墙之成，而人助之筑则愠也。岂不悖哉？

围网射箭,在宫内则沉迷于饮酒作乐,但却不肯说自己施政用刑不善,却说"我的命运本来就将灭亡了"。即使以前三代的诡诈之民,也是如此,其繁复地粉饰"人各有命"的言辞,用以教育众多愚昧之人。过去禹、汤、文王、武王在治理天下政务时,就说道:"必须使饥者获得食物,使寒冷者得到衣服,使劳累者得到休息,使扰乱者得到惩治。"于是,他们赢得了天下人的美誉和称赞,这难道可以说是命运吗?这本来就是他们凭借自己的力量(实现的)啊!现今贤良之人,尊重贤才,喜欢积累治国的道理、方法,所以对上得到王公大人的奖赏,对下获得万民的赞誉,于是赢得了天下人的称赞。这又怎能说是他们的命运呢?

## 贵义

墨子说:"世上的君子,让他去做宰猪杀狗的屠夫,如果干不了就推辞;让他任一国的宰相,做不了也要去做。这难道不是很荒谬吗?世上的君子想实现自己仁义的愿望,可是别人帮助他修身他却生气。这就和想把墙筑成,但别人帮助他筑墙他却生气一样。这难道不是很荒谬吗?"

# 卷三十五　文子

文子　撰

## 道原

夫至人之治也，弃其聪明，灭其文章，依道废智，与民同出乎公；约其所守，寡其所求，去其诱慕，除其嗜欲，损其思虑。约其所守即察矣，寡其所求即得矣。

水之性欲清，沙石秽之；人之性欲平，嗜欲害之。唯圣人能遗物反己，不以智役物，不以欲滑和，是以高而不危，安而不倾也。故听善言便计，虽愚者知悦之；称圣德高行，虽不肖者知慕之。悦之者众而用之者寡，慕之者多而行之者少。

## 精诚

夫水浊者鱼噞，政苛者民乱。上多欲即下多诈，上烦扰即下不定，上多求即下交争。不治其本，而救之于末，无以异于凿渠而止水，抱薪而救火也。圣人事省而治，求寡而赡，不施而仁，不言而信，不求而得，不为而成；怀自然，保至真，抱道推诚；天下从之，如响之应声，影之象形。所修者本也。

## 道原

　　圣人治理天下的方法，就是扬弃个人的聪明，隐没个人的文采，依照天道而行，弃置个人的聪辩，与百姓一同依照公道而行。简约其所持守的，减少其所贪求的，去掉外在的诱惑与希慕，消除内在的嗜好与欲望，减少其思索与忧虑。简约其所持守的，就能够明察；减少其所贪求的，就会有所得。

　　水的本性是清净的，但沙石却使其污浊；人的本性是平静的，但嗜欲却来妨害它。只有圣人能超脱物欲而返朴归真。圣人不被物欲所控制，中正平和的心态不会被欲望扰乱，因此才能身居高位而无危险、保持安稳而不倾覆。所以人们听到其有益之言和合宜之计，即使是愚笨之人也知道喜欢他；人们称颂其高尚的品德和行为，即便是德才不佳之辈也知道羡慕他。可是喜欢听嘉言的人多，而采用者却很少；羡慕高尚品行的人多，而能身体力行者却很少。

## 精诚

　　水混浊了，鱼就会露出水面呼吸；政策苛刻，老百姓就会叛乱。君主欲望过多，百姓欺诈的行为就多；君主制定的法令政策烦杂没有条理，百姓就不能安定；君主多贪求，百姓就会纷争。如果不从根本上治理国家，只从细枝末节上去挽救，那就无异于挖沟渠去阻止洪水、抱薪柴去扑救大火。圣明的君主政事简省而天下大治，需求不多而财用充裕，不施恩就能显现其仁爱，不多言就表现出诚信，不求取就会有所得，不刻意做事而自然成功。他心存自然本性，保持至真之

冬日之阳，夏日之阴，万物归之，而莫之使也。至精之感，弗召自来，不去自往，不知所为者，而功自成。待目而照见，待言而使令，其于以治难矣。皋陶喑而为大理，天下无虐刑；师旷瞽而为大宰，晋国无乱政；不言之令，不视之见，圣人所以为师也。民之化上，不从其言，从其所行也。故人君好勇，而国家多难；人君好色，而国多昏乱。故圣人精诚形于内，好憎明于外；出言以副情，发号以明旨。是故刑罚不足以移风，杀戮不足以禁奸，唯神化为贵也。夫至精为神，精之所动，若春气之生，秋气之杀也。故治人者慎所以感也。

圣人之从事也，所由异路而同归，其存亡定倾若一，志不忘乎欲利人也。故秦、楚、燕、魏之歌，异转而皆乐；九夷八狄之哭，异声而皆哀。夫歌者乐之征也，哭者哀之效也，愤愤于中而应于外，故在所以感之矣。圣人之心，日夜不忘乎欲利人，其泽之所及亦远也。

夫至人精诚内形，德流四方，见天下有利，喜而不忘；见天下有害，忧若有丧。夫忧民之忧者，民亦忧其忧；乐人之乐

情，持守正道，以真诚心对待百姓，天下之人追随他，就如同回音应声、影随形体一样。这才是治国的根本。

　　冬天的太阳，夏天的阴凉，万物都趋附于它，却没有谁使其如此。最精诚的感应，不用召引人们自己就会归附，不必驱使人们自会前往，不知做了什么，其事业却自然成就了。君主若依靠眼目才能看到、依靠言语才能实施法令，要想达到治理的局面就太困难了。皋陶瘖哑却担任司法官，使天下没有残酷的刑罚；师旷眼睛失明却担任太宰，使晋国没有出现暴政。不用言语的法令，不用视力的明见，这是圣人所以成为师表的原因。百姓受君主的感化，不是听从其言辞，而是追随其行为。所以，君主好逞勇武，国家就会多灾多难；君主喜好女色，国家就会多有混乱。因此，圣人的精诚形成于内心，爱憎显现于外表，靠说话来和情理相副，用发布政令来明确旨意。所以刑罚不足以改变民风，杀戮不能够禁止奸邪，只有神妙的潜移默化才最为可贵。至极精诚可入于神妙。精诚的感化人，就像春日的阳和之气使万物生长、秋日的凄清之气使万物肃杀一样。所以治理百姓的君主一定要慎重选择感化的方法。

　　圣人所做的事，都是殊途同归，无论国家是存在还是消亡、安定还是倾覆，其志向始终如一，都是不忘记有利于百姓。所以，秦、楚、燕、魏四地的歌曲声调有所不同，却都可使人快乐；九夷八狄各少数民族的哭声腔调各异，却都使人悲哀。歌唱是快乐的表现，哭泣是哀伤的验证。悲欢之情静默于心中而反映于外表，所以关键在于因为什么而使其感动。圣贤者的心思，日夜都不忘记有利于他人，而他的德泽所及的地方是很广远的。

　　至德之人内心精诚，恩德流布天下。他们看到有利于天下的事，虽高兴却不会得意忘形；见到有害于天下的事，就会忧心忡忡，好像

者，人亦乐其乐。故乐以天下，忧以天下，然而不王者，未之有也。大人行可悦之政，而人莫不顺其令，令顺即从小而致大，令逆即以善为害，以成为败。

## 九守

神者，智之渊也，神清则智明；智者心之符也，智公既心平。人莫鉴于流水而鉴于澄水者，以其清且静也。故神清意平，乃能形物之情也。天道极即反，盈则损，物盛则衰，日中而移，月满则亏，乐终而悲。是故聪明广智守以愚，多闻博辨守以俭，武力勇毅守以畏，富贵广大守以狭，德施天下守以让。此五者，先王所以守天下也。

## 符言

人之情，服于德，不服于力。故古之圣王，以其言下人，以其身后人，即天下推而不厌，戴而不重，此德有余而气顺也。故知与之为得，知后之为先，即几道矣。

有丧事一样。那些以百姓之忧为己忧的人，百姓也以他的忧为己愁；以百姓之乐为己乐的人，百姓也会以他的乐为己乐。所以，以天下之乐为乐、以天下之忧为忧的人而不能成就王霸大业，是从来没有过的事。君主施行顺应民心的政令，就没有人不顺从。政令顺乎民意，百姓就愿意服从，国家就会由小而发展壮大；政令背逆民心，即使是好事百姓也会把它当成坏事，君主的治理也会由成功变为失败。

## 九守

心神，是智慧的渊源，心神清净，则智慧就明达。智慧，是心灵的府地，智谋公正，则心气平静。人没有在流动的水中照影，而是都在澄水里照影，是由于澄水既清澈又平静的缘故。所以，人心神清静、心气平和，才能看到事物的真实情况。道的规律是物极必反、盈满则亏、事盛则衰，太阳到了正午之后就要偏斜，月亮圆了之后就要缺损，快乐到了极处就会产生悲痛。所以聪明多智之人应坚守愚钝的势态，博闻善辩之人应坚守收敛的势态，勇武刚毅之人应坚守畏怯的势态，富贵而地广之人应坚守狭小的势态，恩德施及天下之人应坚守谦让的势态。这五个方面，是古代圣明的君主能够守住天下的良方。

## 符言

人的心理是顺服于道德而不顺服于威力。所以古代的圣明君王，说话谦下于人，将自己放于人后。即使天下百姓都赞许他，他也不自满；即使天下百姓都拥戴他，他也不自大。这就是德高有余而心气和顺。因此懂得"给予"就是"得到"，懂得甘居人后实际上是站在了人前的道理，这样就接近于"道"了。

## 道德

文子问道，老子曰："夫道者，小行之小得福，大行之大得福，尽行之天下服。"

文子问德、仁、义、礼，老子曰："德者民之所贵也，仁者人之所怀也，义者民之所畏也，礼者民之所敬也。此四者，圣人之所以御万物也。君子无德即下怨，无仁即下争，无义即下暴，无礼即下乱。四经不立，谓之无道。无道而不亡者，未之有也。"

心之精者，可以神化而不可以说道。故同言而信，信在言前；同令而行，行在令外。圣人在上，民化如神，情以先之也。动于上不应于下者，情令殊也。三月婴儿，未知利害，而慈母爱之喻焉者，情也。故言之用者小，不言之用者大矣。夫信，君子之言也；忠，君子之意也。忠信形于内，感动应乎外，贤圣之化也。

能成霸王者，必得胜者也；能胜敌者，必强者也；能强者，必用人力者也；能用人力者，必得人心者也；能得人心者，必自得者也；能自得者，必柔弱者也。

## 道德

文子向老子请教"道"。老子回答说:"关于'道',实行的范围小便会得到较小的福祉,实行的范围大便会得到较大的福祉,完全按"道"的要求来实施,全天下的人就都会信服你。"

文子向老子请教"德、仁、义、礼"。老子回答说:"德行,是百姓所崇尚的;仁爱,是百姓所归向的;正义,是百姓所敬服的;礼制,是百姓所戒慎的。这四者,是圣人用来驾驭万物的。君主缺乏德行,百姓就会怨恨;君主缺乏仁爱,百姓就会纷争;君主失去正义,百姓就会叛乱;国家失去礼制,百姓就会混乱无序。这四项准则不确立,就是'无道',无道之国不灭亡,这是从未有过的。"

老子说:"内心的精诚,可以潜移默化地感化人,而不能用语言来劝说。所以同样一句话,而使人相信的,是因为说话人的诚意已表现在说话之前;相同的政令,而能使人立即执行的,是因为发令人的所作所为已表现在命令之先。圣哲之人处于高位,对于人心的教化就像有神灵相助一样有效,这是因为圣人的真诚先于教化而存在。君主行动于上而下边的臣民不应和,是其诚意悖于教化的缘故。三个月大的婴儿还不知道利与害,但对慈母的担忧、爱抚却能感知,这就是母爱的真情深厚所致。所以言语所产生的作用是比较小的,无言的情感与行为的作用却是很大的。信用就是君子的言语,忠诚就是君子的胸怀。忠信形成于内心,百姓感应而行动于外,这是圣贤的教化。"

老子说:"能成就霸业的人,一定是获得胜利的人。能胜敌的人,一定是强者。能成为强者的人,一定是能使用别人力量的人。能使用别人力量的人,一定是赢得人心的人。能够赢得人心的人,一定是有德有能之人。有德有能之人,必定是心地柔和谦顺之人。"

## 上德

　　日月欲明，浮云盖之；河水欲清，沙土秽之；丛兰欲修，秋风败之；人性欲平，嗜欲害之。蒙尘而欲无眯，不可得也。山致其高而云雨起焉，水致其深而蛟龙生焉，君子致其道而德泽流焉。夫有阴德者必有阳报，有隐行者必有昭名。

## 微明

　　相坐之法立，即百姓怨；减爵之令张，即功臣叛。故察刀笔之迹者，即不知治乱之本；习于行陈之事者，即不知庙战之权。圣人先见福于重关之内，虑患于冥冥之外；愚者惑于小利而忘大害。故事有利于小而害于大，得于此而亡于彼。故仁莫大于爱人也，智莫大于知人也。爱人即无冤刑，知人即无乱政。

　　见本而知末，执一而应万，谓之术；居知所为，行知所之，事知所乘，动知所止，谓之道。言出于口，不可止于人；行发于近，不可禁于远。事者难成易败，名者难立易废。凡人皆以轻小害，易微事，以至于大患也。

　　夫积爱成福，积憎成祸。人皆知救患，莫知使患无生。夫使患无生，易于救患。今人不务使患无生，而务于救之，虽神

## 上德

　　日月欲明亮,浮云却将其遮盖;河水欲清澈,沙土却使其混浊;兰花欲休美,秋风却使其凋残;人性欲平静,却被贪欲损害。蒙受沙尘却想不眯眼睛,是不可能的。山达到了一定的高度,就会兴起云雨。水达到了一定的深度,就会有蛟龙出没。君子得到了"道",其仁德恩惠就会流布四方。积阴德的人,一定会得阳报。那些做过不为人知的美行的人,日后一定会有妇孺皆知的美名。

## 微明

　　一个人犯法要株连其他人的法规确立后,百姓必会怨恨;减少爵位俸禄的法令出台,功臣就会反抗。所以精通法律条文的人,不懂得国家治乱的根本;熟悉行兵布阵的人,不懂得朝廷拟定作战方案的权谋。圣人能在重重障碍之内预见大福,能考虑到遥远将来的忧患。愚昧的人被小利所迷惑而忘记了大害。所以有利于小的事情,就会妨害于大的事情;仅于此有所得,而于彼就有所失。因此,仁义没有比爱别人更大的了,智慧没有比了解别人更大的了。爱别人,就不会有冤枉人的刑罚;知人善任,就不会出现腐败的政事。

　　见本而知末,掌握根本之道而应对千变万化,叫做术。安居时知道要干的事,行路时知道要去的地方,做事时知道该依靠什么,行动时知道什么时候该停止,这就是道。言语出于口,没有谁能够禁止人们评说;行动发于身边,却不可禁止其影响流散到远方。事情成功难而容易失败,名誉建立难却容易毁废。一般的人都轻视小害、小事,最后酿成了大的灾祸。

　　积累仁爱会带来福报,积累憎恨会招致祸患。人们都知道如何解救祸患,却不知道如何避免祸患产生,让祸患不产生比解救祸患

圣人，不能为谋也。患祸之所由来，万万无方，故圣人深居以避害，静默以待时。小人不知祸福之门，动作而陷于刑，虽曲为之备，不足以全身。故上士先避患而后就利，先远辱而后求名。故圣人常从事于无形之外，而不留心尽虑于已成之内。是以患祸无由至，非誉不能尘垢也。

凡人之道，心欲小，志欲大，智欲圆，行欲方，能欲多，事欲少。所谓心小者，虑患未生，戒祸慎微，不敢纵其欲者也；志大者，兼包万国，一齐殊俗，是非辐凑，中为之毂也；智圆者，终始无端，方流四远，深泉而不竭也；行方者，直立而不挠，素白而不污，穷不易操，达不肆志也；能多者，文武备具，动静中仪也；事少者，执约为治广，处静以持躁也。故心小者，禁于微也；志大者，无不怀也；智圆者，无不知也；行方者，有不为也；能多者，无不治也；事少者，约所持也。故圣人之于善也，无小而不行；其于过也，无微而不改；行不用巫祝，而鬼神不敢先，可谓至贵矣。然而战战栗栗，日慎一日，是以无为而有成。

容易。现在的人不致力于使祸患不产生，而是尽力消除它，即使是神仙也不能为之谋划啊。祸患的产生，没有固定的方向，所以圣人深居简出以躲避患害，虚静沉默以等待时机。识见浅狭的人不知道祸福从何而来，行动往往触犯刑罚，虽然多方设法防备，但仍不足以保全其身。所以高明之士先远离祸患而后追求利益，先远离耻辱而后追求名誉。所以圣人常常在灾祸尚未显露之时就已留心，而不会等到事情已经发生再竭尽智虑，因此祸患无从降临，众人的非议和称誉也不能沾污其身。

　　大凡一个人的处事之道，内心要谨慎，志向要远大，智虑要圆满，行为要方正，才能要多，所为之事要少。所谓内心要谨慎，是说在祸患尚未产生之前，谨慎自持，不敢放纵自己的欲望；志向要远大，是说要包容天下，各种风俗都一视同仁，是非来集，要像辐条集中于车轴那样为其确定不偏不倚的标准；智虑要圆满，是说思维周流无碍，能及于遥远的事情，像深满的渊泉一样永不枯竭；行为要方正，是说要立身正直，不屈不挠，朴素高洁而没有染污，不得志也不会改变操守，得志也不会随心所欲；才能要多，是说要文武兼备，行为举止都非常得体；所为之事要少，是说要持守简约的要领来处理繁多的问题，处于宁静的状态来控御外界的躁动。所以内心谨慎的人，在祸患微小的时候就知道加以防备；志向远大的人，胸怀宽广，无所不包；智虑圆满的人，无所不知；行为方正的人，有所不为；才能多的人，样样事情都能处理；所为之事少的人，持守的东西简约。因此，圣人对于善事，再小也要做；对于过错，再小也要改正。圣人行动不用去求问巫婆神汉，鬼神也不敢作祟，可以说是非常尊贵了。虽然如此，圣人还是战战兢兢，时刻小心翼翼，因此虽没有刻意作为，却成就了功业。

有功,离仁义者即见疑;有罪,不失仁心者必见信。故仁义者,事之常顺也,天下之尊爵也。虽谋得计当,虑患而患解,图国而国存;其事有离仁义者,其功必不遂矣;言虽无中于策,其计无益于国,而心周于君,合于仁义者,身必存矣。故曰:"百言百当,不若舍趣而审仁义也。"

教本乎君子,小人被其泽;利本乎小人,君子享其功。使君子小人,各得其宜,即通功易食而道达矣。人多欲即伤义,多忧即害智。故治国乐其所以存,亡国乐其所以亡。水下流而广大,君下臣而聪明,君不与臣争功而治道通。故君,根本也;臣,枝叶也。根本不美而枝叶茂者,未之有也。

慈父之爱子也,非求报也,不可内解于心。圣人之养民,非求为己用也,性不能已也。及恃其力、赖其功勋,而必穷矣。有以为,即恩不接矣。故用众人之所爱,即得众人之力;举众人之所善,即得众人之心。见所始,即知所终矣。

有功劳却丧失了仁义之心，就会被怀疑；有罪过却没有丧失仁义之心，一定会得到信任。所以，仁义是事物的自然之性，是天下最为尊贵的品德。虽然计谋得当，事先考虑如何预防祸患而祸患也得以消除，谋划着立国而国家也得以建立，但是如果所做的事有违背仁义的地方，其功业一定不会圆满实现。出言虽然不能提出好的策略，计谋也对国家没有什么帮助，但只要心是忠于君主的，而且合乎仁义之道，他自身一定会得以保全。所以，与其每次言语都得当，不如看他是否合乎仁义。

教化出自于君子，小民享受到君子教化的好处；物资由小民创造，君子享受到小民的劳动果实。让君子和小民，各处于合适的位置，就能各有所持，互通有无，从而上下之间的"道"就畅通了。人如果贪欲甚多，就会损害正义（多欲之人不顾道义而苟取，故伤义）；如果过分忧愁，就会损害智力。所以，太平安定的国家必定喜欢能使它存而不亡的事物，暴虐的国家则必定喜欢能导致它灭亡的事物。水往下流就会越来越广大，君王礼贤下士就会耳聪目明。君王不与臣下争功（君行君道，臣行臣道，人君无为，臣下有为），治国之道就会畅通。因此，君是树根，臣是枝叶，如果树根不粗壮，而枝叶会茂盛，是从来没有的事情。

慈父爱子，并不是期求孩子报恩，而是源于内心的慈爱之情，这是人固有的天性；圣人养育百姓，并不是为了满足自己所用，而是出自于其仁爱的本性而不能抑止。到了要依靠百姓的力量、有赖其建功立业来成就自己，就一定会陷于困窘。互相有所希求，就会使父子、君臣之间的恩义丧失掉。所以用众人之所爱（来顺势利导），就会得到众人的力量；推崇众人所拥戴的东西，就可获得众人之心。因此看见事物的开始，就知道其最终的结果是什么。

人之将疾也，必先不甘鱼肉之味；国之将亡也，必先恶忠臣之语。故疾之将死者，不可为良医；国之将亡者，不可为忠谋。古者亲近不以言，来远不以言，使近者悦，远者来。与民同欲即和，与民同守即固，与民同念即智；得民力者富，得民誉者显；行有召寇，言有致祸。

## 道自然

昔者，尧之治天下，其导民也，水处者渔，山处者木，谷处者牧，陆处者田，地宜其事，事宜其械，械便其人。如是，则民得以所有易所无，以所巧易所拙也。是以离叛者寡，听从者众，若风之过箭萧，忽然感之，各以清浊应矣，物莫不就其所利，避其所害。是以邻国相望，鸡狗之音相闻，而足迹不接于诸侯之境，车轨不结于千里之外，皆安其居也。夫乱国若盛，治国若虚，亡国若不足，存国若有余。虚者非无人，各守其职也；盛者非多人，皆徼于末也；有余者非多财，欲节事寡也；不足者非无货，民躁而费多也。故先王之法，非所作也，所因也；其禁诛，非所为也，所守也，上德之道也。

人要得病的时候，一定先厌食鱼肉之味；国家将要灭亡的时候，君主必定是先厌恶忠臣的谏言。所以病入膏肓之时，良医也不能救治；国家将灭亡时，忠臣的谋略也是没有用处的。古时候，使身边的人亲近不是依靠言语，使远方的人来归附也不是依靠言语，能使身边的人高兴、远方的人来归附均因其德行深厚。与百姓愿望相同国家就会和谐，与百姓操守相同国家就会稳固，与百姓心念相同君主就会多智慧，得到百姓支持国家就会富足，得到百姓称誉君主就会声名显扬。行动不慎会招致盗寇的抢劫，言语不当能给人带来灾祸。

## 道自然

从前帝尧治理天下的时候，他引导百姓，凡居住在江河湖海边的人，靠捕鱼为生；居住在山林地区的人，靠砍伐木材为生；居住在山涧谷地的人，靠畜牧业为生；居住在平川地区的人，靠种田为生。各类地区各有其适宜的事业，所从事的行业各有其适宜的工具，工具要便利于使用它的人。这样，百姓就能够用自己所有的东西去交换自己所没有的东西，用自己擅长制作的产品去交换自己不擅长制作的产品。因此，离乡叛逃的人少，跟随、服从的人多。好像风吹过箫一样，箫感受到风的吹拂，各个孔会以清浊之音来作出回应。万物没有不趋利而避害的。所以相邻之国近得互相能看见，鸡鸣狗叫的声音都能听到，但人们不会踏入其他诸侯国的疆界，车马也不去千里之外，都是因为各国百姓都安居乐业的缘故。所以动乱不安的国家貌似兴盛，太平安定的国家看起来好像很萧条。将灭亡的国家好像总是财不足用，安定的国家物资总是供给有余。表面萧条，并非是没有人，而是人人各守其职，世无闲人；表面繁荣，并不是人多，而是人人都舍本逐末。物资供给有余，不是因为财物多，而是因为欲望得到

以道治天下，非易民性也，因其有而条畅之。故渫水者因水之流，产稼者因地之宜，征伐者因民之欲，能因即无敌于天下矣。故先王之制法，因民之性，而为之节文；无其性，无其养，不可使遵道也。人之性有仁义之资，非圣王为之法度，不可使向方也。因其所恶以禁奸，故刑罚不用，威行如神矣。因其性，即天下听从；咈其性，即法度张而不用。

帝者贵其德也，王者尚其义也，霸者迫于理也。道狭然后任智，德薄然后任刑，明浅然后任察。

王道者处无为之事，行不言之教；因循任下，责成不劳；谋无失策，举无过事；进退应时，动静循理；美丑弗好憎，赏罚不喜怒；其听治也，虚心弱志。是故群臣辐凑并进，无愚智不肖，莫不尽其能。君得所以制臣，臣得所以事君，即治国之道明矣。

节制，不必要的事情得以减少；财不足用，并不是没有财物，而是民心浮躁，奢侈浪费。所以上古贤明君王的治国之法，不是主观创造出来一套办法，而是遵循事物的规律并加以引导；所要禁止和惩罚的，也不是主观上想要有所作为，而是遵守客观规律的结果。这就是至德之君的治国之道。

用道来治理天下，并不是要改变人内在的性情，而是顺其性情并加以正确疏导，使之更加畅通。所以开渠引水的人要顺应水的自然流势，种庄稼的人要因地利而选择适宜的谷物。出兵征战的人，对于人民的欲求因势利导，能这样，就能顺应民心而无敌于天下。所以古代帝王制定法度，是根据百姓的性情来拟定细节条文的。不随顺他们的性情，不考虑他们生活的保障，就不能使他们遵从法度。虽然人性具有仁义的禀赋，但没有圣明君王制定相应的规章制度加以约束，就不可能使其合乎规范。凡是人们所痛恨的就加以禁止，是为了防止邪恶发生，这样虽然刑罚没有使用，而（君王的）威慑力却如神明一样。顺应人的本性，就能够使天下人顺服；违背人的本性，即使法度建立也难以发挥作用。

称帝者珍视美德，称王者崇尚正义，称霸者通晓事物的规律。所行之道偏狭才凭借智谋，恩德不厚才凭借刑罚，圣明不足才凭借考察。

用仁义来治理天下的君王，主张顺应自然而治，施行德政感化人民，顺应事物的规律来引导百姓，责求其成功却不会使其劳累，谋划政事没有失策，行动没有过错，进退都合乎时宜，动静都合乎理义，赞美与憎恶都不按照个人的好恶，奖赏与惩罚也不按照自己的喜怒。其处理政事，虚心听取各种意见，因此群臣像辐条集中于车轮中心的圆木一样，齐心协力协助君主，不管是贤与不贤之人，没有不尽

智而好问者圣,勇而好同者胜。乘众人之知,即无不任也;用众人之力,即无不胜也。用众人之力,乌获不足恃也;乘众人之势,天下不足用也。故圣人举事,未尝不因其资而用之也。有一功者处一位,有一能者服一事。力胜其任,即举者不重也;能胜其事,即为者弗难也。圣人兼而用之,故人无弃人,物无弃财矣。

所谓无为者,非谓其引之不来,推之不往,迫而不应,感而不动,坚滞而不流,卷握而不散也。谓其私志不入公道,嗜欲不枉正术,循理而举事,因资而立功,推自然之势也。圣人不耻身之贱,恶道之不行,不忧命之短,忧百姓之穷也。故常虚而无为,抱素见朴,不与物杂。

古之立帝王者,非以奉养其欲也;圣人之践位者,非以逸乐其身也,为天下之民强掩弱,众暴寡,诈者欺愚,勇者侵怯,又为其怀智诈不以相教,积财货不以相分,故立天子以齐一之。为一人明不能遍照海内,故立三公九卿以辅翼之;为绝国殊俗不得被泽,故立诸侯以教诲之。是以地无不任,时无不应,官无隐事,国无遗利。所以衣寒食饥,养老弱,息劳倦,

其才能的。君主掌握用臣之道，臣下知晓事君之法，则治国之道就显明了。

有智慧而又善于听取别人意见的人，就能成为大智大慧的圣人；有勇气而又善于团结众人的人，就能战无不胜。利用众人的智慧，就没有什么不能担当的。利用众人的力量，就能无往而不胜。利用众人之力的人，乌获之类的力士也抵挡不住；凭借众人之势的人，天下就没有什么事是办不成的。因此圣人做事，没有不根据众人的资质而用其所长的。有某一项功绩的人就担任某一级的官位，有某种才能的人就从事某种事情。力量超过所担负的东西，就能够举重若轻；才能超过所做的事情，做起事来就不感觉困难。圣人善于使用人之长处，所以人没有无用之人，物没有可弃之材。

所谓无为，不是说招之不来，推之不去，强制不予反应，有所感受而不被打动，固执不通，拘泥不化，而是说不以个人的意志强加于公众意愿之上，不以自己的爱好去歪曲合理的策略，根据事物的规律行事，凭借现有的条件来建功立业，按照自然形势而行。圣人不以屈身低贱为耻辱，怕的是道义不能实行；不担心自己生命的短暂，忧心的是百姓的穷困。所以圣人总是虚静而无为，保持质朴的本性，不受外物的污染。

古代设立帝王，并不是为了满足他个人的欲望。圣人登上帝王之位，并不是为了使自己安逸快乐，而是因为天下的百姓中存在着以强凌弱、以众欺寡、奸诈者欺骗愚笨者、勇猛者侵犯怯懦者的现象，又因为少数人胸怀智谋却不能够教导百姓，积聚财富却不能够惠及别人，所以，设立天子来对这些矛盾加以整治统理。因为一个人的聪明才智不能普照四海，所以又设立三公九卿的爵位来辅佐天子。又因为边远各地风俗习惯各不相同，天子的恩泽无法泽被到各地，所

无不以也。神农形悴，尧瘦癯，舜梨黑，禹胼胝，伊尹负鼎而干汤，吕望鼓刀而入周，百里奚传卖，管仲束缚，孔子无黔突，墨子无暖席，非以贪禄慕位，将欲起天下之利，除万民之害也。自天子至于庶人，四体不勤，思虑不用，于事赡者，未之闻也。

## 下德

  治身，太上养神，其次养形，神清意平，百节皆宁，养生之本也；肥肌肤，充腹肠，开嗜欲，养生之末也。治国，太上养化，其次正法，民交让，争处卑，财利争受少，事力争就劳，日化上而迁善，不知其所以然，治之本也；利赏而劝善，畏刑而不敢为非，法令正于上，百姓服于下，治之末也。上世养本，而下世事末。

  欲治之主不世出，可与治之臣不万一，以不世出求不万一，此至治所以千岁不一至，霸王之功不世立也。顺其善意，防其邪心，与民同出一道，即民性可善，风俗可美矣。所贵

以设立诸侯王来进行教诲。因此，土地没有不被合理使用的，耕种没有不合乎时令的，官吏没有不可告人的事，物尽其用，人尽其才。以此来使寒者有衣、饥者有食，赡养老人、养育幼童，使疲倦、劳累的人得以休息，无不各得其所。神农帝一心为百姓而容貌憔悴，尧帝辛勤为政而身体清瘦，舜帝为治国而面色发黑，夏禹为治水而手掌、脚底都生出了老茧，伊尹背上熬汤的鼎去求见商汤，吕望曾在周朝鼓刀为屠，百里奚曾被晋秦转卖，管仲曾获罪被鲁人捆缚于囚车，孔子因忙于使天下响道而炊米未熏黑家里的烟囱，墨子游说各国来去匆匆而坐席不待暖就离开。他们都不是贪求俸禄和地位，而是想要为天下人谋求利益，解除万民的灾祸。自天子到百姓，四肢不勤劳、头脑不思考，而能把事情处理圆满的人，还没有听说过。

## 下德

　　修身养性，最主要的是调养心神，其次是保养形体。心神清静平和，肢体安宁，是养生的根本；养得身体肥胖，吃得既饱又好，满足个人嗜欲，都是养生的枝末小事。治理国家，最主要的是进行道德教化，其次是依法制裁、办理。使民众互相谦让，争相处于卑下，对于财利争相拿少的部分，对于工作争相干劳累的事情，每天受到君王的感化，在不知不觉中逐渐向善，这是实现国家安定的根本。用利益奖赏来劝人为善，百姓畏惧刑罚而不敢为非作歹，从而君王的法令公正严明、百姓服从，这是治理国家的次要之事。处在向上发展时期的社会重视根本，处在衰落时期的社会只注重枝末。

　　圣明的君主不是每世每代都能出现的，能与之共同治国的贤臣万人中难觅一个。让并非代代都会有的圣君遇合万中挑一的贤臣，所以盛世千载难逢、霸王大业不是世代可成。依从自己善的意念，格除

圣人者，非贵其随罪而作刑也，贵其知乱之所生也。若纵之放僻淫逸，而禁之以法，随之以刑，虽残天下，不能禁其奸矣。

目悦五色，口欲滋味，耳淫五声，七窍交争以害一性，日引邪欲竭其天和，身且不能治，奈天下何？所谓得天下者，非谓其履势位称尊号也，言其运天下心，得天下力也。有南面之名，无一人之誉，此失天下者也。故桀纣不为王，汤武不为放也。天下得道，守在四夷；天下失道，守在左右。故曰："无恃其不吾夺，恃吾不可夺也。行可夺之道，而非篡杀之行，无益于持天下矣。"

治世之职易守也，其事易为也，其礼易行也，其责易偿也。是以人不兼官，官不兼事，农士商工，乡别州异。故农与农言藏，士与士言行，工与工言巧，商与商言数。是以士无遗行，工无苦事，农无废功，商无折货，各安其性也。

夫先知远见，人材之盛也，而治世不以责于民；博闻强志，

自己奸邪的欲望，与百姓同循善道而不变，才可以使百姓弃恶扬善、民风清纯敦厚。人们崇敬圣人，不是崇敬他给不同的罪恶制定出相应的刑罚，而是崇敬他知道祸乱产生的原因。如果放纵邪恶淫逸，然后用法律去禁止，用刑罚去惩治，即使是残灭天下人，也禁止不了奸邪小人的恶行。

眼睛喜欢五彩颜色，口贪爱美味，耳爱听音乐，耳鼻目口七窍互争享受，就会伤害一个人的性情。天天被邪恶欲望所吸引，自己身体的元气被消磨渐尽，自身都无法保养，又怎么能治理天下呢！所谓得天下，不是说他当了天下的君王而威严自显且有君王的称号，而是说他能够调动民心，获得天下百姓力量的支持。有君王的称号，却得不到人心，这就是丧失天下的君王。所以夏桀和商纣不算君王，商汤、周武王推翻他们也不算是背逆犯上。天下有道时，为君主进行防卫的是边地的少数民族；天下无道时，为君主进行防卫的是君主身边的近臣。所以说，不要寄希望于别人不会侵犯我，要依赖自己具有不可侵犯的条件。自己实施的就是易遭别人侵夺的治国之道，却又反对篡位杀君的行为，这是无益于保持其政权的。

太平盛世时的职务容易执掌，各种事情都容易做，礼仪同样容易推行，职责也容易完成。因此一人不兼两官，一官不兼两事。士、农、工、商四民，各有固定的居所，不互相杂处。所以农民之间互相谈论的都是春耕夏耨、秋收冬藏之事，士人与士人之间谈论的都是孝义仁爱等道德行为的话题，工匠与工匠之间谈论的都是做工的技巧方法，商人与商人之间谈论的都是获利之事。因此士人没有失检的行为，工匠不生产粗制滥造的产品，农民没有歉收的庄稼，商人没有亏本的买卖。四民各司其业，不见异思迁。

具有先知和远见的人，是才能超群者，而治理国家却不以此为

口辨辞给,人智之溢也,而明主不以求于下;傲世贱物,不污于俗,士之伉行也,而治世不以为民化。故高不可及者,不以为人量;行不可逮者,不以为国俗。故人材不可专用,而度量道术,可世传也。故国治可与愚守,而军旅可与怯同,不待古之英俊,而人自足者,所有而并用之也。

末世之法,高为量而罪不及,重为任而罚不胜,危为难而诛不敢。民困于三责,即饰智而诈上,犯邪而行危,虽峻法严刑,不能禁其奸。兽穷即触,鸟穷即啄,人穷即诈,此之谓也。

国有亡主,世无亡道,人有穷而理无不通也。故不因道理之数而专己之能,其穷不远矣。夫君人者,不出户以知天下者,因物以识物,因人以知人也。故积力之所举,即无不胜也;众智之所为,即无不成也。工无二技,士不兼官,人得所宜,物得所安,是以器械不恶,而职事不慢也。夫责小易偿也,职寡易守也,任轻易劝也。上操约少之分,下效易为之功,是以君臣久而不相厌也。

标准来要求百姓。博闻强识，能言善辩，这是才智过人的表现，而圣明的君主却不以其为标准来责求臣下。高傲轻世，鄙视物质享受，不受流俗污染，这是士人高傲的品行，治世不能以此来教化人民。所以人们大都不可能达到的高度，不可以奉为衡量人的标准；那些大多数人不可企及的行为，不可以作为国家的通行标准。因此，人才不可按一种尺度使用，而法度和治国之术是可以传承于后世的。因此国家法度完备时可以与愚人一起守护，胆怯的人也可以参加军旅共同作战。不必等待像古代那样才智杰出的人物出现，而人才已经足够使用，是因为用人所长，所拥有的各种人才都得以任用的缘故。

国家衰落时期的做法是：过分提高用人标准，对达不到的就予以治罪；过分加重任职的负担，对不能胜任的就予以惩罚；以危险之事去责难，对不能禁受的就予以诛杀。百姓为这三种苛求而困扰，就伪装聪明来欺骗上司，犯奸邪之罪，铤而走险，虽严刑峻法也不能禁止其奸诈。所谓"野兽走投无路时就会反抗，鸟走投无路时也会啄人，人走投无路时就进行欺诈"，说的就是这个道理。

国家有亡国之君，而世上却没有不起作用的规律。人有困窘之时，而规律却无时不通。所以一个人不因循事物的规律，而凭自己的独断专行做事，他离穷途末路就不远了。为人君者之所以能足不出户就尽知天下事，是由于他根据此事去推知他事、凭借一人去了解他人的缘故。因此，用天下人共同的力量来行事，就无往而不胜；用众人的智慧来做事，就没有什么办不成。工匠不追求拥有本业之外的其他卓越的技能，从政者不兼任别的官职，人人都各司其职，物品也各适其用，这样器械就不易损坏，职事也不会有怠慢推诿的现象。职责小就容易应对，事务少就容易做好，任务轻就容易努力去完成。上级掌握简要的事情，下属尽力去做容易成功的事情，因此上下

地广民众，不足以为强也；甲坚兵利，不足以恃胜也；高城深池，不足以为固也；严刑利杀，不足以为威也。为存政者，无小必存；为亡政者，无大必亡。故善守者无与御，善战者无与斗，乘时势，因民欲，而取天下也。故善为政者积其德，善用兵者蓄其怒。德积而民可用也，怒蓄而威可立也。故文之所加者深，即权之所服者大；德之所施者博，即威之所制者广，广即我强而敌弱矣。善用兵者，先弱敌而后战，费不半而功十倍。故千乘之国，行文德者王；万乘之国，好用兵者亡。王兵先胜而后战，败兵先战而后求胜，此不明于兵道也。

## 上仁

　　非惔漠无以明德，非宁静无以致远，非宽大无以并覆，非平正无以制断。以天下之目视，以天下之耳听，以天下之智虑，以天下之力争，故号令能下究而臣情得上闻，百官修通，群臣辐凑。喜不以赏赐，怒不以罪诛；法令察而不苛，耳目通而不暗；善否之情，日陈于前而不逆，贤者尽其智，不肖者竭其力；近者安其性，远者怀其德，用人之道也。

级可以长久共事而不互相厌烦。

地域广，人口多，不一定能够成为强国；盔甲坚固，兵器锋利，不一定能取得胜利；城墙高，护城河很深，不一定就坚不可摧；施用严刑，滥杀无辜，不一定能树立起权威。施行能使国家保全的政治措施，国家无论多小也能够存在；推行会导致亡国的政治措施，国家无论多大也必定灭亡。所以善于守天下的人不参与防御，善于打仗的人不参与战斗，只要凭借时势、顺应民心，就能取得天下。因此，善于治国的人积累其恩德，善于用兵的人蓄养其强盛的气势。为政者积累恩德，百姓就愿意为其效力；用兵者蓄养成强盛的气势，就可以树立起自己的威严。所以为政者积累的德越深厚，其权力使人敬服的程度就越深；恩德所施予的人多，则威力所征服的范围就广。顺服的人多面广，就形成了我强敌弱的形势。善于用兵的人，首先削弱敌人的气势，然后与之交战，故可取得事半功倍之效。所以千乘之国虽小，如果施行德政，就可以成就王业；万乘之国虽大，如果为政者好战，必然会导致灭亡。仁义之师是先具备得胜的条件而后交战，衰败之师是先出兵交战而后求得胜利，后者是不懂得用兵之道啊。

## 上仁

没有淡泊宁静的心境，就无法通达自身的灵明德性；没有清静寡欲的心态，就无法到达高远的境界；没有宽广博大的胸怀，就无法包容天下万物；没有公平正直的作风，就无法做出正确的裁决。用天下人的眼睛看视，用天下人的耳朵倾听，用天下人的智慧来思考，用天下人的力量来争求，所以号令能贯彻到底，民情得以上达，百官上达顺畅、各司其职，群臣拥护君王如同车辐条集中于车轮轴心。君主不因为高兴就行赏赐，不因为愤怒就给予责罚，法令昭著却不苛烦，

夫乘舆马者，不劳而致千里；乘舟楫者，不能游而济江海。使言之而是，虽在匹夫刍荛，犹不可弃也；言之而非，虽在人君卿相，。不可用也。是非之处，不可以贵贱尊卑论也。其计可用，不羞其位矣；其言可行，不贵其辨矣。

文子问曰："何行而民亲其上？"老子曰："使之以时而敬慎之，如临深渊，如履薄冰。天地之间，善即吾畜也，不善即吾雠也。昔日夏商之臣，反雠桀纣而臣汤武；宿沙氏之民，自攻其君而归神农氏。故曰：'人之所畏，亦不可以不畏。'"

治大者道不可以小，地广者制不可以狭，位高者事不可以烦，民众者教不可以苛。事烦难治，法苛难行，求多难赡。寸而度之，至丈必差；铢而称之，至石必过；石称丈量，径而寡失；大较易为智，曲辨难为惠。故无益于治，有益于乱者，圣人不为也；无益于用，有益于费者，智者不行也。故功不厌约，事不厌寡，功约易成，事省易治，求寡易赡。

视听明达而不暗昧,好坏情况每天禀报上来而不抗拒、抵触,使贤能者可竭尽其智慧,平凡之人能竭尽其能力,身边的人能安定地生活,远方的人感念他的恩德,这是因为他掌握了用人之道。

乘车骑马的人不用付出劳累就可以到达千里之外,乘舟船的人不用游泳就可以渡过江河湖海。假如所说的话正确,即使身为平民樵夫,也是不应嫌弃的;假如所说的话不正确,即使身为君王大臣,也是不应采纳的。对是非的审度,不可以人的贵贱尊卑来论定。如果他的策略可用,就不因其地位卑下而对于采纳其言感到羞耻;如果他的言论可行,就不看重其是否能言善辩。

文子问道:"什么样的品行才能使百姓亲近其君王?"老子回答说:"按照适当的季节、时令使用民力,并且要恭敬谨慎地对待他们,战战兢兢如临深渊、如履薄冰,不可掉以轻心。天地之间的人和物,待之以善,则都会顺服我;待之不善,则都会仇视我。从前夏朝和商朝的臣民,反而仇恨夏桀和商纣,而臣服于商汤和周武王;宿沙氏的百姓自己攻打他们的君主,而归附于神农氏。所以说:'百姓所畏惧的,君王就不能不畏惧啊。'"

治理大国,不可以用小道;国土幅员辽阔,规章制度就不可以死板;处于高位之人,事务不可以繁多;拥有众多百姓的国家,教令不可以繁琐。事务繁多就难以治理,法令繁琐就难以实行,要求过多就难以满足。一寸一寸地来丈量长短,丈量到一丈,必有误差;一铢一铢地来称重量,称量到一石,必有差错。如果直接用石和丈来测量,则方法简便而且少有差错。用大的度量标准测量简单准确,用寸和铢来测量繁琐而难以准确。所以对于治国无益,却会滋长社会动乱的事,圣人不会去做;对于实用没有好处,却会滋长浪费的事,智者不会去做。因此,功业不嫌简约,事务不嫌简省。功业简约就容易成功,

夫调音者，小弦急，大弦缓；立事者，贱者劳，贵者逸。道之言曰："芒芒昧昧，与天同气；同气者帝，同义者王，同功者霸，无一焉者亡。"故不言而信，不施而仁，不怒而威，是以天心动化者也。施而仁，言而信，怒而威，是以精诚为之者也。施而不仁，言而不信，怒而不威，是以外貌为之者也。故有道以理之，法虽少足以治矣；无道以临之，命虽众，足以乱矣。

鲸鱼失水而制于蝼蚁，人君舍其所守而与民争事，则制于有司。以无为持位守职者，以听从取容，臣下藏智而弗用，反以事专其上。君人者不任能而好自为，则智日困而数穷于下。智不足以为治，威不足以行刑，即无以与下交矣。喜怒形于心，嗜欲见于外，即守职者离正而阿上，有司枉法而从风矣。赏不当功，诛不应罪，即上下乖心，群臣相怨矣。百官烦乱而智不能解，非誉萌生而明弗能照，非己之失而反自责，即人主愈劳，人臣愈逸矣，是"代大匠斫者，希不伤其手也"。与马逐远，筋绝不能及也，上车摄舆，马服衡下，伯乐相之，王良御之，明主乘之，无御相之劳，而致千里，善乘人之资也。

事务简省就容易治理,要求寡少就容易满足。

　　调理乐器者,知道使大弦缓和、小弦急切;建功立业之人,懂得地位低的人应辛劳、地位高的人应安闲。道家有言:"纯厚浑朴,与天地的浑厚元气相通。"如果一个人与天地的元气相称,就能成为天下的主宰,可以称帝;与天地生杀的道义相称,就可以为天下人所归往,可以称王;与天地的功用相称,就能成为天下的霸主。三者都不具备,国家就要灭亡。因此能够不说话而令人信服,不给予而具备仁德,不发怒而具有威严,是因为随顺天心施为,自然能感化万物。给予会有仁德,说话会讲信用,发怒会有威严,这是以精诚之心作为的结果。给予了也没有仁德,说话却不讲信用,发怒却无有威严,这是停留于表面而作为的结果。因此遵循道来治理天下,法规虽少,却足以使天下太平安定;不遵循道来统治天下,命令虽然众多,却只能使天下混乱。

　　鲸鱼失去水,就会被弱小的蝼蚁所控制。人君舍弃自己的职守,与臣下争做事情,就会受到官吏的控制。以无所作为来守持其位的官吏,往往以顺从君意来求得容身。臣下隐藏智慧不用,反而把所有事情都推给君王,让他来独断。治理百姓者,不能任用贤能,而喜欢自以为是,才智就会日见贫乏,而治理臣下之术日见穷尽。才智不足以治理政事,权威不足以进行惩诫,就没有办法与臣下相处。君王的喜怒哀乐生成于心中,爱好表露在外面,那么朝中守职的官员就会背离公正去迎合君王,下面的官吏就会歪曲、破坏法律来跟从败坏的风气。奖赏与其功劳不相称,惩罚与其罪过不相当,于是使君臣离心离德,群臣互相埋怨。百官烦乱困惑,而君主的才智不能解决;各种指责和称誉出现,而君主的才智不能明辨,不是自己的过失,而反过来却自己承担责任。这样,君王愈来愈辛劳,人臣愈来愈安逸。这就如

国之所以存者，得道也；所以亡者，理塞也。故得生道者，虽小必大；有亡征者，虽成必败。国之亡也，大不足恃；道之行也，小不可轻。故存在得道，不在于小；亡在失道，不在于大。故乱国之主，务于广地而不务于仁义，务于高位而不务于道德，是舍其所以存，而造其所以亡也。

主与之以时，民报之以财；主遇之以礼，民报之以死。生而贵者骄，生而富者奢，故富贵不以明道自鉴，而能无为非者，寡矣。

## 上义

凡学者能明于天人之分，通于治乱之本，见其终始，可谓达矣。治之本，仁义也；其末，法度也。先本后末，谓之君子；先末后本，谓之小人。法之生也以辅义，重法弃义，是贵其冠履而忘其头足也。仁义者广崇也，不益其厚，而张其广者毁；

同代替手艺高超的木工砍木头一样，很少有不砍伤自己手的。与马赛跑，跑断了筋骨也无法赶上。登车驾驭马车，马匹就会驯服在车辕前端的横木之下。伯乐那样的人为其察看挑选马匹，王良那样的人为其驾御车马，贤明的君主乘坐车中，不需付出驾御和相马的辛劳却可以达到千里之外，这是善于借助他人的才智的缘故。

　　国家能够延续下来的原因，是由于得到了治国之道；国家之所以灭亡的原因，是由于治理之道阻塞不通。因此，得到国家长存之道，虽然是小国也可以发展壮大；有灭亡的迹象，虽然是强盛的大国也必定会失败。国家要灭亡，即使强大也不足依靠；治国之道得以实行，即使小国也不可轻视。所以国家长存的原因在于得道，而不在于国家弱小；国家灭亡的原因在于失道，而不在于国家强大。动乱不安之国的君主，致力于扩大领地，而不重视实行仁义；致力于占据显贵的地位，而不重视修养道德。这是舍弃其存国的根本，而在造就其亡国的条件。

　　君王给予百姓按时令季节做事的恩惠，百姓就能够用财富作为回报；君王用礼义对待百姓，百姓就能以牺牲生命来相报。生来就显贵的人多傲慢，生来就富有的人多奢侈。所以富贵之人不依靠圣明之道自我察鉴，却能够不做坏事的，太少了。

## 上义

　　大凡志学之人，能够通晓天和人的职分，知晓国家安定治和动乱的根本，能预见事物的发展和结果，这就可以说是事理通达了。治国的根本是推行仁义，其次才是施行法度。以根本为先、以枝节为后的人，称为君子；以枝节为先、以根本为后的人，称为小人。法律的产生，是为了辅助道义的推行。如果重视法律而抛弃仁义，这如同重

不广其基,而增其高者覆。故不大其栋,不能任重,重莫若国,栋莫若德。人主之有民,犹城之有基,木之有根,根深即本固,基厚即上安。故事不本于道德者,不可以为经;言不合于先王者,不可以为道。

治人之道,其犹造父之御马也。内得于中心,外合乎马志,故能取道致远,气力有余,进退还曲,莫不如意,诚得其术也。今夫权势者,人主之车舆也;大臣者,人主之驷马也。身不可以离车舆之安,手不可以失驷马之心,故舆马不调,造父不能以取道;君臣不和,圣人不能以为治。执道以御之,中材可尽;明分以示之,奸邪可止。物至而观其变,事来而应其化,近者不乱,则远者治矣。不用适然之教,而行自然之道,万举而无失矣。

治国有常,而利民为本;政教有道,而令行为右。苟利于民,不必法古;苟周于事,不必循俗。故圣人法与时变,礼与俗化;衣服器械,各便其用;法度制令,各因其宜。故变古未可非,循俗未足多。诵先王之书,不若闻其言;闻其言,不若得其所以言;得其所以言者,言弗能言也。故"道可道者,非常道也;名可名者,非常名"也。故圣人所由曰道,所为曰事。道

视帽子和鞋子,却忘记了自己的头和脚。仁义是广大而崇高的。不增加其厚重,却只扩张其广度的做法,必然导致损毁;不坚固其基础,却仅增加其高度的做法,必然导致倾覆。所以房屋不用高大而结实的栋梁,就不能承担重负。最重要的莫过于国家,支撑国家莫过于用道德。君主获得百姓的拥护,就如同城墙有墙基、树有树根了,根深就可以使树干坚固,墙基厚实就可以使上面的城墙稳固。因此凡事不以道德为根本,就不可以作为人们遵守的规范;言语不合乎圣王的教诲,就不能成为准则。

治理人的方法,就如同造父驾御马匹一样,内合自己的心意,外合马的习性,所以才能上路,到达远方,还力气有余,前进后退和转弯盘旋没有不如意的。这是真正掌握了驾御骏马的方法。现在权柄和势力,就好比是君王的坐驾,大臣就是驾车的马匹。君王的身体不能失去车座的安稳,手上不能失去对马匹的控制。所以,车马不协调,造父也不能上道而疾驰;君臣不和睦一致,即使是圣人也不能治理好国家。用道义来驾御群臣,就能人尽其才;明确职责并训示群臣,奸邪行为就能止而不生。事物出现了要观察其变化,事情发生了要应对其发展。亲近之人不惑乱,远方之人就安定了。君主不用应急的教化,而实行普遍的自然之道,那么万事都不会有过失了。

治理国家有常理,以利民为根本。政治教化有方法,以政令通行为上。如果有利于百姓,就不必效法古人;如果措施合宜于事理,就不必顺从旧俗。所以圣人制定法度随着时代而变化,制定礼仪随着风俗而演化。衣服和用具,各适合其所用;法律、制度、政策和命令,各随顺其所适宜的情况。所以改变古人的作法无可非议,而顺从民俗也不值得赞誉。读诵古代贤王的书,不如听古代圣王所说的话。听他们说的话,不如得到他说这些话的根本。所谓得到他所说

由金石,一调不可更;事犹琴瑟,每终改调。故法制礼乐者,治之具也,非所以为治也。

法非从天下,非从地出,发于人间,反己自正也。诚达其本,不乱于末;知其要,不惑于疑;有诸己,不非诸人;无诸己,不责于下;所禁于民者,不行于身。故人主之制法也,先以自为检戒,故禁胜于身,即令行于民矣。夫法者,天下之准绳也,人主之度量也。悬法者,法不法也。法定之后,中绳者赏,缺绳者诛;虽尊贵者不轻其赏,卑贱者不重其刑。犯法者,虽贤必诛;中度者,虽不肖无罪,是故公道行而私欲塞也。古之置有司也,所以禁民使不得恣也;其立君也,所以制有司使不得专行也;法度道术,所以禁君使无得横断也。人莫得恣,即道胜而理得矣,故反于无为。无为者,非谓其不动也,言其莫从己出也。

善赏者,费少而劝多;善罚者,刑省而奸禁;善与者,用约而为德;善取者,入多而无怨。故圣人因民之所善以劝善,

话的根本,就是得到那不可用言语表达的道。因此说,"道如果可以讲述,就不是长久不变的道。名如果可以称说,就不是长久不变的名"。所以圣人所遵从的被称为"道",所做的被称为"事"。道如同钟磬乐器一样,音律调定后就不能再更改了;事如同琴瑟一样,每曲终了就可改调。法律、制度、礼仪和音乐,是治国的工具,并非治国的根本。

法律不是从天上降下的,也不是从地上长出来的,而是人们制定的,是人们反观自身、自我约束、自我调整的产物。确实明白了法律的根本所在,在细枝末节处就不会犯错误;知道法律的纲要所在,就不会被疑难问题所困惑。自己有的,就不会非难别人;自己没有的,也不会责求臣下。禁止百姓做的事,自己首先就不会去做。因此君王制定法规,自己首先要遵守,自己能够遵守禁令,就能够在百姓中推行了。法律是天下人言行的准则,是君王裁决事情的尺度。公布法令,就是要惩罚违法之人。法律确定之后,符合法规的就给予奖赏,违背法规的就给予处罚。即使是尊贵的人守法,也不减少对他们的赏赐;卑贱的人犯法,也不加重对他们的处罚。违反法律者,虽是贤才也要被处罚;遵守法律者,尽管是无能之辈也不会被处罚。于是公道就能推行,个人的欲望就能受到遏制。古代设置官吏,是用来约束百姓,使他们不得恣意妄为;设立君主,是用来控制官吏,使他们不得独断专行;法规、制度、道德、礼仪,是用来约束君主,使他不得无理专断。没有人恣意妄为,于是道德就胜利,公理就得到伸张了,因此就能返归于无为之治。不作为,并不是说什么都不做,是说做各种事情都不是只从自己的意志出发。

善于奖赏的人,奖赏所用的花费少而得到劝勉的人多;善用惩罚的人,使用刑罚不多就能使奸邪得以禁止。善于给予的人,给予的并

因民之所憎以禁奸；赏一人而天下趣之，罚一人而天下畏之；至赏不费，至刑不滥。圣人守约而治广，此之谓也。

君臣异道即治，同道即乱，各得其宜，处其当，即上下有以相使也。故枝不得大于干，末不得强于本，言轻重大小有以相制也。夫得威势者，所恃甚小，所任甚大，所守甚约，所制甚广。十围之木，持千钧之屋，得势也；五寸之关，能制开阖，所居要也。下必行之令，从之者利，逆之者害，天下莫不听从者，顺也。义者，非能尽利天下之民也，利一人而天下从；暴者，非能尽害海内也，害一人而天下叛，故举措废置，不可不审也。

屈寸而伸尺，小枉而大直，圣人为之。今人君之论臣也，不计其大功，总其细行，而求其小善，即失贤之道也。故人有厚德，无问其小节；人有大誉，无疵其小故。夫人情莫不有所短，诚其大略是也，虽有小过，不足以为累；诚其大略非也，闾里之行，未足多也。

不多却能使人感激其恩德；善于获取的人，收益虽多却不会让人抱怨。所以圣人根据百姓的喜好来劝勉百姓行善，根据百姓的憎恶来禁止奸邪。奖赏一人，天下人都会争着做善事；处罚一人，天下人都会畏惧做坏事。最好的奖赏恰到好处，没有不必要的花费；最完善的刑罚恰到好处，没有滥用。圣人持守简约但治理功效却很大，说的就是这种情况。

君王与群臣所守之道不同（君道无为，臣道有为），国家就会政和民安；所守之道相同，国家就会混乱。各自做好恰当的事情，处在适当的位置，那么上下之间就可互相有所借助。所以树枝不能比树干粗大，树梢不能比树根强壮，说明轻重大小有各自应行的法则。有威严权势之人所做的事务较少，其承担的责任却很大；执行的法度很简约，制约的方面却很广大。十围粗的木头，可以顶起千钧重的房屋，是由于占据优势的缘故。五寸大的门栓，能够控制门的开关，是由于所处的位置关键。君王颁布必须实行的命令，遵守的人就得利益，违抗的人就有祸害，因此天下就没有人不听从，其原因就是所颁布的命令合乎事理。推行符合道义之事，并不是能让天下所有人都得利，但即使只有一个人得利，就可以使天下人都归顺；推行残暴之事，并不是天下所有人都会受害，但对一个人有害，就可以使天下人都反叛。因此君王对措施的兴废，不能不慎重对待啊。

如果弯曲一寸而能伸直一尺，小段弯曲而能使大段挺直，圣人就会去实行。当今君王评论臣下，不计虑他的重要贡献，却抓住他细小的行为，而寻求其小错误，这是丧失贤才的做法。所以，人有深厚的德行，不过问他小的操行；有很高的声望，不挑剔他小的毛病。人的实际情况是没有谁是没有短处的，只要本质确实是好的，即使是有小过错，也不要因此而成为妨碍；本质确实不好，即便在乡里留下

自古及今，未有能全其行者也，故君子不责备于一人。夫夏后氏之璜，不能无瑕；明月之珠，不能无秽，然天下宝之者，不以小恶妨大美也。今志人之所短，而忘人之所长，而欲求贤于天下，即难矣。夫众人见位卑贱，事之洿辱，而不知其大略也。故论人之道，贵即观其所举，富即观其所施，穷则观其所不受，贱即观其所不为。视其所患难以知其勇，动以喜乐以观其守，委以货财以观其仁，振以恐惧以观其节。如此，即人情得矣。

　　圣人以仁义为准绳，中绳者谓之君子，弗中者谓之小人。君子虽死亡，其名不灭；小人虽得势，其罪不除。左手据天下之图，而右手刎其喉，愚者不为，身贵乎天下也。死君亲之难者，视死若归，义重于身故也。天下大利，比身即小，身所重也，比义即轻，此以仁义为准绳者也。

　　地广民众，主贤将良，国富兵强，约束信，号令明，两敌相当，未接刃而敌人奔亡，此其次也。知土地之宜，习险隘之利，明奇正之变，察行阵之事，白刃合，流矢接，舆死扶伤，流血千里，暴骸盈野，义之下也。

了值得称誉的作为，也不值得赞美。

从古至今，没有人的德行是完美无缺的，所以君子不要求任何一个人尽善尽美。夏禹的佩玉不可能没有瑕疵，夜明珠不可能没有污点，然而天下人都认为它们是珍宝，不因小的疵点就否定其美。现在只记住别人的短处，而忘记了别人的优点，却想在天下找到贤明的人，那就太困难了。普通人看到一个人地位低贱，做着耻辱的事情，却不知道他的大志。所以评价人的方法是：高贵的人要看他所推举的是什么人，富有的人要看他所施予的是什么人，贫穷的人要看他不接受什么，地位低下的人要看他不做什么。观察他处在困难面前的举动，来了解他勇敢的程度；用欢乐之事触动他，来了解他的操守；把财物交给他，来考察他的仁德；用恐惧震慑他，来了解他的气节。这样就可以知道他的真实情况了。

圣人以仁义作为言行的准则，符合仁义标准的人就是君子，不符合的就是小人。君子即使失去生命，但是他的声名却不会泯灭；小人虽然一时得势，但是他的罪恶却很难消除。左手掌握天下的版图（大权），而右手自割其喉咙，即使愚昧的人也不会这样做，因为生命比天下更为宝贵。为君王和父母的危难而牺牲的人，能视死如归，是把"义"看得比生命还重要的缘故。天下最大的利益，同生命相比也是微小的。生命虽然很宝贵，但同"仁义"相比却是微不足道的。这是以仁义作为评价标准的做法。

国家的土地广阔，百姓众多，君主贤明，将帅贤良，国库丰裕，军队强大，纪律严明，号令清楚，两军的势力旗鼓相当，未动刀枪而敌人就逃跑溃散了，这是次一等的义。知道土地的利弊，熟悉险要地势的优势，了解战术中奇谋和正常作战的变化，明白行军对阵的情况，两军作战，锋刀利枪相交，乱箭连续纷飞，车载死者，扶助伤员，

国之所以强者,必死也;所以必死者,义也;义之所以行者,威也。威义并行,是谓必强。白刃交接,矢石若雨,而士争先者,赏信而罚明也。上视下如子,下事上如父;上视下如弟,下视上如兄。上视下如子,必王四海;下视上如父,必正天下;上视下如弟,即不难为之死;下视上如兄,即不难为之亡。故子父兄弟之寇,不可与斗。是故义君内修其政,以积其德;外塞其邪,以明其势;察其劳逸,以知饥饱。战期有日,视死如归,恩之加也。

# 上礼

昔之圣王,仰取象于天,俯取度于地,中取法于人,调阴阳之气,和四时之节,察高下之宜,除饥寒之患,行仁义之道,以治人伦。列地而州之,分职而治之,立大学而教之,此其治之纲纪也。得道即举,失道即废。夫物未尝有张而不弛、盛而不败者也,唯圣人可盛而不衰。

血流千里，尸骨遍野，这是最下等的义。

国家之所以能够强盛，是因为百姓能为国家奉献生命。百姓之所以能为国家奉献生命，是因为他们信守道义。道义之所以能够实行，是因为君王的威严。威严和道义并用，这样国家必然能够强大。刀枪交锋，箭石如雨，但士卒却能够争先恐后地杀敌，是由于奖罚严明可信的缘故。所以假若君王看待百姓如同子女，百姓看待君王就如同父亲；假若君王看待百姓如弟弟，百姓看待君王就如同兄长。君王对待百姓如同子女，就能够称王于天下；百姓侍奉君王如同对待父亲，必定使天下大治。君王看待百姓如同弟弟，百姓就必定会为君王不惜牺牲生命；百姓对待君王如同兄长，就必定为君王竭尽全力。所以亲密如父子兄弟的敌人，不能同他们交战（因为他们可以为其奉献生命）。所以仁义的君王对内完善政事，积累德行，对外堵塞邪恶，显明威势，考察百姓的劳累和安逸，了解百姓的饥饿和温饱，（于是当）战争一旦发生，百姓就会视死如归。这是因为君王的恩德施及百姓。

## 上礼

从前圣明的君王，向上观察天体的变化以掌握自然规律，向下观察地理情况以掌握大地的自然特性，中间从人性上归纳得出了法度，调和阴阳之气，和顺四时的节气变化，考察土地高低适宜种植作物种类的情况，解除饥饿与寒冷的忧患，推行仁义之道来处理人际关系，划分地域，设置州郡，使官吏各司其职来进行管理，建立太学来教育民众。这是治理国家的纲常。符合道义国家就兴起，失去道义国家就败亡。万物从来就没有只紧张而不松弛、只强盛而不衰败的情形，只有圣人才会永远强盛而不衰败。

圣人初作乐也，以归神杜淫，反其天心；至其衰也，流而不反，淫而好色，至以亡国。其作书也，以领理百事，愚者以不忘，智者以记事；及其衰也，为奸伪以解有罪而杀不辜。其作囿也，以奉宗庙之具，简士卒，戒不虞；及其衰也，驰骋弋猎，以夺民时。其上贤也，以平教化，正狱讼，贤者在位，能者在职，泽施于下，万民怀德；至其衰也，朋党比周，各推其与，废公趋私，外内相举，奸人在位，贤者隐处。

天地之道，极即反，益即损。故圣人治弊而改制，事终而更为矣。圣人之道，非修礼义，廉耻不立。民无廉耻，不可治也；不知礼义，不可以行法。法能教不孝，不能使人孝；能刑盗者，不能使人廉耻。圣王在上，明好恶以示人经，非誉以导之，亲贤而进之，贱不肖而退之，刑措而不用，礼义修而任贤德也。

夫使天下畏刑，而不敢盗窃，岂若使无有盗心哉！故知其无所用，虽贪者皆辞之；不知其无所用，廉者不能让。夫人之所以亡社稷，身死人手，为天下笑者，未尝非欲也。知冬日之扇，夏日之裘，无用于己，则万物之变为尘垢！故以汤止沸，沸乃益甚；知其本者，去火而已。

圣人当初创作音乐，是为了静性养心，杜绝淫邪，返归本性。等到国家衰败的时候，君主沉溺于靡靡之音而无法返归本性，淫乱好色，从而亡国。圣人著写典册，来治理百事，这样愚笨之人不会忘记，智慧之人因此能记录大事。等到国家衰败时，君主编写典册来弄虚作假，为有罪者开脱却残杀无辜之人。圣人修建园囿，是为祭祀宗庙进献祭品，检阅士兵以防不测。等到国家衰败时，君主在园囿中纵马打猎，侵夺百姓耕种的时间。圣人尊重人才，严正教化，正确判决案件，使贤明者在领导岗位上，有才能者在其适合的职位上，恩德遍施于百姓，千百万人都会感念他的恩德。等到国家衰败时，官吏结党营私，排斥异己，推荐自己的党羽，废弃公事而追求私利，朝廷内外互相勾结，而奸邪之人占据高位，有才德之人隐居不出。

天地运行的规律是物极必反、满溢则损，所以圣人在治理出现弊病时就改革制度，在事情行不通时就改变做法。圣人治国的办法是：百姓不学习礼义，就没有廉耻之心；百姓没有廉耻之心，就无法治理。百姓不知道礼义，就不能依法办事。法律能够教育不孝之人，却不能使人有孝心；能够惩治盗贼，却不能使人产生廉耻。圣明君王在位，明确地将好恶颁布于天下，通过谴责和褒扬来引导舆论，亲近贤才并提拔他们，鄙视小人并罢免他们，设置刑法而不用，是因为礼义道德得到推行，贤德之人得到重用。

让天下人畏惧刑罚，从而不敢进行盗窃，不如使天下人不产生盗窃的邪念啊！所以知道是无用处的东西，即使是贪婪的人也不会接受；不知道它无用，廉洁的人也不会推让。那些亡国之君臣，被别人杀害，受到天下人的嗤笑，没有人不是由于贪欲所造成的。比如知道冬天的扇子，夏天的裘衣，对自己没有用处，那么天下万物就都变成了多余无用的尘土污垢了！所以，用开水去制止水的沸腾，开水会

夫有余则让，不足则争；让则礼义生，争则暴乱起。故物多则欲省，求赡则争止。故世治则小人守正，而利不能动也；世乱则君子为奸，而法不能禁也。

酆水之深十仞，而不受尘垢，金铁在中，形见于外，非不深且清也，鱼鳖莫之归。石上不生五谷，秃山不游麋鹿，无所荫蔽也。故为政以苛为察，以切为明，以刻下为忠，以计多为功，如此者，譬犹广革者也，大即大矣，裂之道也。

沸腾得更加剧烈，知道从根本去止住沸腾的人，就会撤掉锅底的大火。

物品有剩余人们就会谦让，缺少了就会争抢。谦让就产生了礼义道德，争抢就产生了暴力和混乱。所以，人们拥有的物资多了物欲就会减少，人们的要求满足了争斗就会停止。因此社会安定有序，小人也会恪守正道，利益也不能使其动摇去做坏事；社会混乱无序，君子也会采取伪诈手段，法规也不能禁止。

鄞河水深十丈，却没有受到尘垢污染，水中的金银石块，都看得清清楚楚。水并非不深不清，但鱼鳖没有一个前往归附栖息的。石头上不生长五谷，不生草木的山丘上不会有麋鹿走动，这是由于没有东西可以遮蔽它们。因此君主治理国家，如果把苛刻烦琐当成精明，把严厉当成英明，把对下属的严酷当成对君王的忠诚，把征敛税赋多作功绩，这样的做法，就好比把皮革强行扩大一样，大是可以变大，却是使皮革破裂的做法。

# 曾子

曾参及其门人　撰

## 修身

曾子曰："君子攻其恶，求其过，强其所不能；去私欲，从事于义，可谓学矣。君子爱日以学，及时以行，难者弗避，易者弗从，唯义所在，日旦就业，夕而自省思，以没其身，亦可谓守业矣。君子学必由其业，问必以其序，问而不决，承间观色而复之。君子既学之，患其不博也；既博之，患其不习也；既习之，患其不知也；既知之，患其不能行也；既能行之，患其不能以让也。君子之学，致此五者而已矣。君子博学而浅守之，微言而笃行之；行欲先人，言欲后人；见利思辱，见难思诟；嗜欲思耻，忿怒思患。君子终身守此，战战也。君子己善，亦乐人之善也；己能，亦乐人之能也。君子好人之为善而弗趋也，恶人之为不善而弗疾也；不先人以恶，不疑人以不信，不说人之过，而成人之美；朝有过，夕改则与之；夕有过，朝改则与之。君子终日言，不在尤之中；小人一言，终身为罪矣。君子之于不善也，身勿为，可能也；色勿为，不可能也；心勿为，不可能也。太上乐善，其次安之，其下亦能自强也。太上不生恶，其次生而能凤绝之，其下复而能改，复而不改，陨身覆家，大者倾社稷。是故君子出言愕愕，行身战战，亦殆免于罪矣。昔者，天子日旦思其四海之内，战战唯恐不能乂也；诸侯日旦思其四封之内，战战唯恐失损之也；大夫日旦思其官，战

## 修身

　　曾子说："君子能自责自身的不良行为，检查自己的过错，勉励自己做自己能力不及的事情，去除私欲，以道义来处理事务，这样才可以称得上是'学习'。君子要爱惜每天的时间来学习，随时按照所学去落实，遇到难做到的事不回避，遇到容易做到的事不盲从，只考虑道义的所在。君子早晨起来就开始按照所学去落实，到了夜晚就深思自省这一天的所做所行，一直到死为止，这样就可以称得上坚守学业了！君子学习一定要从先王的典籍开始，询问请教老师一定要依从所学的次序，请教后仍不能理解，就趁着空闲，观察老师脸色后再问。君子尽管一直在学习，还唯恐自己学识不渊博；尽管学识渊博了，还唯恐自己不能时时温习；尽管温习了，还唯恐自己不能够理解；尽管理解了，又唯恐自己不能按照道理去落实；虽然按照道理落实了，又唯恐自己做不到推贤尚善。君子求学，若能做到这五个方面就行了。君子虽然学识广博，但是在细微之处也不放松，话说得少但笃诚地施行，行动在他人之前，说话要在他人之后，看到利益时就想到玷污，受到责备时想到耻辱，有了嗜欲时想到羞愧，怨恨愤怒时想到后患。君子应终身保持这种谨慎戒惧的心态。君子自己德行良善，也欢喜别人德行良善；自己有才能，也欢喜别人有才能。君子喜欢别人行善却不催促，讨厌别人作恶却不疾恶如仇，不先料想人的品行不好，不怀疑人不守信用，不说别人的过错，成全他人为善的美名。别人早晨出现错误，傍晚就能改正，就称赞他；傍晚出现错误，翌日早晨就能改正，就称赞他。君子终日言语，却没有过失出现。小

战唯恐不能胜也;庶人日旦思其事,战战唯恐刑罚之至也。是故临事而栗者,鲜不济矣。"

## 立孝

曾子曰:"君子立孝,其忠之用也,礼之贵也。故为人子而不能孝其父者,不敢言人父不能畜其子者;为人弟而不能承其兄者,不敢言人兄不能顺其弟者;为人臣而不能事其君者,不敢言人君不能使其臣者。故与父言,言畜子;与子言,言孝父;与兄言,言顺弟;与弟言,言承兄;与君言,言使臣;与臣言,言事君,君子之孝也。忠爱以敬,反是乱也。尽力而有礼,敬而安之;微谏不倦,听从不怠;欢欣忠信,咎故不生,可谓孝矣。尽力而无礼,则小人也;致敬而不忠,则不入也。是故礼以将其力,敬以入其忠。《诗》言:'夙兴夜寐,毋忝尔所生。不耻其亲,君子之孝也。'是故未有君而忠臣可知者,孝子之

人随意的一句话,就可能成为终身的罪过。君子对于不好的事,自己不去做,是能够做到的,神色上表现出不去做则不大可能,心里根本没有想过去做更是不可能的。人最高的境界是乐于为善,其次是习惯为善,其下是自己也能勉强为善。此外,人最高的境界是不发生错误,其次是错误出现后能早早断绝,其下是错误复犯后能及时改过。重复发生错误而不去改正,小则会亡身败家,大则会使国家倾覆。因此君子言语正直,行动戒惧,这样方能幸免于不犯过错呀!

过去,天子每天想着天下之事,战战兢兢,唯恐天下不能太平安定;诸侯每天想着他的四境之事,战战兢兢,唯恐国土亡失;大夫每天想着他的职务,战战兢兢,唯恐不能胜任工作;百姓每天想着他的工作,战战兢兢,唯恐受到刑法的惩处。因此遇事小心谨慎的人,很少有不成功的。"

## 立孝

曾子说:"君子立志行孝,是内心忠诚的体现,是对礼法的崇尚。因此,作为儿子不能孝顺自己的父亲,就不敢说别人的父亲不抚育其子;作为弟弟不能敬奉自己的哥哥,就不敢说别人的哥哥不能教导弟弟;作为人臣不能侍奉君主,就不敢说别人的君主不能指挥臣下。因此,君子与身为父亲之人谈论,就谈养育子女的事;与身为人子之人谈论,就谈孝顺父母亲的事;与身为人兄之人谈话,就谈教诲弟弟的事;与身为弟弟之人谈话,就谈承顺兄长的事;与做君主的谈话,就谈指挥臣子的事;与身为人臣之人谈话,就谈侍奉君主的事。这就是君子的孝道。君子的孝道应该体现在忠君、爱亲、敬长等方面。如果不是这样,那么社会的人伦秩序就会混乱了。君子对父母尽自己的努力服侍且合乎礼仪,以至诚恭敬的态度使其得到安逸,

谓也；未有长而顺下可知者，悌弟之谓也；未有治而能仕可知者，先修之谓也。故孝子善事君，悌弟善事长，君子一孝一悌，可谓知终矣。"

## 制言

曾子曰："夫行也者，行礼之谓也；夫礼，贵者敬焉，老者孝焉，幼者慈焉，小者友焉，贱者惠焉，此礼也。弟子毋曰'不我知也'。鄙夫鄙妇，相会于墙阴，可谓密矣，明日则或扬其言者。故士执仁与义而不闻，行之未笃也。故蓬生麻中，不扶乃直；白沙在泥，与之皆黑。是故人之相与也，譬如舟车然，相济达也，己先则援之，彼先则推之。是故人非人不济，马非马不走，土非土不高，水非水不流。"弟子问于曾子曰："夫士何如则可为达矣？"曾子曰："不能则学，疑则问，欲行则比贤，虽有险道循行，达矣。今之弟子，病下人，不知事贤，耻不

父母有了过错，就不厌其烦地委婉劝谏父母，听从父母之命而不敢稍加怠慢，在父母面前表现出快乐喜悦、竭尽内心的诚意，祸咎就不会发生，这可以说是尽孝了。尽力侍奉父母，但不依照礼仪，这是小人之孝。表面对父母恭敬，但心无诚意，这样就不能称为孝道。因此，遵照礼仪来尽力侍奉父母，要把恭敬融入其尽孝的真诚心里。《诗经·小雅·小苑》说：'早起晚睡勤奋不懈，无愧于生养你的父母。说的是孝子一刻也不放松自己，不让父母蒙受羞耻，这是君子的孝。'因此，尚未被君主任用时，便知道其将来会是忠臣，这说的就是孝子；尚没有侍奉长者，便知道其将来会顺承谦下，这说的就是敬爱兄长的弟弟；尚没有承担治国、治人的职责，便知道其将来能够做称职的官员，这说的是在家里事先修身的人。所以说，孝敬父母的人善于侍奉君主，尊敬哥哥的人善于侍奉长者。君子只要一心一意地孝顺父母、尊敬兄长，便可知道其美好的未来了。"

## 制言

　　曾子说："所谓行，就是实践礼的意思。礼就是对尊贵之人要恭敬，对老人要孝顺，对小孩子要慈爱，对年轻人要友爱，对贫贱之人要施恩惠。这些都是礼的表现。弟子们不要说别人不了解自己。要知道那鄙陋的男女约会于高墙暗处，算得上隐蔽之处了，可是第二天就可能有人传说他们幽会的对话。所以士人固守仁义的道理而不被人所知，是因为施行得还不够笃诚。散乱的蓬草生长在大麻之间，不须夹扶也会自然长得耸直；白沙若混在污泥之中，会与污泥同样发黑。因此，人们相互交往，就像乘船坐车一样，相互帮助才能到达目的地，自己已经上船就拉别人一把，别人先上车就推他一把。因此说，人没有他人帮助，就不能有所成就；马没有其他马的协力，就不

知而又不问,是以惑暗终其世而已矣。是谓穷民。"

## 疾病

　　曾子曰:"君子之务盖有矣。夫华繁而实寡者,天也;言多而行寡者,人也。鹰隼以山为庳而巢其上,鱼鳖鼋鼍以川为浅而窟穴其中,卒其所以得者,饵也。是故君子苟毋以利害义,则辱何由至哉?亲戚不悦,不敢外交;近者不亲,不敢来远;小者不审,不敢言大。故人之生也,百岁之中,有疾病焉。故君子思其不可复者而先施焉。"


　　"亲戚既没,虽欲孝,谁为孝乎?年既耆艾,虽欲悌,谁为悌乎?故孝有不及,悌有不时,其此之谓与!言不远身,言之主也;行不远身,行之本也。言有主,行有本,谓之有闻 也。"


　　"君子尊其所闻,则高明矣;行其所闻。则广大矣。高明广大,不在于他,加之志而已矣。与君子游,苾乎如入兰芷之室,久而不闻,则与之化矣;与小人游,贷乎如入鲍鱼之次,久

能加速奔跑；土不与土堆积，就不能成为高山；水不与水相激荡，就不能长流。"弟子问曾子说："士人怎样做才能行事通达呢？"曾子说："不会的要学习，有疑问就请教。行事要比照贤人，路途虽有险恶，顺着贤人的路去走就通达无阻了。现在的一些学生忧虑居人之下，却不知道拜贤人为师，羞愧自己不懂却又不去请教，因此只能庸庸碌碌终生罢了。这就是难以得志的人了。"

## 疾病

曾子说："君子所做的事，全都包括在前面已经说了的这些话里了。正如花开得繁盛而果实结得少，是由于大自然的缘故；世人说得多而做得少，是由于人为的原因。鹰隼认为山矮，于是便筑巢于山顶上；鱼鳖龟鼋认为河浅，便扒洞穴于水中。最终，它们还是被人捕获，这是因为贪图诱饵的缘故。所以，君子如果真能不贪利害义，那么耻辱因何而来呢？若不能让父母高兴，孝子不敢同外人结交朋友；若得不到身边人的亲爱，不敢亲近远方的人；小事尚弄不清楚，就不敢谈论大事。所以人生在世，百年之中，难免会有疾病呀！君子考虑生命不可再来，而提早尽孝。"

"若父母已过世，纵然想尽孝道，又将孝顺谁呢？（自己）年纪已老，纵然想敬爱兄长，又将敬爱谁呢？孝顺父母有来不及的，敬爱兄长有失掉时机的，大概说的就是这种情形吧！所说的言语不违背伦理道德，这是说话的宗旨；所做之事不违背伦理道德，这是行为的根本。言论有宗旨，行为有根本，可以说从圣贤人处有所听受了。"

君子尊奉他所听受的善言，其品行就会高尚而光明磊落；实践他所听受的善言，其功业就会宽广而宏伟。要品行高明、功业宏伟，不在于别的，在于设立志向而已。与君子交往，如同进入兰芷花房，

而不闻,则与之化矣,是故君子慎其所去就。与君子游,如长日加益,而不自知也;与小人游,如履薄冰,每履而下,几何而不陷乎哉!"

浓香扑鼻,时间长了,便闻不到香味,那是与兰芷的香味融而为一了。与小人交往,如同进入贩卖咸鱼之地,腥臭难闻,时间长了,便闻不到腥臭味,那是与咸鱼的腥臭味融而为一了。所以君子对朋友的取舍须非常谨慎。与君子交往,就像白昼变长的季节,德行不断增长而自己却未能感知;与小人交往,就像踏在薄冰之上,每踏一下,便更加危险,能有几个人不陷落水中呢?"

# 卷三十六　吴子

吴起　撰

## 图国

吴子曰:"古之图国家者,必先教百姓而亲万民。民有三不和:不和于国,不可以出军;不和于军,不可以出阵;不和于阵,不可以进战。"

"凡兵所起者五:一曰争名,二曰争利,三曰积恶,四曰内乱,五曰困饥。其名又五:一曰义兵,二曰强兵,三曰刚兵,四曰暴兵,五曰逆兵。禁暴救乱曰义;恃众以伐曰强;因怒兴师曰刚;弃礼贪利曰暴;国危民疲,举事动众曰逆。五者之数,各有其道。义必以礼服,强必以谦服,刚必以辞服,暴必以诈服,逆必以权服。此其势也。"

## 论将

夫总文武者,军之将也;兼刚柔者,兵之事也。凡人之论将,恒观之于勇。勇之于将,乃数分之一耳。夫勇者轻命而不知利,未可也。故将之所慎者五:一曰理,二曰备,三曰果,四曰戒,五曰约。理者治众如治寡,备者出门如见敌,果者迎敌不怀生,戒者虽克如始战,约者法令省而不烦。受命而不辞

## 图国

  吴起说:"古代谋求治理国家的君主,必先教化百姓亲爱万民。(军事行动)若有四种不和谐的情况,不可冒然行动:君臣上下不和谐,不可以出兵;军队将士不和谐,不可以上阵出战;行列队伍不和谐,不可以进军作战;行止进退不和谐,就不可以取得胜利。"

  大凡战争的兴起有五种原因:一是争夺名誉,二是争夺利益,三是积怨日久,四是内部动乱,五是饥荒贫困。起兵的名义也有五种:一是正义之师,二是恃强之师,三是愤怒之师,四是凶暴之师,五是违逆天理之师。禁除残暴制止动乱叫义;依靠兵多将广而讨伐他人叫强;因为愤怒而起兵叫刚;抛弃礼义贪图利益叫暴;不顾国家危难、人民劳苦而兴师动众叫逆。平息这五种战争,各有不同的方法:正义之师必用礼来使其折服,恃强之师必用谦让来使其顺服,愤怒之师必用辞令来说服,凶暴之师必用奇诡之术来制服,违逆天理之师必用权宜之法来制服。这是其形势所决定的。

## 论将

  文武兼备的人,才可做军队的将领;刚柔并济的人,才可以指挥作战。大凡人们评论将领,往往只看他是否勇敢,其实勇敢对于将领来说,只是其应该具备的若干条件之一而已。仅凭勇敢的将领,看轻生命而不知权衡利害,这是不可取的。所以将领应该慎重对待的事情有五件:一是理,二是备,三是果,四是戒,五是约。理,就是治理人多的军队就如同治理人少的军队一样有条理;备,就是部队一

家,敌破而后言反,将之礼也。故师出之日,有死而荣,无生而辱也。

凡制国治军,必教之以礼,厉之以义。在大足以战,在小足以守矣。然战胜易,守胜难,是故以胜得天下者稀,以亡者众。

武侯曰:"愿闻阵必定,战必胜,守必固之道。"对曰:"君使贤者居上,不肖处下,则阵已定矣;民安其田宅,亲其有司,则守已固矣;百姓皆是吾君而非邻国,则战已胜矣。"

## 治兵

武侯问曰:"兵以何为胜?"吴子曰:"兵以治为胜。"又问:"不在众乎?"对曰:"若法令不明,赏罚不信,金之不止,鼓之不进,虽有百万之师,何益于用?所谓治者,居则有礼,动则有威,进不可当,退不可追,前却如节,左右应麾。投之所往,天下莫当,名曰父子之兵也。"

出动就像遇到敌人一样谨慎；果，就是迎战敌人，勇敢果断，不考虑个人的生死；戒，就是即使获胜了也还是像刚开始作战一样慎重；约，就是法令简约而不繁琐。接受命令后不向家人辞行就出发，等战胜敌人后才谈返回的事情，这就是将领的礼法规范。所以自从出征那天起，将领就应下定决心，宁可光荣战死，绝不耻辱偷生。

凡是管理国家、治理军队，必须要设立礼法来规范人们，用道义来勉励人们。那么力量强大时则足以出征，力量薄弱时也足以防守。然而取得胜利容易，巩固胜利却很难。所以，仅靠战争的胜利而取得天下的很少，因不能巩固胜利而亡国的却很多。

魏武侯说："我希望知道军阵必会稳定，作战必会获胜，防守必会坚固的方法。"吴起回答说："君主使贤人处于上位，使德才不足的人处于下位，那么可以说军阵就已经稳定了；人民安居乐业，亲爱他们的长官，那么可以说防守就已经坚固了；百姓都认为自己国君的决策是正确的，而敌方是错误的，那么可以说战争就已经取得胜利了。"

## 治兵

魏武侯问："军队靠什么取胜呢？"吴起说："军队靠治理得好取胜。"武侯又问："不在于兵将多吗？"吴起答道："如果法令不严明，赏罚失去信用，鸣金而不止步，击鼓而不前进，即使有百万之众的军队，又有什么用呢？所谓军队治理得好，就是平时驻扎时上下有礼；行动时则奋发威武；进攻时锐不可挡；撤退时使敌人不可追击；前进后退都有节度，左移右动听从指挥；无论兵锋指向哪里，天下谁也不能阻挡。这样的军队就叫做'父子之兵'。"

## 励士

　　武侯曰："严刑明赏，足以胜敌乎？"吴子曰："严明之事，非所恃也。发号布令，而民乐闻；兴师动众，而民乐战；交兵接刃，而民安死。此三者，人之所恃也。"武侯曰："致之奈何？"对曰："君举有功而进之飨，无功而厉之。"于是武侯设坐庙庭，为三行飨士大夫。上功坐前行，肴席有重器上牢；次功坐中行，肴席器差减；无功坐后行，肴席无重。飨毕而出，乃又班赐有功者之父母妻子于庙门之外，亦以功为差数，唯无功者不得耳。死事之家，岁使使者劳赐其父母。行之三年，秦人兴师临于西河。魏士闻之，介胄不待吏令奋击之者以万数。吴子曰："臣闻之，人有短长，气有盛衰。君试发无功者五万人，臣请率以当之，其可乎？今使一死贼枭伏于旷野，千人追之，莫不视狼顾，何者？恐其暴起而害己也。是以一人投命，足惧千夫。今臣以五万之众，而为一死贼以率讨之，固难当矣。"武侯从之，兼车五百乘，骑三千匹，而以破秦五十万众，此励士之功也。

　　魏武侯尝谋事，群臣莫能及，罢朝而有喜色。吴起进曰："昔楚庄王谋事，群臣莫能及，罢朝而有忧色。曰：'寡人闻

## 励士

武侯问:"赏罚严明就足以战胜敌人吗?"吴子回答说:"赏罚严明一事,不是战胜敌人所依靠的。发号施令,而人民乐于听从;兴师动众,而人民乐于参战;两军交战,而人们乐于效死。这三方面,才是君主所应依靠的。"武侯问:"怎样才能做到呢?"吴起答:"君王选举有功之人并将其召来设宴款待,对没有功劳的人要勉励他们。"于是魏武侯在朝廷设席,分为三排座位,宴请士大夫。功劳最大的坐在前排,席上摆有宝器和猪牛羊等美味;功劳次一等的坐在中排,席上佳肴、宝器则有所差别和减少;没有功劳的人坐在后排,只有佳肴而没有宝器。宴会结束出来后,又在朝堂门外颁发赏赐给有功者的父母妻子,也按照功劳大小而有所差别;只有无功之人的家属得不到赏赐。对于为国捐躯者之家,每年派使者慰问赏赐其父母。这样做了三年之后,秦国出兵到达魏国西河边境,魏国的士民们听到这一消息,不等官吏下令,就主动披甲戴盔、奋勇抗敌的人就数以万计。吴起说:"臣听说,人都有短处和长处,士气也有兴盛和衰败,君王不妨试着派遣五万名没有功劳的人,臣请求率领他们来抵挡秦军,可以吗?假如现在让一个不怕死的盗贼潜伏在荒郊野外,派一千个人去追捕他,那这些人没有不瞻前顾后,警惕畏惧的。为什么呢?是担心盗贼突然跳出来伤害自己。所以一个人拼命,足以让千人畏惧。如今臣用这五万人的军队共同作为那个拼死一搏的强盗,率领他们去讨伐秦军,敌人肯定很难抵挡。"于是魏武侯听从了吴起的建议,并加派战车五百辆,战马三千匹,于是以此大破秦军五十万之众。这就是激励士兵的功效。

魏武侯曾和群臣商议国事,群臣没有人能比得上他,退朝以后武侯面有喜色。吴起进言说:"以前楚庄王和群臣商讨国事,大臣们

之,世不绝圣,国不乏贤,能得其师者王,能得其友者霸。今寡人不才,而群臣莫之过,国其殆矣。'庄王所忧,而君悦之。臣窃惧矣。"于是武侯乃惭。

没有人能比得上他，退朝之后他面带愁容，说：'寡人听说世上不会没有圣人，国家也不会缺乏贤人，能够得到他们并以之为师的君主，可以称王天下；能够得到他们并与之为友的君主，可以称霸诸侯。如今寡人无德无才，而群臣们还不如我，楚国危险了。'楚庄王所担忧的事，而您却反而喜悦，臣私下深感忧惧。"于是魏武侯感到很惭愧。

# 商君书

商鞅 撰

## 六法

先王当时而立法,度务而制事。法宜其时则治,事适其务故有功。然则法有时而治,事有当而功。今时移而法不变,务易而事以古,是法与时诡,而事与务易也。故法立而乱益,务为而事废。故圣人之治国也,不法古,不循今,当时而立功,在难而能免。今民能变俗矣,而法不易,国形更势矣,而务以古。夫法者民之治也,务者事之用也。国失法则危,事失用则不成,故法不当时而务不适用而不危者,未之有也。

## 修权

国之所以治者三,一曰法,二曰信,三曰权。法者,君臣之所共操也;信者,君臣之所共立也;权者,君之所独制也。人主失守则危,君臣释法任私则乱。故立法明分而不以私害法则治,权制独断于君则威。民信其赏则事功,不信其刑,则奸无端矣。唯明主爱权重信,而不以私害法也。故上多惠言而

## 六法

　　古代圣王顺应时势来制定法度，考虑国家的要务然后再去做事。法度适合时宜，国家就会安定；事情与国家的要务相符合，所以会有功绩。那么（也就是说），法度和当时的形势相适应才会使社会安定，事情符合当务之急，才会有功效。然而，如今时势转变了而法度却不随之改变，国家的要务改变了而做事仍沿袭旧例，这就是法度与时宜相违背，而事情与急务不一致。所以，法令制定了，但动乱却更多；国家要务确立了，但事业却反而荒废。所以圣人治理国家，不盲目效法古代的旧例，不因循顺从今人的意见，适应时势去建立功业，身处困境而能够避免灾难。如今，百姓已经改变习俗了，但是法度却不改变；国情变化了，然而国家的要务却还依照旧例。法度，是用以保证人民安定的；国家要务，是用以保障做事效用的。国家丧失法度就会危亡，做事失去效用则不会成功。因此，法度不顺应时势，国家要务不符合社会需要，想要不会有危险，是从未有过的。

## 修权

　　国家之所以能得到治理，其原因有三个方面：第一是法律，第二是诚信，第三是权力。法律，是君主和臣民所共同遵守的；诚信，是君主和臣民所共同建立的；权力，则是君主所独自掌握的。君主失去权力就会危险，君臣弃法不用而放任私欲，国家就会动乱。因此，制定法度，明确职分，而不以私意损害法律，国家就会安定；国家大权由君主掌握并独自决断，君主就会有威严。人民相信君主的奖赏，那

不克其赏,则下不用;数加严命而不致其刑,则民傲罪。凡赏者文也,刑者武也;文武者,法之约也。故明主慎法,不蔽之谓明,不欺之谓察。故赏厚而信,刑重而必,不失疏远,不私亲近,故臣不蔽主而下不欺上。

世之为治者,多释法而任私议,此国之所以乱也。先王悬权衡,立尺寸,而至今法之,其分明也。夫释权衡而断轻重,废尺寸而意长短,虽察,商贾不用,为其不必也。故法者国之权衡也。夫背法度而任私议,皆不知类者也。故立法明分,中程者赏,毁公者诛。赏诛之法,不失其议,故民不争。不以爵禄便近亲,则劳臣不怨;不以刑罚隐疏远,则下亲上。故官贤选能,不以其劳,则忠臣不进;行赏赋禄,不称其功,则战士不用。

凡人臣之事君也,多以主所好事君。君好法则臣以法事君,君好言则臣以言事君;君好法则端直之士在前,君好言则毁誉之臣在侧;公私之分明,则小人不嫉贤,而不肖者不妒

么做事就会有成绩；相信君主的刑罚，那么奸邪之事就无由产生。唯有贤明的君主会珍惜权力，重视诚信，而不以私意损害法律。所以，如果君主常说好听的空话却不能兑现其奖赏，那么臣下就不愿为君主所用；如果屡屡下达严惩命令而不施行处罚，那么民众就会轻视法律而不怕犯罪。大凡给予奖赏，是以文德来施行教化；实施刑罚，则是以强力来震慑。文、武两种手段，是执法的纲要。所以，贤明的君主会慎重地使用法令。不受蒙蔽为英明；不受欺骗为明察。因此，奖赏优厚而有信用，刑罚严厉而必定执行；不遗漏关系疏远的人，也不偏袒关系亲近的人，于是臣子就不会蒙蔽君主而下级也不会欺骗上级。

当今的君主，多舍弃法律而听信个人的意见，这就是国家混乱的原因。先王制定权衡（来称轻重），确立尺寸（来量长短），直到现在人们还在效法使用，是因为这种方法量得很清楚。舍弃权衡来判断轻重，抛弃尺寸来猜测长短，即使能做到明察，商人也不会采用这种方法，因为这不一定准确。所以，法度就如同国家的权衡，违背法令制度而听信个人意见，都是不懂得事类的人。所以，制定法度，明确职分，合乎法度的人就给予奖赏，损害公共利益的人就给予惩罚。奖赏、惩罚的办法不失去准则，所以民众就不会有争议；不以爵位俸禄给近亲提供方便，那么有功之臣就不会抱怨；不以刑罚故意伤害关系疏远的人，那么下级就会亲近上级。所以，使贤者居官，选拔能者，却不凭借其功绩，那么忠臣就不愿出来做官；进行奖赏，给予俸禄，却不和各人的功劳相称，那么战士就不愿为其所用。

大凡臣子侍奉君主，多是按照君主之所好来侍奉。君主喜欢法制，那么臣子就用法律制度来侍奉君主；君主喜欢言论，那么臣子就会以言论来侍奉君主。君主喜欢法制，那么正直的人就会出现在君

功。故三王以义亲，五伯以法正诸侯，皆非私天下之利也；乱世之君臣，区区然皆欲擅一国之利，而搜一官之重以便其私，国之所以危也。夫废法度而好私议，则奸臣鬻权以约禄；秩官之吏，隐下而渔民。谚曰："蠹众而木折，隙大而墙坏。"故大臣争于私而不顾其民，则下离上。下离上者，国之隙也。秩官之吏，隐下以渔百姓，此民之蠹也。故国有隙蠹而不亡者，天下鲜矣。故明主任法去私，而国无隙蠹矣。

## 定分

法令者，民之命也，为治之本也，所以备民也。智者不得过，愚者不得不及。名分不定，而欲天下之治，是犹欲无饥而去食，欲无寒而去衣也，其不几亦明矣。一兔走而百人追之，非以兔为可分以为百，由名之未定也。夫卖兔者满市，盗不敢取，由名分之定也。故名分未定，尧、舜、禹、汤且皆加务而逐之；名分已定，贪盗不取。今法令不明，其名不定，天下之人得议之，此所谓名分不定也。夫名分不定，尧、舜犹将皆折而奸之，而况众人乎？故圣人必为法令置官也，置吏也，为天下师，所以定名分也。名分定则大诈贞信，巨盗愿悫，而各自治

主面前；君主喜好言论，那么善于毁谤、奉承的奸佞小人就会出现在君主身边。公私能够分明，那么小人就不会妒忌贤德之人，无能之辈也不会妒忌有功之臣。所以三王以道义来亲和天下，五霸以法度来匡正诸侯，他们都不是把天下的利益据为己有。当今乱世的君臣，都得意地企图独占一国之利或掌管一官之权，来满足自己的私欲，这就是国家危亡的原因。君主废弃法度而喜欢听个人意见，那么奸臣就会通过玩弄权术来谋取利禄，常设之官的小吏就会隐瞒下情而掠夺百姓的利益。谚语说："蛀虫多则木头折，裂缝大则墙壁坏。"所以，大臣们争夺私利而不顾及百姓，那么百姓就会和朝廷离心离德。百姓和朝廷离心离德，就是国家的"裂缝"；常设之官的小吏隐瞒下情来掠夺百姓的利益，就是人民的"蛀虫"。因此，国家有了"裂缝"和"蛀虫"而不灭亡的，天下少有。所以，贤明的君主任用法度而去除私欲，这样国家就没有"裂缝"和"蛀虫"了。

## 定分

　　法令，是天下百姓的命脉，是治理国家的根本，其目的是用来保护人民的。聪明的人不能超越它，愚昧的人也不能不遵守它。名分不能确定，而希望天下太平，就如同不想挨饿却抛弃食物，不想受冻却丢掉衣服一样，这样做达不到目的是很明显的了。一只兔子在跑，而有上百人去追它，并不是因为这只兔子可以分成一百份，而是由于这只兔子到底属于谁，这个名分还没有确定。卖兔子的人满集市都有，而盗贼不敢夺取，是因为兔子的名分已经确定了。因此，当名分还未确定时，尧、舜、禹、汤尚且都会努力奔走去追逐它；名分已经确定后，就连贪婪的盗贼也不敢夺取。现在法令制度不明确，其名分不确定，天下人就有理由去议论它。这就是所谓的名分不确定啊。名

也。故夫名分定,势治之道也;名分不定,势乱之道也。故势治者不可乱也,势乱者不可治也。夫势乱而欲治之,愈乱矣;势治而治之,则治矣。故圣人治治,不治乱也。

　　圣人为民法,必使之明白易知,愚智遍能知之,万民无陷于险危也。故圣人立天下而天下无刑死者,非可刑杀而不刑杀也,万民皆知所以避祸就福而皆自治也。明主因治而治之,故天下大治也。

分不确定，尧、舜还都将会违背正道而侵犯名分，更何况是一般人呢？所以圣人必定要为法令设立官职，设置官吏，作为天下人的老师，目的就是为了要确定名分。名分确定了，那么大骗子也会变得正直诚信，大盗贼也会变得厚道朴实，而且能各自约束自己。所以，名分确定，是使国家形势安定的方法；名分不确定，是使国家形势混乱的途径。因此，形势安定时不容易产生混乱，形势混乱时不容易得到治理。形势混乱时才想去治理，往往会更加混乱；形势安定时再加以治理，则会天下太平。所以圣人在天下安定时就加强治理，而不是在天下混乱时才去整治。

圣人为百姓制定法律，一定要使它明白易懂，让愚夫智者都能够理解它，那么天下百姓就不会（因为不知法）陷于危险的境地。所以圣人即位做天下的君王，天下就没有因犯罪而被处死的人。这并不是说应该判处死刑却不处死，而是万民都知道怎样避免灾祸，趋向幸福，从而都能够自我约束。贤明的君主在天下安定时就加强治理，所以天下安定太平。

# 尸子

尸佼 撰

## 劝学

学不倦，所以治己也；教不厌，所以治人也。是故子路卞之野人，子贡卫之贾人，颜涿聚盗也。颛孙师驵也，孔子教之，皆为显士。夫学，譬之犹砺也。夫昆吾之金，而铢父之锡，使于越之工铸之以为剑，而勿加砥砺，则以刺不入，以击不断；磨之砻砺，加之以黄砥，则其刺也无前，其击也无下。自是观之，砺之与弗砺，其相去远矣。

今人皆知砺其剑，而弗知砺其身。夫学，身之砺砥也。夫子曰："车唯恐地之不坚也，舟唯恐水之不深也。"有其器则以人之难为易，夫道以人之难为易也。是故曾子曰："父母爱之，喜而不忘；父母恶之，惧而无怨。"然则爱与恶，其于成孝也无择也。史䲡曰："君亲而近之，至敬以逊；貌而疏之，敬无怨。"然则亲与疏，其于成忠无择也。孔子曰："自娱于檃括之中，直己而不直人，以善废而不邑邑，蘧伯玉之行也。"然则兴与废，其于成善无择也。屈侯附曰："贤者易知也，观其富之所分，达之所进，穷之所不取。"然则穷与达，其于成贤无择也。是故爱恶亲疏，废兴穷达，皆可以成义，有其器也。

## 劝学

　　学而不倦，是为了提高自己的修养；教而不厌，是为了提高他人的修养。所以，子路原是鲁国卞地的乡野武夫，子贡原是卫国做生意的商人，颜涿聚原是强盗，颛孙师当过市侩，经过孔子教育后，他们最终都成了知名士人。修学，就像磨东西一样，即使把昆吾的赤铜和铢父的锡，交给越国工匠加工，冶铸成剑，但不进行磨砺，就无法刺穿、砍断任何东西。先用砺石粗磨，再加以黄砥细磨，就没有什么东西刺穿不透、砍不断的了。由此可见，磨砺与不磨砺大不相同。

　　今天人们都知道磨砺自己的剑，却不知磨砺自己的身心。修学，就是对自己身心的磨砺。孔子说："车辆行驶，只担心路不够坚实；船只航行，只怕河水不够深广。有了好的工具，就能将别人认为难做的事做好。若循着道义来做事，就能够化难为易。"所以，曾子说："父母疼爱自己，心里高兴但不忘孝顺父母；父母讨厌自己，则戒慎恐惧不惹父母生气。"如此，不管父母喜欢还是讨厌我们，成就我们孝道的心是没有分别的。史鰌说："君王亲近我们，我们对君王礼敬而恭顺。君王疏远我们，我们仍旧对君王恭敬而不抱怨。"无论君王亲近还是疏远我们，都能成就我们的忠诚而没有区别。孔夫子说："在矫正竹木的过程中自取愉悦，只矫正自己而不矫正别人，不断发现和改正自己的过失而使自己没有一天不快乐，这就是卫国贤人蘧伯玉的德行。"由此可见，无论被重用还是被冷落，都能成就我们的德行而没有区别。屈侯附说："有德行的人是容易辨别的，只要观察他富裕时如何分配自己的财富，发达时举荐什么样的人，穷困时如

桓公之举管仲，穆公之举百里，比其德也。此所以国甚僻小，身至秽污，而为政于天下也。今非比志意也，比容貌；非比德行也，而论爵列，亦可以却敌服远矣。农夫比粟，商贾比财，烈士比义，是故监门逆旅，农夫陶人，皆得与焉。爵列，私贵也；德行，公贵也，奚以知其然也？司城子罕遇乘封人而下，其仆曰："乘封人也，奚为下之？"子罕曰："古之所谓良人者，良其行也；贵人者，贵其心也。今天爵而人，良其行而贵其心，吾敢弗敬乎？"以是观之，古之所谓贵，非爵列也；所谓良，非先故也。

人君贵于一国，而不达于天下；天子贵于一世，而不达于后世，唯德行与天地相弊也。爵列者，德行之舍也，其所息也。《诗》曰："蔽芾甘棠，勿翦勿败。召伯所憩。"仁者之所息，人不敢败也。天子、诸侯人之所以贵也，桀、纣处之则贱矣。是故曰："爵列非贵也。"今天下贵爵列而贱德行，是贵甘棠而贱召伯也，亦反矣。夫德义也者，视之弗见，听之弗闻，天地

何拒绝外面的诱惑。"无论贫穷与发达,都能成就我们的德行而没有区别。所以,无论别人对我们喜爱还是厌恶、亲近或是疏远,还是自己人生衰败、兴旺或是穷困、发达时,都可以成就我们的德行与道义,这是因为有了"道义"这个好的工具的缘故啊!

齐桓公选用管仲为宰相,秦穆公选用百里奚为丞相,都是通过德行对比选用的。这就是虽然国家偏僻弱小、自己本身陷于污浊,但却能统领天下的原因。如今不是比较志向、思想,而是比较容貌好丑;不是比道德操行,而是议论爵位高低,认为有爵位便可以战胜敌人、征服远方。农夫比的是粮食收成,商人比的是财富大小,英雄豪杰比的是贞节忠义。所以无论看门的人、远游的人,或者农夫和陶匠,都不例外(可以因德行而被举用)。官位权力是个人比较看重的,道德品行是大众所崇尚的。怎么知道其中的道理呢?司空子罕遇到了乘地典守封疆的官员便马上下车,跟随的仆人问:"他是一个小小的乘地封人,大人为什么要下车呢?"子罕回答:"古代所说的贤良之人,是指这个人行为良好;所说的高贵的人,是指这个人心地高尚尊贵。今天上天赐予此人以天爵,使其行为贤良、心地高贵,我怎么敢不尊敬他呢?"由此可见,古人所认为的高贵,并不是指高官厚禄;古人所认为的贤良,也不在于他有显赫的祖先。

君王能在一个国家受到尊敬,但是未必能得到天下人的尊敬;帝王天子能在一个时代受人敬重,但是未必能世世代代受人敬重。只有道德仁义才能够像天地一样恒久存在。爵位应该是品德和操守所居之地,也是它的标志。《诗经》上说:"甘棠树的小枝嫩叶啊,不要剪裁不要攀折,这里曾是召伯休息的地方。"仁义之士所住的地方,人们是不忍心破坏的。天子、诸侯,为人民所敬仰,但夏桀、商纣处在这样的位置却被人们所鄙视。所以说:"官位显耀并不是真正

以正，万物以伦，无爵而贵，不禄而尊也。

## 贵言

范献子游于河，大夫皆存。君曰："孰知栾氏之子？"大夫莫答。舟人清涓舍楫而答曰："君奚问栾氏之子为？"君曰："自吾亡栾氏也，其老者未死而少者壮矣，吾是以问之。"清涓曰："君善修晋国之政，内得大夫而外不失百姓，虽栾氏之子，其若君何？君若不修晋国之政，内不得大夫而外失百姓，则舟中之人，皆栾氏之子也。"君曰："善哉言。"明日朝，令赐舟人清涓田万亩，清涓辞。君曰："以此田也，易彼言也。子尚丧，寡人犹得也。"古之贵言也若此。

臣天下，一天下也。一天下者，令于天下则行，禁焉则止。桀、纣令天下而不行，禁焉而不止，故不得臣也。目之所美，心以为不义，弗敢视也；口之所甘，心以为非义，弗敢食也；耳之所乐，心以为不义，不敢听也；身之所安，心以为不义，弗敢服也。然则令于天下而行，禁焉而止者，心也。故曰："心者，身之君也。"天子以天下受令于心，心不当则天下祸；诸侯以

的高贵啊。"现在天下人尊崇高官显爵却轻视道德品行,就如同看重甘棠树而轻视贤人召伯,这就是本末倒置了。道德仁义,虽眼看不到、耳听不到,但天下却受其教化得以治理,万事万物因此而生养繁衍,没有爵位也令人尊敬,没有俸禄也受人爱戴。

## 贵言

晋国范献子坐船游览,大夫们在身边陪同。范献子问:"有谁知道栾氏后人的下落?"大夫们没人应答。这时船夫清涓放下船桨回答说:"您为什么要问栾氏后人呢?"范献子说:"自从我灭了栾氏以后,栾氏家族中年老的人还没有死,年幼的孩子已经长大成人(怕他们威胁到我),所以我才问起这件事。"船夫清涓说:"您若能正确治理晋国的朝政,内可以得到百官的拥护,外能受到百姓的爱戴,即使是栾氏后代子孙,又能把您怎么样呢?您如果不善于治理晋国的朝政,内得不到百官的拥护,外不能受到百姓的爱戴,那么这条船中的人,都是栾氏之子。"范献子听后感叹地说:"这话说得好!"第二天早朝时,范献子下令赐予清涓良田一万亩(奖赏他的劝谏功劳),清涓婉言谢绝。范献子说:"我这是用万亩良田来换您的一番善言啊!您应得到的不止这些啊。您尚且吃亏,我尚且占了便宜呢。"古人对于谏言达到如此重视的程度!

让天下臣服,就是统一天下。统一天下,就是在整个天下能够有令则行,有禁则止。夏桀、商纣在位时,却有令不行、有禁不止,所以不能让天下臣服。眼睛看来美丽的东西,自己内心认为不合道义,就不敢去看;嘴尝美味的食物,自己内心认为不合道义,就不敢去吃;耳朵听悦耳的声音,自己内心认为不合道义,就不敢去听;身处安逸的享受,自己内心认为不合道义,就不敢享用。可见,能使天下有令

国受令于心,心不当则国亡;匹夫以身受令于心,心不当则身为戮矣。祸之始也易除,其除之,不可者避之;及其成也,欲除之不可,欲避之不可。治于神者,其事少而功多。

干霄之木,始若蘖足,易去也;及其成达也,百人用斧斤,弗能偾也。燎火始起易息也,及其焚云梦、孟诸,虽以天下之役,抒江汉之水,弗能救也。夫祸之始也,犹燎火蘖足也,易止也;及其措于大事,虽孔子、墨翟之贤,弗能救也。屋焚而人救之,则知德之。年老者,使涂隙戒突,故终身无失火之患,而不知德也;入于囹圄,解于患难者,则三族德之,教之以仁义慈悌,则终身无患而莫之德。夫祸亦有突,贤者行天下而务塞之,则天下无兵患矣,而莫之知德也。故曰:"圣人治于神,愚人争于神也。"

天地之道,莫见其所以长物而物长,莫见其所以亡物而物亡。圣人之道亦然。其兴福也,人莫之见而福兴矣;其除祸也,人莫之知而祸除矣。故曰:"神人益天下以财为仁,劳天下以力为义,分天下以生为神。"修先王之术,除祸难之本,

就行、有禁就止，是人心在起作用。所以说："心，是自身言行的主宰。"君王以自己的存心治理天下，如果存心不正，天下就会遭到祸殃；诸侯以自己的存心治理国家，如果存心不正，国家就会灭亡；个人以自己的存心立身处事，如果存心不正，就会惹来杀身之祸。祸患在初期容易去除，如果除不掉也容易避开。要是祸患已经形成，想要去除就不可能了，想要避开也不可能。从存心着手来治国，费力少而效果却很显著。

高耸入云的大树，最初萌芽时容易砍倒，等到成长壮大，即使众人一起用斧头砍伐，都砍不倒。火刚燃时容易熄灭，等火势大到能焚烧云梦、孟诸时，即使发动天下百姓灭火，舀干江汉的水，也不能扑救。祸患刚开始的时候，就好像火灾刚发生、新芽刚长出，容易制止；等到酿成大祸，纵使孔子、墨翟这样的圣贤在世，也无法挽救。房屋失火了，得到别人的救助，人们都懂得报答感恩。而年老的长者教人修补烟囱缝隙并安全使用烟囱，因而长久避免了房屋失火的隐患，可是人们却不知道报答感恩。身陷牢狱，有人将其解救出来，其三族的家人都会报答感恩。但是用仁义孝悌之道教导大众，使人一生没有祸患，人们却不知道报答感恩。世上的灾难也都有它的"烟囱"，贤良的人行道于天下，尽力去弥补挽救，使天下免除战争的祸患，可人们也不知道报答感恩。所以说："圣人是从存心着手使天下得到治理，而愚痴的人同样也是因为存心的缘故才使天下陷入纷争。"

天地之道，是看不见它如何使万物生长而万物却都在生长，看不见它如何使万物消亡而万物却在消亡。圣人的大道也是如此。圣人为大家造福，没有人看到但幸福却会降临；圣人为大家除去祸患，没有人知道但灾祸已经消除了。所以说："得道之人用财富利益

使天下丈夫耕而食，妇人织而衣，皆得戴其首，父子相保。此其分万物以生，盈天下以财，不可胜计也。神也者，万物之始，万事之纪也。

## 四仪

行有四仪，一曰志动不忘仁，二曰智用不忘义，三曰力事不忘忠，四曰口言不忘信。慎守四仪，以终其身，名功之从之也，犹形之有影、声之有响也。是故志不忘仁则中能宽裕，智不忘义则行有文理，力不忘忠则动无废功，口不忘信则言若符节。若中宽裕而行文理，动有功而言可信也；虽古之有厚功大名，见于四海之外，知万世之后者，其行身也无以加于此矣。

## 明堂

夫高显尊贵，利天下之径也，非仁者之所以轻也。何以知其然耶？日之能烛远，势高也，使日在井中，则不能烛十步矣。舜之方陶也，不能利其巷下；南面而君天下，蛮夷戎狄，皆被其福。目在足下，则不可以视矣。天高明，然后能烛临万物；地广大，然后能载任群体。其本不美，则其枝叶茎心不得美矣，

天下叫仁，为天下操心劳力叫义，使天下万物各得其所、生养不息叫神。"学习效法古代圣王的治国之道，消除滋生祸患的根本，使天下的男人都能够耕种养家，女子都能够纺织做衣，人们都能尽享天伦之乐，父子彼此保护，这样就可以使万物各自生存，增加天下的财富，其好处将不可计算得尽了。所谓神，就是万物的根本、万事的规律法则。

## 四仪

人的言语行为有四方面的准则：一是立志时不忘以仁爱存心，二是用智谋做事时不忘道义，三是尽力做事不忘忠诚，四是说话时不忘恪守诚信。谨慎地守住这四个原则，终身保持、力行而不改变，名声和功绩的到来，就如影子追随身子、回声追随声音一样自然。因此，立志做事不忘仁爱存心，内心就能宽容大度；考虑事情不忘道义，行为就会遵循礼义；工作时不忘尽忠职守，行动就不会徒劳无功；说话不忘恪守诚信，言语就像符节一样有信用。如果内心宽容大度而且行为举止恪守礼义，工作富有成效而且言语恪守诚信，即使古代有大功绩大名望，且功名显扬于四海之外，而为千秋万世的后人所敬仰的人，他们的言行举止、立身处世之道也不能超过此。

## 明堂

高贵显赫的地位，是为天下人民谋利益的途径，仁者并不轻视它。怎么才能知道这个道理呢？太阳能够照耀遥远的地方，是因为处于高空之上，假如太阳在井中，那么连十步以外的地方都照不到。虞舜在做陶工的时候，连周围巷子的邻里乡亲都不能利益到，但是统治天下后，就连遥远地方的蛮夷、戎狄之人也能够享受他的福泽。如

此古今之大径也。是故圣王谨修其身以君天下,则天道至焉,地道稽焉,万物度焉。

古者,明王之求贤也,不避远近,不论贵贱,卑爵以下贤,轻身以先士。故尧从舜于畎亩之中,北面而见之,不争礼貌,此先王之所以能正天地、利万物之故也。今诸侯之君,广其土地之富,而奋其兵革之强,以骄士;士亦务其德行,美其道术,以轻上,此仁者之所非也。曾子曰:"取人者必畏,与人者必骄。"今说者怀畏而听者怀骄,以此行义,不亦难乎?非求贤务士而能致大名于天下者,未之尝闻也。

夫士不可妄致也。覆巢破卵,则凤皇不至焉;刳胎焚夭,则骐麟不往焉;竭泽漉鱼,则神龙不下焉。夫禽兽之愚,而不可妄致也,而况于火食之民乎?是故曰:"待士不敬,举士不信,则善士不往焉;听言耳目不瞿,视听不深,则善言不往焉。"孔子曰:"大哉河海乎!下之也。"夫河下天下之川,故广;人下天下之士,故大。故曰:"下士者得贤,下敌者得友,下众者得誉。"故度于往古,观于先王,非求贤务士而能立功于

果眼睛长在脚底下，就不能看见东西。上天高远光明，然后才能照耀万物；大地广博深厚，然后才能承载万物。如果根本不完美，那么枝叶、树干就不可能会完美，这是古往今来的大道理。所以，圣明的君王谨慎地立德修身，来治理天下，才会上合天道普利万物，下应地道无私宽厚，使万事万物顺应法度运转。

古代明智的君王为国家寻求贤良人才，不论关系亲疏，不管地位尊卑，都会放下自己的爵位来迎接贤良人才，降低自己的身份来善待有德士人。所以尧帝在田地里发现了大舜，面朝北接见了他，而不去计较礼节，这就是先王之所以能够立天地正道、利益万物的原因！如今诸侯国的君长，扩展其土地与财富，通过争夺使军队强大，并以此傲慢地对待读书人；读书人也自认为有德行修养，夸耀自己的治国之术，以此来轻视君长，这种做法是有仁德的人所反对的。曾子说："凡是向别人有所求取的人，对别人必然有敬畏之心；凡是给他人以帮助的人，对别人也会有傲慢之心。"如今禁言献策的人怀有敬畏之心，而听取意见的人却怀有傲慢之心，用这样的行为来推行道义，不是太困难了吗？如果不能求得贤能人士的辅佐，却能在天下取得名望，这是从来没有听说过的。

治国的贤才不是随便就能得到的。翻覆巢穴、打破蛋卵，凤凰就不会飞来；剖挖母胎，残害幼体，麒麟就不会前往；把湖水放完来捕鱼，神龙就不会降临。禽兽虽然愚笨，都不能随便招引，何况是食烟火的人呢？所以说："对待贤士不恭敬，举荐贤士不信任，那么有德行的人才就不会前来；听取贤才的谏言，耳朵眼睛不够惊异专注所看、所听理解不够深刻，就听不到有益的言论。"孔子说："河流、海洋之所以深广宽大，是因为地势低下。"黄河比其他河流地势都低下，所以宽广。圣人能够居于众贤士之下，所以伟大。所以说："谦恭

天下,成名于后世者,未之尝有也;夫求士不遵其道而能致士者,未之尝见也。然则先王之道可知已,务行之而已矣。

## 分

天地生万物,圣人裁之;裁物以制分,便事以立官。君臣父子,上下长幼,贵贱亲疏,皆得其分曰治。爱得分曰仁,施得分曰义,虑得分曰智,动得分曰适,言得分曰信,皆得其分而后为成人。

明王之治民也,事少而功立,身逸而国治,言寡而令行。事少而功多,守要也;身逸而国治,用贤也;言寡而令行,正名也。君人者,苟能正名,愚智尽情,执一以静,令名自正,令事自定,赏罚随名,民莫不敬。周公之治天下也,酒肉不彻于前,钟鼓不解于悬。听乐而国治,劳无事焉;饮酒而贤举,智无事焉;自为而民富,仁无事焉。知此道也者,众贤为役,愚智尽情矣。

善待人才能得到贤才,谦卑对待对手才能化敌为友,谦虚对待大众才能得到声誉。"所以学习往古经验,纵观历代圣王,不求取贤才、招纳士人而能够在天下建功立业、名声传颂后代的人,是从来没有的。不遵循礼贤下士之道,却能够招纳到贤才,是从来没有过的事。如此,古代君王的治国之道就可以知道了,就是务必要做好这一点而已。

## 分

　　天地生养滋育万物,圣人则加以裁断而使之成就。圣人裁定事物并使万物遵从各自的本分、职责,根据国家事务设立官职,使君王和臣民、父母和儿女、领导者和被领导者、年长者和年幼者、尊贵者和卑贱、亲近者和疏远者,都能够各自安于自己的本分,这就叫做治理。爱心切合自己的本分叫做仁,施舍切合自己的本分叫做义,思谋切合自己的本分叫做智,行动切合自己的本分叫做适,言论切合自己的本分叫做信。各方面都切合自己的本分,然后才会成为一位德才兼备的人。

　　圣明的君王领导人民,事情虽少却能功绩卓著,自身闲逸而国家却能得到治理,言语不多但命令却能贯彻执行。事情虽少却能功绩卓著,是因为守住了治国要道的缘故;身心闲逸而国家得到治理,是任用了贤明人才的缘故;言语不多而命令得以执行,是因为端正了各自名分的缘故。领导大众的君王,如果能够端正名分,愚钝的人和聪明的人就都能够为国尽心尽力。掌握根本之道不变,就能让名分自然端正,事情自然能够成功。奖赏惩罚都按照名分裁定,百姓就没有不恭敬的。周公治理天下时,酒肉不撤于桌前,不解悬挂的钟鼓,乐声不断。听着音乐就能够轻松治理好国家,虽欲操劳却无事可做了;

明王之道易行也，劳不进一步，听狱不后皋陶；食不损一味，富民不后虞舜；乐不损一日，用兵不后汤、武；书之不盈尺简，南面而立，一言而国治，尧、舜复生，弗能更也；身无变而治，国无变而王，汤、武复生，弗能更也。

执一之道，去智与巧。有虞之君天下也，使天下贡善；殷、周之君天下也，使天下贡才。夫至众贤而能用之，此有虞之盛德也。三人之所废，天下弗能兴也；三人之所兴，天下弗能废也。亲曰不孝，君曰不忠，友曰不信，天下弗能兴也；亲言其孝，君言其忠，友言其信，天下弗能废也。夫符节合之，则是非自见，行亦有符，三者合，则行自见矣，此所以观行也。

诸治官临众者，上比度以观其贤，案法以观其罪，吏虽有邪僻，无所逃之，所以观胜任也。群臣之愚智，日刼于前，择其知事者而令之谋；群臣之所举，日刼于前，择其知人者而

饮酒之间便有人举荐贤才,虽有智慧而无须劳神了;自己尽力正心修身而百姓自然富足,虽想帮助别人也没有人需要帮助了。知道这个道理,众多的贤士就乐意为国效力,无论聪明之人还是愚笨之人都愿为国尽忠。

圣明君王的治国之道是简单易行的。不须增加一点操劳,而审理案件绝不落后于皋陶;不减少一味美食,富国强民却不比虞舜逊色;没有一天停止奏乐欣赏,统领军队却不落后于商汤和周武王;记录国事所用竹简不到一尺厚,却能面南执政,一席话就能使国家得以治理。能做到这样,纵使是尧舜再生世间,也无需有所改变。君王身守常道不变,即能治理好国家;国家守住常法不变,就能称王天下。能做到这样,纵使是圣王商汤、周武王再世,也无所改变。

持守"一以贯之"之道,就可放弃智谋与机巧。虞舜统治天下时,能使天下人愿意贡献善言;商周时期的圣王统治天下时,能使天下人举荐贤德的人才。拥有众多贤德人才,并能够知人善用,这就是虞舜的大仁大德。一个人如果三种人都不认同他,那么天下人都不能使他振兴;若是三种人都认可、推荐的人,天下人都不能使他败亡。如果父母认为他不孝顺,君王、领导认为他不忠诚,朋友认为他不守信,那么天下之人都不能使他振兴。如果父母说他孝敬,君王、领导说他忠诚,朋友说他守信义,那么天下人想使他败亡都办不到。用符节相合来勘验,则不用解释,是非自然就明白。人的行为也要符合一定的规范,与以上父母、君上、朋友三种人所说的进行对照,其行为美丑、善恶就自然清楚了,这就是从行为来检验一个人的方法。

对于管理各级官员和众多下属的人,要通过比较、推测来判断他是否贤良,根据国家法律来观察他是否违法乱纪。这样,官员中虽然有邪恶不良的行为,也就无法逃过自己的眼睛。这是观察一个人

令之举；群臣之治乱，日劾于前，择其胜任者而令之治，群臣之所行，可得而察也。择其贤者而举之，则民竞于行；胜任者治，则百官不乱；知人者举，则贤者不隐；知事者谋，则大举不失。圣王正言于朝，而四方治矣。是故曰："正名去伪，事成若化。以实覆名，百事皆成。"夫用贤使能，不劳而治；正名覆实，不罚而威。达情见素，则是非不蔽；复本原始，则言若符节。良工之马易御也，。圣王之民易治也，其此之谓乎。

## 发蒙

若夫名分，圣之所审也。造父之所以与交者少，操辔，马之百节皆舆；明王之所以与臣下交者少，审名分，群臣莫敢不尽力竭智矣。天下之可治，分成也；是非之可辨，名定也。无过其实，罪也；弗及，愚也，是故情尽而不伪，质素而无巧。故有道之君，其无易听，此名分之所审也。

是否能够胜任工作的方法。群臣中谁聪明谁愚笨，每天都能清楚地了解、判断，选择通晓事理的人来商议国家事务；各级官员向国家推荐的人才，每天都能清楚地了解、判断，选择能知人善用的人来负责推举人才的工作；各级官员的治乱政绩每天都能清楚地了解、判断，选择有德行和才能的人来治理国家。群臣的言行举止，都可以得到详细了解，选择有贤德的人推举任用，人们就会竞相努力工作；选择能胜任的人来治理国家，百官就不会混乱；善于发现和推举贤才的人得到任用，天下贤德之人就不会隐退；通晓事理的人得到任用，处理国家大事就不会有失误。圣王能够在朝廷上言说正论，天下各地都可以得到治理。所以说："端正名分，去除虚伪，事情很自然就可以成就；实际的德行、才干与外在的名分相符合，做任何事情都可以成功。"任用贤德、有才干的人员，无须劳心费神就可以治理好国家；端正名分，审查核实，不用刑罚就可以树立威信。通达世情，抓住根本，内心就不会被外在是非所蒙蔽；恢复本性，端正名分，则言语就像符节一样信实。优秀的驯马人驯出的马容易驾驭，圣贤君王领导下的人民容易治理，说的不就是这个道理吗？

## 发蒙

　　名位与身份，向来是圣贤所审慎的。造父在驾车时之所以与马很少交流，是因为手里掌控着缰绳，马的全身关节都处于驾车的良好状态；圣明君王之所以与下面大臣的交往很少，因为只要审定了名分、职责，官员们没有不尽心竭力工作的。天下能够治理，是因为明确了职分；是非善恶能够分辨，也是因为确定了名分。人的所作所为越过了他的名分，就是罪过，达不到他的名分，则是愚笨。所以，人人尽心尽力而不会有它他虚妄的想法，质朴守分而无机巧之心。因此，圣明

若夫临官治事者，案其法则民敬事；任士进贤者，保其后则民慎举；议国亲事者，尽其实则民敬言。孔子曰："临事而惧，希不济。"《易》曰："若履虎尾，终之吉。"若群臣之众皆戒慎恐惧，若履虎尾，则何不济之有乎？君明则臣少罪。夫使众者，诏作则迟，分地则速，是何也？无所逃其罪也。言亦有地，不可不分也。

君臣同地，则臣有所逃其罪矣。故陈绳则木之枉者有罪，措准则地之险者有罪，审名分则群臣之不审者有罪。夫爱民且利之也，爱而不利，则非慈母之德也；好士，且知之也，好而弗知，则众而无用也；力于朝，且治之也，力而弗治，则劳而无功矣。三者虽异，道一也。是故曰："审一之经，百事乃成；审一之纪，百事乃理。名实判为两，合为一。"是非随名实，赏罚随是非；是则有赏，非则有罚，人君之所独断也。

的君王,都不会随便听取别人的看法,这是由于他具有审查名分的慎重态度。

监督管理人民的官吏,事事都能够依法办理,人民就会敬慎处事;贤人若能确保所推举的人才出任官职后能够胜任工作,人民就会慎重举荐人才;商议国家大事的人,能够讲求实际,人民就会尊重他们的言论意见。孔子说:"处理事情能保持戒慎恐惧之心,就很少有办不到的事。"《易经》说:"如果做事能像踩在老虎尾巴上一样战兢惕厉,最终就能得到吉祥顺利。"假如所有国家官员,对待工作都能够保持戒慎恐惧的态度,就如同踩在老虎尾巴上,那么又有什么事情办不好的呢?君王智慧英明,下属官员出错、犯罪的就少。为什么驱使众人按照诏书去办事就迟缓,划分职责范围就能迅速落实呢?原因就在于能令失职的官员无法逃脱自己的罪责。言论也各有职责范围,不可不进行划分。

君王和官员的职责范围一样,官员就有理由逃脱自己的罪责。用墨绳来衡量木头,弯曲的木头就不合乎标准;放置水平仪来测量地面,地势不平的地方就不能合乎标准;审核名实是否相符,那些不严谨慎重的大臣就有了罪过。爱护人民就应该为人民谋福利,只是爱护却没有带给人民利益,就不是像慈母爱子一样的德行;喜爱贤士还要了解他们,喜爱而不了解,即使贤士再多也不起作用;为国家效力还须做出功绩,尽了力却没有功绩,纵使辛苦劳累也没有功劳可言。这三个方面虽然有差别,但基本道理却是完全一样的。所以说:"明确设置统一的规范,任何事请都能做成;明确设置统一的纲纪,所有的事情都会有条不紊。"名分和实际看起来是两回事,其实是合为一体的。是非须根据名分与实际是否相符来判断,奖赏与惩罚则须根据是非来辨别。正确的就给予奖赏,错误的就给予惩罚,这是要

明君之立也正，其貌壮，其心虚，其视不躁，其听不淫；审分应辞，以立于廷，则隐匿疏远，虽有非焉，必不多矣。明君不用长耳目，不行间谍，不强闻见，形至而观，声至而听，事至而应。近者不过，则远者治矣；明者不失，则微者敬矣。家人子侄和，臣妾力，则家富，丈人虽厚衣食，无伤也；子侄不和，臣妾不力，家贫，丈人虽薄衣食，无益也，而况于万乘之君乎？

国之所以不治者三。不知用贤，此其一也；虽知用贤，求不能得，此其二也；虽得贤，不能尽，此其三也。正名以御之，则尧、舜之智必尽矣；明分以示之，则桀、纣之暴必止矣。贤者尽，暴者止，则治民之道不可以加矣。

听朝之道，使人有分。有大善者，必问孰进之；有大过者，必云孰任之，而行赏罚焉，且以观贤不肖也。今有大善者不问孰进之，有大过者不问孰任之，则有分无益已；问孰任之而不行赏罚，则问之无益已。是非不得尽见谓之蔽，见而弗能知谓之虚，知而弗能赏谓之纵，三者乱之本也。明分则不蔽，正名则不虚，赏贤罚暴则不纵，三者治之道也。

由君王亲自判断的。

圣明的君王首先自己立身要端正,面貌须庄严,态度应恭敬谦卑,看待问题不浮躁,听赏音乐不过分。审定名分、应答对话而正身于朝廷之上,那么那些隐居于民间的人、和自己疏远的人,纵使有非议,也必然不会太多。圣明君王不用增加打探消息的人,不用间谍获取信息,不用特意听闻外界信息,(而是)征兆出现了再观察、声音来到了再听察、事情来临了再应对。亲近君王的人不违法犯错,那么远方的人民就可以得到治理;贤明的人没有过失,那么人民就会恭敬修身。家里的子侄和臣妾们都能够和睦相处、齐心尽力,家庭就富裕和乐了,家中的长辈即使吃穿丰厚一些也不妨事;家中子侄、妻妾们不齐心协力,家境就会穷困潦倒,家中的长辈纵使节衣缩食也没有用。家庭尚且如此,更何况是拥有万乘兵车的大国君主呢?

国家不能得到治理有三方面的原因:不知道推举任用贤德之人,这是其一;虽然知道任用贤人却求不到贤人,这是其二;虽然得到贤人却不能人尽其才,这是其三。端正名分来任用贤才,那么像尧、舜一样的德能、智慧就一定能够完全发挥出来。明确职分并且公示于众,那么纵使是像桀、纣一样的暴虐也一定能得到制止。如果使圣贤人都能尽心尽力为民服务,而令暴虐的人的行为都得以制止,那么治理国家就没有超出其上的方法了。

君王临朝听政,就是使每个官员都有职责。如果出了一位大善之人,必定要问是谁推举的;出了犯大恶的人,也必定要追问是谁任命的。以此进行奖赏或惩罚,这样就可以看出谁是贤人和哪个是不材之人。今天有立大善大功的人,却没有人去询问是谁推举的;有犯大过大恶的人,也没有人去追问是谁任用的。这样,即使有名分、职责也没有用。询问是谁任用的,却不进行奖赏或惩罚,那么即便询

于群臣之中，贤则贵之，不肖则贱之；治则使之，不治则爱之，不忠则罪之。贤不肖，治不治，忠不忠，由是观之，犹白黑也。陈绳而斫之，则巧拙易知也。夫观群臣亦有绳，以名引之，则虽尧、舜不服矣。虑事而当，不若进贤；进贤而当，不若知贤；知贤又能用之，备矣。

治天下之要，在于正名。正名去伪，事成若化。苟能正名，天成地平。为人臣者以进贤为功，为人君者以用贤为功。为人臣者进贤，是自为置上也，自为置上而无赏，是故不为也；进不肖者，是自为置下也，自为置下而无罪，是故为之也。使进贤者必有赏，进不肖者必有罪，无敢进也者为无能之人，若此，则必多进贤矣。

## 恕

恕者，以身为度者也。己所不欲，毋加诸人；恶诸人则去

问了也没有用。不能完全看清是非善恶，叫做糊涂；分清了是非善恶却不能知人善任，叫做徒劳；看清是非善恶又能知人善任而不能实施奖赏，叫做听任或放纵，这三方面是动乱的根本。明确了职分就不会被人蒙蔽，端正了名分就不会徒劳，奖赏贤德、惩罚暴虐就不会放纵，这三者是治国之道啊！

在众多的大臣当中，有贤德之人就重用，无德之人就罢免他；有政绩的人就任用他，没有政绩的人也爱护他；不能尽忠的人就惩罚他。贤德者和无德者，有功绩者和无功绩者，忠诚者和不忠诚者，从这些方面来察看，就像黑白一样分明。在木料上拉起准绳，让大家都来照着砍削，那么谁的技术灵巧或笨拙就很容易看出来了。观察官员也有准绳，就是用名分来作为准绳，即使尧舜这样的圣王也会这样去做。考虑事情恰当，不如举荐贤德的人才；举荐贤才恰当，不如了解贤才。了解贤才并能够善用贤才，这样才圆满。

治理天下的要务，在于端正名分。端正了名分，去除了虚伪，事情成功就是自然而然的了。如果能端正名分，那么万事就会安排妥当，天下太平。作为官员，要把举荐贤才作为功绩；作为君主，则以任用贤才为功劳。作为官员，举荐贤才，是推荐德能超过自己的人。推荐了贤才却没得到奖赏，所以就不再推荐了。推荐不贤的人，是推荐德能不如自己的人。推荐德能不如自己的人却不被怪罪，所以才会这样做。让举荐贤才的人一定获得褒奖，让举荐不贤的人一定遭到惩罚，对于不敢举荐的人，视为无能的官员。如果能这样做，必定会涌现出更多举荐贤才的人。

## 恕

恕，是以自身为尺度。自己不希望接受的事情，也不要强加到别

诸己，欲诸人则求诸己，此恕也。农夫之耨，去害苗者也；贤者之治，去害义者也。虑之无益于义而虑之，此心之秽也；道之无益于义而道之，此言之秽也；为之无益于义而为之，此行之秽也。

虑中义则智为上，言中义则言为师，事中义则行为法。射不善而欲教人，人不学也；行不修而欲谈人，人不听也。夫骥唯伯乐独知之，不害其为良马也。行亦然，唯贤者独知之，不害其为善士也。

## 治天下

治天下有四术：一曰忠爱，二曰无私，三曰用贤，四曰度量。度量通则财足矣，用贤则多功矣。无私，百智之宗也；忠爱，父母之行也，奚以知其然？父母之所畜子者，非贤强也，非聪明也，非俊智也；爱之忧之，欲其贤己也；人利之与我利之无择也。此父母所以畜子也。然则爱天下欲其贤己也，人利之与我利之无择也，则天下之畜亦然矣，此尧之所以畜天下也。

人身上。如果厌恶别人的习气毛病,就要先去除自己身上的习气毛病;希望别人做到的,就要自己先做到。这就是恕。农夫锄草,是去除对禾苗成长有害的杂草;贤明的人治国,是去除损害道义的行为。所思虑的事情对道义没有益处,还要去思虑,这是心理上的污秽;所说的话对道义没有益处,还要向人言说,这是言语上的污秽;所做的事情对道义没有益处,还要有意去做,这是行为上的污秽。

考虑问题符合道义,则其智慧堪称上等;言语符合道义,其言语就可以教化大众;做事符合道义,其行为就能为大众效法。如果自己射箭技术不好还想教导别人学习射箭,别人是不会跟你学的;自己的行为没有修正就想议论别人,别人是不会听的。千里马虽然只有善于相马的伯乐能够发现,但并不妨碍它成为上等良马。有德行的人也是如此,虽然只有圣贤人了解他,但这并不妨碍他成为一位有德之士。

## 治天下

治理天下有四种方法:第一是忠恕爱民,第二是大公无私,第三是任用贤人,第四是度量衡。度量衡统一后,财富就能充足;任用贤人,就能成就诸多功绩;心地无私,是一切智慧的根源;忠恕爱民,是父母般无私的大爱行为。如何知道是这样的呢?父母所养育的儿女,不一定有德行有勇力,不一定聪明,也不一定智慧过人,但他们都一样疼爱,为儿女忧心,只是希望孩子将来能超过自己成为贤达之人,不管是别人利益了孩子,还是自己利益了孩子,都是一样,这就是为人父母养育孩子的心情。那么,(君王)爱戴天下人民的心情,也是希望人民都能超过自己,至于是他人利益了人民,还是自己利益了人民,并不去区别。治理天下也是一样的,尧帝就是这样来治理天下的。

有虞氏盛德，见人有善，如己有善；见人有过，如己有过。天无私于物，地无私于物。袭此行者，谓之天子。诚爱天下者得贤。奚以知其然也？弱子有疾，慈母之见秦医也不争礼貌；在囹圄，其走大吏也不爱资财。视天下若子，是故其见医者不争礼貌，其奉养也不爱资财。故文王之见太公望也，一日五反；桓公之奉管仲也，列城有数，此所以其僻小身至秽污，而为正于天下也。郑简公谓子产曰："饮酒之不乐，钟鼓之不鸣，寡人之任也；国家之不乂，朝廷之不治，与诸侯交之不得志，子之任也。"子产治郑，国无盗贼，道无饿人。孔子曰："若郑简公之好乐，虽抱钟而朝可也。"夫用贤，身乐而名附，事少而功多，国治而能逸。

凡治之道莫如因智，智之道莫如因贤。譬之犹相马而借伯乐也，相玉而借猗顿也，亦必不过矣。今有人于此，尽力以为舟，济大水而不用也；尽力以为车，行远而不乘也，则人必以为无慧。今人尽力以学，谋事则不借智，处行则不因贤，舍其学不用也。此其无慧也，有甚于舍舟而涉，舍车而走者矣。

有虞氏的德行很高，见到别人有善行，就像自己有善行一样；见到别人有过错，就如同自己有过错一样。天对万物无私无求，地对万物也无私无求，能秉承天地这种无私行为的人，才称之为天子。真诚爱护天下的人会得到贤才。何以知道是这样呢？年幼的孩子生病了，慈爱的母亲叩见良医，是不会缺少恭敬的；亲人陷入监牢，家属奔走求救，也不会吝惜钱财的。如果一个人把天下的人看做是自己的孩子，那么就如慈母见良医，不会缺少恭敬，奉养他们也不会吝惜钱财。所以周文王拜见姜太公时，一天五次往返；齐桓公奉养管仲，将几座城池都分封给了他。这就是为什么他们的国家虽然偏僻弱小，身份地位卑贱，却能够统治天下的原因所在。郑简公对子产说："饮酒时不奏乐，钟鼓不鸣，这是我的责任；如果国家没有收入，朝廷得不到治理，与诸侯国交往而不能达到目的，就是你的责任了。"子产治理郑国，国家没有盗贼，路上没有饥饿的人。孔子说："像郑简公那样喜好音乐，就是抱着钟鼓上朝也可以啊。"善于任用贤才，就能身享安乐而声名自然到来，事务少而功绩多，国家得到治理而自身也能安逸。

大凡治国之道，莫过于依靠智慧；依靠智慧，莫过于任用贤才。就好像相马一定要借助伯乐的智慧、挑选美玉一定要依靠猗顿这样的人一样，不过如此而已。如今有的人，尽力制造船只，但是当要渡过大水时却不去使用；努力制造车辆，但是当要出门远行时却不去乘坐。这样的做法，人们肯定会认为他是个白痴。今天人们尽力求学，但谋划事情时却不用智慧，处理事务也不依靠贤人，这是舍弃自己所学而不用啊。这种做法的不聪明，要比放弃船只涉渡大河、舍弃车辆长途行走的情况还要严重。

## 仁意

治水潦者禹也，播五种者后稷也，听狱折衷者皋陶也。舜无为也，而天下以为父母，爱天下莫甚焉。天下之善者唯仁也。夫丧其子者，苟可以得之，无择人也。仁者之于善也亦是。然故尧举舜于畎亩，汤举伊尹于雍人。内举不避亲，外举不避仇，仁者之于善也，无择也，无恶也，唯善之所在。尧问于舜曰："何事？"舜曰："事天，平地而注水，水流湿；均薪而施火，火从燥，召之类也。"是故尧为善而众美至焉，桀为非而众恶至焉。

## 广

因井中视星，所视不过数星。自丘上以视，则见其始出。又见其入，非明益也，势使然也。夫私心，井中也；公心，丘上也。故智载于私则所知少，载于公则所知多矣。何以知其然？夫吴越之国，以臣妾为徇，中国闻而非之，恕则以亲戚徇一言。夫智在公则爱吴越之臣妾，在私则忘其亲戚，非智损也，恕弇之也。好亦然。语曰："莫知其子之恶也，非智损也，爱弇之也。"是故夫论贵贱，辨是非者，必且自公心言之，自公心听之，而后可知也。匹夫爱其宅，不爱其邻；诸侯爱其国，不爱其敌；天子兼天下而爱之大也。

## 仁意

治理洪水灾害的人是大禹，播种五谷的人是后稷，审查案件并调节使其适中的人是皋陶，大舜无为而治，但天下人民都把他当作父母一样看待，因为没有谁比他更爱护天下的人了。天下最大的善行，莫过于仁爱。丢失儿子的人，只要儿子可以找到，哪个人去找都可以。仁者对于贤才的希求也是这样的心态。所以帝尧从田野中发现了舜，商汤从厨子中举荐了伊尹。对内推举贤人不回避自己的亲人，对外推举贤人不回避自己的仇人。仁者对于贤善的人，没有分别的心，没有个人好恶之心，只考虑对方是否具备贤善。尧帝问舜："你为什么做得这样好呢？"舜回答说："我只是顺应自然在做而已。在平地上灌入水，水会往低凹潮湿的地方流去；将柴草平铺在地上点燃，火会顺着干燥的柴草燃烧。这是相互感召的道理。"所以尧帝行道修善，就召感众多吉祥，夏桀为非作恶，就感召众多邪恶。

## 广

坐在井里观看星星，能看到的不过几颗星星而已。如果站在高高的山丘上观看，不但能看到繁星出现，还能够看到星星的隐没。这并不是因为星星更加明亮的缘故，而是所在地势导致的。自私自利之心，就好比坐在井中；大公无私之心，就好像站在山丘之上。所以聪明才智用于自私上，他所感知的就少；聪明才智用于大众利益上，他所感知的就多。怎么知道这一道理呢？吴国、越国，以自己的臣妾殉葬，中原地区的国家知道后就反对他们这种做法。如果宽恕这种做法，然而当他们愤怒的时候，就会使自己的亲戚因一言而被殉葬。于此可见，聪明才智用在为大家，就会怜惜吴越国家的臣妾；如果聪明才智用于私心，就会失去自己的亲戚家人。这并不是智力有欠缺，

## 绰子

尧养无告,禹爱辜人,汤、武及禽兽,此先王之所以安危而怀远也。圣人于大私之中也为无私,其于大好恶之中也为无好恶。舜曰:"南风之薰兮,可以解吾民之愠兮。"舜不歌禽兽而歌民。汤曰:"朕身有罪,无及万方。万方有罪,朕身受之。"汤不私其身而私万方。文王曰:"苟有仁人,何必周亲?"不私其亲而私万国,先王非无私也,所私者与人不同也。

## 处道

孔子曰:"欲知则问,欲能则学,欲给则豫,欲善则肄。"国乱则择其邪人去之,则国治矣;胸中乱则择其邪欲而去之,则德正矣。天下非无盲者也,美人之贵,明目者众也;天下非无聋者也,辨士之贵,聪耳者众也;天下非无乱人也,尧、舜之

而是愤怒之心遮蔽了理智。喜欢某人也是如此。谚语说："没有谁知道自己孩子的过错。"并非是因为智力欠缺，而是被私心覆盖了。所以评论高低贵贱，辨别是非善恶，必须出自公心，从公心出发去判断，然后才能明白。一个人爱自己的房子，却不爱邻居；诸侯爱自己的国家，却不爱自己的敌国。天子却能兼爱天下所有的国家，这是大爱啊！

## 绰子

尧帝能奉养孤苦无处投诉的人，大禹能体恤有罪当刑的人，商汤和周武王的恩泽能够惠及禽兽，这就是古代圣王能够使国家安定、使远方人民归附的原因。圣贤君王能于天下为己的大私中，做到没有丝毫私心；处在具有最大好恶的权力地位中，做到不以自己的好恶之心行事。大舜说："南风吹来的香气，可以化解我的百姓之怨恨。"大舜作歌不是想到禽兽而是想到了人民。商汤说："我一人有罪，不要连累万方人民。如果万方人民有罪过，就让我一人来承受吧。"商汤能放下自己而关爱万方人民。周文王说："如果有道德仁义的人可以任用，何必要用至亲呢？"不利益自己的亲人而去利益天下万民。古代圣王并不是没有私心，只是圣王以整个天下为私，而与常人的私心不同罢了。

## 处道

孔子说："想要懂得道理就要请教别人，想要具备能力就要努力求学，想要给予别人就须有所准备，想让自己贤善就须勤苦磨炼。"国家混乱，只要把奸邪不正的人除掉，国家就可以得到治理；心思混乱，只要把邪恶欲望之念去除掉，德行就端正了。天下不是没

贵,可教者众也。

孔子曰:"君子者盂也,民者水也。盂方则水方,盂圆则水圆。"上何好而民不从?昔者,勾践好勇而民轻死,灵王好细腰而民多饿。夫死与饿,民之所恶也,君诚好之,百姓自然,而况仁义乎?桀、纣之有天下也,四海之内皆乱,而关龙逄、王子比干不与焉,而谓之皆乱,其乱者众也。尧舜之有天下也,四海之内皆治,而丹朱、商均不与焉,而谓之皆治,其治者众也。故曰:"君诚服之,百姓自然;卿大夫服之,百姓若逸;官长服之,百姓若流。"夫民之可教者众,故曰犹水也。

德者,天地万物得也;义者,天地万物宜也;礼者,天地万物体也。使天地万物皆得其宜,当其体者,谓之大仁。食所以为肥也,一饭而问人曰奚若,则皆笑之。夫治天下大事也,今人皆一饭而问奚若者也。善人以治天地则可矣,我奚为而人善?仲尼曰:"得之身者得之民,失之身者失之民。不出于户而知天下,不下其堂而治四方。"知反之于己者也。以是观之,治

有瞎眼的人，然而美女之所以可贵，是因为眼明的人是多数；天下不是没有耳聋的人，而能言善辩的人之所以可贵，是因为听力健全的人是多数；天下并非没有作乱的人，然而尧和舜之所以可贵，是因为可以教化的人是多数。

　　孔子说："君王就好像是器皿，黎民百姓就好像是水。器皿是方的，水就呈现方的形状；器皿是圆的，水就呈现圆的形状。"领导者有喜好，人民怎么会不效仿顺从呢？过去，越王勾践喜欢斗勇，越国的人民就轻死好战；楚灵王喜欢细腰，于是，民间就出现了很多忍饿的人。死亡与饥饿，本来是人们所厌恶的，因为君王非常喜好它，黎民百姓就自然跟着喜好，更何况是仁义道德呢？桀、纣拥有天下时，四海之内都发生了动乱，但是关龙逢和王子比干却不在其中。然而之所以说天下大乱，是指作乱的人很多。尧、舜拥有天下时，四海之内都得到了治理，但是丹朱和商均却不听教化。然而之所以说天下都得到治理，是指大多数人都得到治理。所以说："君王如果把自身管好了，天下百姓自然就得到了治理；卿大夫都把自己管好了，老百姓就得到安乐；官员都把自己管好了，老百姓就会像流水一样自然顺服。"黎民百姓中可以教化的人毕竟是多数，所以说老百姓就如同水一样。

　　德，就是天地万物各得其所、各安其位，自然运转。义，就是天地万物适宜、适时。礼，就是天地万物的运行合乎规矩。使天地万物，各自按其规律发展运行，都能井然有序，就叫做大仁。吃饭是为了让身体强壮健康，如果仅仅吃一顿饭就问人说："怎么样，我胖点儿了吗？"是会遭到众人笑话的。治理天下是一件大事业，而如今的执政者都是像那刚刚吃完一顿饭就问"胖点儿了吗？"的人一样。使人向善以治理天下，则可以成功，但是我怎么做才能使人从善呢？孔

己则人治矣。

## 神明

　　仁义圣智参天地,天若不覆,民将何恃何望?地若不载,民将安居安行?圣人若弗治,民将安率安将?是故天覆之,地载之,圣人治之。圣人之身犹日也,夫日圆尺,光盈天地。圣人之身小,其所烛远。圣人正己而四方治矣。上纲苟直,百目皆开;德行苟直,群物皆正。正也者,正人者也。身不正则人不从。是故不言而信,不怒而威,不施而仁。有诸心而彼正,谓之至政。今人曰:"天乱矣,难以为善。"此不然也。夫饥者易食,寒者易衣,此乱而后易为德也。

子说:"君王能够心正而身修,就能得到人民的支持;自己心不正、身不修,就要失去人民的支持。"足不出户而知天下之事,不下殿堂而天下得以治理,这是凡事知道从自己身上找寻答案的人。由此看来,自己修身完善了,人民自然就可以得到治理。

## 神明

仁义圣智可与天地的厚德相媲美。如果上天不覆盖万物,人民将依靠什么、盼望什么呢?如果大地不承载万物,人们将如何居住、如何出行呢?圣人如果不治理天下,人民将由谁来领导和照顾呢?因此,上天覆盖万物,大地承载万物,圣人治理万物。圣人就好像太阳一样,太阳看起来只像直径一尺那么大的圆,却能光明普照天地万物。圣人的身体虽小,却能光照千里,恩泽远方。圣人改过修身,品行端正,四方百姓就能得到治理。一张网如果主绳提直了,网上的网孔都会张开。一个人如果德行端正了,身边的人和事也会端正。所谓端正,就是端正人的品行。自身不端正,别人就不会顺服听从。因此,不用言语就能使人信服,不用发怒就能树立威严,不用施舍就能做到仁爱。有了这种思想并且能够端正自己,就可以实现极清明的治理。如今人们普遍认为:"天下太乱了,很难行善!"这种说法是不对的。饥饿的人不挑剔,对饮食很容易满足;寒冷的人不挑剔,对衣服也很容易满足。同样,社会动乱之后更容易进行道德教化。

# 申子

申不害　撰

## 大体

夫一妇擅夫，众妇皆乱；一臣专君，群臣皆蔽。故妒妻不难破家也，乱臣不难破国也。是以明君使其臣并进辐凑，莫得专君。

今人君之所以高为城郭用谨门闾之闭者，为寇戎盗贼之至也。今夫弑君而取国者，非必逾城郭之险而犯门闾之闭也。蔽君之明，塞君之听，夺之政而专其令，有其民而取其国矣。

今使乌获、彭祖负千钧之重，而怀琬琰之美，令孟贲、成荆带干将之剑卫之，行乎幽道，则盗犹偷之矣。今人君之力，非贤乎乌获、彭祖，而勇非贤乎孟贲、成荆也。其所守者非恃琬琰之美、千金之重也，而欲勿失，其可得耶？

明君如身，臣如手。君若号，臣如响；君设其本，臣操其末；君治其要，臣行其详；君操其柄，臣事其常。为人臣者，操契以责其名。名者，天地之纲，圣人之符。张天地之纲，用圣人之符，则万物之情，无所逃之矣。

故善为主者倚于愚，立于不盈，设于不敢，藏于无事。窜

## 大体

　　一个妻子独占丈夫的宠爱，其他的妻妾就都会混乱不安；一位大臣独占君主的宠信而擅权，群臣就都会被埋没。所以，心怀妒忌的妻妾容易使家庭破灭，作乱之臣容易使国家破亡。因此，英明的君主任用他的臣下，让他们能团结并进，而不能独占君主的宠信。

　　现今君主之所以修筑高大的城墙，并谨慎地关闭大小门户，是因为怕敌军、盗贼的到来。但如今杀害君主而夺取国家的人，并不一定要逾越城墙的险阻，侵犯紧闭着的大小门户。他们只要蒙蔽君王的眼睛，堵塞君王的耳朵，夺取君主的权力，擅自发布君令，就能占有他的百姓、夺取他的国家。

　　现在，假如让乌获、彭祖背着千钧重的宝物，怀揣琬圭、琰圭那样的美玉，让孟贲、成荆带着干将宝剑来保卫他们，行走于隐蔽的道路，盗贼还是能够偷走宝物。现在君主的力量比不上乌获、彭祖，而勇猛又不能胜过孟贲、成荆，但君主所守卫的东西，并非仅是琬琰的珍美和千金的贵重，却想不失窃，这能做得到吗？

　　英明的君主好比是身体，臣下就如同手臂；君主好比是军号，臣下就如同号声。君主谋划根本大计，臣下操办具体细节；君主治理关键问题，臣下实施详细措施；君主掌握国家权柄，臣下从事日常事务。作为臣子，手握符契（任职凭证），就要以此要求自己名实相符。名，是天地的纲纪，是圣人（做事）的符节。伸张天地的纲纪，使用圣人的符节，那么万事万物的情况，就无所隐瞒了。

　　所以善于做君主的人，（往往表现出）偏近于愚钝，立足于不自

端匿迹，示天下无为。是以近者亲之，远者怀之。示人有余者人夺之，示人不足者人与之。刚者折，危者覆；动者摇，静者安。名自正也，事自定也。是以有道者自名而正之，随事而定之也。鼓不与于五音，而为五音主；有道者不为五官之事，而为治主。君知其道也，官人知其事也。十言十当，百为百当者，人臣之事，非君人之道也。

昔者尧之治天下也以名，其名正则天下治；桀之治天下也亦以名，其名倚而天下乱。是以圣人贵名之正也。主处其大，臣处其细，以其名听之，以其名视之，以其名命之。镜设精，无为而美恶自备；衡设平，无为而轻重自得。凡因之道，身与公无事，无事而天下自极也。

满，置其身于胆小畏惧，藏其志于无所事事，隐藏事情的迹象，向天下人展示其顺应自然、无为而治的姿态。因此，身边的人亲近他，远方的人归向他。向别人显示有富余的人，人们就会夺取他；向别人显示不足的人，人们就会给与他。坚硬的容易折断，高耸的容易倾覆，移动的容易摇晃，平静的容易安稳。这样，名分自然会端正，事情也自然能确定。因此，有道德的君主，从名分下手来端正（纲纪），随顺相应的事物来决定（对策）。鼓声不在五音的范围之内，却是五音的主导者；有道德的君主，不从事五官的事务，却是治理国家的主宰。君主要懂得他的为君之道，臣下要知道各自所应做的事务。说十句话十句话都能恰当、做百件事百件事都会妥当，这是为人臣子的事情，而不是做国君的方法。

　　从前尧帝治理天下用的就是"名"，其名分端正，那么天下就安定；夏桀治理天下用的也是"名"，其名分不正，于是天下大乱。因此，圣人重视名分的端正。君主居于上位，臣子处于下位，各自依照其名分来听事，依照其名分来处理事务，依照其名分下达命令。镜子假如明亮，虽别无所为而美丑自会显现；秤假如公平，虽别无所为而轻重自可得知。凡是遵循这一法则，自身与国家都会平安无事。平安无事，那么天下自然会得到最佳的治理。

# 卷三十七　孟子

孟子及其弟子　撰

## 梁惠王

孟子见于梁惠王。王曰："叟不远千里而来，亦将有以利吾国乎？"孟子对曰："王何必曰利？亦曰仁义而已矣。王何必以利为名乎？亦惟有仁义之道可以为名耳。以利为名，则有不利之患矣。王曰'何以利吾国？'大夫曰'何以利吾家？'士庶人曰'何以利吾身？'上下交征利，而国危矣。征，取也。从王至庶人各欲取利，必至于篡弒。未有仁而遗其亲者也，未有义而后其君者也。"

梁惠王曰："寡人愿安承教。"愿安，意承受孟子之教命。孟子对曰："杀人也。以梃与刃，有以异乎？"梃，杖也。曰："无以异也。""以刃与政，有以异乎？"曰："无以异也。"以刃与政杀人无异也。"庖有肥肉，厩有肥马，民有饥色，野有饿莩，此率兽而食人也。兽相食，且人恶之，为民父母行政，不免率兽而食人，恶在其为民父母也。"为政乃若率禽兽食人，安在其为民父母之道？

齐宣王问曰："文王之囿，方七十里。有诸？"孟子曰："有之。"曰："若是其大乎？"王怪其大。曰："民犹以为小

## 梁惠王

孟子拜见梁惠王。惠王说:"老人家,您不远千里而来,一定会给我的国家带来利益吧?"孟子回答道:"大王,您何必要谈利益呢?只要讲仁义就可以了(大王何必将利益看得那么重呢?只有仁义之道是最重要的啊。将利看得太重,会招致不祥的祸患啊)。假如大王问如何才能利益我的国家,大夫问怎样才能利益我家,读书人和平民百姓也问如何才能利益我自身?如此全国上下互相争利,那国家就非常危险了(征,夺取的意思。从君王到老百姓,大家都想夺得自己的利益,必然会引起篡权夺位、臣民杀君的后果)。没有讲求仁爱却会遗弃自己父母亲人的人;也没有讲求道义却不把国君的利益放在心上的人。"

梁惠王说:"我乐意接受您的教令(愿安,愿意接受孟子的教诲)。"孟子说:"用梃杖杀人和用刀杀人,有什么不同吗?"惠王说:"没有什么不同。"孟子又问:"用刀杀人跟用苛政害人,有什么不同吗?"惠王说:"没有什么不同(用刀杀人和用苛政杀人没有区别)。"孟子又说:"厨房里存放着肥嫩的肉,马厩里养着健壮的马,却使老百姓吃不饱,面带饥色,郊野横躺着饿死的尸体,这就等于率领野兽来吃人啊!野兽自相残杀吞噬,人们见了尚且厌恶,君王身为百姓的父母,推行政事,却不能免于虐政害民的状况,哪里还配做百姓的父母呢(为政治国,竟然到了率领禽兽来吃人的地步,这岂是一位为民父母的君王该做的事呢)?"

齐宣王问孟子:"听说周文王的林苑方圆七十里,有此事吗?"孟子答道:"史书上确有记载。"宣王说:"真有这么大吗?"(齐宣王

也。"曰:"寡人之囿,方四十里耳,民犹以为大,何也?"曰:"文王之囿,方七十里,刍荛者往焉,雉兔者往焉。与民同之,民以为小,不亦宜乎?臣闻郊关之内有囿,方四十里,杀其麋鹿者,如杀人之罪,郊关,齐四境之郊皆有关也。则是方四十里为阱于国中也。民以为大,不亦宜乎?"设陷阱者丈尺之间耳,今陷阱乃方四十里,民患其大,不亦宜乎?

## 公孙丑

孟子曰:"人皆有不忍人之心。"言人人皆有不忍加恶于人之心也。先王有不忍人之心,斯有不忍人之政矣。以不忍人之心,行不忍人之政,治天下可运之于掌上。先王推不忍害人之心,以行不忍伤民之政,以是治天下,亦易于转丸于掌上也。所以谓"人皆有不忍人之心"者。今有乍见孺子将入于井,则皆有怵惕恻隐之心。由此观之,无恻隐之心,非人也;无羞恶之心,非人也;无辞让之心,非人也;无是非之心,非人也。言无此四者,当若禽兽,非人之心也。恻隐之心,仁之端也;羞恶之心,义之端也;辞让之心,礼之端也;是非之心,智之端也。端者,首也。人之有是四端也,犹其有四体也。有是四端而自谓不能者,自贼者也;自贼害其性使为不善。谓其君不能者,贼其君者也。谓其君不能为善而不匡正者。贼其君使陷恶者也。

埋怨周文王的围猎场比自己的大。)孟子说:"百姓还认为它太小呢!"宣王反问道:"我的园苑才方圆四十里,百姓还觉得大,这是为什么呢?"孟子说:"周文王的林苑方圆七十里,漫无边野,割草砍柴的人可自由出入,打猎的人可任意往来,这是与民共用的地方,所以百姓认为它还小,不也是应该的吗?我听说,齐国国都的郊外,有方圆四十里的林苑,在那儿捕杀麋、鹿,与杀人者同罪(郊关,齐国四面边境都有关卡)。这等于在国内设置了一个方圆四十里的陷阱来坑害百姓,百姓认为它太大,不也是合乎情理的吗?"(设一般的陷阱,只有几丈几尺的大小,现在国君您设了一个方圆四十里大的陷阱,老百姓认为他太大,不也是应该的吗?)

## 公孙丑

孟子说:"人人都有不忍伤害人的心(人人都有不忍加害于人的善良本性)。古代帝王也有不忍伤害人的心,所以才有不忍伤害人的政治。能用不忍伤害人的心,施行不忍伤害人的政治,那么平治天下就像在手掌上转动珠子那样简单了(古代圣王推崇不忍害人的心,施行不忍伤害人民的政治,以这样的心治理天下,就像在掌中转动珠子那样简单)。之所以说'人人都有不忍伤害人之心'的原因是,譬如现在有人忽然看见小孩快要掉进井里去,马上就会生起惊恐同情的心理。由此看来,如果一个人没有同情怜悯的心,就不能算作是人;没有羞耻之心,就不能算作是人;没有辞谢谦让的心,就不能算作是人;没有明辨是非的心,就不能算作是人(如果说没有这四种心的人,就像禽兽一样,不是人的本性)。同情怜悯心是仁的开端;羞耻憎恶心是义的开端;辞谢谦让心是礼的开端;辨别是非的心是智的开端。人有这四个善良的开端,如同人有四肢一样。有了这四种善良的开端,还说

孟子曰："矢人岂不仁于函人哉？矢人唯恐不伤人，函人唯恐伤人，巫匠亦然。故术技不可不慎也。"矢，箭也。函，铠也。作箭之人，其性非独不仁于作铠之人也，术使之然。巫欲祝活人，匠作棺，欲其早售，利在人死也。故治术不可不慎修其善者也。孟子曰："子路人告之以其过则喜，禹闻善言则拜，大舜又甚焉。善与人同，舍己从人，乐取于人以为善。自耕稼陶渔以至为帝，无非取于人者。取诸人以为善，是与人为善也。故君子莫大乎与人为善。"舜从耕于历山及陶渔，皆取人之善谋而从之。故曰，莫大乎与人为善也。

## 滕文公

陈相见孟子，道许行之言曰："贤者与民并耕而食。"孟子曰："治天下有大人之事，有小人之事；或劳心，或劳力。劳心者治人，劳力者治于人。故治于人者食人，治人者食于人，天下之通义也。劳心者，君也。劳力者，民也。君施教以治之，民竭力

自己不能行善,就是自暴自弃(贼害自己本善的天性了),认为他的君王不能行善的,就是贼害他的国君(认为他的君王不能行善而且又不能劝谏君王改正的人,是陷他的君王于不义)。"

孟子说:"造箭的人难道比不上制造铠甲的人有仁爱心吗?造箭的人唯恐箭不锋利,不能射伤人;造铠甲的人唯恐盔甲不坚硬,使穿铠甲的人受伤。替病人祈祷治病的巫医和制造棺椁的木匠,其心理也是如此,因此选择谋生的职业不可不慎重啊(做箭者的心性并不是不如做铠者那样仁爱,而是由于职业的关系,让他做伤害人的箭。巫师希望祈祷人能存活,而木匠制作棺材是想让它能早点卖出去,木匠的利益在于人去世之后购买棺材。因此选择职业不可不谨慎,要选择从事善的行业)!孟子说:"子路,别人指出他的过错,他就非常欢喜;禹听到有益的话,就感激得给人拜谢。大舜则更加了不起,他自己有优点,愿意别人同自己一样,别人有长处,就向别人学习。自己虽有好的想法,见别人有好的意见,便能放弃自己的想法而采纳别人的意见,他乐于吸取别人的优点来做善事。大舜从种田、制作陶器、打渔一直到成为天子,没有一样不是向别人学习的。如果能吸取他人的长处来做好事,这就是与人为善。所以,对君子来说,最重要的莫过于与人为善了(大舜从历山耕田到河滨烧窑、雷泽捕鱼,都是十分虚心地吸取别人好的建议,听从去做。所以说'最大的善莫过于与人为善')。"

## 滕文公

陈相见到孟子,转述许行的话说:"贤明的君主一定是和百姓一起耕种来养活自己。"孟子说:"治理天下,在上位的有施行政教之事,在下位的百姓有耕田制器之事。有的人从事脑力劳动操心费神,有的人从事体力劳动奉养物品;从事脑力劳动的人施行政教管

治公田以奉养其上，天下通义，所常行也。当尧之时，洪水横流，泛滥于天下。尧独忧之，举舜而治焉。舜使禹疏九河，决汝汉，八年于外，三过其门而不入。虽欲耕，得乎？尧以不得舜为己忧，舜以不得禹皋陶为己忧。分人以财谓之惠，教人以善谓之忠，为天下得人谓之仁。是故以天下与人易，为天下得人难。"

## 离娄

孟子曰："离娄子之明，公输子之巧，不以规矩，不能成方圆；师旷之聪，不以六律，不能正五音；尧舜之道，不以仁政，不能平治天下。言当行仁恩之政，天下乃可平。今有仁心仁闻，而民不被泽，不可法于后世者，不行先王之道也。仁心，性仁也。仁闻，仁声远闻也。虽然，犹须行先王之道，使百姓被泽，乃可为后世法也。故曰：'徒善不足以为政，徒法不能以自行。'但有善心而不行之，不足以为政。但有善法度而不施之，法度亦不能独自行。圣人既竭目力焉，继之以规矩准绳，以为方圆；既竭耳力焉，

理人，从事体力劳动的人生产物品被人管理；所以，接受管理照顾的百姓要供养那些操心管理的君王、百官，而照顾管理人的君王、百官则需接受百姓的供养来生活，这是普天之下通行的道理（所谓劳心者，指君王百官；劳力者，指平民百姓。君王施行教育以治理天下，平民百姓则尽好自己的本分，种好官田缴纳官粮养活君王百官，这是天下通行的道理，自古以来就是这样做的）。在尧帝时期，洪水横流，导致天下大水泛滥成灾，尧帝为此感到特别担忧，便选派舜负责治理。舜又选派禹疏通了九条河道，开掘挖通汝水和汉水。禹在外治水八年，三次经过家门都顾不上进去看望，即使他想去耕种来养活自己一家人，能行吗？尧帝以不能得到像舜这样的人而最为忧虑；舜也同样，以不能得到像禹和皋陶这样的人而忧心。把财物分给别人叫施恩惠与人；教导人为善之道称作忠；为国家求得贤德之士称作有仁德。所以说，把天下让给别人容易，而为天下找到大公无私的贤能之士就难了！"

## 离娄

孟子说："离娄子虽有过人的眼力、公输般虽有高超的巧艺，不使用圆规、尺子也不能画出方和圆；师旷虽有灵敏的听力，不依据六律也不能校正五音；尧舜虽有圣明的治国之道，若不施行仁政，也不能治理好天下（意思是说应当实施仁爱恩惠的治国政策，才能达到天下太平）。现今有些国君虽有仁爱之心、仁爱之声誉，但民众却不能感受到他们恩德的庇荫，其施政方略不能被后世效法，就是因为不效法古代圣明君王以德治国的缘故（仁心，仁德的本心；仁闻，仁德的声誉远播。即使是这样，还需要实施古代圣明君王的治国之道，使百姓得到恩泽，才可为后世所效法）。所以说，仅有善心还不足以治理国政，仅有好的

继之以六律正五音；既竭心思焉，继之以不忍人之政，而仁覆天下也。故为高必因丘陵，为下必因川泽，为政不因先王之法。可谓智乎？言因自然，既用力少而成功多。是以惟仁者宜在高位，不仁而在高位，是播恶于众也。"仁者能由先王之道，不仁者逆道，则播扬其恶于众人也。

孟子曰："三代之得天下也以仁，其失天下也以不仁。国家之所以废兴存亡者亦然。天子不仁不保四海之内，诸侯不仁不保社稷，卿大夫不仁不保宗庙，士庶人不仁不保四体。今恶死亡而乐不仁，犹恶醉而强酒。"孟子告齐宣王曰："君之视臣如手足，则臣之视君如腹心；君之视臣如犬马，则臣之视君如国人；君之视臣如土芥，则臣之视君如寇雠。"芥，草芥也。臣缘君恩（旧无恩字。补之）以为差等。

## 告子

孟子曰："今有无名之指，屈而不申，非疾痛害事。如有能申之者，则不远秦楚之路，为指之不若人也。无名之指，手第四

法令制度也不能使人自行实施（只有善心而不落实，不足以为政治国；只有好的制度而不去推行，制度也不会自动产生效果）。圣人在竭尽眼力之后，继而再用圆规、曲尺、墨线，才制造出各种器物；在竭尽听力之后，继而再用六律，来校正五音；在竭尽思虑之后，继而又施行不忍伤害人的仁政，那么他的仁德就能恩泽天下的人民了。所以筑高台定要凭借丘陵之势，造深池定会凭借河泽之水，而治理政事却不依据古代圣明君王之道，能算得上明智吗（就是说随顺先人走过的自然之道治理国政，则用力少而成功多）？因此，只有有仁德的人才能居于高位，如果没有仁德而又居于高位，这样的人就会把他的邪恶传播给民众（仁者，能遵从先王之道；不仁者违逆先王之道，就会将他的邪恶传播给民众，让天下人皆受其祸）。"

　　孟子说："夏、商、周三代能够得到天下，是因为施行仁政；他们丧失天下，是因为不行仁政。诸侯各国的衰落与兴盛、生存与灭亡也是同样道理。天子不仁，就保不住天下；诸侯不仁，就保不住国家；卿大夫不仁，就保不住家族的宗庙；士人和百姓不仁，就不能保住自身。现在有人厌恶死亡却喜好残暴，这好比厌恶喝醉却又要勉强多喝一样。"孟子告诉齐宣王说："君主看待臣下如同自己的手足，臣下看待君主就会如同自己的腹心；君主看待臣下如同犬马，臣下看待君主就会如路人；君主看待臣下如同泥土草芥，臣下看待君主就会如同仇敌（芥，草芥。臣民会顺着君主施予自己恩德的厚薄等差来同等地对待君主）。"

## 告子

　　孟子说："现今有的人，他的无名指弯曲而不能伸直，虽然并不疼痛，也不妨碍做事，假使有人能让它伸直，即使去秦国或楚国医

指也,余指皆有名,无名指非手之用指也。指不若人,则知恶之;心不若人,则不知恶,此之谓不知类。"心不若人,可恶之大者也。而反恶指,故曰不知类。类,事也。

孟子曰:"仁之胜不仁也,犹水之胜火也。今之为仁者,犹以一杯水救一车薪之火也。不息,则谓水不胜火者,此与于不仁之甚者也。"孟子曰:"五谷,种之美者也。苟为不熟,不如荑稗。夫仁亦在熟之而已矣。"熟,成也。

## 尽心

孟子曰:"以佚道使民,虽劳不怨;谓教民趣农,役有常时,不使失业。当时虽劳,后获其利,则逸矣。以生道杀民。虽死不怨杀者。"杀此罪人者,其意欲生人也,故虽伏罪而死,不怨杀者也。

治,也不觉得路远,这是因为他的无名指不如别人的缘故(无名指,是手的第四指,其余的手指皆有名称。无名指不为手所用,也不碍事)。无名指不如别人,都知道厌恶;心若不如别人,却不知道惭愧,这就叫做不知轻重,舍本逐末(自己的心不如人是最大的羞耻,却不为之羞耻,反而讨厌弯曲的无名指这样的小事,所以称之为不明事理)。"

孟子说:"仁胜过不仁,就像水可以灭火一样。但如今奉行仁道的人,就好比用一杯水去救一车燃烧的柴草一样;火扑灭不了,就说'水不能灭火'。这种人与不行仁德者相比(问题)更为严重。"孟子说:"五谷,农作物中最好的品种,但如果不成熟,那还不如稗子之类的杂草。仁德之道,也在于使其成熟啊!"

## 尽心

孟子说:"以谋求百姓安乐的原则使用民力,百姓纵然劳苦也不会怨恨(教导百姓乐于务农,差使人民有固定的时间安排,不让他们放弃正业,当时虽然辛苦,但后来得到利益就能使人安乐了);以谋求百姓生存的原则处死有罪的人,伏罪的人即使被处死也不怨恨杀他的人(杀掉犯罪的人,其本意却是为了救别人,所以罪犯虽然伏罪而死,也不会怨恨判他死刑的人)。"

# 慎子

慎到 撰

## 威德

天有明,不忧人之暗也。地有财,不忧人之贫也。圣人有德,而不忧人之危也。天虽不忧人之暗也,辟户牖必取己明焉,则天无事也。地虽不忧人之贫也,伐木刈草,必取己富焉,则地无事矣。圣人虽不忧人之危也,百姓准上,而比于其下,必取己安焉,。则圣人无事矣。故圣人处上,能无害人,不能使人无己害也,则百姓除其害矣。圣人之有天下也,受之也,非取之也。有光明之德,故百姓推而与之耳,岂其心哉?百姓之于圣人也,养之也,非使圣人养己也,则圣人无事矣。

毛嫱、西施,天下之至姣也。衣之以皮倛,则见之者皆走;荀卿曰:"仲尼之状,面若蒙倛。"易之以玄緆,则行者皆止。緆谓细布。由是观之,则玄緆,色之助也;姣者辞之,则色厌矣。走背跋躅穷谷,野走千里,药也,走背辞药则足废。理有相须,而作事有待具而成,故虽资倾城之观,必俟衣裳之饰。虽挺越常之足,必假药物而疾,故有才无势。将颠坠于沟壑,有势无才,亦腾乎风云,万动云云,咸皆然耳。

## 威德

　　天有日月光明，不必担忧人间的黑暗；地有无穷的财富，不必担忧人间的贫穷；圣人有美好的德行，而不担忧人间存在的危难。天虽然不担忧人间的黑暗，但人们只要打开门窗，就会使自己获得光明，而天并没有做什么。地虽然不担忧人间的贫穷，但人们只要伐木割草耕种，就会使自己取得财富，而地也没有做什么。圣人虽然不担忧人们的危难，但百姓只要以圣人的德行为标准来要求自己，就能使自己得到安宁，而圣人也并没有做什么。因此，圣人处在上位，能够做到不伤害人，却不能避免人们有危害自己的事情发生，那么百姓就会自己来消除这些危害。圣人能够拥有天下，是接受了百姓的重托，而不是夺取的（圣人有光明的德行，因此百姓推举拥戴而将天下托付于他，哪里是他自己想要呢）。百姓对于圣人，是奉养他，而不是靠圣人来养活自己，所以圣人并没有做什么啊。

　　毛嫱、西施，是天下最美丽的女子，要是让她们穿上兽皮、戴上用于驱除疫鬼的面具，那么看见的人都会马上跑开（荀卿说："仲尼的容貌，如同驱除鬼怪的神灵一般"）；要是让她们换上黑色的细布织物，那么过路的人都会忍不住停下来观赏。由此看来，是好看的细布增添了她们的姿色。美丽的女子不穿漂亮的衣服，那么姿色就不能充分显露出来。背负重物步行继而翻山越岭，奔跑于千里之野，这是借助绑腿的作用。背负重物奔跑，如果不借助绑腿，那么脚就会受到损伤（义理要相互依托而成立，事情要依靠器具来完成。因此虽然有倾城的姿色，也必须要依赖于衣裳的装饰；虽有超常的脚力，还须借助绑腿才能走得

故腾蛇游雾,飞龙乘云,云罢雾霁,与蚯蚓同,则失其所乘也。故贤而屈于不肖者,权轻也;不肖而服于贤者,位尊也。尧为匹夫,不能使其邻家,至南面而王,则令行禁止。由此观之,贤不足以服不肖,而势位足以服不肖,而势位足以屈贤矣。故无名而断者,权重也;弩弱而矰高者,乘于风也;身不肖而令行者,得助于众也。故举重越高者,不慢于药;爱赤子者,不漫于保;绝险历远者,不慢于御。此得助则成,释助则废矣。夫三王五伯之德,参于天地,通于鬼神,周于生物者,其得助博也。

古者,工不兼事,士不兼官。工不兼事则事省,事省则易胜;士不兼官则职寡,职寡则易守,故士位可世,工事可常。古之宰物,皆用其一能以成其一事,是以用无弃人,使无弃才。若乃任使于过分之中,役物于异便之地,则上下颠倒,事能淆乱矣。百工之子,不学而能者,非生巧也,言有其常事也。今也国无常道,官无常法,是以国家日缪,教虽成,官不足。官不足则道理匮,道理匮则慕贤智,慕贤智则国家之政要在一人之心矣。人之情

快。所以有才而无势,就会跌落到山沟里;有势而无才,却可以腾驾风云。万事万物的运行,都是如此啊)。

所以,腾蛇趁雾游行,飞龙乘云往来。如果云消雾散,腾蛇、飞龙便与蚯蚓没有什么两样,因失去了依托而不能腾飞。因此,人有贤德而屈从于无德无才之人,是因为贤者的权力太轻;人无德无才而能服从于贤者,是因为贤者的地位尊贵。唐尧为普通老百姓时,不能支配他的邻居;等到他坐北朝南称王的时候,就能使人有令必行,有禁必止。由此看来,贤者的贤德并不足以让无德无才的人服从,而权位才足以折服他们,然而权位也足以让贤者屈就。因此,没有名望的人能决断一切,是由于权力大的缘故;弓弩不强而短箭却射得高,是凭借风势的缘故;本身没有德才而命令能得以执行,是得到众人的协助。所以,托负重物跨越高处的人,一定不敢忽视绑腿的作用;疼爱婴儿的人,一定不敢怠慢保姆;经历险境游历远方的人,一定不敢怠慢驾御车马的人。这是因为得到帮助才能成功,失去帮助就会失败。古代三王、五伯的德行,可与天地之德相媲美,可与鬼神相感通,其恩惠可以遍及万物的原因,是因为他们得到广泛帮助的缘故。

古时候,工匠不兼做其他事情,士人不兼任其他官职。工匠不兼做其他事情,事情就不多,事情不多就容易胜任做好。士人不兼任其他官职,职责就少,职责少就容易做到尽忠职守。所以士人的职位可以世代相继,工匠的职业可以长期不变(古代君王从政治民,掌理万物,都用一个人最擅长的一种能力,来成就一件事情。让每个人都来做他最擅长的事情。这样就没有闲置的人才,每个人也没有荒废的才干。如果役使万物超过了他的职分,这样就会上下颠倒,使得执事和才能混淆紊乱)。各种工匠的子弟不用专门学习就能做工,这不是他们天性灵巧,而是他们

也，莫不自贤，则不相推。政要在一人，从一人之所欲，不必善，则政教陵迟矣。

古者立天子而贵之者，非以利一人也。曰："天下无一贵，理无由通，通理以为天下也。"故立天子以为天下也，非立天下以为天子也；立国君以为国也，非立国以为君也；立官长以为官也，非立官以为长也。法虽不善，犹愈于无法。所以一人心也。夫投钩分财，投策分马，非钩策为均也，使得美者不知所以赐，得恶者不知所以怨，此所以塞怨望使不上也。明君动事必由惠，定罪分财必由法，行德制中必由礼。法者，所以爱民。礼者，所以便事。故欲不得干时，必于农隙也。爱不得犯法，当官而行。贵不得逾规，禄不得逾位，惠不得兼官，工不得兼事，以能受事，以事受利。若是者，上无羡赏，民无羡财。羡，犹溢也。

常常要做这件事的缘故。现在国家没有长期稳定的政策法规,官吏没有长久实行的法令,因此国家政治日渐谬误。实行教化虽然很有成效,但是称职的官吏却很缺乏;缺乏称职的官吏,则缺乏处理事务的方法和智慧;缺乏方法和智慧,就会仰慕贤德智慧的人才;仰慕贤德智慧的人才,那么国家的政治要务就会完全随顺一个人的意志(人的性情,没有不认为自己贤能的,认为自己贤能,就不会推举其他的贤能之人,这样,国家的施政要领就由一个人来决定,遵从于一个人的想法,然而,一个人的想法未必尽善尽美,这样的话国家的政治与教化就难免会衰败了)。

古时候,拥立天子而使他尊贵,并不是让天子一个人得到利益。这是因为,天下若没有一位尊贵的君主,那么法纪就无法实行,施行法令是为了更好地治理好天下。所以拥立天子是为了治理好天下,并不是设立天下来为天子服务;拥立国君是为了治理好国家,并不是建立国家来为国君一个人服务;设置主管官职是为了更好地进行管理,并不是设置官职来为长官个人谋取私利。法令制度虽然还不完善,还是胜过没有法令制度(以此来统一人心)。用拈阄来分配财物,用抽签来分配马匹,并不是说拈阄、抽签分配是最公平的,这种方法可让分到好东西的人不知道是谁的恩赐,让分到不好之物的人不知道抱怨谁,这样做是为了遏制人们的怨恨,使其怨恨情绪不会增加。圣明的君主做事必定是出自仁爱之心;确定罪名和分配财物,一定根据法令制度;施行德政依循中道,必定遵循礼义(制定法令,是因为爱护民众,设立礼制,是为了便于人们行事)。所以,想做某事但不能违背农时(必须在于农闲时),爱怜某人但不能违犯法律(应当秉公行事),使某人显贵但不能超越规纪,给予俸禄不能超越其职位。士人不得兼任其它官职,工匠不得兼做其它事务,根据才能的大小安排工作,根据

## 因循

　　天道因则大，因百姓之情，遂自然之性，则其功至高，其道至大也。化则细。化使从我，物所乐，其理祸（祸恐犹误）狭，其德细小也。因也者，因人之情也。人莫不自为也，化而使之为我，则莫可得而用矣。违性矫情，引彼就我，则怨戾乖违，莫有从之者矣。是故先王不受禄者不臣，禄不厚者，不与人难。人不得其所以自为也，则上不取用焉。夫君上取用，必须天机之动，性分之通，然后上下交泰，经世可久耳。故放使自为，则无不得，仕而使之，则无不失矣。故用人之自为，不用人之为我，则莫不可得而用矣，此之谓因。

## 民杂

　　民杂处而各有所能，所能者不同，此民之情也。故圣人不求备于一人也。大君者，大上也，兼畜下者也；下之所能不同，而皆上之用也。是以大君因民之能为资，尽苞而畜之，无能去取焉。夫人君之御世也，皆曲尽百姓之能，兼罗万物之分，因其长

工作情况给予相应的报酬。如果能做到这样,君主就不会过分地赏赐,臣下和百姓就不会贪求多余的财物。

## 因循

　　对于天理人性,君主顺应它,就会功高德厚(顺应百姓的性情,顺遂自然大道,那么成就的功业就高,这是最上之道);不顺应它,就会功小德微(改变人的性情和自然大道以顺从自己的想法,是人们所乐于做的,这种做法是心胸狭小的表现,成就的德业也就不高)。这里所说的"顺应",是指顺应人的性情。人没有不为自己的,要改变其性情让他们为我而做事,那是不可能使之为己所用的(违背人们的性情和常理,让别人改变来迁就自己,就会招致埋怨和愤恨,没有人愿意跟随这样的人做事情)。所以前代君王对于未给俸禄的人,不按臣下的职分要求他;对所赐俸禄不丰厚的人,不与其共赴国难;人如果不明白自己为什么要这样去做,君主就不会选用他(君主取用人才,必须是上合天意,下通人性,这样才能上下一心,治理国事才能长久。所以,充分信任人才,凡事能放心让人自己去做,则什么人才都能得到。若不信任而反复审查地使用人,则什么样的人才都会失去)。因此,如果使人自觉地去做事,而不使人为我而做事,那么就没有人不能为己所用了。这就是所说的"顺应"。

## 民杂

　　人们共处在一起,每个人各有擅长,而且所擅长的各不相同,这是真实的民情(所以圣人不用同一个标准对人求全责备)。圣王处在最高的王位,他能做到对百姓的专长兼容并蓄。虽然百姓的专长各不相同,但都能为圣王所用。因此,圣王顺应百姓各人的才能来取

短，就而用之，使能文者为文，能武者为武，聋者使其视，盲者使其听，故理有尽用，物无弃财。是故不设一方以求于人，故所求者无不足也。大君不择其下，故足也。不择其下，则易为下矣；易为下，则下莫不容；莫不容，故多下。多下之谓大上。其下既多，故在上者大。

君臣之道，臣事事，言事其所事，而君无事；百官之属，各有所司。君逸乐而臣任劳，臣尽智力以善其事，而君无与焉；仰成而已，故事无不治。人君自任，而务为善以先下，则是代下负任蒙劳也，臣反逸矣。故曰，君人者好为善以先下，则不敢与君争为善以先君矣。君好见其善，则群下皆淫善于君矣。上以一方之善，而施于众方之中，求其为瞻，偏已多矣。君偏既多，而臣韬其善，则天下乱矣。皆私其所知以自覆掩有过，则臣反责君，逆乱之道。夫所以置三公而列百官者，将使群臣各进所知以康庶绩耳。若乃君显其善而臣藏其能，百事从君而出，众端自上而下，则臣善不用，而归恶有在矣。

用人才、治理国家,尽力包容,并且精心培养他们,不能取此舍彼啊(因此圣王治理国家,皆使百姓人尽其才,物尽其用,不论各人的长处和短处,都能善为所用,使能文的从文,能武的就武;对于耳聋的人,就让他看,对于眼盲的人,就让他听,所以能尽用天下之理,使得人和物都能尽其效用)。因此,君主不是设置一个标准来寻求人才,所以君主的要求没有得不到满足的;君主对臣下不厚此薄彼,所以各种人才就都会充足;不厚此薄彼,臣下就容易尽到本分。容易尽到本分,国家的各种人才就没有不被包容的。圣王能包容各类人才,处在下面的人才就自然增多。处在下面的人才众多,君王的威望就越高(在下位的人才既众多,所以在上位的君主威望自然就高)。

君臣相处之道在于臣子做臣子该做的事(臣子做好自己的本分事),而君主不用参与具体的事务(各种事情由文武百官负责管辖,由他们各自掌管各种事务)。君主闲适安乐而臣子不辞辛劳,臣子尽心尽力把事情做好,君主不参与具体事务,只是依赖臣下取得成功罢了,所以国家政事没有治理不好的。相反,君主如果什么政务都亲自去做,并力求比臣下做得好,那就是代替臣下担负责任而蒙受辛劳,臣下反而安闲无事了。所以说,君主喜欢抢在臣下之先把事情做好,臣下就不敢抢在君主之前去做好事情了(君主喜好表现自己的才能,臣下为了讨好君主就会过多地让君主表现其才能,君主用一个方面的擅长,用在各个方面的事务中,来求得众人的仰慕,就会产出种种过失。君主的过失很多,又好表现自己的才能,臣下就会隐蔽自己的才能,这样就会天下大乱)。如果臣子都把自己的聪明才智隐藏起来,而国事一旦出现问题,臣子就会反过来责怪君王,这是臣子背叛君主、国家出现祸乱的作法(之所以设立三公,而分列文武百官之职,就是为了让所有官员都能把自己的聪明才智贡献出来,以造福臣民。如果只是君主显示自己的才

君之智，未必最贤于众也，以未最贤而欲以善尽被下，则不赡矣。假使其贤，犹不可推一己之智以察群下，而况不最贤。若使君之智最贤，以一君而尽赡下则劳，劳则有倦，倦则衰，衰则复反于不赡之道也。是以君自任而躬事，则臣不事事矣。言君之专荷其事，则臣下不复以事为事矣。是君臣易位也，谓之倒逆，倒逆则乱矣。人君任臣而勿自躬，则臣事事矣，是君臣之顺，治乱之分，不可不察。所谓任人者逸，自任者劳也。

## 知忠

　　乱世之中，亡国之臣，非独无忠臣也。治国之中，显君之臣，非独能尽忠也。治国之人，忠不偏于其君；乱世之人，道不偏于其臣。然而治乱之世，同世有忠道之人。臣之欲忠者不绝世，而君未得宁其上，夫灭亡之国，皆有忠臣耳。然贤君千载一会，忠臣世世有之，值其一隆之时，则相与而交兴矣；遇其昏乱之主，则相与而俱已矣。无遇比干、子胥之忠，而毁瘁主君于暗

华能力,臣子便会隐藏其才智,所有的事情都由君王亲自办理,事情的方方面面都是从上而下一竿子插到底,那么,有德行和才智的臣子都用不着了,然而,真出了问题责任就全在君王一人身上了)。

君主的聪明才智,未必比群臣高明。仅凭未必最贤明的才智,却想把全部事情做好超过众人,那是不可能都办到的(就算君主是最有才干的,也不可以按自己一个人的标准,去考校所有臣下,何况自己还不是最有才干的)。即使君主的才干是最高的,可是靠他一人就想把所有的事情都做好,他就会非常劳苦,劳苦就会疲倦,身体疲倦就会使才智衰竭,才智衰竭就会又走回智谋不足的道路上去。因此,君主如果事必躬亲,那么,臣子就不会各司其职(也就是说,君王去做臣子该做的事情,臣子也就不再认为还有该他做的事情了)。这等于君主和臣子交换了位置,这就叫做颠倒错位。颠倒错位,必然导致混乱。君主任用臣子而不需事必躬亲,那么臣下就会各司其职,尽职尽责完成任务。这就是君臣和顺、治世和乱世的区别所在,君主不可不明察(这就是所说的,善于任用人做事者,轻松自在;不善于任用人,事必躬亲者,劳苦不堪)。

## 知忠

乱世的时代,在灭亡之国的大臣中,并不是没有忠臣;国家安定太平之时,在名声显赫的君主手下,并非都是忠臣;国家太平时的臣民,并非对君主就特别忠诚;国家衰乱时的臣子,他们的立身之道也并非不端正。然而,不管是国家安定还是衰乱,都有忠于国家和坚守道义的人。臣子想尽忠者世代不绝,但君主身居上位却未能得到安宁(那些灭亡的国家,也都是有忠臣的。贤明的君主是千载一遇,忠臣却世世代代都有。恰逢兴盛的时代,就一同兴盛;遇到昏乱的国君,就一同灭

墨之中，遂染溺灭名而死。由是观之，忠未足以救乱世，而适足以重非。何以识其然也？曰："父有良子而舜放瞽叟，桀有忠臣，而过盈天下。"然则孝子不生慈父之义，六亲不和有孝慈也。而忠臣不生圣君之下，国家昏乱有贞臣也。故明主之使其臣也，忠不得过职，而职不得过官。

　　是以过修于身，而下不敢以善骄矜；守职之吏，人务其治，而莫敢淫偷其事；官正以敬，其业和，吏人务其治，而莫敢淫偷其事；官正以顺，以事其上，如此，则至治已。此五帝三王之业也。亡国之君，非一人之罪也；恶不众则不足以亡其国也。治国之君，非一人之力也。善不多则不足以兴治也。将治乱在乎贤使任职，而不在于忠也。故智盈天下，泽及其君；忠盈天下，害及其国。故桀之所以亡，尧不能以为存。然而尧有不胜之善，言其善道不可胜言也。而桀有运非之名，天下之恶皆归之也。则得人与失人也。故廊庙之材，盖非一木之枝也；狐白之裘，盖非一狐之皮也；治乱安危，存亡荣辱之施，非一人之力也。

亡），是没有遇到比干、伍子胥那样的忠臣，从而直谏处于愚昧昏暗中的君主，以致沾染、沉溺于恶习而身死名灭吗？由此可见，忠臣并不足以挽救乱世，而恰恰加重了人们对君主的指责。何以见得？比如说，虞舜的父亲瞽叟有孝顺的儿子，而虞舜却让父亲瞽叟背受恶名；夏桀有忠臣，但其罪恶却传遍天下。这就说明孝子并不一定产生在慈父的恩义之下（六亲不和睦就更能彰显子孝和父慈），忠臣也不一定产生于圣明君主的统治之时（国家昏乱就更能彰显出臣子的忠贞）。所以，圣明的君王使用臣子，使臣下尽忠，而不超越自己的职责，使臣下尽职，而不超越自己的职权。

因此，君王有了过错便反省修正，那么臣子就不敢以自己的意见正确而骄慢。恪尽职守的官员，就会人人力求做好事情，而不敢对公务有丝毫怠慢。官员端正自心以敬业，其事业就能和顺，下属小吏也会各尽其责，而不敢对工作有丝毫怠慢。官员正己恭顺以侍奉君王，就能使国家的治理达到最理想的程度。亡国之君，并不是他一个人的罪过；治国之君，也不是他一个人的功劳。国家的治理或动乱，关键在于选用贤能委以重任，而不仅在于臣子是否尽忠。因此，有智之士遍布国内，将惠及君王；而忠君之人遍布天下，往往会使国家受害。所以，夏桀使国家灭亡的所作所为，即使让唐尧也不能使国家不亡。然而，唐尧有不可胜数的善道，而夏桀却有运用邪恶的罪名，这就在于是得到还是失去德才兼备的人才。所以，修建朝堂所用的木材，决不是一棵树的材料；纯白的狐皮裘衣，也决不是一只狐狸皮所能做成的；国家的治乱安危、存亡荣辱的形成，也决不是一个人的力量就能做到的。

## 德立

　　立天子者，不使诸侯疑焉；立诸侯者，不使大夫疑焉；立正妻者，不使嬖妾疑焉；立嫡子者，不使庶孽疑焉。疑则动，两则争，杂则相伤。害在有与，不在独也。故臣有两位者国必乱，臣两位而国不乱者，君犹在也。恃君而不乱，失君必乱。子有两位者，家必乱；子有两位，而家不乱者，亲犹在也。恃亲而不乱，失亲必乱。臣疑其君，无不危之国；孽疑其宗，无不危之家。

## 君人

　　君人者，舍法而以身治，则诛赏夺与从君心出矣。然则受赏者虽当，望多无穷；受罚者虽当，望轻无已。民之所信者，法也。今在赏者欲多，在罚者欲少，无法以限之，则不知所论矣。虽极聪明以穷轻重，尽心以班夺与，夫何解于怨望哉。君舍法而以心裁轻重，则是同功而殊罚也，怨之所由生也。是以分马者之用策，分田者之用钩也，非以钩策为过人智也，所以去私塞怨也。故曰："大君任法而弗躬为，则事断于法矣。法之所加，各以其分蒙其赏罚，而无望于君也。是以怨不生而上下和矣。"

## 德立

确立天子的地位,是为了不使诸侯与天子相比拟;确立诸侯的地位,是为了不使大夫与诸侯相比拟;确立正妻的地位,是为了不使爱妾与正妻相比拟;确立嫡子的地位,是为了不使庶子与嫡子相比拟。与之相比就会心有所动,两个人地位相等就会争斗,关系混杂就会互相伤害。危害在于各有其党羽,而不在其单独一方。所以,设立两个职位相同的大臣,国家必定发生混乱。两个大臣官位相同而国家却没有发生混乱,是因为君主还在位的缘故。正因为依赖君主在位才使国家没有出现混乱,如果君主失位,国家必然出现混乱。家中如果确立两个地位相同的儿子,家中就必然出现混乱。如果家中确立了两个地位相同的儿子而没有出现混乱,是因为父母还健在之故。正因为仰仗父母的健在才使家庭不至于混乱,如果父母去世,就必然出现混乱。臣子若与君主相比拟,国家没有不发生危险的;庶子若与嫡子相比拟,家庭也就没有不发生危机的。

## 君人

作为君主,如果舍弃法令而只凭自己去治理国家,那么生杀、赏罚、给予和剥夺,都会任由君主的个人心愿。这样,给予的赏赐即使得当,受赏者的欲望也难以满足;受到的处罚即使得当,而受罚者会无休止地要求减轻处罚(人民所相信的是法令。现在受赏的人往往想要更多,受罚的人往往想减轻刑罚。如果没有法令来限制,就不知道该依照什么来论断了。即使是用尽聪明才智来穷究赏罚的轻重,尽心尽力地来辨明剥夺和给与的标准,又怎么能解除人们的怨恨和奢望呢)。君主舍弃法令,而凭借自己的想法去裁定赏罚的轻重,就会导致功用相同,而受到的处罚却不同,怨恨就由此产生了。因此,分马用抽签来裁决,分田

## 君臣

为人君者不多听,物有本,事有原。据法倚数,以观得失。无法之言,不听于耳;无法之劳,不图于功;无劳之亲,不任于官。官不私亲,法不遗爱,上下无事,唯法所在。法令者,生民之命,至治之令。天下之程式,万事之仪表,智者不得过,愚者不得不及焉。

用抓阄来确定,并不是说用抽签、抓阄的办法有什么过人的智慧,而是借用这种方法可去除偏私、避免埋怨。所以说,君主使用法令而不是凭自己的意愿行事,那么一切事情都会依法决断。依法判定赏罚各有其轻重,无论受赏或受罚,都不寄望于君主。这样,怨恨便不会再发生,于是上下就会和睦。

## 君臣

当君王的人,不多听言(事物都有根本和源头),而应根据法令和事物的规律来观察得失。不合乎法令的话不要听,不合乎法令的辛劳,不考虑其功绩,没有功劳的亲属不任用他们作官。委任官员不徇亲情,执法不遗漏所偏爱之人。上下相安无事,都是因为有法令的存在(法令犹如百姓的命脉。安定治世的法令是天下的准则,是万事万物的标准。智者不可以逾越,愚者不可以不及)。

# 尹文子

尹文子　撰

## 大道

　　古人以度审长短，以量受少多，以衡平轻重，以律均清浊，以名稽虚实，以法定治乱，以简制烦惑，以易御险难。万事皆归于一，百度皆准于法；归一者简之至，准法者易之极。如此，则顽嚚聋瞽可与察惠聪明同治矣。天下万事不可备能，责其备能于一人，则贤圣其犹病诸。设一人能备天下之事，则左右前后之宜，远近迟疾之间，必有不兼者焉。苟有不兼，于治阙矣。全治而无阙者，大小多少，各当其分。农商工仕，不易其业，则处上有何事哉。

　　故有理而无益于治者，君子不言；有能而无益于事者，君子弗为。君子非乐有言，有益于治，不得不言；君子非乐有为，有益于事，不得不为。故所言者不出于名法、权术，所为者不出于农稼、军阵、周务而已。故明主任之。

　　治外之理，小人之所必言；事外之能，小人之所必为。小

## 大道

  古人用尺具来计算物体的长短,用量器来测量东西的多少,用秤来称量物体的轻重,用音律来协调音声的清浊,用名分来考查事物的虚实,用法令制度来平定国家的安定与动乱,用简明来对治烦琐、疑惑,用平和来排解危难。使万事万物都顺应其"道",各种制度都以法令为标准。使万事万物归于道,是最简单的方法,依据法令制度行事,是最便易的措施。如果能做到这样,那么愚顽之人、奸诈之人、聋子、瞎子就可以和明辨之人、聪慧之人、耳聪目明之人,以同样的方法来治理。天下的事情千差万别,一个人不可能完全精通,如果要求一个人什么都会,即使是圣贤人也做不到。假如一个人能做天下所有的事,但他在做事的前后左右、远近快慢方面,必定有不能兼顾之处。如果有不能兼顾之处,对于治理国家就会有所欠缺。如果要治理国家而没有欠缺,就应该使事情的大小多少都恰如其分,农民、商人、工匠、官员,都恪守自己的本分,那么,在位的君主还有什么事情需要亲自去做呢?

  所以,自己的想法虽有道理,但对治理国家没有益处的,君子绝对不说。自己虽有能力,但对成就事业没有好处的,君子也绝不去做。君子并不喜欢多话,因为对治理国家有好处,所以不得不谏言;君子并不喜欢多事,因为对成就事业有好处,所以不得不去做。所以,君子所说的话,不外乎名、法、权、术方面的内容;君子所做的事,不外乎农业生产、军旅战阵,并将其做到圆满。所以,圣明的君主任用君子。

  对治国无益的想法道理,小人必然会说;对从事国家事务无益

人亦知言有损于治而不能不言，小人亦知能有损于治而不能不为。故所言者极于儒墨是非之辨，所为者极于坚伪偏抗之行，求名而已。故明主诛之。故古语曰："不知无害为君子，知之无损为小人。工匠不能无害于巧，君子不知无害于治。"此言信矣。为善使人不能得从，为巧使人不能得为，此独善独巧者也。未尽巧善之理，为善与众行之，为巧与众能之，此善之善者，巧之巧者也。

故所贵圣人之治，不贵其独治，贵其能与众共治也；所贵工倕之巧，不贵其独巧，贵其与众共巧也。今世之人，行欲独贤，事欲独能，辨欲出群，勇欲绝众。独行之贤，不足以成化；独能之事，不足以周务；出群之辨，不可为户说；绝众之勇，不可与征阵。凡此四者，乱之所由生。

是以圣人任道以通其险，立法以理其差，使贤愚不相弃，能鄙不相遗。能鄙不相遗，则能鄙齐功；贤愚不相弃，则贤愚等虑。此至治之术也。名定则物不竞，分明则私不行。物不竞，非无心，由名定，故无所厝其心；私不行，非无欲，由分明，故无所厝其欲。然则心、欲人人有之，而得同于无心无欲者，制之有道也。彭蒙曰："雉兔在野，众人逐之，分未定也。

的才能，小人一定会去表现。小人也知道自己所说的话对治国有损害，却不能止住不说；小人也知道自己所能做的有损于治国，却不能止住不做。所以他们所谈论的，尽是儒家、墨家的是非争辩；所做的都是非常固执、虚伪、偏袒、违抗的行为，不过是为贪图虚名罢了。所以，贤明的君主要罢免除去他们。古语说："没有知识并不妨碍一个人成为君子，知识渊博也不妨害一个人成为小人。工匠不知道其它事情，并不妨碍他手艺精巧；君子不知道其它事情，也不妨碍他能治理好国家。"这话的确可信。自己做善事，不能使别人跟随来做；自己做工精巧，却不能让人跟着学会，这是独自善巧之人，二者都没有真正明白善与巧的道理。自己有善行也能使众人跟着行善，自己做工精巧也能让大家做到精巧，这才是善中之善、巧中之巧。

所以圣人治理国家的可贵之处，不在于圣人能独立治理国家，而在于圣人能与众人共同来治理；能工巧匠的可贵之处，不在他个人做事精巧，而在于他能协同众人共做精巧之物。现在的人们，行为总想表现自己特别贤德，做事总想表现自己很有能力，论辩总想表现自己语言超群，勇敢总想表现自己无人能比。然而，一个人独自行为贤善，不足以完成教化万民；一个人做事能力再强，不足以完成各项工作；论辩能力超群，不可能家喻户晓；勇敢无比，不可能上阵同众敌应战。大凡这四种情况，都是国家产生混乱的根本原因。

所以圣人遵循道来避免各种艰难险阻，制定法令制度来治理各种差错，使贤人和愚人不互相嫌弃，使能人与庸人不互相舍弃。能人与庸人不互相舍弃，那么能人与庸人就会共建奇功；贤人与愚人不互相嫌弃，那么贤人与愚人就会共同考虑国家大事。这是最高明的治国方法。名分确定后，人们就不会对事物起纷争；名分明确后，人们的私欲就不会盛行。对事物不争夺，并不是人们没有争夺之心，

鸡豕满市，莫有志者，分定故也。"圆者之转，非能转而转，不得不转也。方者之止，非能止而止，不得不止也。因圆者之自转使不得止，因方者之自止使不得转，何苦物之失分？

故因贤者之有用，使不得不用；因愚者之无用，使不得用。用与不用，皆非我也。因彼可用与不可用，而自得其用也。自得其用，奚患物之乱也？道行于世，则贫贱者不怨，富贵者不骄，愚弱者不慑，智勇者不矜，足于分也；法行于世，则贫贱者不敢怨富贵，富贵者不敢凌贫贱，愚弱者不敢冀智勇，智勇者不敢鄙愚弱。此法之不及道也。

世之所贵，同而贵之，谓之俗；世之所用，同而用之，谓之物。苟违于人，俗所不与；苟忮于众，俗所共去。故人心皆殊，而为行若一；所好各异，而资用必同。此俗之所齐，物之所

而是因为名分确定之后，私心就无处可起；私心没有起来，并不是人们没有私欲，而是因为名分确定之后，人们的私欲没有表现的地方。尽管私心、欲望人人都有，却能使人们做到没有私心、私欲，是因为节制的方法得当。彭蒙说："野鸡和兔子在野地时，众人都会追逐他们，是因为名分没有确定的缘故；鸡和猪充满集市，却没有人抢来占为己有，这是因为名分已经确定。"圆的东西会转动，并不是因为它本身会转动而转动，是因为它具备转动的条件而不得不转动；方的东西之所以会静止，并不是因为它本身能静止而静止，是因为它具备静止的条件而不得不静止。顺应圆的东西能转动的特性，使它不能静止；顺应方的东西能静止的特性，使它不能转动，何必担心事物失去本性呢？

所以凭借贤能之人对治理国家有用的特征，使他们不得不为国家所用；凭借愚昧之人对治理国家无用的特征，使他们不得被国家任用。用与不用，都不是由自己个人的主观愿望所确定，而是凭借他们可用与不可用的特征，使他们各得其所。若能使他们各得其所，又何必担心事物会发生混乱呢？如果大道能在世间施行，那么贫穷卑微的人就不会有怨言；富裕尊贵的人就不会骄横；愚笨软弱的人就不会恐惧害怕；聪明勇敢的人就不会盛气凌人，这是因为确定了名分的缘故。如果法令制度能在世间施行，那么贫穷卑微的人就不敢怨恨富裕尊贵的人，富裕尊贵的人也不敢欺凌贫穷卑微的人；愚笨软弱的人就不敢企盼超过聪明勇敢的人，聪明勇敢的人也不敢鄙视愚笨软弱的人，这就是"法治"不如"道治"的地方。

被世人所看重的东西，也同样看重它就叫做顺应风俗；为世人所使用的东西，也同样使用它们就叫做物尽其用。如果违背众人的意愿，就会遭到风俗习惯的反对；如果伤害了众人的感情，就会被众

饰。故所齐不可不慎，所饰不可不择。昔齐桓好衣紫，合境不鬻异彩；楚庄爱细腰，一国皆有饥色。上之所以率下，乃治乱之所由也。国乱有三事，年饥民散、无食以聚之则乱，治国无法则乱，有法而不能用则乱。有食以聚民，有法而能行，国不治，未之有也。

# 圣人

仁、义、礼、乐。名、法、刑、赏，凡此八者，五帝、三王治世之术也。故仁以导之，义以宜之，礼以行之，乐以和之，名以正之，法以齐之，刑以威之，赏以劝之。故仁者所以博施于物，亦所以生偏私；义者所以立节行，亦所以成华伪；礼者所以行谨敬，亦所以生惰慢；乐者所以和情志，亦所以生淫放；名者所以正尊卑，亦所以生矜篡；法者所以齐众异，亦所以生乖分；刑者所以威不服，亦所以生陵暴；赏者所以劝忠能，亦所以生鄙争。

人所摒弃。因此,人心尽管不同,但行为却能互相一致;人们的爱好尽管不同,可所用钱物必定完全相同。这就是风俗习惯对人们所起的统一作用,也是物质对人们所起的影响作用。所以,对风俗习惯的作用不可不慎重对待,对物质的影响作用不可不认真加以选择。从前齐桓公喜欢穿紫色的衣服,结果齐国境内就没有卖其他颜色的绸布;楚庄王喜欢腰细的人,结果楚国境内的人都饿得面带饥色。处在上位的人怎样来为民众做出表率,是国家治乱的根本啊。造成国家混乱的原因有三种:遭受饥荒,人民流离失所,君主没有粮食来聚拢人民,国家就会出现混乱;治理国家没有法令制度,国家会出现混乱;有了法令制度但不能贯彻执行,国家也会出现混乱。有能够稳定百姓的食物,有法令制度且能贯彻执行,而国家还不能治理好,是从来没有的事。

## 圣人

仁、义、礼、乐、名、法、刑、赏这八项,是五帝、三王治理天下的方略。他们用"仁"来教导人心,用"义"使人事合宜,用"礼"来规范行为,用"乐"来使人和睦,用"名"来端正位分,用"法"来使人整肃统一,用"刑"来威慑百姓,用"赏"来劝勉百姓。仁,本是用以广泛地施惠于万物的,但也会因此而产生偏私、不公。义,本是用以确立节操品行的,但也会因此形成浮华、虚伪。礼,本是用以待人处事恭敬、严谨的,但也会因此而滋生怠惰、轻慢;乐,本是用以调和情志、心性的,但也会因此而产生荒淫、放荡;名,本是用以端正尊卑位分的,但也会因此而产生傲慢、篡夺之心;法,本是用以整治各种纷争的,但也会因此而产生离心倾向;刑,本是用以威慑反叛违抗的,但也会因此而产生欺凌、暴虐;赏,本是用以勉励忠诚与贤能的,但也会因此而产生鄙陋纷争。

凡此八术，无隐于人，而常存于世，非自显于尧、汤之时，非故逃于桀、纣之朝。用得其道，则天下治；用失其道，则天下乱。过此而往，虽弥纶天地，缠络万品，治道之外，非群生所餐挹，圣人措而不言也。

凡国之将存亡有六征，有衰国，有乱国，有亡国，有昌国，有强国，有治国。所谓乱亡之国者，凶虐残暴不与焉；所谓强治之国者，威力仁义不与焉。君年长，多妾媵，少子孙，疏宗强，衰国也；君宠臣，臣爱君，公法废，私欲行，乱国也；国贫小，家富大，君权轻，臣势重，亡国也。凡此三征，不待凶虐残暴而后弱也，虽曰见存，吾必谓之亡者也。

内无专宠，外无近习，支庶繁息，长幼不乱，昌国也；农桑以时，仓廪充实，兵甲劲利，封疆修理，强国也；上不能胜其下，下不能犯其上，上下不相胜犯，故禁令行，人人无私，虽经崄易而国不可侵，治国也。凡此三征，不待威力仁义而后强，虽曰见弱，吾必谓之存者也。

语曰："佞辨可以荧惑鬼神。"探人之心，度人之欲，顺人

这八项方略,对谁都毫无隐瞒,常存于人世之间,既不会在唐尧、商汤时代自动光大显扬,也不会在夏桀、商纣时代自己消失不显。这八项治国方略用得其当,则天下能得到治理;使用不当,则天下就会混乱。除去这八项治国方略之外,即使能统括天地、驾驭万物,但已经不属于治理国家的范畴,并不是百姓安身立命所需要的,圣人会把它放在一边而不予讨论。

大凡国家的存亡有六种征兆。有衰弱之国,有混乱之国,有灭亡之国,有昌盛之国,有强大之国,有安定太平之国。所谓混乱和行将灭亡之国,并不一定是因统治者凶残、暴虐所导致的;所谓强盛、太平的国家,并不一定是因统治者的威力、仁义所带来的。君王年岁已高,妻妾众多,嫡亲子孙少,远房宗亲势力强,这便是衰弱之国的征兆;君王宠信大臣,大臣谄媚君王,国家法律废弃,私欲泛滥盛行,这是混乱之国的征兆;国家贫穷弱小,而私人富足强大,君王的权力太轻,大臣的权力太重,这是行将灭亡之国的征兆。凡具备这三种征兆的国家,不必等到统治者凶恶残暴,国家就会衰弱,尽管国家暂时还存在,但可以断言它必定会灭亡。

宫内没有专享宠爱的妃嫔,朝中没有过分宠信的大臣,子孙繁茂,长幼有序,这是昌盛之国的征兆;农耕桑植不违时令,国库粮食充足,军队强大,边防巩固,这是强大国家的征兆;上级不压制下级,下级不冒犯上级,上下各行其道互不相犯,因此令行禁止,人人无私,即使历经各种险恶、变故,国家都不可侵犯,这是安定太平之国的征兆。有这三种特征,不必等待君主施行威力仁义,国家都能强盛。这样的国家即使现在还显得弱小,但可以断言它必定会长久存在下去。

古话说:"巧辩可以迷惑鬼神。"巧辩之人,探究人的心思,揣度人的欲望,迎合人的嗜好,而不敢违逆,最终把人引向邪恶,以求

于嗜好而弗敢逆，纳人于邪恶而求利。人喜闻己之美也，善能扬之；恶闻己之过也，而善能饰之。得之于眉睫之间，承之于言行之先。世俗之人，闻誉则悦，闻毁则戚，此众人之大情；有同己则喜，异己则怒，此人之大情。故佞人善为誉者也，善顺从者也；人言是、亦是之，人言非、亦非之。从人之所爱，随人之所憎，故明君虽能纳正直，未必亲正直；虽能远佞人，未必能疏佞人。故舜、禹者，以能不用佞人，亦未必憎佞人。语曰："佞辨惑物，舜、禹不能得憎。"不可不察乎？

老子曰："民不畏死，如之何其以死惧之？"凡人之不畏死，由刑罚过；刑罚过则民不赖其生；生无所赖，视君之威未如也。刑罚中则民畏死，畏死、由生之可乐，故可以死惧矣。此人君之所宜执，臣下之所宜惧之。

田子曰："人皆自为而不能为人。故君人者之使人，使其自为用、而不使为我用。"魏下先生曰："善哉，田子之言！古者君之使臣，求不私爱于己，求显忠于己。而居官者必能，临阵者必勇。禄赏之所劝，名法之所齐，不出于己心，不利于己身。"

取个人私利。人都喜欢听别人赞美自己的优点。他就擅长宣扬你的优点；讨厌别人说自己的过错，他就擅长文饰你的缺点；从人们眼神的细微变化中探知人的心意，能在人们言行之前就对人献媚奉承。世上的一般人，听到别人赞誉自己就高兴，听到别人批评自己就生气，这是人之常情。别人的意见与自己的意见相同就高兴，不同就恼怒，这也是人之常情。所以奸邪之人都善于说赞美的话，都善于迎合他人，别人说"正确"，他也说"正确"；别人说"不正确"，他也说"不正确"，迎合别人所爱好的，附和别人所憎恶的。所以贤明的君主虽然能重用正直无私的人，但不一定愿意亲近他们；虽然不重用奸邪之人，但不一定愿意疏远他们。因此，即使像虞舜、夏禹这样贤明的君主，也只能做到不用奸邪之人，却不一定会憎恶奸邪之人。古话说："巧辩之人能够迷惑人心，虞舜、夏禹也做不到憎恶他们。"对此不能不明察呀！

老子说："老百姓不害怕死，怎么能用死来吓唬他们呢？"大凡老百姓不害怕死，是因为滥用刑罚。滥用刑罚，老百姓的生存就不能指望它来保障；百姓生存没有保障，就不会把君主的权威当成一回事了。然而，要是刑罚宽严适当，老百姓就会怕死。老百姓怕死，是因为活着可以得到快乐，所以才可能用刑罚处死来恐吓他们。这是君主所应掌握、臣下所应畏惧的。

田子说："人们都是只为自己，而不能为别人。所以做君主的使用臣下，要让他们懂得是为了他们自己在做，而不是为我君主在做。"魏下先生说："田子的话说得太好了。古代君主使用大臣，不求大臣们偏爱自己，只求他们忠诚于自己，这样，做官的人一定会尽忠职守，身临战阵的人一定会奋勇作战。这是因为俸禄和奖赏对他们的激励、名分和法令对他们的整肃，不是出于君主自己的私心，也不是为了利于君主自己。"

语曰:"禄薄者不可与经乱,赏轻者不可与入难。"此处上者所宜慎者也。父之于子也,令有必行者,有不必行者。去贵妻,卖爱妾,此令必行者也;因曰'汝无敢恨,汝无敢思',令必不行者也。故为人上者,必慎所令焉。人贫则怨人,富则骄人。怨人者苦人之不禄施于己也,起于情所难安而不能安,犹可恕也;骄人者无所苦而无故骄人,此情所易制弗能制,不可恕矣。

贫贱之望富贵甚微,而富贵不能酬其甚微之望。夫富者之所恶,贫者之所美;贵者之所轻,贱者之所荣,然而弗酬,不与同苦乐故也。虽不酬之,于我弗伤。今万民之望人君,亦如贫贱者之望富贵。其所望者,盖欲料长幼,平赋敛,时其饥寒,省其疾痛,赏罚不滥,使役以时,如此而已,则于人君弗损也。然而弗酬,弗与同劳逸故也,故为人君不可不与人同劳逸焉。故富贵者不可不酬贫贱,而人君不可不酬万民,则万民之所不愿戴。所不愿戴,君位替矣,危莫甚焉!祸莫大焉!

古话说:"俸禄微薄的臣子,不可能同君主一起经历动乱;所给奖赏轻微的臣子,不可能同君主一起共赴危难。"这是处在上位的人所应当慎重的事情啊。父亲对儿子下的命令,有些一定能够照办,有些不一定能照办。"休去贵妻,卖掉爱妾",这样的命令儿子一定能照办。若再下令说:"你心里不能有怨恨,也不能有思念之情!"这样的命令儿子肯定是做不到的。所以,作为上层的统治者,一定要慎重对待自己所颁布的命令。人贫穷了就会怨恨别人,富裕了就会看不起别人。怨恨别人的人,总是苦恼他人不把俸禄分给自己一点,这种怨恨的情绪是源于他的处境确实艰难而不能心安,这是可以宽恕的;因富有而自高自大的人,本身没有任何困苦,却无故傲慢,看不起他人,这种情绪很容易控制却不控制,是不能宽恕的。

贫贱之人对富贵之人的期望很少,但富贵之人却不能满足这微小的愿望。富人不喜欢的,却是穷人所赞美的;有地位的人所轻视的,却是卑贱的人所称誉的。尽管如此,而富贵者却不肯满足贫贱之人的愿望,是由于他们不愿与贫贱者同甘共苦的缘故啊。虽然富贵者不去满足贫贱者的愿望,但对他自己并没有什么损伤。现在天下百姓所期望于君主的,也如同贫贱者期望于富贵者一样。他们所期望的,只是想照顾好自己一家老小,田赋税收能公平一些,在他们饥饿、寒冷时得到帮助,能体恤他们的疾苦,奖赏、惩罚合乎法令,征用劳役不要误了农时,仅此而已。这对于君王也不会有损什么。但是,这些微小的期望得不到回应,是因为君王不与平民百姓同辛劳、共安乐的缘故啊!所以作为君王者,不可不与百姓同劳共乐,富贵者因此不可以不帮助贫贱者达成愿望。君王不能不满足百姓的愿望。否则,百姓就会因此而不愿拥戴君王。百姓不愿拥戴君王,那么君王的地位就要被更替了。没有比这更大的危险了!没有比这再大的灾祸了!

# 庄子

庄周及其弟子 编撰

## 胠箧

　　昔者，容成氏、大庭氏、伯皇氏、中央氏、栗陆氏、骊畜氏、轩辕氏、赫胥氏、尊卢氏、祝融氏、伏戏氏、神农氏，当是之时，民结绳而用之，足以纪要而已。甘其食，美其服；适故常甘，当故常美。若思夫侈靡，则无时慊意矣。乐其俗，安其居；邻国相望，鸡犬之音相闻，人至老死而不相往来。无求之至。若此之时，则至治已。今遂至使民延颈举踵曰："某所有贤者。"赢粮而趣之，则内弃其亲，而外弃其主之事，足迹接乎诸侯之境，车轨结乎千里之外，至治之迹，犹致斯弊。则是上好智之过也。上谓至治之君，智而好之，则有斯过矣。上诚好智而无道，天下大乱矣。何以知其然耶？夫弓弩毕弋机变之智多，则鸟乱于上矣；钩饵罟罛罾笱之智多，则鱼乱于水矣；削格罗落罝罘之智多，则兽乱于泽矣；攻之逾密，避之逾巧，则虽禽兽犹不可图之以智，而况人哉？故治天下者唯不任知，任知则无妙也。智诈同异之变多，则俗惑于辩矣。上之所多者，下不能安其少也。性少而以逐多，则迷矣。

## 胠箧

　　以前，在容成氏、大庭氏、伯皇氏、中央氏、栗陆氏、骊畜氏、轩辕氏、赫胥氏、尊卢氏、祝融氏、伏羲氏及神农氏那个时代，人们依靠结绳的办法记事（只要能记住要点就可以了），并且认为当时的饭菜味美、衣衫美丽（内心知足，所以饮食常感甜美；内心充实，所以衣服就常觉称心。若是追求奢侈华美，就没有满足的时候了）、风俗令人欢乐、居所使人安适，邻国边境彼此相互能看见，两边鸡犬之声都能听闻，但人们到老死都不相往来（无求到了极点）。像这样的时代，就达到安定太平的极致了。可是，如今的风气却使百姓伸长了脖颈、踮起脚跟去追求，一旦说"某地有贤德之人"，人们就携带干粮追寻而去，以致抛弃家里父母亲人，荒废自己的生计事务，足迹踏遍诸侯的国境，车轮印迹往来交错于千里之外（追求圣明君王治理的外在行迹，可能会导致这种弊端）。这是追求圣明之治的君王崇尚智谋的过错（君王想要获取圣明君王的名望，而用尽智谋来达到目的，就会产生这种弊端）。假如君王一心追求智谋而不讲道德，那么天下必定大乱！何以知道必定会大乱呢？运用弓弩、鸟网、弋箭机之类巧多变的智谋多了，空中的飞鸟就不安宁；运用钩饵、鱼网、鱼笼之类的智谋多了，水中的游鱼就不安宁；运用木栅、兽栏、兽网之类的智谋多了，那么草泽中野兽就不安宁（攻击的手段越精密，躲避的方法就越巧妙，即使是禽兽，尚且不能用智谋图取，更何况是人。所以治理天下不能专用智谋，专用智谋则无善可言啊）；机智、巧诈、同异的言语辩论多了，那么一般人就会被迷惑（在上位的人拥有的多，在下位的人就不能安心于"少"。天性本来习惯于

## 天地

尧观乎华,华封人曰:"嘻!圣人。请祝圣人,使圣人寿。"尧曰:"辞。""使圣人富。"尧曰:"辞。""使圣人多男子。"尧曰:"辞。"封人曰:"寿、富、多男子,人之所欲也,汝独不用。何?"尧曰:"多男子则多惧,富则多事,寿则多辱。是三者,皆非所以养德,故辞。"封人曰:"始也以汝为圣人也,今然君子也。天生烝民,必授之职。多男子而授之职,则何惧之有?物皆得所而志定。富而使分之,则何事之有?寄之天下,故无事也。圣人鹑居无事而斯安也而鷇食,仰物而足。鸟行而无章。率性而动。无常迹也。天下有道,则与物皆昌;天下无道,则修德就闲。虽汤、武之事,苟顺天应人,未为不闲。故无为而无不为者,非不闲也。千岁厌世,去而上仙;夫至人极寿命之长,任穷通之变,其生也天行,其死也物化,故云厌世而上仙。乘彼白云,至于帝乡。气之散无不至之。三患莫至,身常无殃,则何辱之有?"

尧治天下,伯成子高立为诸侯。尧授舜,舜授禹,伯成子

寡少,却用来追求繁多,就会迷失自我)。

## 天地

　　尧帝去华地巡察。华地守封疆的官员说:"啊,圣人来了!请让我为圣人祝福吧!祝愿圣人长寿!"尧帝说:"不用了。""祝愿圣人富有。"尧帝说:"不用了。""祝愿圣人多子!"尧帝说:"不用了。"那人接着说:"长寿、富有和多子,这是人们所期盼的,您偏偏不需要,为什么呢?"尧帝说:"多子就会多忧,富有就会多事,长寿就会多受辱。多忧、多事、多受辱就不能涵养德行,因此谢绝您对我的祝福。"那人听后说:"起初,我认为您是圣人,现在看来,您只能是个君子。苍天让万民降生人间,必定会赋予他们一定的职责。子孙多就赋予他们相应的职责,这有什么可忧惧的呢(万物都能得到合理安排则心志安定)?富有了就把财物散分众人,怎么会生出事端呢(与天下之人共享利益,则不会有事端)?圣人像鹤鹑一样居无常处,像待哺的雏鸟一样有什么吃什么(道法自然,无心生事,知足而足),如鸟儿在空中飞过不留一点踪迹(循着本性之善而行动,没有固定不变的外在行迹);天下太平、政治清明,就跟万物一同昌盛,天下纷乱,不行正道,就修身养性、闲居起来(即使是商汤伐夏、周武王伐纣的事,如果上顺天、下应人,也会轻松自如。所以无为而无不为的人不是没有闲暇);长寿之后离开人间,就升天成仙(至人的寿命是活到天命让他离去时便离去,至人洞悉穷困与显达的变化,有生命时则顺道而行,生命无时便随物而化。所以说他不愿在世间便升天而成仙);驾驭朵朵白云,来到天宫(气运随缘散发,了无障碍,无所不至)。长寿、富有、多子所导致的忧患不会到来,自身长久没有灾殃,那么还会有什么屈辱呢!"

　　尧帝统治天下的时候,伯成子高被立为诸侯。尧帝将帝位传于

高辞为诸侯而耕。禹往见之,则耕在野。禹趋就下风,立而问焉,曰:"昔尧治天下,吾子立为诸侯。尧授舜,舜授予,而吾子辞为诸侯而耕,敢问其故何也?"子高曰:"昔尧治天下,不赏而民劝,不罚而民畏。今子赏罚而民且不仁,德自此衰,刑自此立,后世之乱,自此始矣。"

## 天道

夫帝王之德,以天地为宗,以道德为主,以无为为常。无为也,则用天下而有余;有余者闲暇之谓也。有为也,则为天下用而不足。不足者汲汲然欲为物用者也,欲为物用,故可得而臣也。故古之人贵夫无为也。上无为也,下亦无为也,是下与上同德也,下与上同德则不臣。下有为也,上亦有为也,是上与下同道也,上与下同道则不主。夫工人无为于刻木,而有为于用斧;主上无为于亲事,而有为于用臣。臣能亲事,主能用臣,斧能刻木,而工能用斧,各当其能,则天理自然,非有为也。若乃主代臣事,则非主矣;臣秉主用,则非臣也。故各司其任,则上下咸得,而无为之理至矣。上必无为而用天下,下必有为为天下用,此不易之道也。

舜，舜又将帝位传于禹，伯成子高便辞去诸侯之职去从事耕作。夏禹前去拜见他，伯成子高正在田间耕作。夏禹快步上前居于下方，恭敬地站着问伯成子高说："当年尧帝统治天下，先生被立为诸侯。尧帝将帝位传于舜，舜又将帝位传于我，可是先生却辞去诸侯的职位而来从事耕作。敢问这是为什么呢？"伯成子高说："当年尧帝统治天下，不须奖励而百姓自勉，不须惩罚而人民敬畏。如今你施行赏罚但百姓却不仁义，德行从此衰退，刑罚从此建立，后世的祸乱也就从此开始了。"

## 天道

帝王的品德，是以天地为宗师，以道德为根本，以无为为常规。顺应自然而无为，就能管好天下还有闲暇。如果不顺应自然而心有作为，就会被天下之事驱使，而心力不足、应接不暇（应接不暇，是指忙于追求百物器用。一心追求百物器用，当然就要被天下之事驱使了）。所以，古时之人都崇尚无为而治。君主无为，臣民也无为，这是臣民与君主的德行相同。如果臣民与君主的德行相同，那就难以体现为臣之道了。臣民有为，君主也有为，这是君主与臣民的做法相同。如果君主与臣民做法相同，那就难以体现为君之道了（工匠不必直接雕刻木料，重点在于怎样使用斧头。君王不必致力于亲自做事，而要致力于如何善用臣民。臣民能够具体做事，君主能够善加调配臣民。斧头能雕刻木料，而工匠能够使用斧头，像这样各尽其所能，就符合天理自然，并不是有心而为。如果君主代替臣民做具体的事，就不符合君主的定位了；臣下如果掌管君主支配大局的权力，就不符合臣下应有的角色定位了。每个人都在自己的本分位置上尽心尽责，那么上下都会恰如其分，这样就把"无为"的道理把握到极致了）。君主用无为之道来治理天下，臣民必然有为而应对天下万事，这是

故古之王天下者,智虽落天地,不自虑也;辩虽雕万物,而不自说也;能虽穷海内,不自为也。夫在上者,患于不能无为也,而代人臣之所司,使咎繇不得行其明断,后稷不得施其播殖,则群才失其任,而主上困于役矣。冕旒垂目而付之天下,天下皆得其自为,斯乃无为而无不为者也,故上下皆无为矣。但上之无为则用下,下之无为则自用矣。天不产而万物化,地不长而万物育,所谓自尔。帝王无为而天下功成。功自彼成。

故曰:"莫神于天,莫富于地,莫大于帝王。"故曰:"帝王之德配天地。"同乎天地之无为也。此乘天地,驰万物,而用人群之道也。本在于上,末在于下;要在于主,详在于臣。三军五兵之运,德之末也;赏罚利害,五刑之辟,教之末也;礼法数度,刑名比详,治之末也;钟鼓之音,羽旄之容,乐之末也;哭泣衰绖,降杀之服,哀之末也。此五末者,须精神之运,心术之动,然后从者也。夫精神心术者,五末之本也。任自然而运动,则五事之末,不振而自举也。

末学者,古之人有之,而非所以先也。所先者本也。君先而

不变的法则。

所以,古代治理天下的人,智慧虽然能包罗天地,却不亲自去思虑事务;口才虽然能修饰万物,却不亲自去谈说;能力虽然强于四海之内的人,却不亲自去做(处于上位者最大的祸患是不能掌握好无为的原则,而去代替臣子办理具体事务,这样即使是咎繇也不能正常公正地施行刑罚,后稷也不能正常地安排农事,于是有才干的臣民们失去他们的职分,而君主却陷入具体事务当中无法脱身。君王端坐无为而把具体事务交给臣民们去做,天下臣民都能够完全发挥自己的职能,这样才是无为而无不为的含义。所以上下都能做到无为。不同的是上位者的无为是要善用臣下,下位者的无为是完全发挥自身的职分)。上天并未生养万物而万物自然化生,大地无心养育而万物自然繁衍(这就叫自然而然),帝王无为而天下得到治理(事功自然而然达成)。

所以说,没有什么比上天更为神妙,没有什么比大地更为富饶,没有什么比帝王更为伟大的了。所以说,帝王的德行能与天地相匹配(和天地无为运化相同)。这就是驾御天地、驱遣万物而任用众人的大道。根本在于帝王,枝叶在于臣下;关键在于人主,细节在于臣下。全国军队和各种兵器的运用,这只是德政的次要方面;赏、罚、利、害、五刑之法,这只是教化的次要方面;礼、法、数、度,都要循名责实,进行审查考核,这只是治理国家的次要方面;用钟鼓奏出乐曲、用鸟羽兽毛装饰舞者,这只是音乐的次要方面;痛哭流涕、披麻戴孝,谨守服丧的规格与时间,这只是居丧的次要方面。这五项次要方面,是必须要有精神和心念的运用,然后才能随之而行(精神和心念,是以上五项次要方面实施所依附的主体,主体按照自然规律随机而动,那么所有次要的部分,不需要特别振作而自然就能跟着发动起来)。

关于这些末节的学问,古时候的人就掌握了,但不被看作是首要的事情(最重视的是根本主体)。国君为先导而臣子跟随,年长者为

臣从,长先而少从,男先而女从。夫尊卑先后,天地之行也,故圣人取象焉。言此先后虽是人事,然皆在至理中来,非圣人之所作也。天尊地卑,神明之位也。春夏秋冬,四时之序也。万物化作,盛衰之杀,变化之流也。夫天地至神也,而有尊卑先后之序,而况人道乎?明夫尊卑先后之序固有,物之所不能无也。宗庙尚亲,朝廷尚尊,乡党尚齿,行事尚贤,大道之序也。言非但人伦之所尚也。愚智处宜,贵贱履位,官各当其才也。必分其能,无相易业。必由其名。名当其实,故由名而实不滥也。以此事上,以此畜下,以此治物,以此修身,智谋不用,必归其天。此之谓太平,治之至也。礼法数度,刑名比详,古之人有之。此下之所以事上,非上之所以畜下也。寄此事于群下,斯乃畜下者也。

昔者,舜问于尧曰:"天王之用心何如?"尧曰:"吾不傲无告,无告者所谓顽民也。不废穷民,恒加恩也。苦死者,嘉孺子,而哀妇人。此吾所以用心已。"舜曰:"美则美矣,而未大也。"尧曰:"然则何如?"舜曰:"天德而出宁,与天合德,则虽出而静也。日月照而四时行,若昼夜之有经,云行雨施矣。"此皆不为,而自然者也。尧曰:"子天之合也,我人之合也。"夫天

先导而年少者跟随,男子为先导而女子跟随。尊卑、先后,这是天地运行变化的规律,所以圣人取而效法制定人伦等级(这里说的先后位次,虽然是人事,但都是从大道至理中得来,并不是圣人所创制的)。天在上为尊,地在下为卑,这是神明的位次;春夏秋冬,这是四季的序列;万物生长,盛衰生死,这是事物变化的规律。天地是最为神圣而又玄妙的,尚且存在尊卑、先后的秩序,何况人间的事物呢(明白了尊卑先后的位次,就知道世间万事万物都不能离开这些规则)!宗庙尊重亲族,朝廷敬重尊长,乡里尊重老人,办事尊重贤能,这是天地大道所体现的秩序(说明这些秩序并非只是为了维护人间的伦常关系才特别提出并强调的)。愚钝之人与聪敏之人各得其所,尊贵之人与低贱之人各践其位(官员的职位与其才干相当,方能人尽其才);必定因能力大小而授职(各自能发挥自己的长处,不需要再调换),必定要名实相符(名分和实际才能相当,所以有名分的人,实际能力也绝对到位而不是虚妄不实)。按照这个原则来侍奉君主、养育百姓、治理事务、修身养性,不使用智谋,一定能合乎天道。这就叫做天下太平,是治理天下的最高境界。礼(上下尊卑的等级)、法(由礼制定的法律)、数(法律中的各级等差)、度(数中的制度措施)都要循名责实,进行审查审核,这是古时候就有的。这是臣民用以侍奉君主的,而不是君主用以抚养臣民的(把具体的事务交给臣下们去做,这才是培养爱护下属的方法啊)。

　　过去舜问尧说:"天子的用心怎么样?"尧说:"我对不堪受教的人不傲慢轻视(不堪受教,说的是愚蠢顽劣之人),不抛弃穷苦百姓(随时施加恩德给他们),为死者感到痛苦,善待其幼子并怜悯那些妇人。这些就是我的用心。"舜说:"这样做当然很好,不过还算不上博大。"尧说:"那么该怎么办呢?"舜说:"合乎上天的德行,虽应对万事而内心呈现一片安宁(只要做到与天合德,那么即使发生任何事,

地者,古之所大也,而黄帝、尧、舜之所共美也。故古之王天下者奚为哉? 天地而已矣!

## 知北游

圣人行不言之教。任其自行,斯不言之教也。道不可致也。道在自然,非可言致也。失道而后德,失德而后仁,失仁而后义,失义而后礼。礼者,道之华、乱之首也。礼有常则,故矫效之所由生也。故曰:"为道者日损,损华伪也。损之又损之,以至于无为,无为而无不为也。"华去而朴全,则虽为而非为也。天地有大美而不言,四时有明法而不议,万物有成理而不说。此孔子之所云予欲无言。至人无为,任其自为而已。大圣不作,唯因任也。观于天地之谓也。观其形容,象其物宜,与天地无异者。

## 徐无鬼

黄帝将见太隗乎具茨之山,方明为御,昌寓骖乘,张若、謵

内心都能够安定下来），像日月普照而四季变化，昼夜交替，云气运行而雨水施降，都是自然而然地进行的（这都是没有妄加干涉而顺其自然的）。"尧说："您是与天道相合；我是与人事相合。"天和地，自古以来都是被尊敬的。黄帝、尧、舜都共同赞美它。所以，古时候治理天下的帝王，还要做些什么呢？不过效法天地罢了！

## 知北游

　　圣人施行的是不用言传的教化（顺乎自然而行，才是不用言传的教化）。道是没有办法通过言教得到的（道存在于自然之中，并不能靠言教而得道）。失"道"之后，只好据"德"来治天下；失"德"之后，只好依"仁"来治天下；失"仁"之后，只好行"义"来治天下；失"义"，最后只能以"礼"治天下了。礼，是自然之道的华美外表，也是社会祸乱的开端（礼有一定的规范准则，这样就产生了矫饰模仿的行为）。所以说，为"道"者一天天减损其不自然的虚伪（去掉那些虚华伪饰），减损再减损，以至最后达到"无为"的境界。"无为"实际上是"无不为"（去掉虚伪，就能恢复朴实无华的本性，这样，虽然有为，却无有为之心了）。天地对万物有最大的美德却不愿称说，四季有明显的规律而不言语，万物有不变的规律却不解说（这也就是孔子所说的"予欲无言"）。达到无我境界的人能做到无为（任其自为而已），具有圆满德行和智慧的人，不妄加自己的想法去创作（只是顺应自然之道而已）。这就叫取法乎天地自然（观察天地万物的状态，效法天地万物的自然规律，和天地无心随顺自然的做法没有区别）。

## 徐无鬼

　　黄帝要到具茨山去拜见一位名叫太隗的高人，方明驾车，昌寓

廖前马,昆阍、滑稽后车。至襄城之野,七圣皆迷,无所问涂。适遇牧马童子,问涂焉。曰:"若知具茨之山乎?"曰:"然。"曰:"知太隗之所存乎?"曰:"然。"黄帝曰:"异哉,小童!非徒知具茨之山,又知太隗之所存。请问为天下。"小童曰:"夫为天下者,亦何以异乎牧马者哉?亦去其害马者而已矣。"马既过分为害。黄帝再拜稽首,称"天师"而退。

坐在右边陪乘，张苦、謵朋在马前引路，昆阍、滑稽侍从于后。来到襄城的郊野，七位圣人均迷失了方向，无处问路。正巧遇到一位牧马童子，便上去问路，对他说："请问，你知道具茨山吗？"童子说："知道。"接着又问："那你知道太隗居住的地方吗？"童子说："知道。"黄帝有点诧异，说："孩子，真奇怪了，你怎么不仅知道具茨山，还知道太隗居住的地方！那我再请问，你能告诉我怎样治理天下吗？"童子便说道："治理天下，跟牧马又有什么不同呢？只不过去掉有害于马天性的事情罢了（马的性情过分了就有危害）！"黄帝听后，叩头再三拜谢，尊称他为"天师"而离去。

# 尉缭子

尉缭子　撰

## 天官

　　梁惠王问尉缭子曰："吾闻黄帝有刑德，可以百战百胜。其有之乎？"尉缭曰："不然。黄帝所谓刑德者，以刑伐之，以德守之，非世之所谓刑德也。世之所谓刑德者，天官时日、阴阳向背者也。黄帝者人事而已矣。何以言之？今有城于此，从其东西攻之，不能取，从其南北攻之不能取，此四者，岂不得顺时乘利者哉？然不能取者何？城高池深，兵战备具，谋而守之也。若乃城下池浅守弱，可取也。由是观之，天官时日，不若人事也。"

　　"故按刑德天官之陈曰：'背水陈者为绝地，向坂陈者为废军。'武王之伐纣也，背济水，向山之阪，以万二千人，击纣之亿有八万人，断纣头悬之白旗，纣岂不得天官之陈哉？然不得胜者何？人事不得也。黄帝曰：'先稽己智者，谓之天官。'以是观之，人事而已矣。"

## 天官

梁惠王问尉缭子说："相传黄帝有'刑德'的法术,可以百战百胜,真有这回事吗？"尉缭子回答道："不是这样的,黄帝所谓的'刑德',是说用武力征伐不义之人,用仁德安定天下,不是世俗人所说的'刑德'。世俗人所说的'刑德',是指天官（神）赐福的时日、阴阳的切合与否之说。而黄帝所说的,不过是强调人力所能及的事罢了。为什么这样说呢？比如,现在这里有座城池,从东西两面夹攻,不能取胜；从南北两面夹攻,也不能取胜。这四个方向的进攻难道是未能遵从天官赐福的时日、未趁阴阳切合时的有利形势吗？然而都不能攻取,又是什么原因呢？是因防守者的城垣高危、护城河深广、武器装备完善、将士同心协力地坚守城池的缘故啊！如果它的城垣低矮、战壕浅、守备弱,就容易攻取。由此可见,相信天官赐福的时辰,不如充分发挥人的作用。"

所以按照"刑德""天官"的说法："背对江河布阵是置军队于绝境,对着山坡布阵是把军队置于败军之地。"但武王伐纣的时候,却背着济水,向着山坡布阵,以一万二千人,击败了商纣王十八万人,还砍掉商纣王的头颅悬在白旗上。难道是纣王所布的阵势不能够得到天官之利吗？然而不能取胜,这是为什么呢？是纣王之所作所为违逆天道,不得人心的缘故。所以黄帝说："首先由自己的智慧做出判断然后才行动的,才叫做天官。"可见,所谓"天官",不过是发挥人的积极作用罢了。

## 兵谈

　　王者民望之如日月，归之如父母，归之如流水。故曰："明乎禁舍开塞，其取天下若化。"故曰："国贫者能富之，地不任者任之，四时不应者能应之。故夫土广而任，则其国不得无富。民众而制，则其国不得无治。且富治之国，兵不发刃，甲不出暴，而威服天下矣。"故曰："兵胜于朝廷，胜于丧绝，胜于土功，胜于市井。"暴甲而胜，将胜也；战而胜，臣胜也；战再胜当一败。十万之师出，费日千金，故百战百胜，非善之善者也；不战而胜，善之善者也。

## 战威

　　令所以一众心也，不审所出，则数变；数变则令虽出，众不信也。出令之法，虽有小过毋更，小疑毋申。事所以待众力也，不审所动则数变；数变，则事虽起，众不安也。动事之法，虽有小过毋更，小难毋戚。故上无疑令，则众不二听；动无疑事，则众不二志。

## 兵谈

善于治国的王者,人民仰慕他就像日月一样,趋向他就像回到了父母身边一样,归附他如同流水归向大海一样。所以说:"明白了禁罚、赦免、开放、闭锁的时机和道理,那么取得天下就像万物化生一样自然。"所以说:"国家贫穷的能使它富裕,土地不能耕种的使其可耕可种,四季农时不应时的使它应时。土地广阔并被耕种,则国家不可能不富足;人口多而能掌控的话,则其国家不可能不安定。而且富足安定的国家,兵器不必开口磨快,不必出动军队,就能使天下敬畏顺服。所以说,军事上的胜利,取决于朝廷正确的政治措施,取决于民众的同心同德,取决于农业丰收,取决于城镇繁荣。靠身穿铠甲的士兵取得胜利,是指挥将帅的胜利;通过战争来取得胜利,那是决策大臣们的胜利。战争频繁胜利,其实相当于失败。动用数十万人的军队,其军费每天耗费数千金。因此强调百战百胜并不是最高明的,不战而胜才算是最高明的。

## 战威

号令,是用来统一军队意志的。如不慎重发号施令,就会经常变更。如果经常变更,那么号令纵然下达了,众人也不会相信。因此,下达号令的原则是:即使有小的过错也不要再次更改号令,有小的疑惑也不用说明。战争的胜利是要靠大家的力量来完成,如果不慎重地采取军事行动,就会多次变动号令,如果多次变动,纵然战事已开始,众人也会心中不安。军事行动的原则是:虽有小的不当也不要更改,有小的挫折也不要忧虑。所以,如果上级没有犹豫不决的命令,则众人没有别的命令可以听从;如果行动没有令人疑惑的变故,则众人不会有三心二意。

古率民者，未有不能得其心，而能得力者也；未有不能得其力，而能致其死者也。故国必有礼信亲爱之义，而后民以饥易饱；国必有孝慈廉耻之俗，而后民以死易生。故古率民者，必先礼信而后爵禄，先廉耻而后刑罚，先亲爱而后托其身焉。

民死其上如其亲，而后申之以制。古为战者，必本气以厉志，厉志以使四枝，四枝以使五兵。故志不厉则士不死节，士不死节，虽众不武。厉士之道，民之所以生，不可不厚也。爵列之等，死丧之礼，民之所以营也，不可不显也。必因民之所生以制之，因其所营以显之，因其所归以固之。田禄之实，饮食之粮，亲戚同乡，乡里相劝，死丧相救，丘墓相从，民之所以归，不可不速也。如此，故什伍如亲戚，阡陌如朋友；故止如堵墙，动如风雨。车不结轨，士不旋踵，此本战之道也。

地，所以养民也；城，所以守地也；战，所以守城也。故务耕者其民不饥，务守者其地不危，务战者其城不围。三者，先王之本务也。而兵最急矣，故先王务尊于兵。尊于兵，其本有

古来统率民众者，没有不取得民心而能使他们自愿效力的，也没有不得到百姓自愿效力而能让他们冒死而战的。所以一个国家必须有崇礼守信相亲相爱的道义，而后民众才能感到虽饥犹饱；国家必须有孝顺慈爱、廉洁知耻的风俗，而后民众才能认为虽死犹生。所以古代治理民众的君王，必然是先以礼义诚信来教化民众，然后才授以他们官位和俸禄；先教以廉洁知耻，然后才用刑罚来约束他们；先亲近、施爱于民众，然后才能托付重任。

等民众把为君主而死看作如同为亲人而死，然后再用规章制度来告诫他们。古时候的将帅指挥作战，必用自身行为及良好的精神表率来激励士兵的意志，用强烈的意志去支配四肢，用灵活有力的四肢去使用武器。所以战斗意志不加激励，士兵就不会为保全其气节而拼死作战。士兵不为保全气节而拼死作战，军队的人数再多也没有勇猛的斗志。激励士气的方法，就是将士赖以生存的东西不能不丰厚；爵位的等级，丧葬的礼仪，这些都是将士所营求的，不能不显明。必按照将士生活的需求来裁定，按照他们所营求的来显扬，按其归属的等级给予明确的保障并坚持执行到底。像田地俸禄等物资，饮食所需的粮物，使其亲戚同乡共享，乡亲邻居互相勉励，死丧之事相互给予援助，死者的坟墓彼此依傍，这都是将士们所向往的归宿，不可不及时解决。若能如此，那么军队内部就会亲如一家，不同队伍之间的士兵就会像朋友那样亲密无间。这样一来，部队驻守时能像铜墙铁壁一样坚固，行动时犹如暴风骤雨一样迅猛，战车勇往直前，士兵绝不后退，这就是战胜敌人的根本原则。

土地是用来养活民众的，城池是用来保卫土地的，战争是为了防守城池的。所以，注重农业生产的，民众就不会受饥荒；注重防御的，领土就不会被侵犯；注重作战战略的，城池就不会被围困。这

五：委积不多，则事不行；赏禄不厚，则民不劝；武士不选，则士不强；备用不便，则士横；刑诛不必，则士不畏。先王务此五者，故静能守其所有，动能成其所欲。

王国富民，霸国富士，仅存之国富大夫，亡国富仓府。是谓上溢而下漏，故患无所救。故曰举贤用能，不时日而事利；明法审令，不卜筮而事吉；贵功养劳，不祷祠而得福。故曰"天时不如地利，地利不如人事"。圣人所贵，人事而已矣。

勤劳之事，将必从己先。故暑不立盖，寒不重裘；有登降之险，将必下步；军井通而后饮，军食熟而后食，垒成而后舍；军不毕食，亦不火食；饥饱、劳逸、寒暑，必身度之。如此，则师虽久不老，虽老不弊。故军无损卒，将无惰志。

三件事是历代贤明君王立国的根本要务,而其中军事问题又最为紧要,所以历代明君特别重视军事。重视军事最根本的有五个问题:粮草储备不充分,军队就难以行动;奖赏待遇不优厚,民众就得不到鼓励;武士不经严格挑选,兵力就不会强大;武器装备调用不便利,士兵就不会勇敢;做不到有过必罚,士兵就不会畏服。先王能注重这五个方面的问题,所以静防不战,能固守其疆域,而出征攻伐,定可战无不胜。

施行王道的国家,注重先让百姓富裕;施行霸道的国家,注重先让士人富足;勉强生存的国家,士大夫们特别富裕;濒于灭亡的国家,君王的粮仓府库特别富足。这就是人们所说的上层富足有余而下面百姓穷困不堪。像这样,一旦有亡国的祸患就无法挽救了。因此说:"选用有德行和才能的贤才来辅佐治国,不须选择吉日良辰,国事也会顺利吉祥;严明法律、谨慎政令,不必占卜吉凶,万事也会吉祥;供养犒劳功臣,不用祈祷神灵庇佑也能得福。"所以说"天时不如地利,地利不如人和"。圣人所重视的,只在于人的作为罢了。

对于辛勤劳苦之事,将帅必身先士卒。所以,酷暑时不撑遮阳伞盖;严寒时不穿厚毛皮衣;遇有登高及下坡的险路,将帅必下车马与士卒步行;军队凿井成功后,同战士一起喝水;军队饭食煮熟后,再同战士一起吃饭;军队营垒筑成后,再同战士一起休息。全军若尚未吃饭,自己也绝不会生火做饭。总之,饥饿、温饱、劳苦安逸、严寒酷暑,将帅亲自与士兵们一起度过。这样,即使军队长期作战,军力也不致于疲惫、困乏,即使有疲惫、困乏,战斗力也不至于衰竭。所以军队没有减员,将领的斗志也不会懈怠。

## 兵令

兵者，凶器也；战者，逆德也；争者，事之末也。王者所以伐暴乱而定仁义也，战国所以立威侵敌也，弱国所以不能废也。

兵者，以武为植，以文为种；以武为表，以文为里；以武为外，以文为内。能审此二者，知所以胜败矣。武者所以凌敌分死生也，文者所以视利害，观安危；武者所以犯敌也，文者所以守之也。兵用文武也，如响之应声也，如影之随身也。

将有威则生，无威则死；有威则胜，无威则败。卒有将则斗，无将则北；有将则死，无将则辱。威者赏罚之谓也。卒畏将甚于敌者战胜，卒畏敌甚于将者战北。夫战而知所以胜败者，固称将于敌也。敌之与将也，犹权衡也。将之于卒也，非有父母之恻，血肤之属，六亲之私。然而见敌走之如归，前虽有千仞之溪，不测之渊，见入汤火如蹈者，前见全明之赏，后见必死之刑也。将之能制士卒，其在军营之内、行阵之间，明庆赏，严刑罚，陈斧钺，饰章旗，有功必赏，犯令必死。及至两敌相至，行阵薄近，将提枹而鼓之，存亡生死，存枹之端矣。虽有天下善兵者，不能图大鼓之后矣。

## 兵令

兵器，是杀人的凶器；战争，是有背于道德仁爱的行为；争夺，是最末等的事情。所以仁爱百姓的王者用它来讨伐暴乱，来确立仁义。互相交战的国家用它来树立权威，抵御外敌侵犯；弱小的国家用它来保卫自己，以免被灭亡。

军事是以武力来"耕植"，以文德作为"种子"；以武力为"形式"，以文德为"内容"；以武力来"对外"，以文德来"安内"。能明白这两点，就能明白战争胜败的原因了。武力是用以对抗敌人、一决生死的，文德是用以观察事情利害安危的；武力是用以攻击敌人的，文德是为了守卫本土的。治军兼用文武之道，如同回音应和声响、影子随同身躯。

将领有威严则生，无威严则死；有威严则胜，无威严则败。士兵有善用兵的将领则勇于战斗，没有善用兵的将领则败逃；有善用兵的将领则拼死一战，没有善用兵的将领则会蒙受耻辱。所谓威严，就是指明赏和严罚。士兵敬畏将帅超过畏惧敌人，就能打胜仗；士兵畏惧敌人胜过敬畏将帅，就会打败仗。交战之前就能预知胜败，其原因一定在于衡量将帅与敌人。敌情与选用的将领，就如同秤锤和秤杆的关系。将帅对于士兵，没有像父母那样至诚恳切，没有血肉相连的关系，也没有对待六亲那样的私情，然而士兵见到敌人就奋力追杀，其心情犹如急于归家一样，即使前面有千丈深谷、万丈深渊那样的险境，却见他赴汤蹈火，其原因是：前进有周全明确的奖赏，后退则有必死的处罚。将帅之所以能够统领士兵，是因为在他的军营之内和行军作战之间，都明确了奖赏、严明了处罚。陈设诛杀用的斧钺，装饰表彰用的旗帜，有功必赏，违令必杀。到了两军对垒，军阵相逼近，将帅手持鼓槌击鼓的时候，国家的存亡、将士的生死，全系在将帅手中

的鼓槌之上！然而，即使天下最善于用兵的人，也不敢将胜利的希望寄托在擂鼓之后，而要立足于战前的严格治军之上。

## 卷三十八　孙卿子

荀况　撰

## 劝学

君子曰:"学不可以已。青取之蓝而青于蓝,冰水为之而寒于水。"故木受绳则直,金就砺则利。君子博学而日三省乎己,则知明而行无过矣。故不登高山,不知天之高也;不临深溪,不知地之厚也;不闻先王之遗言,不知学问之大也。于越夷貊之子,生而同声,长而异俗,教使之然也。吾尝终日而思矣,不如须臾之所学;吾尝跂而望矣,不如登高之博见也。登高而招,臂非加长也,而见者远;顺风而呼,声非加疾也,而闻者彰。假舆马者,非利足也,而致千里;假舟楫者,非能水也,而绝江河。君子生非异也,善假于物也。故君子居必择乡,游必就士,所以防邪僻而近中正也。积土成山,风雨兴焉;积水成渊,蛟龙生焉;积善成德,圣心备焉。故不积跬步,无以至千里;不积小流,无以成河海。故声无小而不闻,行无隐而不形。玉在山而木草润,渊生珠而崖不枯。为善积也,安有不闻者乎?

## 劝学

　　君子说：修学之道是不可以半途自止的，一定要坚持不懈，勇猛精进。就好比靛青是从蓼蓝草中提取而出，颜色却青于蓝色。冰是由水冻结而成的，却比水寒冷。所以说木材按着绳墨来加工才能笔直，刀剑经过磨砺才会锋利。君子要广博求学，而且要（效法曾子那样）每日三次反省自己的身心行为有无过错，照这样下去，就能够成为一个智慧明达而行为没有过失的人了。如果不登高山，就不会知道天有多高远；如果不入深谷，就不会知道大地有多深厚；如果不学习古圣先王的教诲，就不知道圣贤学问之道的博大。邗国、南越、东夷、北貊这些少数民族的孩子，出生的时候声音都是一样的，长大之后风俗完全不同，这是后来接受的教化不同的缘故。我曾整天的思考，不如片刻学习获益更多；我曾踮起脚跟向远处遥望，不如登上高处见得更多看得更远。登上高处而招手，手臂并没有加长，但是更远的人能看得到了；顺着风向呼喊，声音没有更加激扬，但是听者能听得更清楚了。乘着车马出行的人，并非自己善于极快捷的行走，却能够到达千里之远，乘着船只出行的人，并非自己懂得游水，却能渡过江河到岸。君子并不是天生有着与众不同的禀赋，而是善于凭借于外境。所以君子的住处必定要选择好的乡村，游学必定要选择有贤德的士人，这是为了防止受到邪僻的影响，而让自己靠近正道。当堆积的土石而形成了高山，就会兴起风雨；当凝积水滴而形成深潭，就会生长蛟龙；当厚积善行成就德业，就养成了圣人的心怀。所以不是坚持步步前行，就没有办法远至千里；不汇聚小小的水

## 修身

见善必以自存也，见不善必以自省也。故非我而当者，吾师也；是我而当者，吾友也；谄谀我者，吾贼也。故君子隆师而亲友，以致恶其贼。好善无厌，受谏而能诫，虽欲无进，得乎哉？小人反是，致乱而恶人之非已，致不肖而欲人之贤已；心如虎狼，行如禽兽，而又怨人之贼已；谄谀者亲，谏争者疏，修正为笑，至忠为贼，虽欲无灭亡，得乎哉？

夫骥一日而千里，驽马十驾，则亦及之矣，或迟或速，或先或后耳。胡为乎其不可相及也？跬步而不休，跛鳖千里；累土而不辍，丘山崇成。彼人之才性之相悬也，岂若跛鳖之与六骥足哉？然而跛鳖致之，六骥不致，是无他故焉，或为之，或不为耳。

## 不苟

君子易知而难狎，易惧而难胁，畏患而不避义死，欲利而

流,就没有办法形成壮阔的河海。所以声响无论多么微小,没有不被听到的;行为无论多么隐匿,没有不表露出来的。山中埋藏着宝玉,草木都会受到润泽;深渊中生有珍珠,山崖就不会变的苍凉贫瘠。一个人日积月累地行善,怎么会有不显达的时候呢?

## 修身

　　见到美善,一定要省察自身有没有这种美善;见到不善,一定要反思自己是不是也有这些不善。因此,指出我的过失而且恰当的,是我的良师;肯定我的行为而且恰当的,是我的益友;谄媚阿谀我的人,是来残害我的人。所以君子尊重良师而且亲近益友,憎恨残害自己的人。如果一个君子,乐于为善而从不厌倦,接受劝谏并且引以为戒,即使想不进步,怎么可能办到呢?小人却与此相反。极为悖乱却讨厌别人的批评,极不正派却想让别人称赞自己贤能;内心像虎狼一样狠毒,行为如禽兽一般无耻,却怨恨别人把自己说成恶贼。如果一个人亲近阿谀奉承的人,疏远规劝谏诤的人,嘲笑遵行正道的人,损害忠诚无私的人,虽然想不灭亡,怎么可能办得到呢?

　　骏马奔驰一日可达千里,劣马奔跑十天也就能赶得上,只是慢到或者快到,先到或者后到而已,怎么就能说它不能赶上呢?只要一步一步地前行而不停止,跛脚之鳖也能走完千里;只要不停地填土,山岳也都能形成。人与人之间才能禀赋的差异悬殊,难道有跛鳖与六匹骏马那么大吗?不过跛鳖能够到达目的地,六匹骏马却不能跑到终点,没有其他原因,只是前者下定决定努力去做而后者没有下定决定去努力而已。

## 不苟

　　君子容易与他相交而难以和他处得亲热,容易恐吓而难以对他

不为所非，交亲而不比，言辨而不辞，荡荡乎其有以殊于世也。君子能亦好，不能亦好；小人能亦丑，不能亦丑。君子能则宽容直易以开导人，不能则恭敬撙绌以畏事人；小人能则倨傲僻违以骄溢人，不能则妒嫉怨诽以倾覆人。故曰："君子能则人荣学焉，不能则人乐告之；小人能则人贱学焉，不能则人羞告之。"是君子小人之分也。

君子养心，莫善于诚。致诚无他，唯仁之守，唯义之行。诚心守仁则能化，诚心行义则能变。变化代兴，谓之天德。天不言而人推高焉，地不言而人推厚焉，四时不言而百姓期焉，夫此有常以至其诚者也。君子至德，默然而喻，未施而亲，不怒而威。天地为大矣，不诚则不能化万物；圣人为智矣，不诚则不能化万民；父子为亲矣，不诚则疏；君上为尊矣，不诚则卑。夫诚者，君子之守而政事之本也。君子位尊而志恭，心小而道大，所听视者近，而所闻见者远。是何耶？则操术然也。君子审后王之道而论于百王之前，推礼义之统，分是非之分，总天下之要，治海内之众，若使一人。故操弥约而事弥大，五寸之矩，尽天下之方。故君子不下室堂，而海内之情举。积此者，则操术然也。

进行胁迫,(因为)君子躲避祸患但不躲避为正义而死,君子希望得到利益但不会为了得到利益而违背正道,君子与人交往亲近但不与人结党营私,君子善于明辨事理但不会尽用华丽的文辞。所以说,君子坦荡荡啊!确实和一般的世俗之人不同啊。君子有能力是贤善的,没有能力也是贤善的;小人有能力是丑恶的,没有能力也是丑恶的。君子有能力,则宽厚、包容、平易、直言以启发开导人;没有能力则谦恭、有礼、柔逊、谨慎求学请教人。小人有能力就会傲慢不恭、乖僻不合,以骄傲自满待人;没有能力就会妒忌、怨恨、诽谤,以倾轧陷害他人。所以说,君子有能力,人们就以向他学习为荣;没有能力,人们就乐于告诉他怎么做。小人有能力,人们就会以跟随他学习为耻;没有能力,人们也羞于告诉他怎么做。这就是君子和小人的区别。

君子修养心神,最好的莫过于用诚心。要想诚心达到圆满,唯有奉行仁爱,唯有遵行道义。诚心地奉行仁爱则能感化人心风俗,诚心地遵行道义则能转变世道人心。能够感化人心,转变世道,其美德就可以和天相比,可以说是天德了。天不言语而人们都知道天最高远,地不讲话而人们都知道地最深厚,四季交替不说话而百姓都了解其春夏秋冬的变迁。天、地、四时之所以恒常不变,是因为诚心达到了极点。君子拥有至德,不用称说人们就能明了,不用施予人们就会和他亲近相契,不用发怒他就已经具足威严。天地虽然广大,不诚就不能够化育万物;圣人虽然智慧,不诚就不能够教化万民;父子间的关系最为亲近,不诚就会彼此疏离;君上是最尊贵的,不诚就会不被臣民尊重。诚心,是君子立身处世必须遵循的原则,也是处理政事的根本。君子的人格纯洁尊贵但遇人接物却谦恭而不敢怠慢,居身处虑极其谨细而道德依然广大。他能见能听的虽然只是近处的事

好荣恶辱，好利恶害，是君子小人所同也，若其所以求之道则异。小人疾为诞而欲人之信己，疾为诈而欲人之亲己，禽兽行而欲人之善己；虑之难知也，行之难安也，持之难立也；成则必不得其所好，必遇其所恶焉。故君子者，信矣，而亦欲人之信己；忠矣，而亦欲人之亲己；修正治辨矣，而亦欲人之善己；虑之易知也，行之易安也，持之易立也；成则必得其所好，必不遇其所恶焉，是故穷则不隐，通则大明，身死而名弥白。

## 非十二子

兼服天下之心：高上尊贵不以骄人，聪明圣智不以穷人，齐给速通不争先人，刚毅勇敢不以伤人；不知则问，不能则学，虽能必让。君子能为可贵，不能使人必贵己；能为可信，不能使人必信己；能为可用，不能使人必用己。故君子耻不

情，但是其所见所闻却能企及很远的地方。这是什么原因呢？这是其所操持的"术"使他这样的。君子仔细考察当今君王所行之道，而能详论于历代百王之前，推行礼义廉耻之道统，分定是非的标准，总揽天下之要务，治理海内之众民，如同命令一个人一样。所以，他所操持的越简约，事业就能越大。五寸小的曲尺，能尽画天下的方角。所以君子不出居室，而能将四海之内的事情皆洞察了解。综上所述，这都是由君子所持的"术"决定的。

喜欢荣誉而厌恶耻辱，喜欢利益而厌恶祸害，这一点君子和小人都是一样的。但如果他们观察所求得的方法，君子和小人则是完全不同的。小人极力去做欺诈之事还想要别人相信自己，极力地去骗别人还想要别人亲近自己，行为如禽兽还想要别人赞叹自己。他们思虑难有智慧，行事难以稳妥，所持之道难以持久，最终一定得到不到好的结果，一定会遇到灾祸。因此，君子自己首先是守信的，然后希望别人信任自己；自己首先是忠实的，而后希望别人亲近自己；自己首先遵循正道处事，而后才希望别人与自己交好。君子考虑事情考虑得很圆满，行事也很稳妥，所持之道能够长久保持，最终必然会得到好的结果，必然不会遇到灾祸。所以，君子即使处于穷困，也不能隐蔽其高尚的品行，一旦得志，就会分外光明显大，身死之后，名望会更加显赫。

## 非十二子

可以让天下人都心悦诚服之道是：居于高位，身份尊贵，但不以此而傲视别人；聪明睿智，但不以此使人难堪；辞敏捷，反应迅速，但不以此与人争先；刚毅勇敢，但不以此去伤害人。自己不知道的就去请教他们，自己不会的事情就去学习，虽然有能力，也一定时

修，不耻见污；耻不信，不耻不见信；耻不能，不耻不见用。是以不诱于誉，不恐于诽，率道而行，端然正己，不为物倾侧，夫是之谓诚君子。

## 仲尼

仲尼之门人，五尺之竖子，言羞称乎五伯，是何也？曰："然。彼非本政教也，非致隆高也，非綦文理也，非服人心也。向方略，审劳逸，畜积修门而能颠倒其敌者也。诈心已胜矣，彼以让饰争，依乎仁而蹈利者也，小人之杰也。彼固曷足称乎大君子之门哉！彼王者不然，致贤而能以救不肖，致强而能以宽弱，战必能殆之而羞与之门，委然成文以示之，天下自化矣。有灾缪者然后诛之，故圣王之诛甚省矣。"

刻保持谦逊恭让。君子能做到值得让人尊敬,但不能使别人一定尊敬自己;君子能做到值得别人信任,但不能使别人一定信任自己;君子能做到值得为人所用,但不能让人一定任用自己。所以君子以自己修身未能圆满为耻辱,而不以被人家侮辱为耻辱;君子以自己不能守信为耻辱,不以人家不信任自己为耻辱;君子以自己没有德能为耻辱,不以不能得到别人的任用为耻辱。因此,君子能不被名誉所诱惑,不被诽谤所恐吓,遵循正道而行,庄重整肃地端正自己的思想言行,不被外物所动摇。这就是真正的君子。

## 仲尼

  孔子的弟子,即使身高五尺的少年学生,都以谈论春秋五霸为羞耻。这是什么原因呢?回答说:确实是这样的,因为五霸所行的并不是执政教化的根本之道,他们的为政之方尚未达到最高的境界,并没有完全依照礼仪来治国,并没有得到所有百姓心悦诚服的拥戴。他们不过是趋向于运用权谋和策略,使用人力的时候懂得劳苦与安逸,蓄积物质,加强战备,研究战术,以便能倾覆他们的敌国。用欺诈之术取得胜利后,他们又用表面的礼让来掩饰其争夺,貌似追求仁德,实际却把谋利作为目的,这些人不过是小人中的杰出者罢了。他们又哪里值得大圣人孔子的门人所称道呢!那些施行王道的君主就不是这样,他们最为贤明而又能帮助不肖的人,他们最为强大而又能宽容弱小。他们与人交战,必定能够取得胜利,但却羞于与之相斗。他们只需要用文辞把礼仪制度昭告天下,天下人自然就会受到他的教化,如果还有导致祸患灾乱的悖谬乖戾之人,然后才对其诛杀。所以圣明的君主,对于诛杀是极少使用的。

## 儒效

秦昭王问孙卿曰:"儒无益于人之国。"孙卿曰:"儒者法先王,隆礼义,谨乎臣子而致贵其上者也。虽穷困冻馁,必不以邪道为贪;无置锥之地,而明于持社稷之大义。势在人上,则王公之材也;在人下,则社稷之臣,国君之宝也。虽隐于穷阎陋屋,人莫不贵,贵道诚存也。在本朝则美政,在下位则美俗。儒之为人下如是矣。其为人上也,广大矣。志意定乎内,礼节修乎朝,法则度量正乎官,忠信爱利形乎下。故近者歌讴而乐之,远者竭蹶而趋之。四海之内若一家,通达之属,莫不从服。夫其为人下也如彼,其为人上也如此,何为其无益于人之国乎?"昭王曰:"善。"

君子之所谓贤者,非能遍贤人之所贤之谓也;君子之所谓智者,非能遍智人之所智之谓也;君子之所谓辨者,非能遍辨人之所辨之谓也;君子之所谓察者,非能遍察人之所察之谓也,有所止矣。相高下,序五种,君子不如农人;通财货,辨贵贱,君子不如贾人;设规矩,便备用,君子不如工人。若夫论德而定次,量能而授官,使贤不肖皆得其位,能不能皆得其官,万物得宜,事变得应,言必当理,事必当务,然后君子之所

## 儒效

秦昭襄王问荀卿说:"儒家学说对于国家没有什么益处吧?"孙卿子回答到:"儒家主张效法古代圣明君王的治国之道,提倡尊崇礼义,使为人臣的谨慎而不敢为非,而极敬重他的君上。即使贫穷困窘饥寒交迫,也一定不会用不正当的方法去贪求财富;即使没有安身立命之处,依然明了持守社稷的大义。如果他的权势在众人之上,就是天子诸侯之材;权势在人下时,则是保全社稷的重臣,国君的至宝。虽然隐居于陋巷破屋,众人无不尊重,尊重其修身行道真诚不改。他在朝廷之上就能使政治美善,在民间则使风俗淳美。儒者权势居于人之下(做臣子、平民)时就是这样的。如果其权势在人之上(做天子、诸侯),他们带给人的德泽就更广大了。他有着坚定的意志,能让朝廷礼仪规矩整齐有序,用法则和度量来整肃百官,让天下形成忠义、诚信、仁爱、利他之风。所以近处的人歌颂他,远方的人爱慕敬佩趋之若鹜。四海之内如同一家,凡是车船所到,人迹所至之地,无不心悦诚服。那么学儒之人为人下(做臣子、平民)如以上所说,为人上(做天子、诸侯)也如上所述,怎么能说儒家对人们的国家没有益处呢?"昭襄王回答说:"说的好啊!"

所说君子的贤能,不是指能够把人能所做的一切事都做到;所说君子的明智,不是说无所不知地了解一切人所知道的事;所说君子的辨别,不是说能全分辨清楚一切人所能分辨的事;所说君子的明察,不是说能观察明了一切人所能明察的事,君子的知识和才能也是有止境的。审察土地的地势高下肥沃贫瘠,按时节次序播种黍、稷、豆、麦、麻等粮食作物,君子不如农夫;熟悉钱财货物的流通交易,辨别物品价值的高低贵贱,君子不如商人;使用规和矩等工具,熟练地运用各种工具,君子不如工人。如果说到以品德高下来确定

长也。君子无爵而贵，无禄而富，不言而信，不怒而威，穷处而荣，独居而乐，岂不至尊至富、至重至严哉？

## 王制

"请问为政。"曰："听政之大分，以善至者，待之以礼；以不善至者，待之以刑。两者分别，则贤不肖不杂，是非不乱。贤不肖不杂，则英杰至；是非不乱，则国家治。若是，令行禁止，王者之事毕矣。公平者，职之衡也；中和者，听之绳也。其有法者以法行，其无法者以类举，听之尽也；偏党而无经，听之辟也，故有良法而乱者有之矣。有君子而乱者，自古及今未尝闻也。传曰：'治生乎君子，而乱生乎小人。'此之谓也。"

马骇舆，则君子不安舆；庶人骇政，则君子不安位。马骇舆，则莫若静之；庶人骇政，则莫若惠之。选贤良，举笃敬，兴孝悌，收孤寡，如是，则庶人安政，然后君子安位矣。传曰："君者，舟也；庶人者，水也。水则载舟，水则覆舟。"此之谓

职位，衡量才能高低授予相应官职，使贤能之人和不肖之徒都在适合自己的位置上，能力强或弱的人都能得到任用，万物得其所宜，事物的变化都有应对，说话必定合符道理，做事必定适合时务，这些才是君子所擅长的。君子没有官位却尊贵，没有财富却富足，不说话却受人信任，不发怒却具有威严，乡居不仕却荣显，孤身独居却怡然自乐。难道这不是最尊贵、最富足、最稳重、最威严的吗？

## 王制

有人请问（孙卿子）如何治理国家。孙卿子回答说："处理政务的要领是，对抱着善意来的人要以礼相待，对怀着恶意来的人要以刑罚惩处。这两者区别对待，于是贤能与不肖之徒就不会混为一谈，对错是非就不会混淆不清。贤能与不肖不混为一谈，那么才智杰出的英豪就会到来；对错是非不会混淆不清，那么国家就得到治平。如果能够做到这样，凡事能够令行禁止，国君的政事就算究竟了。公平公正是处理政事的原则，宽严适当是处理政务的准绳。有法可依的，依法而行；无法可依的，按相似法令以此类推，这就是听政的最高境界。偏私而且不依常法，这是处理政事的歪风邪气。所以有良好的法制法规但政治还是混乱的，这种情况有。有君子执政而政治还出现混乱的情况，从古到今，从未听说过。经传上说'政治修明是由君子执政而出现的，腐败混乱是由小人执政而出现的'，说的就是这种情况。"

马拉车时受到惊吓，坐在车内的君子就会不安稳；百姓因政令惊惧，则在君位上的君主就会不安稳。如果马拉车时受惊，最好让他静下来不动；百姓因政令惊惧，最好能够向他们施予恩惠。选用贤良之人，任用诚笃恭敬的人，兴起孝悌之风，收养孤儿寡妇等等，

也。故君人者，欲安，则莫若平政爱民矣；欲荣，则莫若隆礼敬士矣；欲立功名，则莫若尚贤使能矣。是君人者之大节也，三节者当，则其余莫不当矣；三节者不当，则其余虽曲当，由将无益也。成侯、嗣公，聚敛计数之君也，未及取民也；郑子产，取民者也，未及为政也；管仲，为政者也，未及修礼也。故修礼者王，为政者强，取民者安，聚敛者亡。故王者富民，霸者富士，仅存之国富大夫，亡国富筐箧、实府库。筐箧已富，府库已实，而百姓贫，夫是之谓上溢而下漏。入不可以守，出不可以战，则倾覆灭亡，可立而待也。故我聚之以亡，敌得之以强。聚敛者，召寇肥敌、亡国危身之道也，故明君不蹈也。

## 富国

　　足国之道，节用裕民，而善藏其余也。节用以礼，裕民以政，彼裕民则民富，出实百倍。上以法取焉，而下以礼节用之，余若丘山。夫君子奚患乎无余也？故知节用裕民，则必有仁义圣良之名，而且有富厚丘山之积矣；不知节用裕民则民贫，出

这样，百姓就会安守政令。百姓安守政令，君主才能安然于君位上。经传上说"君主好比是船，百姓好比是水。水可以承载船，也可以覆灭船"，说的就是这种情况。所以为人之君，想要得到安定，那么最好的方法就是修明政治、爱民如子；想要得到荣耀，那么最好的方法是尊崇礼法敬重贤士；想要建立功名，那么最好的方法就是重用贤能。这是关系为人之君者存亡安危的三件大事。这三件大事处理地得当，那么其他的小事就全都妥当了。这三件大事要是没有做好，那其他的小事就算做得全都得当，仍然没有丝毫益处。卫成侯、卫嗣公，是横征暴敛使用权术谋略的君主，但未能取得民心；郑子产得到民心，但未能很好地处理政事；管仲能处理好政事，但未能施行礼仪教化。施行礼仪教化可以称王，善于为政可以强盛，得到民心能获得安定，横征暴敛就一定会灭亡。所以实施教化的王者治理天下，关心百姓的富足，注重为政、称霸天下的君主关心兵士的富足；勉强存在的国家，只关心大夫的富足；亡国之君，只关心自己的钱柜饱满，国库充足。钱柜已经饱满，国库已经充足，但是百姓贫穷，这是所说的上满溢而下干涸。这样的国家，对内不能用来防守，出外不能用来应战，于是倾覆灭亡马上就会到来。所以，为自己聚敛财富，会使自己亡国，进而使敌国变得富强。聚敛财富，这是召来仇寇、养肥敌人，亡失国家、危害身命的道路，所以圣明的君主决不会走这条路。

## 富国

使国家富足的方法，就是节省用度，富裕百姓，而且能妥善储藏盈余的物资财富。节省用度要运用礼法，富裕百姓要用好的政策。实施了裕民的政策就会使百姓富足，收成会百倍增多。君主按照法令征税，在下的百姓依照礼法节省用度，剩余的资财就会堆积如山丘，

实不半,上虽好取侵夺,犹将寡获也;而或以无礼节用之,则必有贪利之名,而且有空虚穷乏之实矣。

礼者,贵贱有等,长幼有差,贫富轻重皆有称者也。德必称位,位必称禄,禄必称用。由士以上,则必以礼乐节之;众庶百姓,则必以法数制之。轻田野之税,平关市之征,省商贾之数,罕兴力役,无夺农时,如是,则国富矣。夫是谓以政裕民也。

人之生不能无群,群而无分则争,争则乱,乱则穷矣。故无分者,人之大害也;有分者,天下之本利也。古者,先王分割而等异之也,故使或美或恶,或厚或薄,或逸乐,或劬劳,非特以为淫夸之声,将以明仁之文,通仁之顺也。故为雕琢刻镂,黼黻文章,使之以辨贵贱而已,不求其观;为钟鼓管磬,琴瑟竽笙,使之以辨吉凶,合欢定和而已,不求其余;为宫室台榭,使以避燥湿,辨轻重而已,不求其外。

若夫重色而衣之,重味而食之,重财物而制之,合天下而

君子还会发愁没有盈余吗？所以明白节省用度富裕百姓，就一定会有仁义、神圣、英明的美名，而且会有非常丰厚堆积如山的储备。不知道节省用度使百姓富裕就会令百姓贫穷，收成不足一半，君主虽然豪夺强取，仍然所获甚少。而且不知道按照礼法制度去节省地使用这些资财，不仅一定会有贪利诈取的名声，而且还一定会有空虚穷乏之实。

礼，就是贵贱要有等差，长幼要有次序，贫富轻重都各有和其身份相宜的规定。德行一定要和地位相称，官位一定要和俸禄相称，俸禄一定要和能力相称。从士以上，一定要以礼乐来进行节制，黎民百姓，一定要用法度来治理。减轻农业赋税，降低关市的征税，减少商人数量，极少征用民力，不占用农时，这样就能富国。这就叫做用政治措施来使民众富裕。

人的生活不能离开群体，有群体没有等级名分，就会有争斗。争斗一生就会混乱，混乱一起就会穷困。所以，没有等级名分，是人们最大的损害，有等级名分是天下根本利益之所在。古时候，先王分割出等级差异，以等级差别区别，使人们或被赞美或被厌恶，或者待遇优厚或者待遇菲薄，或者生活安逸或者终日辛劳。这么做并不是为了得到他们的瞻望，自己以此名称来作为夸耀，而是为了彰明仁政之文（落实隆礼尊贤的礼乐等级制度），使仁政顺达（贯彻隆礼尊贤的礼乐等级次序）。所以镂金琢玉，雕刻木器，礼服色彩纹饰绚丽，是为使之能分辨尊贵与卑贱而已，不是为求让其观览玩赏；制钟鼓管磬，琴瑟竽笙等礼乐器，是为使之能分辨吉凶，让人们欢乐和谐而已，不是为求过度享乐；建宫殿楼阁，是为使之能避开干燥和潮湿，区别尊贵和卑贱，不是为求过份享受。

至于各种各式颜色的服饰给君主穿着，各种各样的美味给君主

君之,非特以为淫泰也,以为王天下。理万变,裁万物,养万民,兼制天下者,为莫若仁人之善也。夫故其知虑足以治之,其仁厚足以安之,其德音足以化之,得之则治,失之则乱。百姓诚赖其智也,故相率而为之劳苦,以务逸之,以养其智也;诚美其厚也,故为之出死断亡以覆救之,以养其厚也;诚美其德也,故为雕琢刻镂、黼黻文章以藩饰之,以养其德也。故仁人在上,百姓贵之如帝,亲之如父母,为之出死断亡者,无他故焉,其所是焉诚美,其所得焉诚大,其所利焉诚多也。故曰:"君子以德,小人以力也。"百姓之力,待之而后功;百姓之群,待之而后和;百姓之财,待之而后聚;百姓之势,待之而后安;百姓之寿,待之而后长;父子不得不亲,兄弟不得不顺,男女不得不欢;少者以长,老者以养。故曰:"天地生之,圣人成之。"此之谓也。

今之世不然,厚刀布之敛以夺之财,重田野之税以夺之食,苛关市之征以难其事;权谋倾覆以靡弊之,百姓晓然皆知其将大危亡也。是以臣背其节而不死其事者,无他故焉,人主自取之也。不教而诛,则刑繁而邪不胜;教而不诛,则奸民不惩;诛而不赏,则勤励之民不劝;诛赏而不类,则下疑俗险,

食用,把各种财富给君主掌控,将天下交给君王治理,并不是特意制造过分的安泰奢侈,让君主淫侈骄恣,原本只是为了一统天下。处理各种变化,裁理万物,养育万民,使天下人都得到利益,没有比仁德之人更好的了。其智慧和谋略足以治理天下,其仁慈宽厚足以安定天下,其德言、教令足以教化天下,得到仁人的治理就天下大治,失去仁人的治理就天下大乱。百姓确实依赖其智慧,所以相继着为其勤劳、辛苦劳作,务必使其安逸,以涵养其心智。百姓确实称扬其仁厚,所以为之效死捐生在所不惜,掩护救助使其安全,以安养其仁慈宽厚。百姓确实赞美其内心至仁的胸怀,所以为之雕琢刻镂,制华美礼服,为使其庄严,以修养其德性。所以仁人在君主之位,百姓尊贵崇敬如天帝一般,亲近爱戴如同父母一样,为之抱定必死的决心出生入死,没有别的原因,就是因为仁者制定的政令确实美好,仁者取得的成就确实很大,仁政给予人们的利益确实很多。所以说:君子以德抚下,百姓以力事上。百姓之力,待君子之德化而后建立功业。百姓之众,待君子之德化而后和乐。百姓之财,待君子之德化而后聚积。百姓之形势,待君子之德化而后安定。百姓之性命,待君子之德化而后不争斗相杀而长久。父子不得君子之德化不亲密,兄弟不得君子之德化不和顺,男子女人不得君子之德化不融洽,年少的人因君子的德化而得到良好成长,老人因君子的德化而得到奉养。古语说:天地生长万物,圣人成就万物。就是指这种情形。

现在的世道却不是这样,加重钱财赋税的征收而夺取百姓的钱财,加重农业税收而抢占百姓的粮食,苛征关市交易的税金,出入买卖皆收税,使交易困难。阴谋颠覆,以散尽其财,百姓全都知晓,也都知道其将彻底灭亡了。于是身为臣子的违背其节操,而不再以死报效奉事,没有别的原因,这都是君主咎由自取的结果。事先不进行

而百姓不一。故先王明礼义以一之,致忠信以爱之,尚贤使能以次之,爵服赏庆以申重之;时其事,轻其任,以调齐之;兼覆之,养长之,如保赤子。若是,故奸邪不作,盗贼不起,而化善者劝勉矣。是何则?其道易,其塞固,其政令一,其防表明也。故曰:"上一则下一矣,上二则下二矣。"

国者,天下之制利用也;人主者,天下之利势也。得道以持之,则大安也,大荣也;不得道以持之,则大危矣,大累矣。故用国者义立而王,信立而霸,权谋立而亡。三者明主之所谨择也,仁人之所务白也。汤以亳,武王以镐,皆百里之地也,天下为一,诸侯为臣,通达之属,莫不从服,无他故焉,以济义矣。是所谓义立而王也。齐桓、晋文、楚庄、吴阖庐、越勾践,是皆僻陋之国也,威动天下,强殆中国,无他故焉,信也。是所谓信立而霸也。不务张其义,济其信,唯利之求,内则不惮诈其民而求小利焉,外则不惮诈其与而求大利焉,内不修正其所以有,然常欲人之有。如是,则臣下百姓,莫不以诈心待其上矣。上诈其下,下诈其上,则是上下析也。如是,则敌国

教育就加以惩罚,于是刑罚繁多而不能压制邪恶。教育了而不进行惩罚,于是违法乱纪不务正业的人不被惩戒。只有惩罚没有奖赏,于是勤勉努力的百姓不再勤勉。赏不当功,罚不当罪,在下位的就会生出疑虑,(这些会使得)社会风俗变得险恶而百姓不能一致。所以先王明定礼仪以此统一百姓,致力于忠信来爱护百姓,任用贤能使百姓生活有次序,并奖赏以爵位和相应服饰,以此来再三强调。按时令安排事务,不违农时,减轻他们的负担,使百姓协调一致,普遍庇荫和抚育百姓,如同保护刚出生的婴儿。如果能够这样做,奸诈邪恶的坏事就无从生起,盗贼就不敢活动,而且通过教育转化为善的人会更加受到勉励。这是什么原因呢?是因为其治国之道平易可行,国家的边塞安稳牢固,国家的政策法令统一,国家的制度、标准清楚明白。所以说:在上位的一心一意,在下位的就会一心一意;在上位三心二意,在下位的也就三心二意。

国家,是天下的利器。君主,是把持国家利器的,是天下最有利势的人。君主能用正确的治国之道来把持,国家就会大安定、大繁荣。君主不能用正确的治国之道来把持,国家就会有大危险,大祸患。所以把持国家利器的君主,用道义来立国就可以称王,用信义立国就可以称霸,用权谋来立国国家就会灭亡。这三者是圣明之君要谨慎选择的,仁人所务必要明白的。商汤的亳都,周武王的镐京,都不过是方圆百里之地,而能一统天下,诸侯为之臣服,凡能通行所到之属地,无不顺服,没有其他的原因,就是依道义而行。这就是所说的用道义立国可以称王天下。齐桓公、晋文公、楚庄王、吴王阖闾、越王勾践,都是地处偏远、风俗粗野的国家,能够威震天下,强大威胁中原,没有其他原因,就是施行信义。这就是所说以信义立国可以称霸。不致力于扩张其道义,不成就其信义,只贪求利益,对

轻之，与国疑之，权谋日行，而国不免危亡。齐闵、薛公是也。是无他故焉，唯其不由礼义而由权谋也。三者，明主之所谨择也，而仁人之所务白也。善择者制人，不善择者人制之。

国者，天下之大器也，重任也，不可不善为择所而后措之，措险则危；不可不善为择道然后道之，涂秽则塞，危塞则亡。故道王者之法，与王者之人为之，则亦王矣；道霸者之法，与霸者之人为之，则亦霸矣。道亡国之法，与亡国之人为之，则亦亡矣。故国者，世以新者也，改王改行也。一朝之日也，一日之人也。然而有千岁之国何也？曰："援夫千岁之信法以持之也，安与夫千岁之信士为之也。人无百岁之寿，而有千岁之信士何也？"曰："以夫千岁之法自持者，是乃千岁之信士矣。"故与积礼义之君子为之则王，与端诚信全之士为之则霸，与权谋倾覆之人为之则亡。三者，明主之所谨择也。

内肆无忌惮欺诈百姓而求得小利益，对外肆无忌惮欺诈盟国而求得大利益，内不好好治理自己已经拥有的（国土和人民），却常常贪求别的国家的（国土和人民）。这样一来，臣下百姓，无不以欺诈心对待其上了。上欺诈其下，下欺诈其上，于是上上下下分崩离析。这样一来，敌国轻视，盟国不信任，权术阴谋一天天盛行。而国家就免不了危险灭亡。齐闵王、孟尝君就是这样的。这三者也是圣明之君要谨慎选择的，仁人所务必要明白的。善于选择的人就能统治别人，不善于选择的人就会被别人所统治。

国家，是天下最重要的大器，最重大的责任。不可以不妥善地为之选择安放的地方，然后安放，把它安放在危险的人手里，国家就会危险；不可以不妥善为之选择治理之道，然后再进行治理，选择的是荒芜的道路，就会阻塞而行不通。把国家安放在危险的人手中，而且选择阻塞不通的治国之道，就一定会亡国。所以用王者之法治理，让主张王道的人共同实施，就能称王天下；用霸者之法治理，和主张霸道的人共同实施，就能称霸天下；用亡国之法治理，和走亡国之道的人共同实施，就一定会亡国。所以，国家是世代更新的，改换一王，就改变所行之事（并非改变治国的常法）。事情总是在不断变化，今日之事明日就会有变故。人生短暂，过了今日，未知有明日。然而，世上还会有传世千年的国家，这是为什么呢？回答是：因为这是沿用了千年不变的礼法来治理国家，而且和那些信守礼法千年的人来治理国家。人没有超过百岁，这是为什么呢？回答说：以千年的礼法约束自己的人，就是信守礼法千年的人。所以与长久遵行礼仪的君子治理国家，就可以称王于天下。与品德端正、忠诚、始终守信的人治理国家，就可以称霸于诸侯，与善用权术阴谋整治他人的人治理国家，就会亡国。以上三点，是贤明的君主所要谨慎选择的。

国危则无乐君，国安则无忧民。乱则国危，治则国安。今君人者，急逐乐而缓治国，岂不过甚哉？譬之是由好声色而恬无耳目也，岂不哀哉？故百乐者，生于治国者也；忧患者，生于乱国者也。急逐乐而忘治国，非知乐者也。故明君者，必将先治其国，然后百乐得其中；暗君者，必将荒逐乐而缓治国，故忧患不可胜校也，必至于身死国亡，然后止也。岂不哀哉？将以为乐，乃得忧焉；将以为安，乃得危焉；将以为福，乃得死亡焉。岂不哀哉？呜呼！君人者，亦可以察若言矣。故治国有道，人主有职。若夫论一相以兼率之，使臣下百吏，莫不宿道向方而务，是夫人主之职也。若是则名配尧、禹。人主者守至约而详，事至逸而功，垂衣裳，不下簟席之上，而海内之人莫不愿得以为帝王。夫是之谓至约，乐莫大焉！

人主者，以官人为能者也；匹夫者，以自能为能者也。人主得使人为之，匹夫则无所移之。今以一人兼听天下，必自为之然后可，则劳苦耗萃莫甚焉。如是，则虽臧获不肯与天子易势业。以是悬天下，一四海，役夫之道也。

传曰："士大夫分职而听，诸侯之君分土而守，三公总方

国家危亡就没有可以安乐的君主，国家安定就没有忧愁的百姓。混乱则国家危难，太平则国家安定。当今的君主，急于追逐享乐而不急于治理国家。岂不是大错特错吗？譬如喜好声色享受却安于没有眼睛耳朵一样，岂不是太可悲了吗？所以所有的享乐，只有在安定太平的国家里能有。各种忧患，都在动乱不安的国家里产生。急于追逐享乐而忘了治理国家。并不懂什么是真正的享乐。因此贤明的君主，必定要先治理其国家，然后所有的享乐自然在其中了。昏庸的君主，必定沉湎于寻欢作乐，而不急于治国，所以忧患数不胜数，一直到国破人亡，然后才会停止，岂不是太可悲了吗？原以为是享乐，结果却得到忧患。原以为是求得安定，结果却得到危难。原以为会得到福报，结果却得到死亡。岂不是太可悲了？唉呀！做君主的，可以好好体察如上所说啊。所以治国要遵循治国的常道，君主要履行君主的职责。至于说到选择一位良相来统率百官，使百官无不持守正道遵循正确方向而努力，这就是君主的职责了。如果能够做到这样，做君主的名声就可与尧帝禹帝相比了。做君主的，主管的事应该最简约同时也是最周详的，他所做的事应该是最安逸而又是最有功效的。他垂衣裳而无需离开竹席，而四海之内，所有人无不希望他成为帝王。这就是所谓最简约的治理，快乐是最大的。

为人君主，以善于任用贤能的人为有能力；平民百姓，以善于做事为有能力。为人君主能够派遣人去做事，平民百姓则无人可差遣。现在以君主一人同时处理天下政事，什么事情都要等到自己亲自处理才称心，这样君主就会辛苦劳累心力交瘁。这样的话，那么奴婢都不肯与天子换权位，这样独自一个人管理天下，统治四海，是服劳役的人所行的方法。

经传上说：士大夫各司其职而处理政事，各诸侯国的君主分强

而议，则天子拱已止矣！"故人主欲得善射，射远中微，则莫若使羿、逢门矣；欲得善驭，及速致远，则莫若使王良、造父矣；欲调一天下，制秦楚，则莫若聪明君子矣。其用智甚简，其为事不劳而功名致大，甚易处，而甚可乐矣。

夫贵为天子，富有天下，名为圣王，兼制人人，莫得而制也，是人情之所同欲也。欲是之主并肩而存，能建是之士不世绝，千岁而不合，何也？曰："人主不公，人臣不忠也。"人主则外贤而偏举，人臣则争职而妒贤，是其所以不合之故也。人主胡不广焉，无恤亲疏，无偏贵贱，唯诚能之求？人臣轻职业让贤，而安随其后矣。如是，则功一天下，名配禹、舜。物由有可乐，如是其美者乎？呜呼！君人者亦可以察若言矣。

治国者，分已定，则主相臣下百吏，各谨其所闻，不务听其所不闻；各谨其所见，不务视其所不见。则虽幽闲隐僻，百姓莫不敬分安制以化其上，是治国之征也。

主道治近不治远，治明不治幽，治一不治二。主能治近则远者理，主能治明则幽者化，主能当一则百事正。夫兼听天下，日有余而治不足者如此也，是治之极也。既能治近，又务

守土，三公总揽各方政策而进行议决，那么天子就可以垂拱而治了。所以为人君主如果想找精于射箭的人，能射中很远处的微细之物，那么任用羿和逢门是最好不过了。如果想要精于驾驭的人，能快速地到达远方，那么任用王良和造父是最好不过了。如果想统一天下，制约秦楚，那么任用聪睿明察的君子是最好不过了。因为其运用智慧最少，做事不须劳苦，但是所成就的功业和名声最大，处理事情容易简单，和其相处又轻松愉快。

贵为天子，富有天下，名为圣王，能统治人，又不为任何人所制约，这是人人所共同企求的欲望。想要实现这种欲望的君主，实在太多了，能帮助君主成就这种事业的贤士也不绝于世，但是他们千百年都不能遇合，这是为什么呢？回答说：不是为人君主的不公平，就是为人臣子的不忠诚。君主排斥贤良而任用自己偏爱的人，臣子争夺官职妒忌有才能的人，这是其不能遇合的根本原因。君主何不豁达大度，不恤亲疏，不分贵贱，只为求得真正贤能之人呢？如果这样，臣子就会轻视官位而让位于贤者，而且安心跟随在贤者之后。这样，就能建一统天下之功，声名可与禹舜圣王相提，还有比这更令人喜悦的吗？这样是多么美好。唉呀！做国君的，可以体察如上所说啊！

治理国家的人把等级名分一经划定，于是宰相大臣百官，各自严守分内所应听闻的事务，不致力于听闻不是分内的事务；各严守其分内所应查看的事务，不致力于查看不是分内的事务。于是虽然是地处偏远，百姓无不重视名分等级，遵守国家法度，顺从教化，这是国家安定太平的象征。

贤明的君主治理国家，治理近处之事，不治理远处之事；治理明处之事，不治理暗处之事；治理最主要的事，不治理次要的事。君主能治理好近处，则远方自然得到治理；君主能治理好明处的事，则暗

治远；既能治明，又务治幽；既能当一，又务正百，是过者也。过犹不及也。不能治近，又务治远；不能察明，又务见幽；不能当一，又务正百，是悖者也。故明主好要而暗主好详，主好要则百事详，主好详则百事荒矣。

国得百姓之力者富，得百姓之死者强，得百姓之誉者荣。三德者具，而天下归之；三德者亡，而天下去之。汤、武与天下同利，除天下同害；政令制度，所以接百姓者，有非理如豪末，必不加焉。故百姓亲之如父母，为之死亡而不偷也。乱世不然，使愚诏智，不肖临贤，生民则致贫隘，使民则甚劳苦，又望百姓为之死，不可得也。孔子曰："审吾所以适人，人之所以来我也。"大国之主，好见小利，是伤国；又好以权谋倾覆之人断事，社稷必危，是伤国。国主好诈，群臣亦从而成俗；群臣若是，则众庶亦不隆礼义而好贪利矣。君臣上下之俗，莫不若是，则地虽广，权必轻；人虽众，兵必弱；刑虽繁，令不下通，是之谓伤国。

处的事自然跟着变化；君主能恰当处理好最主要的事，其余所有的事都自然正确无误。君主在全面处理好天下政务的同时，每日尚有闲暇而已经没有需要处理的政务，能够这样，就是最高明的治理之道。既要能治理近处，又致力于治理好远方；既要能治理好明处，又致力于治理好暗处；既要能治理好最主要的事务，又致力于所有事都正确，这是治理得过份了。事情做得太过，就会过犹不及。不能治理好近处，却致力于治理好远方；不能明察明处，却致力要查看暗处；不能治理好主要事务，却致力要所有事都正确，这是违背事理的。所以圣明的君主，善于抓住关键紧要之事，而昏庸的君主，喜欢样样详尽。君主善于抓住关键紧要之事，于是百事周详；君主欲图凡事详尽，于是诸事荒废。

国家若能得到百姓的效力就会富足；得到百姓拼命效死，就会强盛；得到百姓的称誉，就会荣耀。这三得都具足了，那么天下的人民都将归顺，三得都没有了，那么天下的人民就会背离。商汤王周武王兴办与天下人都有利的事情，去除对天下人都有害的事情。政令制度，所有涉及到百姓的，不合情理的事情即使如毫发的末端那么微小，也一定不会加在百姓身上，所以百姓亲敬爱戴如同父母一样，甘愿为之赴死而不苟且偷生。乱世的君主就不是这样，任用愚昧的人来领导智者，用卑劣无能的人来统治贤良，养育百姓是使百姓穷困，役使百姓则让百姓极为劳苦，还期望百姓为之赴死，这是办不到的。孔夫子说："明白我们如何对待别人，就会知道别人会怎样来对待我们。"。一个大国的君主，却好贪小便宜，这样必然伤害国家；又好用权术阴谋、倾轧陷害的人决断事情，这样，社稷必遭危难，这就是危害国家。国君好行狡诈。群臣都会随从效仿形成固有的习惯，群臣都如此，那么百姓也不会尊崇礼仪，也会喜好贪利。君臣上下的习惯

## 君道

　　有乱君,无乱国;有治人,无治法。羿之法非亡也,而羿不世中;禹之法犹存,而夏不世王。故法不能独立,得其人则存,失其人则亡。法者,治之端也;君子者,法之源也。故有君子,则法虽省足以遍矣;无君子,则法虽具足以乱矣。故明主急得其人,而暗主急得其势。急得其人,则身逸而国治,功大而名美;急得其势,则身劳而国乱,功废而名辱。故君人者,劳于索之,而休于使之。

　　械数者,治之流也,非治之源也;君子者,治之源也。官人守数,君子养源。故上好礼义,尚贤使能,而无贪利之心,则下亦将綦辞让,致忠信,而谨于臣子矣。故赏不治政令不繁而俗美,百姓莫敢不顺上之法,象上之志,而劝上之事,而安乐之矣。

　　君者,民之源也。源清则流清,源浊则流浊。故有社稷而不能爱民,不能利民,而求民之亲爱己,不可得也;民不亲不爱而求其为己用,为己死,不可得也;民不为己用,不为己死,

全都如此。虽然地域广,但权势一定会削弱,人虽然众多,兵力一定会削弱,刑罚虽然繁多,政令无法下达通行,这就叫做伤国。

## 君道

　　有造成国家混乱的昏君,没有本来就混乱的国家;有能治理好国家的人才,没有不需人治就可以使国家安定的方法。后羿的射法没有亡失,但后羿不能让世世代代的人都百发百中;禹王的治国之法仍然存在,但夏后氏不能世世代代称王天下。所以治国之法不能独自存在,得到了能施行的人才能存在,失去了能施行的人就亡失了。治国之法,是治理国家的开端;君子,是治国之法的本源。所以有君子,则法令虽然简略,也足够治理好一切。没有君子,即使法令非常完备,也足以使得社会混乱。所以贤明的君主急于得到能治国的君子,而昏庸的君主急于得到权势。急于得到能治国的君子,于是身闲适而国家大治,功业伟大而且声名美好。急于得到权势,就会身劳心累而国家混乱,功业毁坏而且名声败坏。所以做国君的,在寻求治国的贤才君子的时候劳苦,一旦任用了治国的贤才君子的时候,自己就很安逸了。

　　关于各种度量器具的规定,是治国的末流,不是治国的根源。君子是治国的根源。一般官吏恪守法规,君子保养本源。所以君上尊崇礼仪,任用贤能,而且没有贪利之心,那么臣下也就会极为谦逊推让,至为忠诚信实,而谨守臣子之职。因此奖赏不用实施,政令不用烦琐,而民俗也会美善,百姓没有谁敢不顺服君上的法令,都依顺君主的意志,勤勉于君主之事,于是天下安宁、人人快乐。

　　君主,是百姓思想行为的本源,源头清则水流也清,源头浊则水流也浊。所以拥有江山社稷而不能爱护百姓,不能利益百姓,而想求得百姓亲敬爱戴自己,这是不可能的。百姓不亲敬不爱戴自己,而求

而求兵之劲,城之固,不可得也;兵不劲,城不固,而求敌之不至,不可得也;敌至而求无危削,不灭亡,不可得也。故人主欲强固安乐,则莫若反之民;欲附下一民,则莫若反之政;欲修政美国,则莫若求其人。故君人者,爱民而安,好士而荣,两者无一焉而亡也;明分职,序事业,拔材官能,莫不治理,则公道达而私门塞矣,公义明而私事息矣。如是,则德厚者进而佞悦者止,贪利者退而廉节者起,兼听齐明而百事不留。故天子不视而见,不听而聪,不虑而知,不动而功,块然独坐而天下从之,如四支之从心也。

 

人主有六患,使贤者为之,则与不肖者规之;使智者虑之,则与愚者论之;使修士行之,则与奸邪之人疑之,虽欲成功,得乎哉?譬之是犹立直木而恐其影之枉也,惑莫大焉!语曰:"公正之士,众人之痤也;循道之人,奸邪之贼也。"今使奸邪之人论其怨贼,而求其无偏,得乎哉?譬之是犹立枉木而求其影之直也,乱莫大焉!故古之人为之不然,其取人有道,其用人有法。取人以道,参之以礼;用人之法,禁之以等;

其为自己所用,为自己赴死,这是不可能的。百姓不能为自己所用,不能为自己赴死,而求兵力强大、城郭坚固,这是不可能的。兵士不强大,城郭又不坚固,想求敌人不来侵犯,这是不可能的。敌人到来而希望没有衰危,国家不被灭亡,这是不可能的。所以人君想要国家强大、巩固、安定。不如反过来依靠人民。想臣下归附、百姓一心,不如反过来修好政事。希望修明政治国风淳美,则最好去求得有德才的君子。所以君主,爱护百姓,然后自己才能安定;爱护贤士,然后自己才能荣耀。两者缺失一个就会亡国。能够明确每个人的名分和职权,区分各种事情的轻重缓急,选拔贤才,任用能人,则没有什么不能得到治理的。这样,公正之道就会畅通而行,私自受贿办事的门路就闭塞了。公正的义理就会昌明,而个人私心行事就会止息了。这样一来。则德行淳厚者就会得到进用,而奸佞谄媚的人就会被止塞,贪图利益者会被罢黜,廉洁奉公的就会被起用,广泛听取意见明察一切,则各种事情就不会久拖不决了。因此,天子不用亲自查视而就已经了解一切,不用亲自去听而就已经明白实情,不用自己思考而就已经拥有智慧,不用自己做事而功业就已成就。他安然独坐,但天下人无不顺从于他,如同四肢听从心的支配一样。

  君主有六种忧患:任用贤能的人去为政,而与卑鄙无能的人一起限制他;任用智者考虑政事,而与愚昧无知的人一起评论他;任用有道德修养的人去施政,而与奸佞邪恶的人一起猜疑他。虽然想成功,能得到吗?好比是立起直木,而害怕其影子会弯曲,简直太愚痴迷惑了。俗话说:"公平正直的人,被众人视为毒疮。遵循正道的人,被奸邪的人视为仇贼。"如今用奸佞邪恶之人,去评论他的怨家仇贼,还想求其没有偏颇,能得到吗?譬如是立起弯曲之木,而求其影子笔直,没有比这更悖乱的了。所以古时之人不这样做事。古

行义动静,度之以礼;智虑取舍,稽之以成;日月积久,挍之以功。故卑不得临尊,轻不得悬重,愚不得谋智,是以万举不过也。

人主欲得善射、射远中微者,欲得善驭、及速致远者,悬贵爵重赏以招致之,内不可阿子弟,外不可隐远人,能致是者取之,是岂不必得之之道哉!虽圣人不能易也。欲治国驭民,调一上下,将内以固城,外以拒难;治则制人,人不能制也;乱则危辱灭亡,可立而待也;而求卿相辅佐,则独不若是其公也,唯便辟亲比己者之用也。岂不过甚哉?故有社稷者莫不欲强,俄则弱矣;莫不欲安,俄则危矣;莫不欲存,俄则亡矣。故明主有私人以金石珠玉,无私人以官职事业。是何也?曰:"本不利于所私也。"彼不能而主使之,则是主暗也;臣不能而诬能,则是臣诈也。主暗于上,臣诈于下,灭亡无日,俱害之道也。夫文王非无贵戚也,非无子弟也,非无便僻也,乃举太公而用之,兼制天下,立七十一国,姬姓独居五十三人,周之子孙,莫不为显诸侯。如是者,能爱人也。故举天下之大道,立天下之大功,然后隐其所怜所爱。故曰:"唯明主为能爱其所爱,暗主则必危其所爱。"此之谓也。

人选择人依正道，古人任用人依正法。选择人的正道是用礼仪来检验，用人的正法是用等级来限定。对人的品行道德举止行为，用礼仪来量度。智慧和判断取舍的决策能力，以实际成效来查考，日积月累，以所成功绩来考核。所以卑下者不可以胁制尊贵者，地位轻贱的人不可以去衡量地位尊重的人，愚昧无知的人不可以出谋划策给智慧聪明的人。这样，做任何事情都不会出现差错。

　　君主想得到箭法高超、能射中远处微细物品的人，想得到善于驾驭、能快速到达远方的人，就应该张布公告以高官重赏，以招引其到来；内不可以偏袒自家子弟，外不可以埋没疏远之人，能做到的人就取用。这难道不是必定得到人材的方法吗？即使是圣人也不能改变啊。想要治理好国家，驾驭好百姓，就要协调上下，使得大家意志统一，对内坚固城郭，对外抵制入侵。(他明白)国家得到治理，就能制服别人，不会受人所制；国家一旦混乱，则危难耻辱灭亡，马上就会到来。但在寻求卿相来辅助自己治理国家的时候，则偏偏不像求上面所说善射善驭的人一样公道了。只用自己的左右亲信和迎合自己的人，这不是大错特错了吗？所以拥有江山社稷的君主，没有不希望自己国家强大的，但不久就衰弱了；没有不希望国家安定的，但不久却陷入危难；没有不希望国家世代长存的，结果却灭亡了。所以明君有因为偏爱而私下把金银珠宝给人的，没有因偏爱而私下把官职政务给人的。为什么？答案是：那样做本不利于所偏爱的人，他们没有能力而君主任用他们，则是君上昏庸，臣子自己无能而虚夸自己有才能，是为臣子的欺诈。君主昏庸于上，臣子欺诈于下，国家就离灭亡不远了。这是君臣俱受损害的做法。周文王不是没有皇亲国戚，不是没有兄弟子侄，不是没有宠臣亲信，却举姜太公而重用他，统一天下，设立七十一个诸侯国，文王的姬姓一族独占五十三人，周室的子孙

## 臣道

从命而利君谓之顺，从命而不利君谓之谄；逆命而利君谓之忠，逆命而不利君谓之篡；不恤君之荣辱，不恤国之臧否，偷合苟容，以持禄养交而已，谓之国贼。君有过谋过事，将危国家，陨社稷之具也。大臣父兄有能进言于君，用则可，不用则去，谓之谏；有能进言于君，用则可，不用则死，谓之争；有能比智同力，率群臣百吏，而相与强君矫君，以解国之大患，除国之大害，成于尊君安国，谓之辅；有能抗君之命，窃君之重，反君之事，以安国之危，除君之辱，谓之弼。故谏争辅弼之人，社稷之臣也，国君之宝也，明君之所尊所厚也，而暗主惑之为己贼也。故明君之所赏，暗君之所罚也；暗君之所赏，明君之所杀也。传曰："从道不从君。"正义之臣设，则朝廷不颇；谏争辅弼之人信，则君过不远；爪牙之士施，则仇雠不作；边境之臣处，则界垂不丧。故明主好同，暗主好独；明主尚贤使能而飨其盛，暗主妒贤畏能而灭其功。罚其忠，赏其贼，夫是之谓至暗。有大忠者，有次忠者，有下忠者，有国贼者。以德覆君而化之，大忠也；以德调君而补之，次忠也；以是谏非而怒之，下忠也；不恤君之荣辱，不恤国之臧否，偷合苟

无不显贵成为诸侯,这样做才能真正爱人。所以实行天下最好的治道,建立天下最大的功业,然后再安安稳稳的去疼惜爱怜亲爱的人。古语说"只有明君能真正爱护其所爱之人,昏君则必然危害其所爱之人",说的就是这种情况。

## 臣道

　　服从君主的命令而有利于君主的,称为恭顺;服从君主的命令而不利于君主的,称为谄媚;违抗君主的命令而有利于君主的,称为忠诚;违抗君主的命令而不利于君主的,称为篡逆;不体恤君主的荣辱,不体恤国家的得失,苟且迎合取悦于人,不过是为了结交权贵以保持禄位的,称之为国贼。君主有错误的谋划、错误的行为,这是将会导致国家危亡、社稷毁灭的行为。此时,大臣、父子、兄弟中,有的能进谏于君主,如果意见被采用就留下,不被采用则离开,这称为谏;有的能进谏于君主,意见被采用还好,不被采用则以死相谏,称为争;有的能联合有智慧的人同心协力,率领群臣百官,一起同心协力强制君主纠正错误,以解除国家的巨大祸患,最终达到了尊崇君主、安定国家的目的,这称为辅;有的违抗君主的命令,窃用君主的权力,反对君主的决策,为了安定国家的危难,去除国君的耻辱,这称之为弼。所以谏、争、辅、弼之人,是保社稷的重臣啊,是国君的重宝啊,是明君之所尊重所厚爱的。而昏君暴君则认为这些人是自己的仇贼。所以明君之所奖赏的,是昏君之所处罚的;昏君之所奖赏的,是明君之所刑杀的。经书上说:"要顺从道义,而不顺从于君主。"正义之臣能得到施用,那么朝廷的政事就不会出现偏差;谏争辅弼之人受到信任,则君主不会有大过错;勇武的将士被施用,则仇敌就不敢兴风作浪;守卫边境的大臣坚守边疆,则边界国土就不会被侵占。

容,以持禄养交而已,国贼也。

## 致士

人主之患,不在乎不言,而在乎不诚。夫言用贤者,口也;却贤者,行也。口行相反,而欲贤者之至,不肖者之退,不亦难乎? 夫曜蝉者,务在明其火,振其树而已。火不明,虽振其树无益也。今人主有能明其德,则天下归之,若蝉之归明火也。

## 议兵

临武君与荀卿议兵于赵孝成王前。王曰:"请问兵要。"临武君曰:"上得天时,下得地利;观敌之变动,后之发,先之至。此用兵之要术也。"荀卿曰:"不然。所闻古之道,凡用兵战攻之本,在乎一民也。弓矢不调,则羿不能以中微;六马不和,则造父不能以致远;士民不亲附,则汤、武不能以必

所以明君喜好与群臣共议国事，而昏君喜欢独断专行。明君任用贤能，而安享贤能之士治理的功业；昏君妒忌猜疑贤能，从而埋没他们的功绩。惩罚其忠臣，奖赏其贼害，这可称得上是最昏庸无道了。有大忠的臣子，有次忠的臣子，有下忠的臣子，还有是国贼的。以厚德熏陶君主而感化君主，是大忠。以厚德改变君主而匡救君主之过恶，是次忠。以直言正谏君主的过错而激怒君主，是下忠。不体恤君主的荣辱，不体恤国家的得失，苟且迎合取悦于人，不过为了结交权贵以保持禄位而已，称之为国贼。

## 致士

　　国君的过错，不在于不说任用贤能，而是在于不能真心任用贤能。说要任用贤良，只是口头说说而已，拒绝贤者，却是其真实的行动。口里说的与实际做的相反，而想让贤才到来，让卑劣无能者退却，不是太难了吗？晚上用火光诱捕蝉的人，关键就在于使火光明亮，然后再撼动其所在的大树。如果火光不亮，虽然撼动大树，也没有用处。现今国君如果能够彰明自己的美德，那么天下人民的归心投奔，就会如同蝉扑向明亮的火光一样。

## 议兵

　　临武君和荀卿，在赵孝成王面前辩论用兵之道。赵孝成王说："请问用兵的要领是什么？"临武君说："上要占天时，下要得地利，观察敌人的变动，后发而先制，这是用兵的关键策略。"荀卿说："不是这样。我所听到古时用兵之道，凡是兴兵征战的根本，在于和百姓一心，弓箭没有调整好，那么后羿不能射中微小的目标；共同拉车的六匹马如果不和力，那么造父也不能行到远方；百姓不亲近

胜也。故善附民者,是乃善用兵者也。故兵要在乎善附民而已。"临武君曰:"不然。兵之所贵者,势利也;所行者,变诈也。善用之者,莫知其所从出。孙、吴用之,无敌于天下,岂必待附民乎?"荀卿曰:"不然。臣之所道,仁人之兵,王者之志也。君之所贵,权谋势利,攻夺变诈也。仁人之兵,不可诈也;彼可诈者,怠慢者也。故以桀诈桀,犹有幸焉;以桀诈尧,譬之若以卵投石,若以指挠沸,若赴水火,入焉焦没耳。故仁人上下一心,三军同力。臣之于君,下之于上,若子之事父,弟之事兄;若手臂之捍头目而覆胸腹也。诈而袭之,与先惊而后击之一也。"临武君曰:"善。"

陈嚣问荀卿曰:"先生议兵,常以仁义为本。仁者爱人,义者循理,然则又何以兵为?凡所为有兵者,为争夺也。"荀卿曰:"非汝所知也。彼仁者爱人,爱人,故恶人之害之也;义者循理,循理,故恶人之乱之也。彼兵者,所以禁暴除害也,非争夺也。故仁人之兵,所存者神,所过者化,若时雨之降,莫不悦喜。故近者亲其善,远方慕其德,兵不血刃,远迩来服,德盛于此,施及四极。"

依附，那么商汤王周武王也不能一定获胜。所以善于使百姓依附者，才是能善于用兵的人。所以用兵的关键在于要善于使百姓依附而已。"临武君说："不是这样。用兵最重要的是形势有利，所应做的是巧变诡诈。善用兵的人，神出鬼没不知会从哪里出来。孙子和吴起这样用兵，天下无敌，何必一定要等百姓依附？"荀卿说："不是这样。我所说的是仁人之兵，王者之师。您所看重的是权术谋略和形势有利，攻占夺取巧变诡诈。仁人之兵，不能用诡诈来取胜。能用诡诈来取胜的，只是一些懈怠轻敌的军队。所以比如夏桀那样的君主去诡诈夏桀那样的君主，则有可能侥幸获胜。而夏桀那样的君主去诡诈唐尧那样的君主，就譬如是以卵击石，好比用手指搅沸水，如同赴汤蹈火，都会被烧焦和淹没的啊。所以仁人上下一心，三军将士齐心协力，臣子对于君主，下对于上，都如同儿子事奉父亲，弟弟事奉兄长；好比手臂来保护头和眼睛，保护前胸和腹部一样，用诡诈的方法去偷袭他，和先惊动而后再袭击他是一样的结果。"临武君说："对！"

陈嚣向荀卿请教："先生您议论用兵，一直是以仁义为本，仁者是爱敬人的，义者是遵循正理的，那么又为什么用兵呢？凡是所做需要用兵的，都是为争夺啊。"荀卿说："不是你想的那样，那些仁者爱敬人民，因为爱敬人民而不愿意有人伤害人民。义者遵循正理，因为遵循正理而不愿意有人扰乱正理。所以他们用兵，是为了制止暴乱除掉祸害，不是要争夺。所以仁人之兵，所驻扎的地方，人们敬畏如神明，所行经的地方，人们无不从其教化，就像应时的雨水降临，无不欢欣喜悦。所以近者敬爱他们的美善，远方仰慕他们的道德，不必交战就能胜利，远近都来归服。道德昌盛如此，就会恩泽广施至四方极远之地。"

## 天论

天行有常,不为尧存,不为桀亡。应之以治则吉,应之以乱则凶。强本而节用,则天不能贫;养备而动时,则天不能病;循道而不忒,则天不能祸。故水旱不能使之饥,寒暑不能使之疾,妖不能使之凶。背道而妄行,则天不能吉。故水旱未至而饥,寒暑未薄而疾,怪未生而凶。受时与治世同,而殃祸与治世异,不可以怨天,其道然也。故明于天人之分,则可谓至人矣。

天不为人之恶寒辍冬,地不为人之恶辽远辍广,君子不为小人之匈匈辍行。天有常道,地有常数,君子有常体。君子道其常,小人计其功。

星坠木鸣,国人皆恐,是天地之变,阴阳之化,物之罕至者也。怪之可也,而畏之非也。夫日月之有食,风雨之不时,怪异之傥见,是无世而不尝有之。上明而政平,则是虽并世起,无伤也;上暗而政险,则是虽无一至者,无益也。若夫天地之变,畏之非也,人妖则可畏也。政险失民,田芜稼恶,籴贵民饥,道路有死人,夫是之谓人妖也;政令不明,举措不时,本事不理,夫是之谓人妖也;礼义不修,外内无别,男女淫乱,父

卷三十八　孙卿子

## 天论

　　天道的运行有其恒常不变的规律，不为圣尧而存在，也不为暴桀而灭亡。顺应天道以道治国就会吉祥，违背天道横暴无道就会有凶灾。加强农业的生产而且节省用度，则上天就不会使之贫穷。衣食充足而行动符合天时，则上天就不会使之生病。遵循正道而没有偏差，则上天就不会降下灾祸。所以水涝干旱也不会让他有饥荒，寒冷暑热也不会让他生病，妖怪不能让他受凶灾。背弃道义而胡作非为，那么上天就不会让他获得吉祥。所以没有水涝干旱也会有饥荒，没有严寒酷暑也会生病，没有妖怪也会受灾祸。生于清明安定的治世，所遭受的天时就是治世的天时。但所受的灾殃祸患却与治世的善果所不同，不可以怨恨天地，要知道一切都是自己的行为招感而来的。所以能明白这天道与人各自该行的本份，则通达了天道，可以称为明白一切在人不在天的道理、道德修养达到最高境界的人了。

　　天不会因为人不喜欢寒冷就不再有冬天，地不会因为人不喜欢辽阔遥远就不再广博，君子不会因为小人的吵吵嚷嚷就放弃修习德行。天有恒常不变的规律，地有恒常不变的法则。君子有恒常不变的德性，君子坚守做人的常道，小人计较自己的功利。

　　星星坠落社木裂响，国民都会恐惧，这是天地的异变，阴阳的变化。极其罕见的现象出现以后，觉得奇怪是正常的，而产生畏惧却是没有用的。日月会有日食月食，风雨不符合时节，怪异的事情偶尔出现，这是无论哪个世代没有不曾出现的。君主贤明而政治清平，那么这些怪象虽然同时出现于世，国家和人民也不会有任何妨碍和损伤。君主昏庸而政治险恶，那么这些怪象虽然一个都没出现，对国家和人民也未必有什么益处。对于天地间的这些变化，如果产生畏惧，是不对的。人事上的反常显现才是最可怕的。政治险恶，就会失去民心，田地就会

子相疑,上下乖离,寇难日至,夫是之谓人妖也。三者错,无安国矣。其说甚迩,其灾甚惨。传曰:"万物之怪书不说,无用之辨,不急之察,弃而不治也。"若夫君臣之义,父子之亲,夫妇之别,则日切磋而不舍也。

在天者莫明于日月,在人者莫明于礼义。故人之命在天,国之命在礼。君人者隆礼尊贤而王,重法爱民而霸,好利多诈而危,权谋倾覆而亡矣。

## 正道

主道明则下安,主道幽则下危。故下安则贵上,下危则贱上。故上易知则下亲上矣,上难知则下畏上矣。下亲上则上安,下畏上则上危。故主道莫恶乎难知,莫危乎使下畏己。传曰:"恶之者众,则危矣。"

荒芜，收成就会不好，导致买粮价贵，以致百姓饥饿，道路之上有冻饿至死的人，这就是所谓的人事上的反常现象。政治法令不清明，各种举措不符合时机，不致力于治理农业，这就是所谓的人事上的反常现象。（不进行伦理道德的教化）人民不修礼仪，内外没有区别，男女淫乱，父子间没有信任，上下背离，内忧外患一起到来。这就是所谓的人事上的反常现象。这三种情况交错发生，国家就无法安宁了。这些道理很浅近。但这些灾难却很惨重啊。经传上说："这诸多的怪异现象，史书上是不说的。因此这些是毫无用处的争辩，不切需要的考察，所以放弃而不予以研究。"至于君臣有义，父子有亲，夫妇有别（这些是人伦的常道，是治国之本），则要经常互相研讨、勉励，而不能舍离啊。

在天空中最光明的莫过于日月，在众人中最明理的莫过于懂礼义，所以人的命运在于能否遵循天道，国家的命运在于能否遵守礼义。做君主的，尊崇礼义尊重贤能就能称王于天下，注重法度爱护百姓就能称霸于诸侯，贪图利益多行诡诈就会陷入危难，好行权术阴谋，反覆无常就会走向灭亡。

## 正道

君主的治国之道公开明白，则臣民就会安定。君主的治国之道暗昧，则臣民就会动荡不安。臣民安定就会爱护和尊重君主，臣民动荡不安就会厌恶和鄙视君主。君主的治国之道让人容易了解，臣民就会亲近君主。君主的治国之道难以让人了解，臣民就会畏惧君主。臣民亲近君主则君主就会安稳。臣民畏惧君主则君主就会危险。所以君主的治国之道最恶劣的就是让臣民都难以理解。君主最大的危险就是让臣民都畏惧自己。经传上说："憎恶你的人多了，你就危险了。"

## 子道

　　入孝出悌，人之小行也；上顺下笃，人之中行也；从道不从君，从义不从父，人之大行也。孝子所以不从命有三：从命则亲危，不从命则亲安，孝子不从命，乃衷也；从命则亲辱，不从命则亲荣，孝子不从命，乃义也；从命则禽兽，不从命则修饰，孝子不从命，乃敬也。故可以从而不从，是不子也；未可以从而从，是不衷也；明于从不从之义，而能致恭敬，忠信端悫以慎行之，则可谓大孝矣。传曰："从道不从君，从义不从父。"此之谓也。

## 性恶

　　繁弱巨黍，古之良弓也，然而不得排㯳，则不能自正。干将莫耶，古之良剑也，然而不加砥砺，则不能利；不得人力，则不能断。骅骝騄駬，古之良马也，然而必前有衔辔之制，后有鞭策之威，加之以造父之驭，然后一日致千里也。夫人虽有性质美而心辨智，必求贤师而事之，择贤友而友之。得贤师而事之，则所闻者尧、舜、禹、汤之道也；得良友而友之，则所见者忠信敬让之行也。身日进于仁义而不自知者，靡使然也。今与不善人处，则所闻者欺诬诈伪也，所见者污漫淫邪贪利之行也，身且加于刑戮而不自知者，靡使然也。传曰："不知其子，视其友；不知其君，视其左右。"靡而已矣。

## 子道

在家孝顺父母在外敬重尊长，这是做人的基本德行。对上敬顺，对下诚笃，这是做人的一般德行。顺从道义不顺从君主，顺从道义不顺从父母，这是做人的最高德行。孝子不听从父母的命令原因有三：听从命令则亲人危险，不听从命令则亲人安全，此时孝子不听从命令是出于忠；听从命令则亲人受辱，不听从命令则亲人荣耀，此时孝子不听从命令是出于义；听从命令就沦为禽兽，不听从命令则不违礼义，此时孝子不听从命令是出于敬。所以可以从命而不从命，不符合为人子之道。不可以从命而从命，就是对父母不忠。明了从与不从的义理，而能努力做到恭敬，忠诚信实，正直诚谨，而且谨慎地行动，则可称为大孝。经传上说：顺从道不顺从君上，顺从义不顺从父亲。说的就是这种情形。

## 性恶

繁弱巨黍，是古时候最好的良弓，但是没有排檠来矫正，是不能自己矫正好的。干将莫邪，是古时候最好的宝剑，但是不经过磨石打磨就不能锋利，如果不依靠人力，就不能斩断东西。骅骝骐骥，是古时候最好的宝马，但是必须前有马嚼子和马缰绳，后有马鞭子之威吓，加上造父之驾驭之术，然后才能一日行千里。人虽然有淳朴美好的禀性和清醒明白的智慧，但一定要选择贤师学习，选择善友而交往。得到贤师而去学习，则所见闻的都是尧、舜、禹、汤的圣王之道；得到善友而交往，则所见闻的都是忠诚信实恭敬礼让之善行。自身日益进步于仁义之道而自己并不觉知，也是因为潜移默化的影响使其如此。现今与不善的人相处，则所听闻的都是欺骗巧诈虚伪之道。所见闻的都是污秽卑鄙、邪恶淫荡、贪图利益的行为。自身已经将受

## 哀公

桓公用其贼，文公用其盗。故明主任计不信怒，暗主信怒不任计。计胜怒则强，怒胜计者亡。

## 大略

天子即位，上卿进曰："如之何忧长也？能除患则为福，不能则为贼。"授天子一策。中卿进曰："配天而有下土者，先事虑事，先患虑患。先事虑事谓之接，接则事优成；先患虑患谓之豫，豫则祸不生。事至而后虑者谓之后，后之则事不举；患至而后虑者谓之困，困则祸不可御。"授天子二策。下卿进曰："敬戒无怠。庆者在堂，吊者在闾。祸与福邻，莫知其门。务哉务哉！万民望之。"授天子三策。

口能言之，身能行之，国宝也；口不能言，身能行之，国器

刑杀而不自知，也是因为潜移默化的影响使其如此。经传上说：不了解这个人，就观察他的朋友。不了解这位君主，就观察他的左右亲信。这都是潜移默化的影响使然啊！

## 哀公

　　齐桓公任用过去伤害过自己的仇贼管仲，晋文公任用偷盗和伤害过他的勃鞮和里凫须，所以贤明的君主用人注重其谋略而不信由自己的情感。昏庸的君主信由自己的情感而不听信其谋略。对谋略的重视胜过对个人情感的重视则强大，对个人情感的重视胜过对谋略的重视就会灭亡。

## 大略

　　天子登基即位，上卿进奏说："（您为天下安危所系）所忧甚为长远，能去除忧患则为有福，不能去除则为祸害。"交给天子第一道策书。中卿进奏说："君上承天命以为天子，而有天下之国土，在事情没来之前考虑处理事情，在忧患没生之前考虑治理忧患，先于事情的发生而考虑称之为'接'，'接'就能够让事情圆满完成。先于忧患的产生而考虑称之为'豫'，'豫'则祸患不生，事情已经来临而后考虑这是'后'了。'后'则事情不能成功。忧患已经出现而后考虑的，称之为'困'，'困'则无法抵挡祸患的到来。"交给天子第二道策书。下卿进奏说："时刻警戒不要有懈怠。喜事庆贺的人还在堂上，丧事吊唁的人就已经在门口，祸福相邻，同此一门不知何时出入，一定要警戒，一定要警戒，万民的期望在您一身啊。"于是，交给天子第三个策书。

　　口能陈说圣贤之道，身能够落实圣贤之道，这样的人是国家的

也;口能言之,身不能行,国用也;口言善,身行恶,国妖也。治国者,敬其宝,爱其器,任其用,除其妖。

义与利者,人之所两有也。虽尧、舜不能去民之欲利,然而能使其欲利不克其好义也;虽桀、纣亦不能去民之好义,然而能使其好义不胜其欲利也。故义胜利者为治世,利克义者为乱世;上重义则义克利,上重利则利克义。故天子不言多少,诸侯不言利害,大夫不言得丧,士不能通货财。从士以上,皆羞利而不与民争业,乐分施而耻积藏,然故民不困财,贫窭者有所窜其中矣。仁义礼善之于人也,譬之若货财粟米之于家也,多有之者富,少有之者贫,至无有者穷。

## 君子

圣王在上,分义行乎下,则士大夫无沉淫之行,百吏官人无怠慢之事,众庶百姓无奸怪之俗,无盗贼之罪,莫敢犯上之禁;天下晓然皆知夫盗窃之不可以为富也,皆知夫贼害之不可以为寿也,皆知夫犯上之禁不可以为安也。由其道,则人得其所好焉;不由其道,则必遇其所恶焉。是故刑罚甚省,而

至宝。口不能陈说圣贤之道,但身能落实圣贤之道,这样的人是国家的重器。口能陈说圣贤之道,但身不能落实圣贤之道,这种人只是国家的用具。口中说的好听,身行的都是恶事,这种人是国家中最邪恶之人。能使国家大治的圣明君主敬重其国宝,爱护其重器,运用其用具,铲除最邪恶的人。

"义"与"利",两者都是人人都有的欲求。虽圣明的尧帝、舜帝也不能去除人民的想要得到利益之心,但是能使其想要得到利益的心,不能胜过其乐于奉行道义之心。虽然是残暴如夏桀和商纣也不能够去除掉百姓乐于奉行道义之心,但是能使其乐于奉行道义之心,敌不过他们想要得到利益的心。所以义胜过利的时候就是太平盛世,利克制住义的时候就是动荡不安的时代。君上以道义为重则义能克制利,君上以利益为重则利克制义。所以天子不谈数量多少,诸侯不谈利害损失,大夫不谈得失,士不可以做买卖交易,从士以上百官,都以谈利为耻而不与百姓去争夺盈利的事业,乐于施舍而耻于积蓄,于是百姓不穷困,贫困的人也有供他们可以出力谋生的地方。仁爱、道义、礼仪、美德对于人来说,就如同钱财物品粮食等对于一个家庭来说一样重要,拥有的多就富足,拥有的少就贫乏,一点都没有就穷困至极。

## 君子

圣帝明君处于上位,倡行礼仪,使所有人遵守名分,为所宜为。这样,士大夫就不会出现沉迷、过分的行为,一般大小官吏也就不会怠慢于工作,广大老百姓也没有狡诈、怪异的恶习,偷盗、残害的罪行,没有人敢去触犯君主的禁令。天下人都明白,从事盗窃活动不可能致富,残害别人不可能长寿,违反君主的禁令不可能得到安宁。

威行如流也。故刑当罪则威，不当罪则侮；爵当贤则贵，不当贤则贱。

古者，刑不过罪，爵不逾德。故杀其父而臣其子，杀其兄而臣其弟；刑罚不怒罪，爵赏不逾德。是以为善者劝，为不善者沮；威行如流，化易如神。乱世不然，刑罚怒罪，爵赏逾德，以族论罪，以世举贤。故一人有罪，而三族皆夷；虽德如舜，不免刑均，是以族论罪也。先祖贤，子孙必显；行虽如桀，列从必尊，此以世举贤也。以族论罪，以世举贤，欲无乱，得乎？

尊圣者王，贵贤者霸；敬贤者存，嫚贤者亡，古今一也。故尚贤使能，等贵贱，分亲疏，序长幼，此先王之道也。故尚贤使能，则主尊下安；贵贱有等，则令行而不留；亲疏有分，则施行而不悖；长幼有序，则事业捷成而有所休。故仁者仁此者也，义者分此者也，节者死生此者也，忠者惇慎于此者也。兼此而能之，备矣。

遵循圣帝明君的法令规定，人们就能获得他所喜好的；反其道而行之，就必定会遭遇到自己所不愿遇到的恶事。因此，刑罚虽很简略，但其威严的传布却如同流水，无处不到。所以说，惩罚与罪行相符合就有威信，反之人就会怠慢；爵位与贤德相称，人就会崇尚，反之就会轻贱。

古时候，贤明的君主惩罚人，不超过其所犯的罪行，赐予爵位，不超过所具的德行。所以，虽杀死有罪的父亲却可以任用他的儿子，杀死有罪的哥哥却可以任用他的弟弟；量刑处罚不因怒而加罪，赏赐爵位不超过相应的德行。因此行善事者得到勉励，做坏事者就会沮丧；威信传布如同流水，风气改变似有神助。乱世就不是这样。其刑罚超过所犯罪行，封爵赏赐超过相应德行；按宗族来判定罪行，凭门第来选拔贤能。所以，一人有罪，父、母、妻子三族都会被诛灭，即使其族有德行如舜那样的人，也不免受到同样的刑罚，这就是按宗族来判罪。先祖曾经贤良，后代子孙必然显贵，即使其后代有行为如桀那样残暴的，等级地位也一定会尊贵，这就是凭门第选拔贤能。以宗族来判定罪行，凭门第来选拔贤能，还希望社会不乱，可能吗？

尊重圣人的君主会称王于天下；重视贤人的君主会称霸于诸侯；不怠慢贤人的君主，国家会存在；怠慢贤人的君主，国家就会灭亡，从古到今都是一样。所以，尊重贤人，使用能人，贵贱有等，亲疏有别，长幼有序，这些都是历代圣君治国的原则。因此，尊重贤人，使用能人，君主就尊贵，人民就安乐；贵贱有等，法令就将畅行无阻；亲疏有别，施予恩惠就不混乱；长幼有序，事业就能很快成功，而且能够获得吉庆和福禄。所以，有仁德者，就是保持"尚贤使能、贵贱有等、亲疏有别、长幼有序"四项原则的人；行道义者，就是能辨别这四项原则的人；守节操者，就是宁愿死亡都遵从这四项原则的人；尽忠诚

者，就是勤勉谨慎于这四项原则的人。这四项原则全能做到，道德就算完备了。

# 卷三十九　吕氏春秋

吕不韦及其门客　编撰

## 贵公

先圣王之治天下也，必先公。公则天下平。平，和。尝观于上志，上志古记。有得天下者众矣，其得之必以公，其失之必以偏。偏私不正。凡主之立也生于公，故《洪范》曰："无偏无党，王道荡荡。"荡荡，平易。阴阳之和，不长一类，露时雨，不私一物，万民之主，不阿一人。桓公行公去私恶，用管子而为五伯长，行私阿所爱，用竖刁，而虫出于户。五子争立无主，丧六十日乃殡，至使虫流出户也。人之少也愚，其长也智，故智而用私，不若愚而用公。用私以败，用公则齐。

## 去私

天无私覆也，地无私载也，日月无私烛也，四时无私为也。行其德而万物得遂长焉。遂，成。庖人调和而不敢食，故可以为庖，若使庖人调和而食之，则不可以为庖矣。伯王之君亦然。诛暴而不私，以封天下之贤者，故可以为伯王。若使王

## 贵公

从前圣王治理天下，一定要把公正无私放在首位，处事公正无私，则天下太平安和。我曾经从古书的记载中看到，曾经取得天下的人很多，他们取得天下必定是因为公正无私，那些失去天下的必定是由于偏私不正。大凡君主能登上王位也都是由于公正，所以《洪范》上说："君主不偏袒、不偏私，君王所行的正道是平坦宽广的。"阴阳二气化生万物时，不会只滋益生长一种物类；甘露时雨滋润万物时，不会偏私只滋润一类物种，那么作为万民之主的国君就更不该偏爱结私某一个人了。齐桓公早年秉持公正，不计较私人恩怨，重用（曾经谋害过他的）管仲，因而成为五霸之首。而他晚年放纵私欲，任用宠爱的宦官竖刁等小人，结果自己死后无人安葬，蛆虫都爬出了门外（自己死后五个儿子争夺王位，六十日才将桓公安葬，致使尸体生蛆，而且蛆虫都爬出了门外）。人在年少的时候比较憨直，年长后会聪明。如果是因为聪明却做事偏私，还不如憨直而能公正行事。（君王用偏私治国则会使其败亡，用公正无私治国则天下大治。）

## 去私

上天无私覆盖着万物，大地无私承载着万物，日月无私照耀着万物，四季交替更换无私滋润着万物。天、地、日月、四季按照其自身的属性运行，以其无私的德泽，使得万物得以成长。厨师因为调烹食物不敢擅自食用，所以才可以当厨师，假若厨师烹制食物却擅自食用，那就当不了厨师。称霸称王的君主也是一样，他们诛杀暴君不图

伯之君诛暴而私之，则亦不可以为王伯矣。诛暴有所私枉，则不可以为王伯。

水泉深则鱼鳖归之，树木盛则飞鸟归之，庶草茂则禽兽归之，人主贤则豪杰归之，故圣王不务归之者，而务其所归。务人使归之末也，务其所行可归本也。强令之笑不乐，强令之哭不悲。皆无其中心也。强令之为道也，可以成小而不可以成大。大寒既至，民暖是利；大热在上。民清是走。故民无常处，见利之聚，无利之去。欲为天子，民之所走，不可不察。

## 论人

凡论人，通则观其所礼，通，达。贵则观其所进，富则观其所养，听则观其所行，养则养贤也，行则行仁也。近则观其所好，习则观其所言，好则好义也，言则言道也。穷则观其所不受，贱则观其所不为，喜之以验其守，守。情守也。乐之以验其僻，僻，邪。怒之以验其节，节，性。惧之以验其特，特，独也。虽独不恐也。哀之以验其仁，仁人见可哀者则不忍之也。苦之以验其志。八观六验，此贤主之所以论人也。论人必以六戚四隐。六戚，六亲也。四隐，相匿扬长蔽短也。何谓六戚？父母兄弟妻子。

谋私，而是把国土分封给天下有贤德的人，所以才可以成就霸王之业。假若他们诛杀暴君只是为了利己，那么就不可能成就霸王之业了（诛杀暴君存的是邪曲私利之心，就不可能称王称霸）。

如果水泉深，那么鱼鳖就会游向那里；如果树木繁盛，那么飞鸟就会飞向那里；如果百草茂盛，那么禽兽就会奔向那里；如果君主贤明厚德，那么世间豪杰之士就会自动前来归附。所以圣明的君主不务求使人前来归附，而是主要致力于创造使其愿意归附的根本条件（想办法使人前来归附，这些都是枝节之事；而致力于创造使其愿意归附的条件，才是根本之事）。强迫人笑，那样的笑没有快乐；强迫人哭，这样的哭没有悲哀（因为被强迫的笑与哭都不是发自内心的行为）；强迫人遵行道义，可以做小事而不能成就大业。大寒来临，百姓需要的是温暖；炎热当头，百姓自会奔向清凉的地方。所以百姓没有固定不变的处所，见到利益就会聚集，没有利益就会离开。想要做君主的人，对于百姓所趋附的原因，不能不去详察。

## 论人

大凡评判一个人，如果他显达，就观察他所礼遇的是什么人；如果他显贵，就观察他所举荐的是什么人；如果他富有，就观察他所供养的是什么人；听到他说话，就观察他的行为（观察他供养的是否是贤人，他的行为是否符合仁义）；接近他的时候，观察他的喜好；从日常生活中，观察他的言论（观察他的喜好与言语是否符合道义，仁者爱人，义者循理）；在他贫穷的时候，观察他不接受的是什么；在他地位低下的时候，观察他不愿做的是什么；用名利使他高兴，借以检验他的操守；用声色使他快乐，借以检验他是否做邪僻之事；想办法使他愤怒，借以检验他是否有气度；想办法使他恐惧，借以检验他内

何谓四隐？交友故旧邑里门廊。内则用六戚四隐，外则以八观六验，人之情伪，贪鄙美恶，无所失矣，言尽知之。此先圣王之所以知人也。

## 劝学

先王之教，莫荣于孝，莫显于忠。忠孝，人君人亲之所甚欲也。显荣，人臣人子之所甚愿也。然而人君人亲不得所欲，人臣人子不得所愿，此生于不知理义。不知理义，在君父则不仁不慈，在臣子则不忠不孝。不知理义生于不学，生犹出也。是故古之圣王，未有不尊师也。尊师则不论贵贱贫富矣。

## 尊师

神农师悉诸，黄帝师大桡，悉姓，诸名也。大桡，作甲子者也。帝颛顼师伯夷父，帝喾师伯招，帝尧师子州支父，帝舜师许由，禹师大成挚，汤师小臣，小臣谓伊尹。文王、武王师吕望、周公旦，齐桓公师管夷吾，晋文公师咎犯、随会，秦穆公师百里奚、公孙枝，楚庄王师孙叔敖、沈尹筮，沈县大夫。吴王阖闾

心是否坦荡（虽然独自面对却没有恐惧）；让他置身于悲哀的环境，借以检验他的仁爱之心（具有仁爱之心的人，见到令人悲痛的事情，不忍心看，更不必说去做了）；使他遭受苦难，借以检验他的意志。八种观察六种检验，这是贤明的君主评判一个人的方法。评定一个人还需凭借"六戚四隐"（六戚是六种亲属关系，四隐是四种相互隐恶扬善的值得信赖的四种非亲属关系）。什么是"六戚"？就是父、母、兄、弟、妻、子。什么是"四隐"？朋友、熟人、同乡、邻里。了解一个人，从内可以凭借"六戚四隐"，从外则用"八观六验"的办法。这样来检验一个人是真诚还是虚伪，是贪鄙还是好善，就不会有差错了。这就是先代贤明的君主识别人的方法。

## 劝学

　　先王的教化中，没有比尽孝更光荣的，也没有比尽忠更显扬的。忠和孝是君主和父母最想要的，显扬和光荣是人臣和人子最希望的。然而君主和父母得不到他们想要得到的，人臣和人子也不能如愿。这都是由于不懂理义的原因（不学习理义，则为君不仁、为父不慈、为臣不忠、为子不孝）。不懂理义是由于不学习的缘故，因此古代圣王没有不尊敬老师的。尊敬老师就不会考虑老师的贫富贵贱。

## 尊师

　　神农以悉诸为师，黄帝以大桡为师，帝颛顼以伯夷父为师，帝喾以伯招为师，帝尧以子州支父为师，帝舜以许由为师，禹以大成挚为师，汤以小臣为师，文王、武王以吕望、周公旦为师，齐桓公以管夷吾为师，晋文公以咎犯、随会为师，秦穆公以百里奚、公孙枝为师，楚庄王以孙叔敖、沈尹筮为师，吴王阖闾以伍子胥、文之仪为师，越王

师伍子胥、文之仪。文,氏;仪,名。越王勾践师范蠡、大夫种。
此十圣六贤者,未有不尊师者也。今尊不至于帝,智不至于
圣,而欲无尊师,奚由至哉。至于道也。此五帝之所以绝,三代
之所以灭。言五帝三代之后,不复重道尊师,故以绝灭也。

## 大乐

　　音乐之所由来远矣。天下太平,万民安宁,皆化其上,化
犹随也。乐乃可成。故唯得道之人其可与言乐乎!言,说。亡国
戮民,非无乐也,其乐不乐。不和于雅,故不乐也。溺者,非不笑
也。溺人必笑,虽笑不欢。罪人非不歌也,当死者虽歌不乐也。狂
者非不舞也,虽舞不能中节。乱世之乐,有似于此。君臣失位,
父子失处,夫妇失宜,民人呻吟,其以为乐,若之何哉?以民人
呻吟叹戚不可为乐也,故曰若之何也。

## 侈乐

　　乱世之乐,为木革之声则若雷,为金石之声则若霆,为丝
竹歌舞之声则若噪。噪,叫。以此骇心气,动耳目,摇荡生则可
矣。生,性。以此为乐则不乐。不乐,不和。故乐愈侈而民愈郁,

勾践以范蠡、大夫种为师。这十位圣人和六位贤者没有谁是不尊重老师的。今天，人们没有达到帝王的尊贵，智慧也没到达到圣贤的境界，却幻想不尊从老师的教诲就把国家治理好，这怎么可能做到呢（指达到道的境界）？这就是五帝后代之所以断绝，三王后代之所以消失的原因（说的是五帝三代之后，君主不再重视道义，尊重老师，所以王道也就不复存在了）。

## 大乐

音乐的由来很久远了。只有天下太平、万民安宁，一切都随顺正道，才能有真正的音乐出现。所以大概只有通达明了于治国大道的人，才可以与其谈论音乐吧！被灭亡的国家、受残害的百姓，不是没有音乐，但其音乐毫无快乐可言（因其音乐不是在道义的前提下创作的，所以不会让人快乐）。陷入困境的人并非不笑（陷入困境的人虽笑，但不是欢喜的笑），将处死的囚犯并非不唱歌（虽歌但不是愉悦的歌），精神狂乱之人并非不能跳舞（虽舞但舞不合节拍）。乱世的音乐，就像这些人的笑、歌唱与舞蹈。君不仁臣不忠、父不慈子不孝、夫妇之间也不能和洽相处、百姓处在呻吟与痛苦之中，在这种情况下创作的音乐，又能怎么样呢（在百姓呻吟与痛苦的情况下创作的音乐，不可能是使人愉悦的音乐，故曰将会是怎样的音乐呢）？

## 侈乐

乱世的音乐，若奏响木制、革制的乐器（如柷、鼓），其声音就像闷雷；若奏响金属、石料制成的乐器（如钟、磬），其声音就像炸雷；若奏响丝弦、竹制类的乐器（如琴、瑟、管籥），其音乐声和歌舞之声就像群起喧嚷。用这样的声音惊扰人心气、扰乱人耳目，摇荡

侈，淫也。郁，怨也。国愈乱，主愈卑，则亦失乐之情矣。凡古圣王之所为贵乐者，为其乐也。夏桀、殷纣作为侈乐大鼓，钟磬管箫之音，以巨为美。巨，大。俶诡殊瑰，耳所未尝闻，目所未尝见，俶，始也。始作诡异瑰奇之乐，故耳未尝闻，目未尝见。务以相过，不用度量。不用乐之法制。侈则侈矣，失乐之情。失乐之情，其乐不乐。非正乐也，故曰不乐。乐不乐者，其民必怨，其主必伤。怨，悲也。伤，病也。此主乎不知乐之情而以侈为务故也。

## 和乐

耳之情欲声，心不乐，五音在前弗听；目之情欲色，心弗乐，五色在前弗视；鼻之情欲香，心弗乐，芬香在前弗臭；口之情欲味，心弗乐，五味在前弗味。欲之者，耳目鼻口也。乐之者，不乐者，心也。心必和平然后乐。心乐然后耳目鼻口有以欲之，故乐之务在于和心，和心在于行适。适，中适也。夫乐有适，心亦有适。人之情欲寿而恶夭，欲安而恶危，欲荣而恶辱，欲逸而恶劳，四欲得，四恶除，则心适矣。四欲之得也，在于胜理。胜理以治身，则生全矣，生全则寿长矣。胜理以治国，则法立矣，法立，则天下服。服于理也。故适心之务在胜

人的心性还可以，但作为音乐却不能使人身心和谐快乐。所以音乐愈奢侈放纵，百姓愈怨恨，国家愈混乱，君主地位愈是卑下，这样就失去了音乐的本来意义。大凡古代圣王之所以重视音乐，是因为音乐能够使人和乐。夏桀、殷纣创作放纵的音乐，增大鼓、钟、磬、管、箫等乐器的音量，以声音宏大为美，追求诡异奇丽，以求人们耳不曾闻、眼不曾见的娱乐场景（追求诡异奇丽的音乐场面是从夏桀、殷纣开始的，故耳不曾闻、眼不曾见），他们务必追求过分的刺激，不守乐法（来创作音乐）。放纵是放纵了，但却失去了音乐的本义。音乐失去了它的本义，这样的音乐就不会给人带来真正的和乐。（因乱世的音乐不是遵循音乐法度，心存道义的前提下创作的雅正音乐，故不会使人感觉和乐。）君主喜欢这些不能给人们带来快乐的音乐，百姓必定生怨愤，君主也定会被怨恨。产生这种后果是由于不懂得音乐的本来意义，而追求奢侈放纵的缘故啊。

## 和乐

耳朵的本能是想听到声音，但心里不愉悦时，即使动听的音乐在耳边也不想听；眼睛的本能是想看到颜色，但心里不愉悦时，即使缤纷色彩在眼前也不想看；鼻子的本能是想嗅到芳香，但心里不愉悦时，即使芳香的气味在鼻下也不想闻；口的本能是想品尝美味，但心里不愉悦时，即使美味在嘴边也不想尝。人的种种欲望是出自于耳目鼻口的本能，但喜欢与不喜欢，却是取决于当时心境；心境必须平和宁静，然后才会感到快乐；心情快乐后耳、目、鼻、口才会有欲望。所以获得快乐的关键在于平和心性，而心性平和的关键又在于所作所为皆要适度（适，适中的意思）。快乐有适度与不适度之分，心情也会有适宜与不适宜之分。人的本性希望长寿而厌恶夭折，希望安全

理。凡音乐通乎政而风乎俗者也，风犹化也。俗定而乐化之矣。故有道之世，观其音而知其俗矣，观其俗而知其政矣，观其政而知其主矣。故先王必托于音乐以论其教。论，明。故先王之制乐也，非特以欢耳目，极口腹之欲也。特，止也。将以教民平好恶，行理义也。平。正也。行犹通。

## 音律

黄钟之月，土事毋作，慎毋发盖，以固天闭地。十一月也。大吕之月，数将几终，十二月也。几，近也。终，尽也。岁且更起，而农民毋有所使。使，役。大蔟之月，阳气始至，正月。草木繁动，动，生。令农发土，毋或失时。发土而耕。夹钟之月，宽裕和平，行德去刑，夹钟，二月。毋或作事，以害群生。事兵戍事。姑洗之月，达通道路，沟渎修利。三月也，时雨将降，故修利沟渎。中吕之月，毋聚大众，巡劝农事，四月也。大众，谓军旅。兴功筑宜。草木方长，毋携民心。民当务农长育谷木，徭役聚则心携离，逆上命也。蕤宾之月，阳气在上，安壮养孩，五月也。壮，盛也。孩，少。本朝不静，草木早槁。静，安也。朝政不宁，故草木变动堕

而厌恶危险,希望荣耀而厌恶屈辱,希望安逸而厌恶劳累,以上四种希望实现,四种厌恶消除,心情就会安适了。四种希望的实现,在于依循事物的自然规律;依循事物的自然规律来修身养性,天性就得以保全;天性得以保全,那就能享有长寿了。依据事物的自然规律,用道义来治理国家,那么法度就能建立起来,建立了法度则天下之人就会顺服(人民顺服的是符合道义的法度)。所以使心情安适在于依循事物的自然规律。大凡音乐都起着使政令通畅,移风易俗的作用。优良风俗的形成也往往是音乐潜移默化的结果。所以政治清明的时代,听其音乐就知道其风俗的情况,看它的风俗就知道它的政治情况,看它的政治情况就知道君主的贤愚如何。所以先王一定借助音乐来显扬自己的教化,其创制礼乐不只是用来欢娱耳目、极尽口腹之欲,而是要用来教导人民,端正好恶,按照理义来行事啊。

## 音律

十一月时千万不要进行需要动土的各种事项,不要揭开盖藏之物,以便禁锢封闭天地之气(因为本月阳气正处于将泄未泄之时)。十二月时一年将要终结,新的一年即将开始,不要给农民另派其他的劳役(让农民安心休息和准备春耕)。正月时阳气开始生发,草木渐次萌芽生长,应让农民及时破土春耕,不要耽误农耕时节。二月时要推行宽松和顺的政令,行施恩德,停止刑戮,不要进行征兵或发动战争,以免伤害众多生灵。三月时要通畅道路,整修沟渠水利(三月为雨水较多的季节,所以要整修沟渠水利,以防水患)。四月时不要召集大众,要到各处巡视劝勉农事(召集大众,指的是为军旅之事及土木工程建设等),此时草木正是生长之际,不要让农民对农事分心(百姓此时正当务于农事,徭役太多民心就会离散,对国家的政令产生抵触情绪)。五

落，早枯槁也。林钟之月，草木盛满，阴气将刑，六月也。立秋则行戮，故曰阴气将始杀也。毋发大事，以将阳气，发，起也。将犹养。夷则之月，修法饰刑，选士厉兵，七月也。饰，正也。诘诛不义，以怀远方。怀，柔。南吕之月，八月。趣农收聚，毋敢懈怠，无射之月，疾断有罪，当法勿赦。九月也。有罪当断杀勿赦。应钟之月，阴阳不通，闭而为冬。十月也。阳伏在下，阴闭于上，故不通。修辨丧纪，审民所终。审，慎也。终，卒也。修别丧服，亲疏轻重服制之纪也。

## 制乐

周文王立国八年，寝疾五日，而地动东西南北，不出周郊。百吏皆请曰："臣闻地之动也，为人主也。今王寝疾，请移之。"文王曰："若何其移之也？"对曰："兴事动众，以增国城，其可以移之乎。"文王曰："天之见妖，以罚有罪也。我必有罪，故天以此罚我也。今兴事动众以增国城，是重吾罪也，不可。重犹益也。移咎征于他人。是益吾咎。昌也请改行重善以移之，其可以免乎？"于是谨其礼秩、皮革，以交诸侯；饬其辞令、币帛，以礼豪士。无几何，疾乃止，止，除。立国五十一年而终。

月时阳气升腾在上，应该着重于安抚强壮青年、养育幼少，如果朝政不安宁，草木也会过早枯槁（此时应该为人们，尤其是为血气方刚的年轻人，创造一种安静的氛围，以平息天地之间阳火过盛的特性。否则，就会出现种种过火的行为和现象，连草木也会过早地枯槁堕落）。六月时草木盛期已满，阴气即将开始肃杀万物（立秋开始执行死刑，所以萧杀之气开始上行），不要举办大事（兴兵戎、征徭役等），以保养哺育万物的阳气。七月时应整饰法度，选练士卒，声讨、责罚不义之人，从而感召远方之人都来归顺。八月时应催促农民收割庄稼，不可懈怠。九月应尽快审判罪犯，应受法律惩处者不得赦免。十月阴阳不相通，天地闭塞而成为冬天（这时阳气沉伏在下，阴气封闭于上，所以阴阳不通），要修别各类丧事的法度，慎重处理百姓去世后的送终事宜（根据丧事的法度、亲疏贵贱等级来修别丧服、棺椁等事宜）。

## 制乐

周文王即位第八年，一次卧病在床五日，其时发生地震，震动范围未超出国都四郊。百官都请求道："我们听说地震的发生都是因为君主的缘故。现在大王您已卧病在床，请设法将灾祸转移至别处。"文王问："怎样能使其转移呢？"回答道："动用民众，大兴土木来增筑国都的城墙，大概可以转移灾祸吧？"文王说："上天显现不正常的状况，是借以处罚有罪的人。我肯定是有罪过，所以上天借此来惩罚我。现在如果动用民众，大兴土木来增筑国都的城墙，这可是加重我的罪过啊！不可以这样办（转移灾祸于他人，也是加重我的罪过）。我愿意改变过去的行为，多做善事来转移它，这样也许可以免除灾祸吧！"于是文王严格控制礼义、官俸开支和皮革制品（的使用），以其节余开支来结交诸侯；谨慎其辞令，备好币帛，用以礼遇

宋景公之时，荧惑在心，公惧，召子韦而问之曰："荧惑在心，何也？"子韦。宋之太史。子韦曰："荧惑者，天罚也。心者，宋分野也。祸当君。虽然，可移于宰相。"公曰："宰相所与治国家也，而移死焉，不祥。"曰："可移于民。"公曰："民死，寡人将谁为君乎？"曰："可移于岁。"公曰："岁饥，民必饿死，为人君而杀其民，以自活，其谁以我为君乎？是寡人之命固尽已，子无复言矣。"子韦再拜曰："臣敢贺君。天之处高而听卑，君有至德之言三，天必三赏君命，今昔荧惑必徙三舍，君延年二十一岁。"是昔也，荧惑果徙三舍。

## 义兵

兵之所自来者上矣。自，从也。上，久也。家无怒笞，则竖子婴儿之有过也立见；国无刑罚，则百姓之相侵也立见；天下无诛伐，则诸侯之相暴也立见。故怒笞不可偃于家，刑罚不可偃于国，诛伐不可偃于天下，有巧有拙而已矣。巧者以治，拙者以乱。故古之圣王，有义兵而无偃兵。夫有以饐死者，欲禁天下之食，悖矣；有以乘舟死者，欲禁天下之船，悖矣；有以用兵丧其国者，欲偃天下之兵，悖矣。兵之不可偃也，譬之若水火然，水以疗渴，火以熟食，不可乏也。兵以除乱，亦不可偃。善

卓越人才。没过多久，文王的病就痊愈了，即位五十一年时才去世。

宋景公在位时，火星出现在心星的位置，景公害怕，召来太史子韦询问："火星在心宿的位置，是何缘故？"子韦说："火星的出现是代表上天要处罚下民，火星的位置正是宋国的领域，此祸要降到国君您身上。虽然如此，但可以（通过祈祷）把灾祸转移给宰相。"景公说："宰相是帮助我治理国家的人，而把死亡转移给他，这样不吉祥。"子韦说："可以把它转移给百姓。"景公说："百姓死了，寡人将作谁的国君呢？"子韦说："可转移给农业收成。"景公说："农业收成不好，百姓必定饿死，作为国君杀死他的百姓来使自己活命，谁还会拿我当作国君呢？这样看来寡人的命本该终结了，您不要再说了。"子韦连拜了两拜说："微臣冒昧地祝贺您！上天在高处会审察到地上的一切，国君您说了三句体现最高品德的话，上天必定奖赏您三次。今晚火星一定会迁移到三舍之外，您将延寿二十一年。"这一夜，火星果然迁移到三舍之外。

## 义兵

武力的由来非常久远了。家庭中如果没有（家长的）怒谴和责打，那么童仆及小孩的过错就会立即出现；国家如果没有刑罚，那么百姓相互侵夺的事就会立即出现；天下没有诛伐，那么诸侯相互欺凌的现象也会立即发生。所以怒笞在家中不能止息，刑罚在国中不能废止，诛伐在天下也不能废止，只不过在运用方法上有的高明有的愚笨罢了（战争如果被运用得高明会辅助治国，如果被运用得愚笨就会乱国）。所以古代圣王只进行正义之战，从不废止战争。如果有因吃饭而噎死了人，就打算禁止天下人吃饭，这是荒谬的；有因乘船（不小心落水）而淹死了人，就禁止天下人用船，也是荒谬的；有因战争

用之则为福，不能用之则为祸。能者养之取福，不能者败以取祸也。善用药者亦然，得良药则活人，得恶药则杀人。义兵之为天下良药也亦大矣。义兵除天下之凶残，解百姓之倒悬，故方之于良药。故兵诚义以诛暴君而振苦民，民之悦之也，若孝子之见慈亲也，若饥者之见美食也，之号呼而走之。走，归。若强弩之射于深溪也。义兵至，邻国之民，归之若流水，诛国之民望之若父母。行地滋远，得民滋众，兵不接刃，而民服若化。若，顺。

## 论威

义也者，万事之纪也。君臣上下亲疏之所由起也，治乱安危之所在也。勿求于他，必反人情。人情欲生而恶死，欲荣而恶辱。死生荣辱之道一，则三军之士，可使一心矣。

## 慎穷

衣，人以其寒；食，人以其饥。饥寒，人之大害也。救之，大义也。人之困穷，多如饥寒，故贤主必怜人之困也，必哀人

而丧失了国家,就想废止天下所有的战争,同样是荒谬的。战争是不可废止的,就如同水和火一样(水可以解渴,火可以熟食,因此不可缺少,战争可以平暴乱,所以也不可以废止),运用得当就能造福于人,用得不得当就会给人们带来灾祸(会用之人则给自己创造了幸福,不会用之人则可能给自己带来灾祸);善于用药物的人也是这样,用良药就能救人的命,用毒药就会把人毒死。正义之战作为治理天下的一剂良药,它的作用也很大呀(正义的战争除掉了残暴之君,解救了陷于困苦中的百姓,故将义兵比喻为治理天下的一剂良药)!如果确实为正义而征战,目的是用来讨伐暴君,赈济受苦的百姓,百姓会很喜悦,他们就像孝子见到慈爱的父母、饥饿的人见到美食一样。百姓呼喊着归向正义之师,就像强弩之箭射向深谷一样迅速。正义之师一到,邻国的百姓归附于他就像流水一样连绵不断,被讨伐国家的百姓盼望他,如同盼望见到亲生父母。正义之师走得越远,得到的百姓越多,往往两军还没有对阵接刃,而百姓就已敬服归顺了。

## 论威

义,是万事的纲纪。君臣上下之间的关系是亲是疏,就是从这里开始,国家治乱安危的关键也正在于此。"义"不必到外面去寻找,必须从人的本性中去寻找。人的本性都是希望生而不希望死,希望荣耀而不希望受辱。既然死生荣辱的道理相同,那么就一定可以令三军将士同心同德。

## 慎穷

给人衣服穿,是因为他在遭受寒冷;给人食物吃,是因为他在忍受饥饿。饥寒是人的大灾祸,能够把人们从饥寒中解救出来那

之穷也。如此，则名号显矣，国土得矣。得国土也。人主其胡可以无务行德爱人乎？行德爱人，则民亲其上，民亲其上，则皆乐为其君死矣。赵简子有两白骡而甚爱之，阳城胥渠，阳城，姓。胥渠，名也。广门之官，夜款门而谒曰："主君之臣胥渠有疾。"广门，邑名也。官，小臣也。款，叩也。医教之曰："得白骡之肝，病则止，不得则死。"谒者通。简子曰："夫杀畜以活人，不亦仁乎。"于是召庖人杀白骡取肝以与之。无几何，赵兴兵而攻翟，广门之官，左七百人，右七百人，皆先登而获甲首。获衣甲者之首也。人主其胡可以不好士也。

## 节丧

孝子之重其亲，慈亲之爱其子也，痛于肌骨，性也。所重所爱，死而弃之沟壑，人之情不忍为，有葬之义。葬者，藏也，慈亲孝子之所慎也。慎，重。慎之者，以生人之心虑也。虑，计。以生人之心为死者虑，莫如无动，莫如无发。无发无动，莫如无有可利，无有可利，此之谓重闭。人不发掘，不见动摇，谓之重闭。葬不可不藏也，葬浅则狐狸掘之，深则及于水泉，故凡葬必于高陵之上，以避狐狸之患、水泉之湿，此则善矣。而忘奸邪盗贼寇乱之难，岂不惑哉？厚葬人利之，必有此难，故谓之惑也。慈亲孝子备之者，得葬之情矣。今世俗大乱，人主愈侈，非

是大仁大义的行为啊！人在艰难、困窘时是比忍受饥寒更深重的灾祸。所以贤明的君主会怜悯陷入困境的人，会哀伤遭受贫苦的人。如此，君主的名节就会显扬，他的国土就会不断扩大。君主怎么可以不竭尽全力实行德政，爱护百姓呢？君主推行德政，爱护百姓，那么百姓就会爱戴他；百姓爱戴他，同时也能心甘情愿为其拼死效力了。赵简子有两匹白骡子，非常喜爱。阳城胥渠，是广门的一个小官。夜间他去叩赵简子住所的门，请求拜见，说："我是主君的臣子胥渠，现在患病了，医生告诉我说：'只有服用白骡肝，病才会痊愈，找不到白骡肝，很快就会死去。'"负责传达的人进去禀报后，赵简子说："杀白骡能救活人命，这不是很仁义的事吗？"于是叫厨师杀了白骡，取出肝脏送给阳城胥渠。不久，赵国发兵攻打翟族，这位广门县的官吏亲率左部兵七百人、右部兵七百人，个个争做先锋而奋勇杀敌。由此看来，君主怎么可以不珍爱贤才呢？

## 节丧

孝子敬重自己的父母，慈爱的父母疼爱自己的子女，其情都深入肌骨，这是出于人的本性。自己所敬重、所疼爱的亲人死后若被抛弃于沟壑，按人之常情不忍心这样做，因而便有了安葬死者的这一道义上的责任。所谓葬，就是隐藏起来，这是慈亲孝子所慎重对待的事情。所谓慎重，是以活着的人的心为死者考虑。如果以活着的人之心思为死者考虑，没有比死者不被惊动、坟墓不被挖掘更为重要了。而要做到死者不被惊动、坟墓不被挖掘，莫过于使想挖掘者无利可获，坟墓里没有可获之利更为安全了，这就叫"重闭"（节俭安葬死者，因而坟墓不被人挖掘。坟墓不会被触动，紧紧关闭如初，故称重闭）。埋葬死者不得不使其隐藏。然而藏浅了狐狸会扒掘；藏深了会

葬之心也,非为死者虑也,生者以相矜也。侈靡者以为荣,俭节者以为辱,不以便死为故,故,事。而徒以生者之诽誉为务,此非慈亲孝子之心也。父虽死,孝子之重之不怠;重,尊也。怠,懈也。子虽死,慈亲之爱之不懈。夫葬所爱重,而以生者之所甚欲,其以安之,若之何哉?厚葬必发掘,故曰其以安之也。若之何,言不安。

## 安死

世之为丘垄也,其高大若山,其树之若林,其设阙庭为宫室若都邑。以此观世,示富,则可矣,以此为死者则不可。夫死者,其视万岁犹一瞚也。人之寿久不过百,中寿不过六十,以百与六十为无穷者虑,其情必不相当矣,以无穷为死者虑。则得之矣。今有人于此,为石铭,置之垄上曰:"此其中珠玉玩好,财物宝器甚多,不可不掘,掘之必大富,人必相与笑之,以为大惑。"惑,悖。世之厚葬也,有似于此。自古及今,未有不亡之国也。无不亡之国者,是无不掘之墓也。以耳目所

遭到泉水暗流的浸渍。因此，大凡埋葬，人们通常会选择葬在高丘之上，以避免狐狸的危害和地下水的浸渍。这样做似乎是很适宜了，但如果忘了恶人、盗贼、匪寇带来的祸患，岂不还是糊涂了吗？（厚葬对活着的人有利可图，必定要遭到盗掘之患，故是糊涂之举。）慈亲孝子把这些因素都考虑到了，这才是懂得了埋葬的本来意义啊。现在世道大乱，君主的安葬愈来愈奢侈，这不是丧葬的本义，他们不是替死者的安宁考虑，而是活着的人借此来相互夸耀。喜爱奢侈者以此为荣耀，节俭者却以此为耻辱；不把有利于死者当做一回事，而只把他人对活着的人的毁谤和赞誉作为要事，这不是慈亲孝子的存心啊。父亲虽然死了，但孝子对父母的敬重并不因此而懈怠；孩子虽然死了，但慈亲对孩子的疼爱并不因此而减弱。安葬所疼爱、所敬重的人，却用活着的人最想要的东西来陪葬，想靠这些东西让死者安息，那其结果会怎样呢？（厚葬必会被人盗掘，所以说厚葬怎能让死者安息呢？言外之意为，这样反而令死者不能安息啊。）

## 安死

当今世人营造的坟墓，高大得像座山，坟墓上的树木茂密的如同森林，在墓地两边修建墓阙、庭院、建造宫室，像都城一样宏伟。倘若以此来向世人显示自己富有是可以的，而用来安葬死者就不好了。对于死者来说，一万年犹如一瞬间那样短暂，而人的寿命，最长也不过一百岁，中等寿命不过六十岁。以一百岁与六十岁人的想法，去替无限久远的死者考虑，二者的实际情况必定是不相当呀！只有依据无穷尽的长远需要为死者考虑，才能符合让死者安息的本义呀。如果现在有人在墓前面立上石碑，碑上写"这里面有珠玉玩好，财物、宝器十分丰富，不可不掘，掘了必定大富"，人们必定都会嘲笑

闻见,齐、荆、燕尝亡矣,宋、中山已亡矣,赵、魏、韩皆失其故国矣。自此以上者,亡国不可胜数。上犹前也。是故古大墓无不掘者也,而世皆争为之,岂不悲哉?尧葬于谷林,通树之;通林以为树也。舜葬于纪,市不变其肆;市肆如故,言不烦民。禹葬于会稽,不变人徒。变,动也。言无所兴造,不扰民也。是故先王以俭节葬死也,非爱其费,非恶其劳,以为死者虑也。为犹便也。先王之所恶,唯死者之辱也。发则必辱,俭则不发,故先王之葬必俭也。谓爱人者众,知爱人者寡。谓凡爱死人者众,多厚葬之也。知所以爱之者寡,能俭葬者少也。故宋未亡而东冢掘,文公冢也。齐未亡而庄公冢掘,以葬厚,冢见发。国安宁而犹若此,又况百世之后,而国已亡乎?故孝子忠臣,亲父佼友,不可不察也。夫爱之而反害之,安之而反危之,其此之谓乎?

## 至忠

至忠逆于耳,倒于心,倒,亦逆也。非贤主其孰能听之。听,受。故贤主之所说,不肖主之所诛也。贤主悦忠言,不肖主反之。

他,认为此人太糊涂。世人讲究厚葬的做法就跟这差不多。自古到今,没有不灭亡的国家。没有不灭亡的国家,也就没有不被挖掘的坟墓啊。就我们大家耳闻目睹的来说,齐、荆、燕三国都失去故国;宋国、中山国也已经灭亡;赵、魏、韩都已经失去了旧日的国都,它们都成了古国。由此往前推算,已经灭亡的国家更是数不胜数,所以古代的大墓没有不被挖掘的。然而当今世人还都在争相建造大墓,岂不太可悲了吗?尧安葬在谷林,遍地林木当做墓地;舜安葬在纪市,未改变街上的任何商铺、作坊的面貌(街上的任何商铺、作坊的面貌如过去一样,言外之意为安葬舜是节俭的,没有烦扰百姓的正常生活);禹安葬在会稽,没有劳扰民众。(安葬禹时没有兴建土木建造坟墓,故没有劳扰百姓。)所以,先王用节俭的方式安葬死者,不是吝啬钱财费用,也不是厌烦耗费劳力,而是替死者考虑啊。先王唯恐死者受到玷辱,而坟墓被盗掘,死者就必定会受辱,而俭葬就不会被盗掘,所以先王的安葬一定要俭葬。一般人嘴里说敬爱他人的人很多,但真正懂得如何敬爱他人的人却很少。(孝子慈亲很多,但大多都厚葬死者,而真正懂得爱护死者的人却很少,所以简葬死者的人很少。)所以宋国还没有灭亡,而宋文公的墓地已被人盗掘;齐国未亡,而庄公的坟墓也已被人挖开。(宋文公、庄公均为厚葬,因而被人发现盗掘。)国家安宁时尚且如此,又何况百世之后,国家已经灭亡了呢?所以孝子、忠臣、慈父、挚友不可不明察啊。所谓爱他反而害了他,欲使其安息反而使其陷入危难,说的不就是这种事吗?

## 至忠

忠言会让人觉得不中听、不顺心,若不是贤明的君主,有谁能接受呢?所以贤主所喜欢的,正是昏庸的君主所要除去的。(贤主喜听忠

今有树于此，而欲其美也，人时灌之，则恶之，恶其灌之者也。而日伐其根，则必无活树矣。夫恶闻忠言，自伐之精者也。精，犹甚。甚于自伐其根也。

## 不侵

贤主必自知士，故士尽力竭智，直言交争，而不辞其患。士为知己者死，故尽力竭智，何患之辞也。豫让。公孙弘是已，当是时也，智伯、孟尝君知之矣。智伯知豫让，故为之报仇。孟尝君知公孙弘，故为之不受折于秦也。世之人主，得地百里则喜，四境皆贺，得士则不喜，不知相贺，不通乎轻重也。汤、武，千乘也；而士皆归之。桀、纣天子也，而士皆去之。孔、墨，布衣之士也，万乘之主，千乘之君，不能与之争士也。士不归之而归孔墨，故曰不能与之争士。自此观之，尊贵富大，不足以来士矣。来，犹致也。必自知之然后可。可者，可至。豫让之友谓豫让曰："子尝事范氏、中行氏，诸侯尽灭之，而子不为报。至于智氏，而子必为之报。何故？"豫让曰："范氏、中行氏，我寒而不我衣，我饥而不我食，而时使我与千人共其养，是众人畜我也。夫众人畜我者，我亦众人事之。至于智氏则不然。出则乘我以车，入则足我以养，众人广朝而必加礼于吾，所是国士畜我也。夫国士畜我者，我亦国士事之。"豫让，国士也。而犹以人于己也，于犹厚也。又况于中人乎？孟尝君为从，关东曰从。公孙弘谓孟尝君曰："不若使人西观秦，意者秦王帝王之主也，

言,而不肖之君则反之。)假若这里有一棵树,希望它生长茂盛,有人按时浇灌它,这棵树却厌烦他(讨厌浇灌树的人),而每天任人去砍伐树根,那么这棵树必定活不了。讨厌听到忠言的人,就是更严重的自我毁伤啊!(厌恶听受忠言所受的伤害,比砍伐这棵树根的结果还要严重。)

## 不侵

贤主之所以成为贤主,一定是由于能赏识和任用贤士,这样贤者就能竭尽心力和智慧,直言相谏,也不怕招来祸患。(士为知己者死,所以能竭尽心力,哪里会躲避祸患呢?)豫让、公孙弘便是这样的贤士,当年智伯、孟尝君就是他们的知己。(智伯知遇豫让,所以豫让能誓死为他报仇。孟尝君知遇公孙弘,所以公孙弘能为他出使秦国并能在强秦面前冒死捍卫其尊严。)世上的君主往往得到百里之地就满心欢喜,举国上下皆来祝贺;得到贤士却不见得欢喜,国人也不知道相互祝贺。这是不晓得孰轻孰重啊!商汤、周武起初只是千乘诸侯,但贤士都来归附他们;夏桀、商纣是天子,但贤士都离开了他们。孔子、墨子只是布衣之士,而万乘之主、千乘之君却不能同他们争夺贤士。(贤士们不归顺君主,却都归附于孔、墨,所以说君主无法与他们争夺贤士。)由此看来,地位尊贵、财富丰足不足以招来贤士,只有君主能真正了解和赏识他们,然后才能令贤士归心。豫让的朋友对豫让说:"你曾侍奉过范氏、中行氏,诸侯把他们全消灭了,而你不替他们报仇;到了智氏,你却一定要替他报仇,这是什么缘故?"豫让说:"范氏、中行氏,在我寒冷时不给我衣穿,在我饥饿时不给我饭吃,常常让我享普通门客一样的待遇,这是按普通人来对待我。既然按普通人来对待我,我也就以普通人的身份侍奉他。至于智氏就不一样了,出门就让我乘车,在家就供我充足的给养;在许多人在一起朝会时,

君恐不得为臣,何暇从以难之?言不能成从以难秦。意者秦王不肖主也,君从以难之未晚也。"孟尝君曰:"善,愿因请公往矣。"公孙弘见昭王。昭王曰:"薛之地小大几何?"公孙弘对曰:"百里。"昭王笑而曰:"寡人之国,地数千里,犹未敢以有难也,今孟尝君之地方百里,而欲以难寡人,犹可乎?"公孙弘对曰:"孟尝君好士,大王不好士也。"昭王曰:"孟尝君之好士何如?"对曰:"义不臣乎天子,不友乎诸侯,得意惭为人君,不得意不肯为人臣,如此者三人;能治可为管商之师,管,管仲。商,商鞅。能致其主霸王,如此者五人;万乘之严主辱其使者,退而自刎,必以其血污其衣,有如臣者七人。"昭王笑而谢焉。

## 有始览

世之听者,多有所尤。多有所尤,即听必悖矣。尤,过。人有亡鈇者,意其邻之子,视其色言语,动作态度,无为而不窃鈇。窃,盗。掘其谷得其鈇,谷,坑。他日复见其邻之子,动作态度,无似窃鈇者。其邻之子非变也,己则变之,变之者无他,

一定会特别地礼遇我,这是按国士的礼遇来对待我。对于按国士的礼遇来对待我的人,我也以国士的身份来侍奉他。"豫让是国中良才,尚且会因为别人是否厚待自己而决定自己对别人的态度,又何况一般人呢?孟尝君要合纵抗秦,公孙弘对他说:"您不如先派人西行去考察秦国,或许秦王是有帝王之气的君主,那么恐怕您连做他的臣子都不可能,哪有闲暇合纵对抗他?或许秦王是昏庸的君主,这样您再合纵对抗他也不晚呀。"孟尝君说:"也好,那就请您去一趟吧。"公孙弘拜见秦昭王,昭王问:"薛那个地方有多大?"公孙弘回答说:"方圆百里。"昭王笑着说:"寡人的国家方圆数千里,尚且不敢以此责难他人。如今,孟尝君的封地方圆不过百里,却想以此责难于我,这能行吗?"公孙弘回答说:"孟尝君善待贤者,大王您却不善待贤者。"昭王说:"孟尝君善待贤者,那么他身边又聚集了些什么人呢?"公孙弘回答说:"为了信守道义能够不向天子称臣、不与诸侯交友,机会来临时让他做人君他也会惭愧推诿,穷困之时决不肯为了富贵去做人臣,像这样的贤者,孟尝君身边有三人。善于治国,可做管仲、商鞅的老师,能辅佐自己的君主称王称霸,像这样的贤者孟尝君身边有五人。当万乘大国威严的君主侮辱使者时,作为使者能够当即后退一步自刎而死,但一定用自己的血溅污对方之衣(以示抗议),也就是像我这样的人,孟尝君身边有七人。"昭王随即笑着向他道歉。

## 有始览

世人在处理问题做判断时多有所偏颇。做判断时多有所偏颇,必然会出现谬误。有一位丢失了斧子的人,怀疑是其邻居的儿子所偷,看他的神色、言语、动作、态度等,没有一样不像偷斧子的人。后来他在挖坑时发现了那把斧子,日后再见到他邻居的儿子时,再看他

有所尤也。郑之故法,为甲裳以帛。以帛缀甲。公息忌谓郑君曰:"不若以组。"郑君曰:"将何所得组?"公息忌对曰:"上用之,则民为之矣。"郑君曰:"善。"下令令官为甲必以组。公息忌因令其家皆为组。人有伤之者曰:"公息忌之所以欲用组者。其家多为组也。"伤,败。郑君不悦,于是乎止无以组。以,用。郑君有所尤也。为甲以组而便,公息忌虽多为组,何伤?以组不便,公息忌虽无为组,亦何益!为组与不为组,不足以累公息忌之说。累犹辱也。凡听言不可不察,察者详也。不察则善不善不分,善不善不分,乱莫大焉。

## 谨听

昔禹一沐而三捉发,一食而三起,以礼有道之士,通乎己之不足。欲以闻所不闻,知所不知故也。通乎己之不足,则不与物争矣。情欲之物不争。愉易平静以待之,使夫自以之,以,用。因然而然之,使夫自言之。亡国之主反此,自贤而少人,少人,则说者持容而不极。极,至。听者自多而不得。自多,自贤。

的动作、态度都不像偷斧子的人。他邻居的儿子丝毫没有改变,是他自己改变了。这种变化没有别的原因,是自己的看法有所偏颇啊。郑国的老规矩,是用丝织品来缝制甲裳。公息忌对郑国国君说:"不如用丝带来缝。"国君说:"到哪里弄到这么多的丝带呢?"公息忌回答说:"只要国君决定使用丝带,那么百姓就会制作了。"国君说:"好。"于是下令让官府做甲裳一定要用丝带缝制。公息忌因而叫他家的人都制作丝带。这时有位诋毁他的人说:"公息忌之所以主张用丝带来制甲裳,是因他的家人都在制作丝带呀。"国君听了很不高兴,就又命令官府停止用丝带缝制甲裳了。这是郑国国君有了偏颇啊!用丝带缝制甲裳如果有益,公息忌家虽然制作丝带很多,又有什么坏处呢?用丝带制作的甲裳如果没有好处,公息忌家即使不制作丝带,又有什么益处呢?无论公息忌家人是否制作丝带,都不应因此而影响公息忌的建议。大凡听到的话,不可不详察,不详察就会好坏不分,如果好坏不分,则没有比这更大的祸乱了。

## 谨听

过去,夏禹洗一次头多次握起头发停下来,吃一顿饭多次放下碗筷站起身来,为的是要礼遇前来进言的有道之士,以弄懂一些自己尚不明白的道理,(希望能够听到所未曾听闻过的事情,了解到所未曾知道的事情。)能够知道自己的不足,就不会与别人起争竞之心了。(放下自己的欲望,而不与人相争了。)和悦平静地对待有道之人,使他们自由地依据自己的想法办事;顺其自然地去处理,让他们自由发表议论。亡国之主与此相反,自认为贤明而轻视他人。轻视他人,那么进谏之人就会为了保持官位以求安身而讨好君主,就不会言无不尽;听的人自认为自己比别人高明,也就得不到收获。

## 务本

　　三王之佐，皆能以公及其私矣。俗主之佐，其欲名实也，与三王之佐同，其名无不辱者，其实无不危者，无功故也。皆患其身之不贵于国也，而不患其主之不贵于天下也；皆患其家之不富也，而不患其国之不大也。此所以欲荣而愈辱，欲安而愈危。故荣富非自至，缘功伐也。今功伐甚薄，而所望厚，诬也；以薄获厚为诬。无功伐而求荣富，诈也。以虚取之为诈。诈诬之道，君子不由。由，用。

## 孝行览

　　凡为天下治国家，必务其本也。务本莫贵于孝。人主孝则名章荣，天下誉。誉，乐。人臣孝则事君忠，处官廉，临难死。士民孝，则耕芸疾，守战固，不疲北。夫执一术而百喜至，百邪去，天下从者，其唯孝乎。故论人必以所亲，而后及所疏，必以所重，而后及所轻。曾子曰："先王之所以治天下者五：贵贵，贵德，贵老，敬长，慈幼。此五者先王之所以定天下也。定，安。所为贵贵，为其近于君也；所为贵德，为其近于圣也；所为贵老，为其近于亲也；所为敬长，为其近于兄也；所为慈幼。为其近于弟也。"

## 务本

夏、商、周三代之君的辅佐大臣，都能通过为国家建立功勋来获得个人的利益。平庸君主的辅佐大臣，希望得到个人名利的想法，与三王的辅佐大臣相同，可是他们的名声没有不被辱没的，他们的利益随时都有失去的危险，其原因就是他们没有为国家建立功勋。他们都只是担忧自己的身份在国中还不够尊贵，却不担忧自己的国君在天下还不够尊贵；都担心自家不富有，却不担忧国家不强大。这就是他们希望显荣反而越会受辱、希望安稳反而更加危险的原因。本来荣耀和富有就不是自己降临的，而是凭借建立功业才会有的。现在的人功劳微小而所期望得到的回报却很多，这本身就是妄求（以少来取得多称为诬）；没有功劳却要求荣耀富有，这也是欺诈（以浮夸不实的功绩去换取不应得的名利就是欺诈）。像这种欺诈诬妄的做法，君子是不会这么干的。

## 孝行览

大凡人君统治天下、治理国家，一定要致力于根本。致力于根本，没有比孝更重要的。君主孝敬父母，名声就显扬荣耀，人民就会钦服听从、天下安乐。臣子孝敬父母，侍奉国君就忠诚无私，居官就清正廉洁，临难就能拼死效命。士人和百姓孝敬父母，便会努力耕耘，守卫作战就能意志坚定，不疲倦、不逃败。掌握一种方法而能使百善皆至，百邪皆去，天下顺从，这种方法大概只有孝道了！所以评定一个人必须先看他如何对待亲人，然后推及到如何对待疏远之人；必须看他如何对待重要之人，然后推及到如何对待一般人。曾子说："上古贤明君王用以治理天下的方略有五个：尊重显贵之人，崇敬有德之人，敬爱老人，尊敬长者，慈爱孩童。这五条就是上古贤

昔晋文公将与楚人战于城濮，召咎犯而问曰："楚众我寡，奈何而可？"咎犯对曰："臣闻繁礼之君，不足于文；繁战之君，不足于诈。足犹厌也。君亦诈之而已。"文公以咎犯言告雍季。雍季曰："竭泽而渔，岂不获得，而明年无鱼；焚薮而田，岂不获得，而明年无兽。言尽其类。诈伪之为道，虽今偷可，后将无复，不可复行。非长术也。"文公用咎犯之言而败楚人于城濮。反而为赏，雍季在上。左右谏曰："城濮之功，咎犯之谋也，君用其言，而后其身，或者不可乎？"公曰："雍季之言，百世之利也。咎犯之言，一时之务也。务犹事也。焉有以一时之务，先百世之利者乎？"孔子闻之曰："临难用诈，足以却敌，返而尊贤，足以报德。文公虽不终始焉，足以霸矣。"

## 慎大览

贤主愈大愈惧，愈强愈恐。愈，益。凡大者，小邻国也；强者，胜其敌也。大者，侵削邻国使小。胜其敌则多怨，小邻国则多患。多怨，国虽大，恶得不惧，恶得不恐。恶，安。故贤主于

明君王之所以能使天下安定的原因。尊重显贵之人,是因为他们接近于君主;崇敬有德之人,是因为他们接近于圣人;敬爱老人,是因为他们相当于父母;尊敬长者,是因为他们接近于兄长;慈爱幼者,是因为他们接近于子弟。"

　　从前,晋文公将与楚人在城濮作战,召见咎犯并问道:"楚国兵多,我国兵少,怎样对敌才好?"咎犯回答说:"我听说讲究礼仪完备的君主,总是不满足于各种礼节仪式;长年征战频繁的君主,总是不满足于使用各种诡诈的战术。您也不妨运用诡诈的战术去作战好了。"文公把咎犯的话告诉雍季,雍季说:"汲干池水捕鱼,怎能捕不到鱼。但第二年就没有鱼可捕了;楚烧沼泽的草木来打猎,怎能猎捕不到野兽,但第二年就没有野兽可猎了。欺诈虚伪的方法,现在还可苟且一用,但以后就不能再用了,这不是长远的办法。"晋文公采用咎犯的计策,在城濮打败了楚人,返回后进行奖赏时,雍季却居首位。晋文公的近臣进谏说:"城濮之战的胜利,是凭借咎犯的计谋。您用了他的计谋,而奖赏时却把他排在后面,可能不妥当吧?"文公说:"雍季的话,是对百世都有益的;咎犯的计谋,只是有利于一时的方法。哪里有把有利于一时的事放在百世之利前边的呢?"孔子听到这些话后说:"面临危难时使用诈术,足以击退敌人;回归后尊崇贤人,足以报答其恩德。文公虽然没有具备始终如一的操守,但也足以称霸了。"

## 慎大览

　　贤明的国君,国家越大越担心,国力越强大越害怕。大凡国家疆域广大的,邻国疆域就会变小;国家强盛的,都是因为战胜了敌国(强大的国家侵夺邻国使其变小)。战胜敌国就会招致很多怨恨,侵吞

安思危，安不忘危。于达思穷，显不忘约。于得思丧。丧。亡也，有得必有失，故思之也。

## 顺说

惠盎见宋康王，康王曰："寡人之所悦者，勇有力也，不悦为仁义者，客将何以教寡人？"惠盎对曰："臣有道于此，有道于此，勇有力也。使人虽勇，刺之不入，虽有力，击之弗中。夫刺之不入，击之不中，此犹辱也。臣有道于此，使人虽有勇弗敢刺，虽有力弗敢击。夫弗敢，非无其志也。臣有道于此，使人本无其志。本无有击刺之志也。夫无其志，未有爱利之心也。臣有道于此，使天下丈夫女子，莫不欢然皆欲爱利之，此其贤于勇有力也。言以仁义之德，使民皆欲爱利之，故贤于勇有力也。大王独无意耶？"宋王曰："此寡人之所欲得也。"曰："孔、墨是也。言当为孔丘，墨翟之德，则得所欲也。孔丘、墨翟无地为君，以德见尊也。无官为长，以道见敬。天下丈夫女子，莫不延颈举踵而愿安利之。愿其尊高而利己也。今大王万乘之主也，诚有其志，孔、墨之志。则四境之内，皆得其利矣，其贤于孔、墨也远矣。"得贤名过于孔、墨。

邻国而使其变小就会招致很多祸患。面临这么多的祸患与怨恨,国家虽然强大,又怎能不担心?怎能不害怕?所以,贤主在安定时就考虑到危急(安定时不忘危急),在显达时就考虑到困窘(显贵时不忘困窘),在得到时就考虑到失去(丧,丧失之意。所有事物都是有得必有失,所以需要提前思虑)。

## 顺说

惠盎拜见宋康王,康王说:"我喜欢的是勇敢有力的人,不喜欢施行仁义的人。客人您将用什么来教导我呢?"惠盎回答说:"我对此有办法(对此有办法,是针对勇敢而有力量的人而言),让这个人虽然勇敢,刺杀您却刺不进身体;虽然有力,却击不中您。虽然刺不进、击不中,这对您还是耻辱。我对此又有办法,让人虽然勇敢,却不敢去刺;虽然有力,却不敢去击。不敢,并非没有刺和打的意愿。我对此还有办法,让这个人本来就没有要攻击您的念头(根本就没有击打刺杀您的念头);虽然没有伤害您的意愿,但是也没有爱护和加惠您的心。我对此还有办法,能让天下的男女没有一个人不高高兴兴地想要爱护和加惠您。这样大概要胜过您所说的勇敢有力了吧。(这些话说明因为他仁义的德行,使百姓都想要爱护和加惠他,因此就胜过勇敢有力了。)大王难道不愿意吗?"宋康王说:"这正是我想要的。"惠盎说:"孔丘、墨翟就是这样的人。(这句话说的是孔子、墨子高尚的德行,那么他们高尚的德行是被人们所期望的。)孔丘、墨翟没有封地,却像君主那样被人尊敬;(凭借高尚的德行而被人们尊贵。)没有官位,却像官长那样被人敬重。(凭借道德而被人们恭敬。)天下男女没有不伸长脖子、踮起脚跟,盼望他们安稳顺利的。(希望他们获得尊贵高尚的地位从而能使自己受益。)现在大王是万乘之国的君主,假如真有孔子、墨

## 贵国

武王使人候殷,反报曰:"殷乱矣。"武王曰:"其乱焉至?"对曰:"谗匿胜忠良。"武王曰:"尚未也。"又往,反报曰:"贤者出走矣。"武王曰:"尚未也。"又往。反报曰:"其乱甚矣,百姓不敢诽怨矣。"武王遽告太公。太公曰:"其乱至矣,不可以驾矣。"驾,加也。

## 先识览

凡国之亡也,有道者必先去,古今一也。君子见机而作,不待终日,故必先去。天下虽有有道之士,固犹少。千里而有一士,比肩也;累世而有一圣人,继踵也。士与圣人之所自来,若此其难也,而治必待之,治奚由至乎?虽幸而有,未必知也,不知,则与无同,不知其贤而用之,故不治。不治则与无贤同。此治世之所以短,而乱世之所以长也。短,少也。长,多也。故亡国相望。言不绝也。贤主知其若此也,故日慎一日,以终其世。譬之若登山者,处已高矣,左右视,尚魏魏焉,山在其上矣。贤者之所与处,有似于此。身已贤矣,行已高矣,左右视,尚尽贤于己也。故周公曰:"与我齐者,吾不与处,无益我者也。"齐,等也。等则不能胜己,故曰无益我者也。以为贤者必与贤于己者处,

子的志向(孔子、墨子有以德治国、仁爱天下的志向),那么四方疆界之内都会得到利益。您的贤德名声就远远胜过孔丘、墨翟了(获得的贤名远远胜过于孔子、墨子了)。"

## 贵国

周武王派人侦察殷商的国情,那人返回后报告说:"殷商的政治混乱了。"武王说:"乱到什么程度了?"那人回答说:"邪恶奸佞之人超过忠诚善良之人了。"武王说:"还不算太乱。"那人又去侦察,返回后说:"贤明的人已经出逃了。"武王说:"还不算太乱。"那人再去侦察,返回后说:"殷商混乱得更厉害了。百姓不敢责备怨恨了。"武王立刻告诉太公望,太公望说:"殷商已混乱到极点,无以复加了。"

## 先识览

大凡国家将要灭亡,有道者必先离去,古今都是一样的(有道的君子看到事情不可挽回,就会早早决定自己的去留,不会等到最后,所以必定提前离开)。天下虽有有道之士,但本来就极少。千里方圆内若有一位贤才,就算是很多了,历代中若有一位圣人,也算前后相继了。尽管贤才与圣人的出现是如此之困难,但治理国家必须依靠他们,不然,太平盛世从何处来?即使有幸出现一个圣贤人,但未必能得到君主的知遇和赏识。圣贤人出现而不被世人所重视,则与没有圣贤一样(因为不了解他们的德能并任用他们,所以国家就不能得到很好的治理;国家得不到很好的治理,就跟没有圣贤人出现一样了)。这就是历史上太平盛世的时间短而混乱之世的时间长的原因。所以被灭亡的国家才会接连不断(说明国家被灭亡的情况连续不断)。贤明的君主明白这个道理,所以会一天比一天谨慎,直到他一生结束。譬如像登山者,所达之

贤者之得可与处也礼之。诸众齐民，不待知而使，不待礼而令。令亦使也。若夫有道之士，必礼必知，然后其智能可尽也。可尽得而用也。

## 审分览

凡人主必审分，然后治可以至。分，谓仁义、礼律、杀生与夺之分。至，至于治也。凡为善难，任善易。奚以知之？今与骥俱走，则人不胜骥矣；居于车上而任骥，则骥不胜人矣。人主好人官，好为臣之官事。则是与骥俱走也，必多所不及矣。言力不赡也。夫人主亦有车，无去其车，则众善皆尽力竭能矣。人主之车，所以乘物也，不知乘物，而自怙恃，奋其智能，多其教诏，而好自以。诏亦教也。以，用。则百官恫扰，恫，动。扰，乱。少长相越，万邪并起，权威分移，政在家门。此亡国之风。风，化。王良之所以使马者约，审握其辔，而四马莫敢不尽力。有道之主，其所以使群臣者亦有辔，正名审分，是治之辔也。故案其实，审其名，以求其情；听其言，察其类，毋使放悖。放，纷也。悖，乱也。尧、舜之民不独义，禹、汤之臣不独忠，得其数也。御之得其术也。桀、纣之民不独鄙，幽、厉之臣不独僻，失其理

处已很高了,左右看看,还有高大的山在其上。圣人与他人相处,和这种情况有所相似。自己已经很贤明了,品行已经很高尚了,左右看看,周围人还都在自己之上。所以周公说:"与我德才相当的人,我不与他相处,因为对我无益。"(齐,相等之意。与自己的德才相等就不能超过自己,因此说,对自己没有帮助)他认为贤者一定要与胜过自己的人相处。想要获得贤者并与他们相处共事,就要礼遇他们。对于平民大众,不需要了解就可以役使他们,不需要礼遇就可以命令他们;但对于有道之士,必须礼遇他们、赏识他们,然后他们的智谋与才能才可以全部发挥出来(可以充分得到并发挥他们的才能和作用)。

## 审分览

　　大凡君主,一定要审定明察君臣职分,然后才可以实现天下大治(做君臣的本分是推行仁义、制定礼法、明断生死、奖惩分明;至,就是通过这些以达到天下大治)。大凡君主要亲自去做好每件事总是很难的,而任用贤能之人把事情都做好就很容易了。怎么知道呢?现在人与骏马一同比赛奔跑,那么人不能胜过马,但坐在车上驾驭骏马,那骏马就不能胜过人了。君主喜欢办理属于人臣应做之事(喜欢办理官员所做的公事),那就像是与骏马一起跑了,一定在许多方面赶不上(是说能力不足)。君主有车可坐,不离开自己的车子,那么众多骏马都能竭尽其能为他所用。君主的"车",是用来借助物力的。不懂得借助物力,只依仗自己本人的力量,矜夸自己的智谋与才能,多下教令,喜好按照自己的想法行事,那样百官就会恐惧混乱;主官与副职各相越位,各种邪恶之事一同出现,权威分散旁落(政权实际上会由权臣私下操纵),这是亡国的风气啊!王良驾驭马的办法其实很简单,就是懂得如何把握好驾驭马的缰绳,于是四匹马没有敢不尽力的。

也。今有人于此，求牛则名马，求马则名牛，所求必不得矣。失其名，故不得。而因用威怒，有司必诽怨矣，牛马必扰乱矣。百官，众有司也；万物，群牛马也。不正其名，不分其职，而数用刑罚，乱莫大焉。

昊天无形而万物以成，天无所制作物形，而物自成也。大圣无事，而千官尽能。官得其人，其人任其职，故尽能也。此之谓不教之教，无言之诏。故有以知君之狂，以其言之当；君狂言，臣下不敢谏止，而喜轻言。自以其言为当，是以知其言之当。有以知君之惑，以其言之得。狂言而得，所以知其惑也。君也者，以无当为当，以无得为得者也。当、得不在于君而在臣。待臣匡之。今之为车者，数官然后成。轮舆辕轴，各自有材，故曰数官然后成也。夫国岂特为车哉？众智众能之所持也，不可以一物一方安也。方。道也。思虑自伤也，思虑劳精神也。智差自亡也，用智过差，

有道的君主之所以能够驾驭群臣，是因为他手中也握有"缰绳"。辨正名称、审定职分，就是驾驭群臣的缰绳。所以有道的君主根据事实的情况，审定群臣各自的职责，务必做到实事求是，使群臣各尽其本分。倾听他们的言论，考察他所行之事，不让他们散漫、违背而造成混乱。并不是唐尧和虞舜的臣民就特别仁义，夏禹和商汤的臣民就特别忠诚无私，是因为他们掌握了驾驭臣民的方法（获得驾驭臣下的方法）；不是夏桀和商纣的臣民就特别贪鄙，幽王和厉王的臣民就特别邪僻，是因为他们不懂得驾驭臣民的道理。假如有这样一个人，本欲寻找牛却呼唤马的名字，本欲寻找马却呼唤牛的名字，那他所寻找的一定得不到（错乱事物的名称，所以无法获得）。若他因此而大为震怒，那么相关的管理人员一定会在背后抱怨指责，对牛马的管理也一定会被扰乱。朝廷的各级官吏，就如同这些相关的管理人员；天下万事万物，就如同这许多牛马。如果不辨正他们的名称、不分清他们的职分，而总是依靠严刑峻法来治理国家，那么所导致的混乱没有能比这再大的了。

　　广袤的上天不见形体，但万物因它而生成（天没有造作万物的形貌，但是万物因为天而自然形成）；圣明的帝王能无为之治，那么百官群臣就可各尽职分（各种职位都有合适的人选，群臣都能胜任其职，所以能各尽所能），这就叫做无为的教化、无言的诏告。因此，可以知道君主的狂妄，因为他自以为言语正确；（君主出言狂妄，就使大臣们都不敢劝阻。而君主喜欢出言轻率，还自以为自己的话都很得当，从这里就知道他的话是否真的得当。）可以知道国君昏乱迷惑，因为他自以为言语得当。（君主出言狂妄却自以为正确，从这里就可以断定他是个糊涂的国君。）作为国君，应该以不追求自己所言恰当为恰当，以不追求自己所言正确为正确。提出适当的建议和正确的措施，这些事不应该由国君

极其情欲以自消亡。奋能自殃也。奋,强。凡奸邪险诐之人也必有因。何因？因主之为。因犹随也。人主好以己为,己所好,情欲则为也。则守职者舍职而阿主之为。有过则主无以责之,则人主日侵而人臣日得,得其阿主之心。是宜动者静,宜静者动,尊之为卑,卑之为尊,从此生矣。此国之所以衰,而敌之所以攻也。

## 任教

凡官者,以治为任,以乱为罪。今乱而无责,则乱愈长矣。人主以好为示能,以能示众。以好唱自奋,奋。强。人臣以不争持位,以听从取容。是君代有司为有司也,大臣匡君,进思尽忠,退思补过,此以德从取容,无有正君者,君当自正耳。是为代有司为有司。是臣得后随以进其业也。后随,随后也。其业,不争取容之业也。君臣不定。君不君,臣不臣,故不定也。

来做,而应该由大臣来做(需要大臣匡正君主)。现在制造车子,数种器件齐备之后才可以完成,(车轮、驾车木、轮轴,各个部分材料齐备,方能制造车子,因此这样说。)治理国家何止像制作车子那么简单呢?所以更要靠众人的智慧和能力来扶助,不可能像制作车子那样用一种材料、一种方法就可以完成。君主独自思索劳神只会伤害自己(思虑,操劳心神),机关算尽就会自取灭亡,(过分地使用计谋,竭尽满足自己的欲望,就会使自己灭亡。)矜夸逞能就会自招祸殃。凡是奸邪险僻之人,必定有所依附。依附什么呢?这些人依附的往往正是君主的一些自以为是的做法。人君按照喜好和欲望而自行其事(符合自己的喜好和欲望之事,就去施行),那么那些原本应该忠于职守的大臣,就会放弃自己的职责去迎合君主的作为,这样即使臣子有过错,君主也无法责罚他。因此君主的利益一天一天地被侵害,而臣子却一天比一天得利。(获得的利益源自迎合君王的心意。)于是本应该忙于政事的却闲了下来,本应该安守君位的却整天忙忙碌碌;尊贵的变成低贱的,低贱的变成尊贵的,这种奇怪的现象就这样产生了。这就是国家之所以衰败,而敌人之所以能够乘机进犯的原因。

## 任教

大凡为官之人,以政事得到治理为胜任,以政事的混乱为罪过。如果政事混乱却不加惩处,那么这种混乱的现象就会日益滋长。君主喜欢以经常有新的举动来显示自己的能力(将自己的才能显示给众人),以经常提出新的主张来达到自我夸耀的目的。在这种情况下,臣子就会以不劝谏君主的态度来保住官位,以迎合讨好君主的方法来谋取自身的安全,这样就成了君主代替臣子去做臣子的事情了,(大臣辅佐君主,本应当进入朝堂就一心想着尽自己的忠心,敢于直言

## 勿躬

人主自智而愚人，自巧而拙人，若此，则愚拙者请矣。君自谓智而巧，故愚拙者从之请也。巧智者诏矣。诏多则请者愈多矣，请者愈多，且无不请也。主虽巧智，未无不知也。未能尽无所不知也。以未无不知，应无不请，其道固穷。固，必。穷而不知其穷，其患又将反以自多，是之谓重塞，重塞之主，无存国矣。故有道之主，因而不为。因循旧法，不改为也。责而不诏，责臣成功，不妄有所教诏。不伐之言，不夺之事，督名审实，官使自司。以不知为道，以奈何为实。以不知为道，道尚因循长养，不违戾自然之性，故以不可奈何为实也。绝江者托于船，致远者托于骥，霸王者托于贤。伊尹、吕尚、管夷吾、百里奚，此霸王之船骥也。释父兄与子弟，非疏之也；任庖人、钓者与仇人、仆虏，非阿之也。用持社稷，立功名之道，不得不然也。庖人则伊尹，钓者即吕尚，仇人则管夷吾，仆虏即百里奚也。非阿私近之也，用其以持社稷立功名之道也，故曰不得不然。

谏诤；退下来以后就一心想着如何补救君主的过失。这是以德行紧跟着君主来求得安身的方法。现在没有了这样的能够纠正君王过失的臣子，君王就只能自己端正自己的行为了。这是一种君主代替臣子行使臣子之职责的现象。）而使臣子得以不负责任地紧随君主之后，就能轻松地谋取自己的功名利禄（后随，紧随君主之后。其业，指靠不劝谏、只迎合取悦君主来谋取的进升）。这就是不能正确划分君臣职责的结果（君主不守为君之道，人臣不守为臣之道，因此职分不明确）。

## 勿躬

君主以为自己聪明而别人愚昧，自己灵巧而别人笨拙。这样，愚昧笨拙的臣子就会来请教（君主自以为聪明智巧，所以被认为是愚蠢笨拙的大臣们遇事就都会来向他请示），自认为机巧聪明的君主就一一给予指教。指教越多则请示者就越多；请示者越来越多，最后将会事无巨细没有不来请教的。君主纵然聪明多智，却不可能无所不知（不可能达到所有事理无所不知）。以并非无所不知的智慧，来应对无所不请教的问题，君主的答复就必定会有错误的时候。君主答复错误却不知道自己错了，其危害是君主反而越来越认为自己了不起，这就成了所谓一错再错的君主了。出现这种情况，国家就没有能够得以保全的。所以有道的君主，只需因循先王的成法而不妄加更改（沿袭古圣贤王治国的常道，不随便改变做法），对臣子只要求他遵道而行却不随意指导臣子；（只要求臣下把事情办好，却不随便加以指导。）不代替臣下发表言论，不争做臣下所行之事；对照臣下的名分、审查他们的实绩，让在职的官员自主地处理其职责范围内的事情；以大智若愚作为君之道，以善用大臣为治国之实。（以谦虚无为做为君之道，君道崇尚顺应并长养自然之性，不违背自然之理，故以不对大臣之职事妄加干预为治国

## 杂俗览

三代之道无二,以信为管。管,准法也。宋人有取道者,其马不进,到而投之溪水。到,杀也。投,弃。又复取道,其马不进,又到而投之溪水。如此者三,虽造父之所以威马,不过此矣。不得造父之道而徒得其威,无益于御。人主之不肖者,有似于此。不得其道,而徒多其威,威愈多,民愈不用。民不为之用也。亡国之主,多以威使其民矣。故威不可无有,而不足专恃。譬之若盐之于味,凡盐之用,有所托也,不适则败所托而不可食。威亦然矣,恶乎托?托于爱利,爱则利民。爱利之心息,而徒疾行威,身必咎矣。

之实。）横渡江河的人要依靠船只，去往远方之人要依靠良马，成就霸业要依靠贤臣。伊尹、吕尚、管夷吾、百里奚，就是成就霸业者的船只和良马。不任用父兄与子弟，并不是要疏远他们；任用厨师、钓翁甚至是仇人和奴仆，并不是偏爱他们，这是用来保障国家利益、建立功业和荣誉的必由之路，所以不得不这样去做啊。（庖人指伊尹，钓者指吕尚，仇人指的是管夷吾，仆虏指的是百里奚。并不是奉承偏爱他们，任用他们是作为守护国家，建立功和荣誉的办法，所以说不得不这样做。）

## 杂俗览

夏、商、周三代君主的治国之道没有别的，就是把守信作为准则。宋国有一个赶路的人，他的马不肯前行，他就将马杀死扔进溪水中，然后重换一匹赶路。这匹马也不肯前进，就又将马杀死，扔进溪水中。这样反复了多次，即使是善于御马的造父用严威驯马的方法，也没有超过这种程度。没有掌握造父的驭马之法，而只学造父驯马的严威，这是无益于驾驭车马的。国君中不贤德的人，与此相似。他们没有掌握治国的方法，而只是多用威严，结果所用威严越多，百姓越不为其所用（百姓不为君主效力）。亡国的君主，大多都以过分的威严来役使百姓。所以威严不可以没有，但不能只依靠它。这就好比盐对于味道一样，凡是用盐调味，用量要依托于食物，不能适量使用就会败坏所依托的食物而不能食用。威严也是这样，凭借什么？凭借的是爱护加惠于百姓之心（君主能够爱护百姓就会加惠于百姓）。爱民利民之心消失了，却只是极力地对百姓施以威严，自己最终必会遭受灾祸。

**适威**

古之君民者，仁义以治之，爱利以安之，忠信以导之，务除其灾，致其福。故民之于上也，若玺之于涂，此五帝三王之所以无敌也。

东野稷以御见庄公，庄公以为造父不过也。颜阖曰："其马将败。"少顷，东野稷之马败而至。庄公召颜阖而问之曰："子何以知其败也。"对曰："夫进退中绳，左右旋中规，造父之御，无以过焉，犹求其马，臣是以知其败也。"故乱国之使其民，不论人之性，不反人之情，烦为教而过不识，过，责也。识，知也。重为任而罪不胜。不能胜其所任者而罚。民进则欲其赏，退则畏其罪，知其能力之不足也，则以伪继矣。知则上又从而罪之，罪其伪也。是以罪召罪也。召，致。故礼烦则不庄，业众则无功，令苛则不听，禁多则不行。桀纣之禁，不可胜数，故民不用而身为戮。

**恃君览**

凡使贤不肖异。使不肖以赏罚，不肖者喜生恶死，则可使也矣。使贤以义，唯义所在，死生一也。故贤主之使其下也，必以义，必审赏罚，然后贤不肖尽为用也。

## 适威

古代的君主，用仁和义治理百姓，用关怀和利益使百姓安定，用忠诚和守信引导百姓，致力为民除害，为民造福。所以百姓对于君主来说，就像印玺之于封泥一样彼此之间毫无偏离。这就是五帝三王之所以无敌于天下的原因。

东野稷表演驾术给鲁庄公看，鲁庄公认为连造父也超不过他。颜阖说："他马的气力将衰竭。"一会儿，东野稷的马衰疲而回。庄公召见颜阖问他说："你怎么知道他的马气力会衰竭呢？"颜阖回答说："他的马进退路线笔直均合标准，左右旋转符合规则。就是造父亲自来驾驭，也不过如此。但他还在苛求他的马。我因此知道他的马会气力衰竭。"动乱国家的君主役使其臣民，却不了解人的本性，不类推人之常情，频繁地颁布教令，百姓若不能及时知晓就会受到责罚；给百姓造成繁重的负担，百姓若不能胜任便会受到惩罚（不能胜任他们所承担的工作，君主就惩罚他们）。百姓前进就想要获得赏赐，后退就害怕受到处罚。当知道自己能力不足时，就弄虚作假来应付，弄虚作假之事被察觉了，官府又因此而处罚他们。这就成了因畏罪而获罪。所以说，礼节过于繁琐就会失去庄重，要做的事情太多就会一事无成，政令太过苛严百姓就不会听从，禁令过多就无法得到落实。夏桀、商纣的禁令不可胜数，结果百姓不再为其效命，自己反而被杀。

## 恃君览

大凡任用贤德之人和不贤之人，方法不相同。任用不贤之人依靠奖赏和惩罚，（不贤之人贪生怕死，利用奖赏和惩罚就可以任用他们了。）任用贤德之人依靠道义。（贤德之人只在乎是否符合道义，为了道

## 达郁

　　凡人筋骨欲其固也，心志欲其和也，精气欲其行也，若此，则病无所居而恶无由生矣。病之留，恶之生，精气郁也。郁滞不通。故水郁则为污，水浅不流曰污。树郁则为蠹，蠹，蝎。草郁则为灾。灾，秽。国亦有郁。主德不通，民欲不达，此国之郁也。国之郁处久，则百恶并起而万灾丛生矣。丛，聚。故圣人贵豪士与忠臣也，为其敢直言而决郁塞也。

　　赵简子曰："厥也爱我，铎也不我爱也。厥，简子家臣也。铎，尹铎。亦家臣。厥之谏我也，必于无人之所。铎之谏我也，喜质我于人中。质。正。必使我丑。"尹铎对曰："厥也，爱君之丑，爱，惜。而不爱君之过也；铎也，爱君之过，而不爱君之丑也。"不质君于人中，恐君之不变也。变，改。此简子之贤也。人主贤，则人臣之言刻。刻，尽。

## 行论

　　人主执民之命，执民之命，重任也，不得以快志。

义,生和死对他们来说没有什么区别。)所以贤明的君主任用臣下必定用道义,必定慎重地进行奖赏和惩罚,然后贤德之人和不贤之人都能为君主所用。

## 达郁

大凡人都想使筋骨强壮,心志平和,体内的精气运行通畅。这样,病气就没有办法在身体内停留,恶疾就不会产生。病气的停留,恶疾的产生,是精气郁结的结果(身体内的精气郁积阻滞而不能通畅地运行)。因此,水郁滞就会污浊(水池浅而不流动称为污),树郁滞就生蠹虫,草郁滞就会腐臭。国家也有郁滞。君主的仁德不能惠及百姓,百姓的愿望不能上达,这些就是国家的郁滞。国家的郁滞存在时间长,那么各种邪恶就会一齐出现,各种灾难就会聚集产生。所以圣明的君主尊重豪杰之士和忠臣,因为他们敢于直言劝谏来疏通滞塞。

赵简子说:"赵厥爱惜我,尹铎不爱惜我(赵厥,是赵简子的家臣。铎即是尹铎,也是赵简子的家臣)。赵厥劝谏我,必会在没有人的地方;尹铎劝谏我,喜欢质问我于大庭广众之下,非得让我出丑。"尹铎回答说:"赵厥顾惜您会出丑,而不顾惜您的过错;尹铎我顾惜您的过错,而不顾惜您出丑。如果不在大庭广众之下质问您,我就担心您不会改正啊!"这就是赵简子的贤明之处。君主贤明,臣子的劝谏才会如此严格(严格,就是言无不尽)。

## 行论

君主掌握着天下百姓的命运。掌握天下百姓的命运,是重大的责任,所以不能恣意行事。

亡国之主必骄，必自智，必轻物。自谓有过人智，故轻物。物，人也。骄则简士，简，贱。自智则专独，不谘忠良。轻物则无备。传曰："无备而官辩，犹拾渖。"无备召祸，专独位危，简士雍塞。士不尽规，故雍塞无闻知。欲无雍塞必礼士，欲位无危必得众，欲无召祸必完备。三者君人之大经也。经，道。

## 骄恣

赵简子沉栾徼于河曰："吾尝好声色矣，而栾徼致之；吾尝好宫室台榭矣，而栾徼为之；吾尝好良马善御矣，而栾徼来之。今吾好士六年矣，而栾徼未尝进一人，是长吾过而绌吾善也。"所得者皆过也，所不进乃善，故曰长吾过而绌吾善也。故若简子，能以理督责于其臣矣。以理督责于其臣，则人主可与为善，而不可与为非；可与为直，而不可与为枉。此三代之盛教也。

## 开春论

吴起行，魏武侯自送之，曰："先生将何以治西河？"对曰："以忠、以信、以勇、以敢。"武侯曰："安忠？"曰："忠君。"尽忠于君。"安信？"曰："信民。"施信于民。"安勇？"曰：

大凡亡国之君必定骄横自大,必定自以为聪明,必定轻视他人。(君主认为自己有过人的才智,因此轻视他人。)骄横自大就会怠慢贤者,自以为聪明就会独断专行,(遇事不与忠诚贤良的臣下商议。)轻视他人就会缺乏防备。(《左传》说:没有准备而想把事情办好,这是不可能的。)没有防备就会招致灾殃,独断专行会使君位危险,怠慢贤者就会阻塞听闻谏言之路。想要谏言之路无阻塞就一定要礼遇贤者,想要君位无危险就一定要得到众人支持,想要不招致灾殃就一定要准备充分。这三条是君主治国的常道。

## 骄恣

赵简子下令把臣子栾徼沉入黄河,说:"我曾经喜欢音律和女色,栾徼马上就把这些呈现到我面前来;我曾经喜欢宫殿楼台,栾徼立即就把它们造好;我曾经喜欢骏马和善驭者,栾徼很快就把他们送来。现在我喜欢贤士已经六年了,但栾徼却不曾举荐一个贤士。这是助长我的过失而损毁我的优点啊!"(从他那里所得到的都是过失,从他那里得不到的恰恰是美德,所以说这是助长我的过错而减损我的优点。)所以像赵简子这样的人,算是能够用义理来督察责罚臣子的了。用义理来督察责罚臣子,那么君主就可以与他一起为善,而不可以与他们一起为非;可以与他一起做正直之事,而不可以与他们一起做邪曲之事。这就是夏、商、周三代美好的教化啊!

## 开春论

吴起将启程上路。魏武侯亲自送别他,说:"先生将用什么方法治理西河地区呢?"吴起答道:"用忠、信、勇、敢。"武侯问:"怎么个忠法?"吴起说:"忠于国君(对君主竭尽忠诚)。"武侯问:"怎

"勇去不肖。"勇于去不肖也。"安敢？"曰："敢用贤。"用贤无疑。武侯曰："四者足矣。"

## 慎行论

使人大迷惑者，必物之相似者也。玉人之所患，患石之似玉者；贤主之所患，患人博闻辩言而似通者。通，达。亡国之主似智，亡国之臣似忠，似之物，此愚者之所大惑，而圣人之所加虑也。思则知之。

## 贵直论

贤主所贵莫如士。所以贵士，直言也。言直则枉者见矣。人主之患，欲闻枉而恶直言，是障其原而欲其水也，水奚自至？自，从。是贱其所欲，而贵其所恶也，所欲奚自来？所欲，欲闻己枉；所恶，恶闻直言也。直言何从来至。

能意见齐宣王。宣王曰："寡人闻子好直，有之乎？"能，姓也。意，名也。对曰："意恶能直，意闻好直之士，家不处乱国，身不见污君，今身得见王，而家宅乎齐，意恶能直？"宅，居也。恶，安也。若能意者，使谨乎论主之侧，亦必不阿主。阿。曲。不阿主，主之所得岂少哉？此贤主之所求，而不肖主之所

么个信法?"吴起说:"取信于百姓(对百姓守信)。"问道:"怎么个勇法?"吴起说:"勇于除去不贤之人。"又问:"怎么个敢法"?吴起说:"敢于起用贤能的人(任用贤人而没有疑忌)。"武侯说:"有这四条就够了。"

## 慎行论

最容易使人迷惑的,一定是事物中的相似者。玉匠所担心的,就是那些十分像玉的石头;贤主所担心的,就是担心那些表面上见闻广博、能言善辩,很像是通达治国之道的人。亡国的君主都似乎很聪明,亡国的臣子都似乎很忠诚。这些相似的事物,是愚昧者最容易迷惑的,也是圣人加倍思虑的(细心考察就可以辨别)。

## 贵直论

贤主所重视的莫过于贤者。重视他们的原因,是因为他们直言敢谏。直言敢谏,那么君主的不正之处就显露出来了。君主的通病,在于想要了解自己的不足之处,而又不喜欢听到正直之言,这好比是将水源阻塞而又想要得到水,水从何而来?这等于是轻视自己所想要的,而重视自己所厌恶的,想要的又从何处来?(君主想要听闻自己的不正之处。但又厌恶的是听闻贤士的直言进谏,如此,直言进谏从何而来呢?)

能意拜见齐宣王,宣王说:"我听说你喜好直言,有这样的事吗?"能意回答说:"我哪里能做到直言呢!我听说喜好直言的贤士,家庭不居住于政治混乱的国家,自己不进见德行有污垢的君主。现在我能够拜见您,家居住在齐国,我怎能直言呢?"不过像能意这样的人,让他在君主身边谨慎地论事,肯定不会迎合君主。不迎合君

恶也。

## 直谏

　　荆文王得茹黄之狗、宛路之矰，矰，弋射短矢也。以田于云梦，田，猎也。云梦，楚泽也。三月不反。得丹之姬，淫，期年不听朝。淫，惑。保申曰："先王卜以臣为保吉，保，大保，官。申，名。今王之罪当笞。"王曰："愿请变更，而无笞。"保申曰："臣承先王之令，不敢废也。王不受笞，是废先王之令也。臣宁抵罪于王，毋抵罪于先王。"王曰："诺。"引席王伏，保申束细荆五十，跪而加之于背，如此者再，谓王起矣。王曰："有笞之名一也，遂致之。"遂痛致之。保申曰："臣闻君子耻之，小人痛之，耻之不变，痛之何益？"保申起出请死。文王曰："此不谷之过也，保申何罪？"王乃召保申，杀茹黄之狗，折宛路之矰，放丹之姬，务治荆国。兼国三十九，令荆国广大。至于此者，保申之力也，极言之功也。

## 壅塞

　　齐宣王好射，悦人之谓己能用强弓。示有力也。其尝所用

主,君主所获得的难道会少吗?这是贤明君主所追求的,却是不贤的君主所厌恶的。

## 直谏

楚文王得到"茹黄"这种好犬和"宛路"这种好箭时,带着这些到云梦泽中狩猎,三个月都不回去;在得到丹地的美女后,迷恋女色,一整年都不临朝听政。于是太保官申说:"先王通过占卜得到吉祥的卦象,于是选择我担任太保的官职。现在大王您的过错应当施以鞭刑。"文王说:"能否请你变通一下方式,就不要用鞭刑了。"太保申说:"我奉承先王的法令,不敢废除。大王不愿意接受鞭刑,就是要让我废除先王的法令呀!我宁可获罪受罚于您,不能获罪受罚于先王。"文王说:"好吧。"于是拉出坐席,文王俯卧于上。太保申捆缚了五十根细荆条,跪着把它放在文王背上,这样做了两次,说:"大王请起来!"文王说:"这同鞭刑的名义是一样的,但却没有鞭刑之实,你还是名符其实地打我一顿吧(遂致之,意思是就痛快地施行鞭刑吧)。"太保申说:"我听说对于君子,只须要使他懂得羞耻就行了,对于小人,才须要使他感到疼痛。如果使其羞耻都不能改正,那么使他疼痛又有何用处?"太保申站起,退出门外,请求文王处死自己。文王说:"这是我的过错,太保有什么过错呢?"于是,文王决定召回太保申,杀死茹黄狗,折断宛路箭,送走丹地美女,致力于治理楚国。此后兼并了三十九个封国,使楚国疆土不断扩大。能够有今天的结果,这都是太保申的功劳啊,这是他冒死直言规劝的成效啊。

## 壅塞

齐宣王爱好射箭,喜欢别人说自己能用有力的强弓(以显示自己

不过三石，以示左右，左右皆试引之，中关而止。关，开弓弦至半而止。皆曰："此不下九石。非王，其孰能用是？"宣王终身自以为用九石，岂不悲哉！伤其自诬而不知实。非直士其孰不阿主？故乱国之主，患在乎用三石为九石。力不足而自以为有余也，其功德，其治理皆亦如之。

## 不苟论

欲知平直，则必准绳；欲知方圆，则必规矩；人主欲自知，则必直士。唯直士能正言。故天子立辅弼，设师保，所以举过也，举犹正也。务在自知。尧有欲谏之鼓，舜有诽谤之木，汤有司过之士，武有戒慎之鞀。欲戒者，摇其鞀鼓也。犹恐不能自知。今贤非尧、舜、汤、武也。而有掩蔽之道，奚由自知哉？荆成、齐庄，不自知而杀。吴王、智伯，不自知而亡。故败莫大于不自知。范氏之亡也，范氏，晋卿。百姓有得其钟者，欲负而走，则钟大不可负，以椎毁之，钟况然有音，恐人之闻之而夺己也，遽掩其耳。恶人之闻之，可也；恶己自闻之，悖矣。为人主而恶闻其过，亦由此。此自掩其耳之类也。

有力量)。他经常使用的弓拉力不超过三石,拿给左右侍从看。左右侍从都尝试去拉弓,只拉开一半弓弦就停止了(关,指拉开弓弦到至一半时就停止),都说:"这张弓的力量不下于九石,除了大王,还有谁能用这弓?"于是宣王一生都自认为用的是拉力九石的弓,这难道不可悲吗?(感叹宣王自己被欺骗却至死也不知道实情。)不是正直之士,有谁不迎合君主?所以,乱国之君,他们的毛病在于总是将自己所用的三石之弓当成九石。(力量不足,却自以为力量很强。不光是力量,其它如功绩、德行以及治理国家的才能等等,也都是如此。)

## 不苟论

　　想要知道物体是否平直,那么必须依靠水准器和墨绳;想知道是否方圆,就一定要依靠圆规矩尺;君主想知道自己的过失,就一定要依靠直言之士(唯有正直之人能够直言进谏)。所以,天子设立辅弼大臣和太师太保,用来指正君主的过错,务必使君主清楚自己的过失。尧帝设有供劝谏者专用的大鼓,舜帝设有供百姓书写自己政治缺失的表木,商汤有专门负责伺察纠正君主过失的官员,武王设有告诫君主谨慎行事的摇鼓(想要告诫君主谨慎行事的人,先摇动长柄摇鼓)。尽管如此,他们仍然担心不能及时知晓自己的过错。现在的君主论贤明远不如尧、舜、汤、武,却都学会了掩蔽过失的方法,这样又有什么办法了解自己的过失呢?楚成王、齐庄王因不了解自己的过失而被杀,吴王、智伯因不了解自己的过失而使国家灭亡。所以没有比君主不知道自己过失更糟糕的事了。范氏灭亡的时候(范氏,晋国家族,当时的六卿之一),有百姓得到他的一口钟,想要背着钟赶快跑开,但钟太大,无法背负,于是就想打破它带走,用槌一敲,钟发出响亮的声音,因为害怕别人听到会来抢夺,便急忙遮住自己的耳朵。不愿

## 贵当

　　荆有善相人者，所言无遗策。遗，失。庄王见而问焉，对曰："臣非能相人也，能视人之友也。布衣也，其友皆孝悌，纯谨畏令，如此者，家必日益，身必日安，此所谓吉人也；事君也，其友皆诚信，有行好善，如此者，事君日益，官职日进，此所谓吉臣也；人主也，朝臣多贤，左右多忠，主有失，敢交争正谏，交，俱。如此者，国日安，主日尊，天下日服，此所谓吉主也。臣非能相人也，能观人之友也。"庄王善之，于是疾收士，日夜不懈。遂霸天下。

## 似顺论

　　先王用非其有，如己有之，通乎君道者也。为宫室必任巧匠，奚故？奚，何。曰："匠不巧则宫室不善也。"夫国，重物也，其不善也，岂特宫室哉？特，犹直也。巧匠为宫室，为圆必以规，为方必以矩，为平直必以准绳。功已就，就，成。不知规矩准绳，而赏巧匠。宫室已成，不知巧匠，而皆曰："此某君某

别人听见钟声是可以理解的,不愿自己听见就很荒谬了。作为君主却不愿听到自己的过失,也就跟这差不多啊(此,指代遮住自己的耳朵不听声响这类事情)。

## 贵当

楚国有个善于给人看相的人,所说的不曾有失算。楚庄王召见他询问此事。他回答说:"我并非能给人看相,而是能观察人的朋友。观察平民,如果他的朋友都很孝顺父母、尊敬兄长、忠厚恭谨、敬畏政令,像这样的平民,家庭必然一天比一天富足,自己必然一天比一天安乐,这就是所谓的吉人。观察侍奉君主的臣子,如果他的朋友都很诚实守信、德行高尚、乐于为善,像这样的臣子,侍奉君主会一天比一天有所增益,官职会一天比一天晋升,这就是所谓的吉臣。观察君主,如果朝廷官员大多贤能,身边的侍从大多忠诚,君主有过失,他们都敢于争相直言谏诤,像这样的君主,国家会一天比一天安定,君主会一天比一天尊贵,天下百姓也会一天比一天敬服他,这就是所谓的吉主。我并不能给人看相,只是能观察人的朋友啊。"庄王认为他说得很好,从此极力求取贤士,日夜坚持不懈,终于称霸天下。

## 似顺论

先王使用并非自己拥有之物如同使用自己拥有的一样,这是因为他们通晓为君之道。建造宫室,必定任用技艺精巧的工匠,什么缘故呢?回答是:"工匠不巧,宫室就造不好。"(治理)国家是极其重要的事情,如果治理不好,所带来的危害难道只像宫殿建造不好的结果那样吗?巧匠建造宫室时,做圆必定用圆规,取方必定用矩尺,定

王之宫室也。"人主之不通乎主道者则不然，自为之则不能，任贤者恶之，与不肖者议之。此功名之所以伤，伤，败。国家之所以危。危，亡。汤武一日而尽有夏、商之民，尽有夏、商之地，尽有夏、商之财。以其民安而天下莫敢危之；以其地封，而天下莫不悦；以其财赏，而天下皆竞劝。劝。进。通乎用非其有也。

卫灵公天寒凿池。宛春谏曰："天寒起役，恐伤民。"伤，病。公曰："天寒乎哉？"宛春曰："公衣狐裘坐熊席，是以不寒。今民衣弊不补，履决不组，君则不寒，民则寒矣。"公曰："善。"令罢役。左右以谏曰："公凿池，不知天之寒也，而春也知之。以春之知也，而令罢之，福将归于春也，而怨将归于君。"公曰："不然。夫春也，鲁国之匹夫也，而我举之。举，用。夫民未有见焉，未见其德。今将令人以此见之，且春也有善，如寡人有春之善，非寡人之善欤？灵公之论宛春也，可谓知君道矣。

平直一定要用水准墨线。工作完成后，人们便不知道规、矩、准绳的作用，只是奖赏技艺精巧的工匠。宫室完成后，人们又不知道巧匠是谁，而都说："这是某某君、某某王的宫殿。"君王中那些不通达治国之道的人，就不是这样想的了。自己做，固然做不到，任用贤人去做，却又不愿意任用他们，于是便与一些不肖之辈去商议。这就是功名所以毁败、国家所以危亡的原因。商汤、周武王在一夜之间就完全取得夏、商的臣民，完全取得夏、商的土地，完全取得夏、商的财富，使夏商的臣民安居乐业，天下没有谁敢来危害他们；用夏商的土地分封臣子，天下没有人不高兴；用夏商的财富赏赐臣民，天下人都争相效力。他们才是真正通达了能够使用不是自己所有之物的大道。

卫灵公在天气寒冷时让民众开凿池子。宛春劝谏说："寒冷季节时动用劳役，恐怕会损害百姓。"卫灵公说："天气寒冷吗？"宛春说："您穿着狐皮大衣，坐着熊皮垫席，所以不觉寒冷。现在百姓衣服破损不能缝补，鞋子裂开不能编织。您不寒冷，但百姓寒冷呀！"灵公说："你说得对！"就下令停止劳役。左右侍从进谏说："您开凿池子却没有想到天寒，但宛春想到了。因为宛春想到了，您就下令停止，功德都将归于宛春，而怨恨都将归于您。"灵公说："话不能这样说。宛春只是鲁国的一个平民，我选用他，但百姓还没了解他（百姓还没有了解宛春的德行），现在要让百姓通过此事来了解他。而且宛春有善行，就如同我有善行，宛春的善行不就是我的善行吗？"卫灵公评论宛春的话，可以说是懂得了为君之道了。

# 卷四十　韩子

韩非　撰

## 十过

十过：一曰，行小忠，则大忠之贼也。二曰，顾小利，则大利之残也。三曰，行僻自用，无礼诸侯，则亡身之至也。四曰，不务听治而好五音，则穷身之事也。五曰，贪愎喜利，则灭国杀身之本也。六曰，耽于女乐，不顾国政，则亡国之祸也。七曰，离内远游。忽于谏士，则危身之道也。八曰，过而不听于忠臣，而独行其意，则灭高名为人笑之始也。九曰，内不量力，外恃诸侯，则削国之患也。十曰，国小无礼，不用谏臣，则绝世之势也。

## 说难

昔者，弥子瑕有宠于卫君。卫国之法，窃驾君车者罪刖，弥子母病，人间有夜告弥子，弥子矫驾君车以归，君曰："孝哉！为母故犯刖罪。"异日，与君游于果园，食桃而甘，不尽，以其半啖君。君曰："爱我哉，忘其口而啖寡人。"及弥子色衰爱弛，得罪于君，君曰："是故尝矫驾吾车，又尝啖我以余桃。"故弥子之行，未移于初也。而前所以见贤，后获罪者，人主爱憎之变也。故有爱于主，则智当而加亲；有憎于主，则智不当

## 十过

（做君主的往往会有）十种过失：第一种是用小忠的人，便是对大忠之臣的损害。第二种是只贪图小利，就是对大利的损害。第三种是行为偏离正道还自以为是，轻慢无礼地对待诸侯，那么亡身之祸就会到来。第四种是不勤于治理国政，反而去喜好音乐，就会使自己走上穷途末路。第五种是贪婪任性，利欲熏心，就是国破人亡的祸根。第六种是沉溺于女色歌舞欢乐，不理会国家政事，便会有亡国之祸。第七种是离开皇宫外出远游，不理会忠臣的劝谏，是危害自身的做法。第八种是有了过失还不接受忠臣的劝告，一意孤行，是自毁盛名并被人耻笑的开端。第九种是对内自不量力，对外依赖他国，就有国家被侵削分割的忧患。第十种是国力弱小，不遵循礼法，不任用忠谏之臣，势必会亡国断嗣。

## 说难

从前，弥子瑕得宠于卫君卫灵公。卫国的法律规定，偷驾君主车子的人就要被砍掉双脚。弥子的母亲病了，家人偷偷地连夜告知弥子，弥子假托君命，驾着卫君的车子回了家。卫君（知道此事后赞叹）说："孝顺啊！为了母亲的缘故，甘冒砍去双脚之刑。"又有一天，弥子和卫君在果园游玩，觉得桃子很甘甜，就把吃了一半的桃子给卫君吃。卫君说："真是爱我啊，留下口中美味而给我吃。"等到弥子容颜衰退失去宠幸，又得罪了卫君。卫君说："他曾经假传君命驾过我的车，又曾把吃剩的桃子给我吃。"本来弥子的行为，与当初没

而加疏。

## 解老

　　工人数变业，则失其功；作者数摇徙，则亡其功。一人之作，日亡半日，十日则亡五人之功；万人之作，日亡半日，十日则亡五万人之功。然则数变业，其民弥众，其亏弥大矣。凡法令更，则利害易，利害易，则民务变。民务变，谓之变业。故以理观之，事大众而数摇之，则少成功；藏大器而数徙之，则多败伤；烹小鲜而数桡之，则贼其宰；治大国而数变法，则民苦之。是以有道之君，贵虚静，而重变法。故曰："治大国者，若烹小鲜。"

## 说林上

　　乐羊为魏将，攻中山，其子在中山，中山之君烹其子而遗之，乐羊尽一杯。文侯谓堵师赞曰："乐羊以我故食其子之肉。"答曰："其子而食之，且谁不食。"乐羊罢中山，文侯赏其功，而疑其心。孟孙猎得麑，使秦西巴持之以归，其母随而呼，秦西巴以不忍而与之。孟孙大怒，逐之。居三月，复召为其子

有两样。之所以从前被赞叹，后来却获罪，是君主的爱憎发生了变化。所以受君主宠信的时候，智谋会被认为得当而更加亲密。被君主厌憎的时候，其智谋就会被看做不得当而更加疏远。

## 解老

  技艺工人屡次变更职业，就会失去他技艺的纯熟；工匠役夫屡屡快速的迁移，就会失去其之前的劳动成果；一个人的劳作，一天中损失半天，十天就损失五个人所能做出的工作；一万人做工，一天损失半天，十天就损失掉五万人所做的工作。如此说来经常变换所做的工作、职业，变换的人数越多，造成的损失就愈大啊。凡是法令变更，与民众相关的利害就会发生变化；民众的利害发生变化了，就是（前面所说的）民众会改变其所从事的工作。所以从这个道理来看，管理大众如果频繁地改变政令，就少有成果；收藏的珍贵器物假如经常迁移，就会多有毁坏；烹煮小鱼如若经常搅动，就会有损厨师的烹饪之功；治理大国要是经常朝令夕改，那么百姓就会很苦。因此懂得治国之道的君主最重清虚恬静，而慎重于变更法令。所以说：治理大国，就像烹饪小鱼一样。

## 说林上

  乐羊担任魏国将军时，去攻打中山国。他的儿子正在中山国，中山的国君将他的儿子烹饪后送交给他，乐羊竟吃完一杯。文侯对堵师赞说："乐羊因为忠诚我的缘故吃了儿子的肉。"（堵师赞）回答说："自己的儿子都能吃，还有谁不能吃？"乐羊灭中山国归来，文侯奖赏他的功劳但是却怀疑他的存心。孟孙猎到一只幼鹿，让秦西巴带它回去，幼鹿的母亲跟随其后而大声哀呼，秦西巴因为不忍心而放还

傅。其御曰："曩将罪之，今使傅子，何也？"孟孙曰："夫不忍麑，又且忍吾子乎？"故曰："巧诈不如拙诚。"乐羊以有功见疑，秦西巴以有罪益信。

## 观行

古之人目短于自见，故以镜观面；智短于自知，故以道正己。目失镜，则无以正须眉；身失道，则无以知迷惑。西门豹之性急，故佩韦以缓己；董阏于之心缓，故佩弦以自急。故以有余补不足，以长续短之谓明主。

天下有信数三：一曰智有所不能立，二曰力有所不能攀，三曰强有所不能胜。故虽有尧之智，而无众人之助，大功不立；有乌获之劲，而不得人助，不能自举；有贲育之强而无术法，不得长生。故势有不可得，事有不可成。故乌获轻千钧而重其身，非其身重于千钧也，势不便也；离娄易百步而难眉睫，非百步近而眉睫远也，道不可也。故明主不穷乌获以其不能自举，不困离娄以其不能自见。因可势，求易道，故用力寡而功名立。

幼鹿给母鹿。孟孙大怒，将秦西巴赶走了。过了三个月，又召回秦巴西作他（孟孙）儿子的师傅。孟孙的车夫说："先前您怪罪他，现在又任用他教导您的儿子，这是什么缘故呢？"孟孙说："他对幼鹿都不残忍，又怎么会对我儿子残忍呢？"所以说：巧智伪诈，不如拙朴而诚实。乐羊有功却受到怀疑，秦西巴有罪却更加受到信任。

## 观 行

古时候的人，因为眼睛不足以看见自己，所以用镜子来观察面容；因为智慧不足以认识自己，所以用道德仁义来端正自己的思想言行。眼睛失去镜子，就没有办法端正容颜；身行离开道德仁义，就无法判断自己行为的是非对错。西门豹的性子急躁，所以佩带柔软的皮绳用来提醒自己动作要缓。董阏于的心性迟缓，所以佩弓弦以提醒自己要紧迫些。因此能够以有余来补其不足，用长处来接续短处，才是贤明的君主。

天下有三个必然的道理：一是再聪明也有做不成的事；二是力气再大也有无法举起的东西；三是再强大也有不能胜过的对手。所以虽然有尧帝的智慧，如果没有大众的助力，不能成就大功绩；即使有乌获的力气，没有人帮助，也无法将自己举起来；就算有孟贲和夏育的高强本领，如果没有方法，也不能长胜不败。因此说，形势有得不到的（不占优势），事有做不成的。所以乌获举千钧不费力，却难举起自己，并非自己比千钧还重，是因为形势不便啊；离娄很容易看清百步之外的秋毫之末，却看不到自己的眉毛和睫毛，不是因为百步近，眉毛睫毛远，是自然规律不许可啊。所以贤明的君主不因乌获不能举起自己而使他困窘，不因为离娄看不到自己的眉睫而使他窘迫。凭借可得之势，求其易行之道，所以治功不多而功绩功业就可以建立。

## 用人

释法术而心治,尧不能正一国;去规矩而妄意,奚仲不能成一轮。使中主守法术,拙匠执规矩,则万不失也。君人者,能去贤巧之所不能,而守中拙之所万不失,则人力尽而功名立。

## 功名

明君之所以立功成名者四:一曰天时,二曰人心,三曰伎能,四曰势位。非天时,虽十尧不能冬生一穗;逆人心。虽贲、育不能尽人力。故得天时,则不务而自生;得人心,则不趣而自劝;因伎能,则不急而自疾;得势位,则不进而成名。若水之流,若船之浮,守自然之道,行毋穷之令,故曰明主。

## 大体

古之全大体者,望天地,观江海,因山谷,日月照,四时行,云布风动。不以智累心,不以私累己,寄治乱于法术,托是非于赏罚,属轻重于权衡,不逆天理,不伤情性,不吹毛而求小疵,不洒垢而察难知,守成理,因自然。荣辱之责,在乎己,

## 用人

　　如果抛弃法令和策略，而仅凭君主一人的主观意愿来治理政事，即使尧帝也不能使一个国家得到大治。如果不用"规"和"矩"两种工具而凭臆测，造车之祖奚仲也造不出一个车轮。让中等才能的君主依照法令和策略来治国，让拙匠持守规矩的尺度来制造器物，就会万无一失了。领导众人的人，如果能舍弃连贤人巧匠也力所难及的做法（舍弃法令，只凭主观意愿和臆测行事），而守持中才之主和拙匠都能万无一失的方法，就可以使人尽其力，功业就得以建立起来。

## 功名

　　贤明的君主之所以能够建立功业、成就名望，其原因有四：一是顺应天时；二是得到人心；三是掌握技能；四是拥有权势地位。不合天时，纵有十位尧帝也不能在冬天里使庄稼长出一串穗来。违逆民心，即使是孟贲、夏育这样的大力士，也不能让众人竭尽能力。所以顺应天时，不用操劳，庄稼就可以自然生长。得到人心，百姓不必督促就会自我勉励。依靠技能，即使不急于求成事情自然也会速成。得到了权势和地位，即使不进取，功名也会自然成就。就像水的流动，船的浮起，安守顺应自然的规则，推行不会穷尽的法令，这样就称得上是贤明的君主。

## 大体

　　古时顾大局识大体的君主，能了望天地的变化，能观察江海的水流，能顺应山谷的高低趋势，能遵循日月照耀、四季交替运行以及风云变幻的自然法则。不让智巧烦扰心境，不让私利拖累自身。安定动乱托给法律术数，对错是非托与赏罚之则，主次轻重交托评量之

而不在乎人。上不天,则下不遍覆;心不地,则物不毕载。大山不立好恶,故能成其高;江海不择小助,故能成其富。故大人寄形于天地,而万物备;措心于山海,而国家富。上无忿怒之毒,下无伏怨之患。故长利积,大功立,名成于前,德垂于后,治之至也。

## 外储说左上

文公反国至河,令:"笾豆捐之,席蓐捐之,手足胼胝,面目梨黑者后之。"咎犯闻之而夜哭。文公曰:"咎氏不欲寡人之反国耶?"对曰:"笾豆所以食也,而君捐之;席蓐所以卧也,而君弃之;手足胼胝、面目梨黑,劳有功者也,而君后之。今臣与在后中,不胜其哀,故哭也。且臣为君行诈伪以反国者众矣,臣尚自恶也,而况于君乎!"再拜而辞,文公止之,乃解左骖而盟于河。

魏文侯与虞人期猎,明日会疾风,左右止,文侯不听。曰:"可以疾风之故而失信?吾不为也。"遂自驱车往,犯风而罢虞人。

法。不违背自然法则,不损伤人的性情。不吹开毛发来求小疵,不洗去污垢来察隐秘。恪守自然定律,随顺天然之理。荣誉与耻辱,责任在自己,而不在于他人。上面如果没有辽阔的苍天,就不能覆盖整个世界;心胸如果没有大地那样宽广,就不能承载万物。泰山对土石没有好恶之心,所以能够形成它的高大;江海对细流不加选择,所以能够形成它的壮阔。识得大体之人,寄托形体于天地,似天之遍覆,地之遍载,因此万物完备。心之运用如大山不让微尘,江海不择细流,因而国家富足。君上领导没有忿恨恼怒之情,臣民下属没有隐藏的怨恨为祸患。所以长久的利益得以积聚,伟大的功业得以建立,名望成就于生前,德化垂范于后世,这是治理天下最高的境界。

## 外储说左上

晋文公返回晋国时,走到了黄河边上,下令说道:把竹笾木豆丢掉,草席草褥子丢掉,手脚上长了老茧、面目黑瘦的人都退站到后面去。文公的舅父咎犯听到这番话后终夜哭泣。文公说:"舅舅,您不想让我返回晋国吗?"咎犯回答说:"竹笾木豆是用来吃饭的,而您丢掉了;草席草褥子是用来睡觉的,而您丢掉了;手脚长茧、面目黑瘦的人是劳苦有功的人,您让退到后面去。现在,臣也该在后面的人中,不胜悲哀,所以哭啊。况且臣为您能够返回晋国,采用了许多诈伪的手段,臣自己都厌恶自己,何况您了。"说完,再三行礼向文公告辞。文公阻止了他(并收回了命令),而且宰杀了左边驾车的马,在河边与众人盟誓,表示永不相弃。

魏文侯与掌管山泽的官员约好时间去打猎,到这一天却碰上刮大风,左右的人劝阻他,文侯不听,说:"因有大风就可以失信?我不能这样做。"于是亲自驱车前往,顶着大风去告知掌管山泽的官员停止

曾子妻之市，其子随而泣。其母曰："汝还顾反，为汝杀彘。"妻适市来，曾子欲捕彘杀之，其妻止之曰："特与婴儿戏也。"曾子曰："婴儿者，非有知也，待父母而学之者也。今子欺之，是教子欺也。母欺子，子而不信其母，非所以成教也。"遂杀彘。

## 外储说左下

文王伐崇，至黄凤墟，而袜系解，左右顾无可令结系，文王自结之。太公曰："君何为自结系？"文王曰："吾闻上君之所与处者，尽其师也；中君之所与处者，尽其友也；下君之所与处者，尽其使也。今寡人虽不肖，所与处者，皆先君之人也，故无可令结之者也。"

解狐与邢伯柳为怨，赵简主问于解狐曰："孰可为上党守？"对曰："邢伯柳可。"简主曰："非子之雠乎？"对曰："臣闻忠臣之举贤也，不避仇雠；其废不肖也，不阿亲近。"简主曰："善。"遂以为守。邢伯柳闻之，乃见解狐谢。解狐曰："举子，公也。怨子，私也。往矣。怨子如异日。"

打猎。

　　曾子的妻子到集市上去,她的儿子哭着要跟随着一起去。母亲对儿子说:"你回家去,回去我给你杀猪吃。"曾子的妻子从集市回来,曾子就准备捉猪去杀,妻子阻止他说:"只是和孩子开玩笑的。"曾子说:"孩子还不懂事,是跟着父母学习的,现在你欺骗他,就是教孩子欺骗。母亲欺骗孩子,孩子就不相信自己的母亲,这不是教孩子的办法!"于是曾子便动手杀了猪。

## 外储说左下

　　周文王讨伐崇国,行至黄凤旧城,袜带散开了,环顾左右,没有可以支使让为自己系袜带的人,文王于是自己把袜带系上。姜太公说:"君上您为什么自己系袜带?"文王说;"我听说上等的君主对与其相处者,都看作是自己的老师;中等的君主对与其相处者,都看作是自己的朋友;下等的君主对与其相处者,都看作是供自己役使的人。现在我虽然不贤,与我相处的都是先君的旧臣,所以没有一个人是可以令其为我系袜带的人啊。"

　　解狐与邢伯柳有怨仇,赵简子问解狐:"谁可以去做上党的地方长官?"解狐回答说:"邢伯柳可以。"简子说:"邢伯柳不是你的仇人家吗?"解狐回答说:"臣听说,忠臣举荐贤能,不避仇怨;黜免不贤肖之人,不袒护亲近的人。"简子说:"您说得太好了。"于是任用邢伯柳为上党地方长官。邢伯柳听说后,便去见解狐表示感谢。解狐说:"我举荐你是为公,怨恨你是为私。你走吧,我怨恨你还是一如往日。"

## 难势

夫良马固车,使臧获御之,则为人笑;王良御之,而日取千里。车马非异也,或至乎千里,或为人笑,则巧拙相去远矣。今以国为车,以势为马,以号令为辔衔,以刑罚为鞭策。尧舜御之,则天下治;桀纣御之,则天下乱。则贤不肖相去远矣。夫欲追远致速,不如任王良;欲进利除害,不如任贤能。此则不知类之患也。夫尧舜亦民之王良也。

## 六反

明主之治国也,适其时事,以致财物,论其税赋,以均贫富,厚其爵禄,以尽贤能,重其刑罚,以禁奸邪,使民以力得富。以事致贵,以过受罪,以功置赏,而不望慈惠之赐,此帝王之政也。

## 奸劫弑臣

凡奸臣者,皆欲顺人主之心,以取信幸之势者也。是以主有所善,臣从而誉之;主有所憎,臣因而毁之。凡人之大体,取舍同则相是也,取舍异则相非也。今人臣之所誉者,人主之所是也,此之谓同取。人臣之所毁者,人主之所非也,此之谓同舍。夫取舍合,同而相与逆者,未尝闻也。此人臣之所取信

## 难势

　　骏马和坚固的车,如果让贫贱的奴婢驾驶,就会被人耻笑。如果让驾车能手王良来驾驶,就可以日行千里。车和马并没有不同,或者日行千里,或者被人耻笑,是因为(驾驭者的)技术精巧与拙笨相差太远了。现在把国家比作车,把权势比作马,把号令比作缰绳,把刑罚比作马鞭,如果是尧帝和舜帝来驾驭,天下就会大治;让夏桀和商纣来驾驭,天下就会大乱。这是因为贤能与不肖相差太远了。如果想要跑得远行得快,不如任用善于驾车的王良;想要兴利除害,不如任用善于治国的贤能之士。这就是不懂得类比用人的毛病。要知道尧舜就是治民的"王良"啊。

## 六反

　　贤明的君主治理国家,懂得把握时节做事,用来得到财物;懂得衡量税赋,使贫富均等;懂得提高爵禄,让贤能之人都能得以任用;加重刑罚,用于禁绝奸邪;使百姓因为勤劳而富裕;因为有才能而显贵,因为犯错误而受罪责,因为立功绩而得到赏赐,而不去奢望求取君主仁慈恩惠的赏赐。这就是帝王的为政之方。

## 奸劫弑臣

　　所有的奸臣,都是想通过顺从君主的心意,来取得信任宠爱的地位。因此,凡君主有所赞扬的,奸臣就跟着称赞;凡君主有所憎恶的,奸臣就跟着诋毁。大凡人的共性,多是取舍相同就互相肯定,取舍不同就互相责备反对。现今臣下所赞誉的,也是君主所肯定的,就叫做"同取";臣下所诋毁的,也正是君主所反对的,这就叫"同舍"。取舍相合、相同却互相违逆的,还没有听说过。这是臣下取得

幸之道也。夫奸臣得乘信幸之势，以毁誉进退群臣者也。人主非有术数以御之，非有参验以审之，必将以曩之合己，信今之言。此幸臣之所以得欺主成私者也。故主必蔽于上，臣必重于下矣，此之谓擅主之臣。国有擅主之臣，则群下不得尽智力以陈其忠，百官之吏，不得奉令以致其力矣。何以明之？夫安利者就之，危害者去之，此人之情也。人主者非目若离娄乃为明也，非耳若师旷乃为聪也，不任其数，而待目以为明，所见者少矣，非不蔽之术也。不因其势，而待耳以为聪，所闻者寡矣，非不欺之道也。明主者，使天下不得不为己视，使天下不得不为己聪。故身在深宫之中，明烛四海之内，而天下弗能蔽、弗能欺也。

君主信任和宠幸的方法。奸臣利用君主信任宠爱的情势，用来诋毁、赞誉、提升、降免群臣。君主如果不用策略和手段来驾驭他们，不用考核验证的方法来详究细察，必然会因为他们从前和自己观点一致，而相信其现在的话。这就是得宠的臣子之所以能够欺骗君主而实现个人目的的原因。所以君主受蒙蔽于上，而奸臣掌大权于下。这就叫专权欺君之臣。国家只要有专权欺君之臣，那么群臣就不能尽其才智、能力来施展忠诚。各级官吏无法遵行法令各尽其力。用什么来说明这一观点呢？凡是安逸有利的事人就会去想办法谋取，凡是危险有害的事人就会想办法舍离，这是人之常情。作为君主，并非眼睛要像离娄的视力那样明亮才叫"明"，并不是耳朵要像师旷的听力那样灵敏才叫"聪"。不运用策略和方法，而认为依靠亲眼所见的才算清楚明白，这样能看到的东西就很少了，这不是不受蒙蔽的好方法。不用自己的权势，而认为依靠亲耳所闻才是明察，这样能听到的东西就很少了，这不是不受欺骗的办法。贤明的君主，能使天下人不得不为自己去察看，使天下人不得不为自己去听闻；他自己虽然身居深宫之中，却能够像明烛一样明察于四海之内，使天下之人不能蒙蔽、欺骗自己。

# 三略

黄石公　撰

## 上略

夫主将之法，务在于揽英雄之心，揽，结也。赏禄有功，通志于众。凡为人主，患在骄志，盈不通下，故诫也。故与众同好，靡不成；与众同恶，靡不倾。治国安家，得人者也；人谓贤人也。伊尹赴而汤隆。宁戚到而齐兴。亡国破家，失人者也。微子去而殷灭，伍员奔而楚亡。是以明君贤臣，屈己而申人。

夫用兵之要，在于崇礼而重禄。礼崇则智士至，禄重则义士轻其死。故禄贤不爱财，赏功不逾时，则下力并，而敌国削矣。用人之道，尊之以爵，赡之以财，则士自来；《易》曰：何以聚人，曰财。接之以礼，厉之以辞，崇接士之礼，厉士以见危授命之辞。则士死之。

夫将师者，必与士卒同滋味而共安危，敌乃可加。养士如此，乃可加兵于敌也。昔者良将之用兵也，人有馈一箪醪者，使

## 上略

统帅将领的方法，关键在于结交天下英雄的心（揽，就是真心结交），赏赐禄位给有功之人，使自己之志成为众人之志（凡是做君主的，最大的忧患就是自己骄傲自满，自高自大，自己盈满而不能让自己的属下也能亨通显达，所以应加以警诫）。所以，与众人有共同的愿望，就没有什么事情不能成功的；与众人有共同的仇恨，就没有不能战胜的敌人。国治家安，是因为得到了贤人（人指贤达的人，因为伊尹的到来，而使商汤得以隆盛，因为任用了宁戚，齐国才得以兴旺）；国破家亡，是由于失去了贤人（微子离开后殷商被灭，伍子胥逃走而后楚亡国）。因此，明君贤臣哪怕是委屈自己，也要使贤能之人的才华得到施用，心志得到舒展。

用兵的关键，在于为君者能够对人才尊重并以礼相待，而且能够给予丰厚的俸禄。尊重人才并以礼相待，那么有智谋的人就会前来效力；俸禄优厚，则恪行大义的义士就会以死效力。所以加俸禄给贤人不要吝惜钱财，奖赏有功的人要及时兑现，这样就能使全军上下同心协力，而使敌国的势力削弱。用人之道，在于授予官爵使其尊贵，供给钱财使他富足，有智谋的人就会自愿前来（《易经》上说：怎么来聚集人才？要用钱财）；用厚礼接待，用大义的言辞激励（以隆重的礼仪迎接将士，以临危授命的激昂之词激励将士），将士就会以死报效。

身为将帅，一定要与士卒同甘苦、共安危，才可对敌作战（这样待将士，才可以向敌方发动进攻）。从前，有一位良将带兵打仗，有人送他一坛美酒，他就下令把酒倒在河里，与全体士卒同流而共饮。一坛

投诸河,与士卒逆流而饮之。夫一箪之醪,不能味一河之水,而三军之士,思为致死者,以滋味之及己也。

军井未达,将不言渴;达,彻也。军幕未办,将不言倦;冬不服裘,夏不操扇;与众同也。是谓礼将。是谓达礼之将。与之安,与之危,故其众可合而不可离,将与士同祸福,共安危,众如一体而不可离也。可用而不可疲。不疲者以主恩养素积,策谋和同也。故曰:畜恩不倦,以一取万。夫恩以接下,则士归之,养一人可以致万人,燕养郭隗以致乐毅是也。良将之统军也,恕己而治人,推惠施恩,士力日新。推此之乐惠而施恩于人,皆忠恕之道。将士用力,故日益新。战如风发,攻如河决,故其众可望而不可当,可下而不可胜。以身先人,故兵为天下雄。赏罚明,则将威行;官人得,则士卒服;所任贤,则敌国振。所得贤,则敌国畏威而振怖也。贤者所适,其前无敌,故士可下而不可骄。将者,国之命,将能制胜,国家安定。将拒谏,则英雄散;策不从,则谋士叛;善恶同,则功臣倦;将专己,则下归咎;将自臧,则下少功;臧,善也。将受谗,则下有离心;将贪财,则奸不禁;上贪则下盗也。将内顾,则士卒慕。内顾思妻妾也。将有一则众不服,自拒谏以下,将犯此一条,则众不服,以其违主道。有二则军无式,式,法也。有三则军乖背,有四则祸及国。众乖散则国亡,故曰祸及国也。军无财则士不来,军无赏则士不往。香饵之下,必有悬鱼;重赏之下,必有勇夫。故礼者,士之所归;赏者,士之所死。招其所归,示其所死,则所求者至。求贤材士至,求战则致死。故曰所求者至。故礼而后悔者,则士不止;赏而后悔者,则士不使。

美酒虽然不能使一河的水都有酒味，但三军将士因此而愿意拼死作战，是因为都感受到了水酒中将帅对自己的情义。

军中的水井还没有打好之前，将帅绝不说口渴（达，就是打通的意思）；军中帐篷没有搭好之前，将帅绝不说疲倦；冬天不穿皮衣，夏天不用扇子（和大众相同）；（能够做到这几点）就可以称得上是"礼将"（这就是通达明礼的将领）。与士卒共安危，因而才能上下同心合力而不会背离（将领与兵士祸福同当，共安危，大家如同一体，彼此就不会离弃），行军作战时就会为其所用而不会疲倦（不疲倦，是因为主将爱护养育部下，平素就积累下感情，所以将帅有任何策划谋略，兵士都会齐心协力与之一起去实现）。所以说，将帅从不厌倦地积聚对士卒的恩惠，就能因一人之德而引来万人效力（用恩惠对待下属，则将士归顺。厚养一人，就可以招致万人前来。燕昭王厚待郭隗，以招来乐毅等人就是如此）。良将统帅军队，以扩充自己的仁爱之心去统理他人，广施恩惠，军队的战斗力就会一天比一天增强（推重这种乐行惠利，而施恩于人，都是忠恕之道。将士作战的能力，因此而一天一天地增强），作战时像风一样迅猛神速，进攻时像江河决堤一样势不可当。因此，这样的军队就能让敌众望风而逃，无法抵挡，只能降服而无法抵抗。将领能够身先士卒，他的军队就能成为天下之雄师；赏罚严明，那么将领的威信可以树立起来；选拔将领得当，那么士卒才能心悦诚服；所用之人贤能，那么敌国就会为之震惊（因为任用贤能，所以敌国畏惧威势而震惊畏惧）。贤人所归附的国家，一定所向无敌，所以，对士要谦恭而不可傲慢。将领是国家的命脉，将领能克敌制胜，国家才能安定；将领若拒绝部下进言规劝，那么英雄都会离开；将领若不采纳谋士的良策，谋士就会叛离；将领如果善恶不分，功臣就会心灰意冷；将领如果固执己见，下级就会把过失归咎于上；将领如果自我夸耀，下级

礼赏不倦,则士争死矣。

　　奸雄相称,郭蔽主明;毁誉并兴,雍塞主听;各阿所私,令主失忠。故主察异言,乃睹其萌;主聘儒贤,奸雄乃遁;主任旧齿,万事乃理;主聘岩穴,士乃得实。故傅说陟而殷道兴,四皓至而汉祚长。得治之实也。

## 中略

　　军势曰:出军行师,将不得专进退,由内御之,则功难

就不会积极立功(臧,就是赞美、夸耀的意思);将领如果听信谗言,下级就会离心离德;将领如果贪财,奸邪之事就难以禁止(在上位的贪婪,在下位的就会盗取);将领迷恋妻妾,士卒就会随之想家(内顾,就是思念妻妾)。以上八条将帅如有一条,众人就会不服从于他(从拒谏那条以下,将领只要犯了其中的一条,大众就不再服从与他,因为他违反了做主帅之道);有两条,就会军无法纪(式,就是法纪);有三条,就会军心涣散;有了四条,就会祸及国家(大众背离散去,国家就亡了。所以说祸殃及国家)。军队没有财力,士兵就不来投奔;军中没有奖赏,士兵就不会勇往直前。香饵之下,必有上钩之鱼;重赏之下,必有不怕死的勇夫。所以说,礼遇,是能使士兵愿意归附的原因;重赏,是能使士卒拼死效力的原因。用礼遇招募士兵归附,用赏赐奖励士兵拼死,则所求的人就会前来(求贤,有才之士就到来;求能战者,则有誓死之士到来,所以说所求者皆至)。所以,开始礼遇而后来反悔的,士兵就不会留下来;给予奖赏后来又后悔的,士兵就不愿听从命令;只有始终坚持礼遇和奖赏,士兵才会争着拼死以报。

如果奸雄互相称许,就会遮蔽君主,使君主不能明察;如果诽谤与赞美之声并起,阻塞君主的决断,各自都偏袒亲信,就会使君主失去忠臣。所以,君主能明察反常的言论,才能看到祸乱的萌芽。君主能聘任贤能的儒士,奸雄就会逃亡;君主信任久经考验的老臣,万事才能治理得好;君主访求隐士,才能得到有真才实学的饱学之士(因此,傅说得到升迁,殷商的国运才得到兴旺;四皓出来辅助,汉朝的国运才得以久,这是得到治理的实效)。

## 中略

《军势》上说:出兵打仗,重在将帅自己能够决定进退。如果进

成。凡师出专制,不禀命于内。禀命则无威,无威则士不用命,士不用命则功不成。

## 下略

夫能扶天下之危者,则据天下之安;能持天下之危,故天下乐安之。能除天下之忧者,则享天下之乐;天下愿奉而安乐之。能救天下之祸者,则得天下之福。除天下祸,故天下乐福之。故泽及人民,则贤归之;恩泽洽,人民和,则贤者至。泽及昆虫,则圣归之。万物得其所,则圣人至也。贤人所归,则其国强;圣人所归,则六合同。贤者之政,降人以体。体服道化,揖让恭谨,故曰降人以体者也。圣人之政,降人以心。心服教令,故降人以心也。体降可以图始,体服道化者,可与谋始也。心降可以保终。心服道化,天下和亲,故可保终也。降体以体,降心以心。

释近而谋远者,劳而无功,释远而谋近者,逸而有终。逸政多忠臣,劳政多怨民。故曰:务广地者荒,不修德政而务广地,荒之道。务广德者强也。务崇节俭,广其德教,强之道也。荒国者无善政,广德者其下正。君德广于上,则兆庶正于下也。废一善,则众善衰;赏一恶,则众恶多。善者得其佑,恶者受其诛,则国安而众善到矣。一令逆者,则百令失;君令一逆,民不

退都受朝廷的约束,那就很难建立功勋(凡军队出师后,就要由将帅独自掌权,不能事事听命于朝廷。凡事等朝廷的命令而行,将帅就没有威信,将帅没有威信则士卒就会不奉命令,士卒不奉命令就不能取胜)。

## 下略

　　能在危亡之际挽救国家的人,就能够取得天下的安定(能匡正国家之危,天下都愿他安宁);能消除天下忧患的人,就能享受天下的快乐(天下都愿奉养他而让他得到安乐);能拯救天下于灾难之中的人,就能获得天下的福报(能够消除天下的灾难,所以天下人都乐于让他得到福报)。所以,能恩泽遍及于百姓,贤人就会归附(恩泽遍施,百姓和乐,那么贤士就会到来);能恩泽于生灵万物的,圣人就会归附(万物各得其所,那么圣人就会到来)。贤人归向他,国家就会强盛;圣人归向他,天下就会大同。贤人来为国政,能用礼义来使人们和同(顺从礼仪以道德教化,相处时礼节恭敬谨慎,就是用礼义使人民悦服);圣人来为国政,以真心感得人民敬服(心悦诚服而受教化,所以所用心使人民悦服)。以礼义服人可以建立美好的开始(顺从礼仪以道德教化,可以与其谋划建立美好的开始);以诚心感人可以保持兴旺始终不变(人们心悦诚服于道德教化,天下和睦亲厚,所以可以保全至终,安然无恙)。以礼服人者凭借礼义,得人心者依靠诚心。

　　舍近而谋远,就会劳而无功;舍远而谋近,就会安逸有终。国家施行安逸之政,就会出现许多忠臣;国家施行劳民之政,就会产生许多怨民。因此说,热衷于扩张领地的国家,内政必然荒废(不修德政只求领土广大,是国家荒废之路);致力于广施德教者,国家必然强盛(推崇节俭,推广德教,是国家强盛之道)。荒废治国者不会有良好的政治,广施德教者民众都会坚守正道(在上位的君主能够以德化人,

从，故百令皆废也。一恶施者，则百恶结。一恶得施，则百恶结而相从也。故令施于顺民，恶加于凶人，教令施于顺化之民，刑恶加于凶逆之人。则令行而不怨，群下附亲矣。教令当，刑法值，百姓悦之，亲附之也。

有清白之志者，不可以爵禄得；四皓是也。有守节之志者，不可以威刑胁。晏婴季子是也。故明君求臣，必视其所以为人者而致焉。视其为人所执之志而求之也。致清白之士，修其礼；四皓亢志不屈于革命之主，太子修礼卑辞而降其节焉。致守节之士，修其道。不可以非道屈也。而后士可致，而名可保。保犹全也。

圣王之用兵也，非好乐之，将以诛暴讨乱。夫以义而诛不义，若决江河而溉荧火，临不测而挤欲坠，其克之必也。所以必优游恬惔者何？重伤人物，兵者凶器，战者危事，相杀伤之道，故不果为也。是天道也。天道乐生也。夫人之有道者，若鱼之有水，得水而生，失水而死。人失道而亡，得道而存也。故君人者，畏惧而不敢失道。

在下位的民众就会守持正道)。废黜一个善人,那么众多的贤良就会渐失;赞赏一个坏人,所有坏人坏事会接踵而来。好人得到护佑,坏人受到诛罚,国家就会安定,众善就会兴起。一项政令违逆人心,所有的政令就都会失去作用(君主的政令违背人心,则百姓必不顺从,因此所有的政令都无法推行);一件坏事施行了,就会有上百件坏事接连发生(一桩恶事得以施行,则上百件的恶事就会接连发生)。所以,国家的善令施于顺化之民;国家的恶令施予凶顽之人(教化引导用于顺化的人,刑罚惩处用于凶顽之人)。这样,法令推行民众就会无怨,臣民就会归附(教化政令恰当,刑法处置得当,百姓就会欢欣而前来归附)。

有纯洁高尚志向的人,不能用官位、俸禄来求得(例如四皓就是这样的人);有坚守节操志向的人,不能用威力刑罚胁迫其到来(晏婴、季子就是这样的人)。所以圣明的君主访求贤臣,必须视其人生的志向来礼请他(要看他秉持的志向而访求)。礼请品行高洁的贤人,要讲究礼法(四皓坚持高洁之志,不会屈就于改朝换代的君主。因为太子讲究礼仪,言词谦卑而请到了他们);要请来坚守气节的人,要讲究道义(不可以用不符合道义的方法让他们屈从)。而后,贤德之士可以招来,君主的圣名也可得到保全(保即是保全)。

圣明的君主用兵,不是自己喜好用兵,而是用以诛灭凶暴、讨伐叛乱。以正义来讨伐不义,就像决开江河去浇灭如萤虫之火;就像在深渊的边缘去推挤将要坠落之物,其胜利是必然的。圣王之所以保持优游恬淡的原因是什么呢?是不愿意过多地造成生灵万物的损失而已(兵器是凶器,战争是危险的事,拼杀是有害的事,所以不愿为),这是在奉行天道(上天有好生之德,乐于让万物得生)。人能顺乎天道,就好像鱼得到了水,得水就能生存,离开水就会死亡(比喻人得道才能生存,人失道就会灭亡)。所以为君者要时刻敬畏戒惧警惕自己

贤圣内,则邪臣外;舜举皋陶,汤举伊尹,不仁者远矣。随会在朝,则奸邪外奔矣。邪臣内,则贤臣毙。恶来任而比干死,无忌用而伍奢戮,故曰毙。内外失宜,祸乱传世。苟失内外之宜,为子孙之祸,故曰传世也。伤贤者,殃及三世;蔽贤者,身受其害;进贤者,德流子孙;昔鲍叔进管仲,以身下之,子孙世禄于齐,有封邑者十余世,常为名大夫。故曰德流子孙也。妒贤者,名不全。昔庞涓妒孙膑,身死于白木,故曰名不全也。故君子急于求贤,而美名章矣。

利一害百,民去城郭;利一害万,国乃思散。去一利百,民乃慕泽;慕思君子之恩泽也。去一利万,政乃不乱。刑以止刑,杀以止杀。政得其所,乱无由生也。

而不敢违背天道。

贤臣在内受到君主的亲近重用，那么奸臣就会被疏远（大舜举用皋陶，商汤举用伊尹，不仁之人都远离。随会上朝辅政，则奸臣都向外逃走了）；奸臣受到亲近重用，那么贤臣就会被害死（恶来被任用，比干被残杀。费无忌当权，伍奢被杀戮）；内外之职失宜，就会祸传后世（因内外失宜，必祸延子孙，所以说"传世"）。伤害贤臣，祸患会殃及三世；遮蔽贤才，就会身受其害；推荐贤才，就会德流子孙（过去鲍叔牙举管仲，自己甘愿屈居于管仲之下，从自己以后，子孙世代在齐为官，有封地的十余世，常出名大夫。所以说：德流子孙）；嫉妒贤人者，名声难以保全（昔时庞涓妒忌孙膑，最后终被杀于白木之下，所以说，声名难以保全）。所以君子积极地举荐贤能，因而美名得到彰显。

如果利于一人而害及百人，民众就会离开城邑；利于一人而害及万人，全国人将都想逃散；若去除一人之利而利及百人，人们就会思慕其恩泽（思慕君子的恩德广泽）；去除一人之利而利及万人，政局就不会混乱了（用刑法目的是希望达到无刑，用死刑的目的是希望达到没有触犯死刑的恶行发生。政令得到合适的运用，乱就无处可生了）。

# 新语

陆贾 撰

## 辅政

夫居高者,自处不可以不安;履危者,任杖不可以不固。自处不安则坠,任杖不固则仆。是以圣人居高处上,则以仁义为巢;乘危履倾,则以圣贤为杖。故高而不坠,危而不仆。昔者尧以仁义为巢,舜以稷契为杖,故高而益安,动而益固。处宴安之台,承克让之涂,德配天地,光被八极。功垂于无穷,名传于不废,盖自处得其巢,任杖得其人也。秦以刑罚为巢,故有覆巢破卵之患。以李斯、赵高为杖,故有顿仆跌伤之祸。何者?所任者非也。故杖圣者帝,杖贤者王,杖仁者霸。杖智者强,杖谀者灭,杖贼者亡。《诗》云:"谗人罔极,交乱四国。"众邪合心,以倾一君,国危民失,不亦宜乎。

## 无为

道莫大于无为,行莫大于谨敬。何以言之?昔舜治天下也,弹五弦之琴,歌南风之诗,寂若无治国之意,漠若无忧天

## 辅政

身居高位,自己居身不可以不安稳;身临险境,使用的拐杖不可以不结实。居身不稳就会掉下来,拄的拐杖不结实就会跌倒。因此圣人身处高位,就要以道德仁义作为自己的安身之所;面临险境危难,就要把圣贤之人作为自己依靠的对象。正因如此,所以圣人身居高位不会坠落,身临险境也不会跌倒。从前尧帝把宽厚仁义视为安身之所,舜帝依靠后稷、殷契来辅助,所以地位虽高却更加安全,行为举动更加稳重。他们处在安闲太平的高台,继承禅让之路,德行能与天地相匹配,遍及八方,功勋流传无穷,盛名传扬不灭,都是因为他们以仁义为安身之所、以贤能之人为杖的缘故。秦朝以刑罚为安身之所,所以有国破人亡之祸;依靠李斯、赵高辅助,所以生灾乱频起之害。原因何在? 是由于处事、用人不当的缘故啊。所以,依靠圣人的辅佐可以为帝,依靠贤人的辅佐可以为王,依靠仁者的辅佐可以为霸主,依靠智者的辅佐可以富强,而依靠奸邪的人国家会覆灭,依靠逆乱之人会国亡。《诗经》上说:"谗人罔极,交乱四国(谗人进谗不止,共乱天下)。"众多奸邪同心倾覆国君一人,国家会有危难,进而失去百姓,不是理所当然的事情吗?

## 无为

道没有比无为而为更大的,行为没有比谨慎恭敬更得当的。为什么这么说呢? 从前舜帝治理天下,弹奏着五弦琴,歌诵着《南风》诗,安详闲静得好像没有治国之意,清静淡泊好像没有担忧天下的

下之心,然而天下大治。故无为者,乃有为者也。秦始皇设刑法,为车裂之诛,筑长城以备胡越,蒙恬讨乱于外,李斯治法于内,事愈烦,下愈乱,法愈众,奸愈纵。秦非不欲治也。然失之者,举措大众,刑罚大极故也。

君子尚宽舒以褒其身,行身中和以致疏远。民畏其威而从其化,怀其德而归其境,美其治而不敢违其政。民不罚而畏,不赏而劝,渐渍于道德,而被中和之所致也。

夫法令所以诛暴也。故曾、闵之孝,夷、齐之廉,此宁畏法教而为之者哉。故尧、舜之民。可比屋而封;桀、纣之民。可比屋而诛。何者?化使其然也。故近河之地湿,而近山之木长者,以类相及也。高山出云,丘阜生气,四渎东流,百川无西行者,小象大而少从多也。

夫南面之君,乃百姓之所取法则者也。举措动作,不可以失法度。故上之化下,由风之靡草也。王者尚武于朝,则农夫缮甲兵于田。故君子之御下也,民奢,应之以俭;骄淫者,统之以理。未有上仁而下贼,让行而争路者也。故孔子曰:移风易俗。岂家至人视之哉?亦取之于身而已矣。

心。然而天下大治。所以说无为，才是最有为的。秦始皇设置刑法，用车裂来杀戮，修筑长城用来防备胡越。蒙恬在外征讨逆乱，李斯在朝中定法。治事越繁复，天下越混乱。法令越多，罪犯越猖獗。秦朝并不是不想治理好国家，但其失策就在于举措太多、刑罚太严酷了。

君子重视宽厚平和以使自身高大。立身处世中正平和，所以能招致远方之民前来归附。百姓敬服君子的威严而听从他的教化，怀爱他的德行而归顺他的管治，赞叹他的治理而不违背他的政令。老百姓不用刑罚就心存敬畏，不用奖赏就会得到鼓励，这是因为逐渐受到道德的熏陶，被君主的中正平和影响所致。

法令是拿来惩罚强暴凶恶的。所以说，曾参与闵子骞的孝顺，伯夷与叔齐的廉洁，难道是因为畏惧法令、政教才这样做的吗？从前，尧舜时期的人民，家家都有德行，可以挨户受到封赏。桀纣时期的百姓，却因失去教化而家家无德，可以逐家受诛。为什么呢？这是教化不同的必然结果啊！所以靠近河边的地方潮湿，靠近山丘的树木茂盛，是同类互相关联所影响的啊。高山生云，丘陵生雾，长江、黄河、淮河和济水四条大河向东流去，众多河流没有向西倒流的，这就是万物中小的要效仿大的、少数要跟随多数的缘故啊。

面南称君的人，是百姓效仿的对象，举动行为，不可以失法度。所以在上位的（君王）教化在下位的（百姓），就像风吹草伏一样。君王在朝廷崇尚武力，农民就会在田间整治武器装备。所以君王治理百姓，民风奢侈了，就要提倡勤俭；民众骄纵放荡，就要提倡伦理道德的教化。没有上行仁义而下行暴虐的，没有上让路而下争路的。所以孔子说：移风易俗，难道是要一家家地去查看吗？其实不过是要求君王以身作则罢了。

## 辨惑

众口毁誉，浮石沉木；群邪相抑，以直为曲，以白为黑。曲直之异形，白黑之殊色，天下之易见也。然而目缪心惑者，众邪误之。秦二世之时，赵高驾鹿而从行，王曰："丞相何为驾鹿？"高曰："马也。"于是乃问群臣，群臣半言马，半言鹿。当此时，秦王不敢信其直目，而从邪臣之言。鹿与马之异形，乃众人之所知也，然不能别其是非，况于暗昧之事乎。

人有与曾子同姓名者杀人，有人告曾子母曰："参乃杀人。"母方织如故。有顷人复告之，若是。者三，曾子母投杼逾垣而去。夫流言之并至，众人之所是非，虽贤智不敢自安，况凡人乎。

## 资质

质美者，以通为贵；才良者，以显为大。梗梓豫章，天下之名木也，生深山之中，溪谷之旁，立则为众木之珍，仆则为世用。因江河之道，而达于京师，因斧斤之功。得舒其文色，上则备帝王御物，下则赐公卿，庶贱不得以备器械，及其戾于山陵之阻，隔于九派之间，仆于块礫之津，顿于窈窕之溪，广者无舟车之道，狭者无徒步之蹊，知者所不见，见者所不知。当斯之时，尚不如道傍之枯杨。生于大都之广地，近于大

## 辨惑

众口一起毁谤或称赞，能让石头漂于水上、木头沉于水下；群邪共同来贬抑，能以直为曲，颠倒黑白。曲直形状之不同、黑白颜色之差异的悬殊，这是天下人都一目了然的。然而查看的人眼能看错，心能糊涂，是因为被群邪所迷惑。秦二世时，赵高驾着鹿车随他出行。秦二世问："丞相为什么要驾鹿呢？"赵高回答说："这是马啊！"于是遍问群臣，群臣一半说是鹿，一半说是马。在这个时候，秦二世不敢相信自己亲眼所见，于是顺从了奸臣所说。马和鹿的形状相差悬殊，这是谁都明白的，但是秦二世却不能分辨清楚孰是孰非，更何况那些本来就暗昧不明的事情呢！

从前有个和曾子同名同姓的人杀了人，有人告诉曾子的母亲说："你儿子曾参杀了人。"曾母听了仍然继续纺织。不一会儿又有人来告诉她，曾母仍然继续纺织。第三次又有人来告时，曾母扔下梭子翻墙逃走了。可见流言一并袭来，众人一起说是非，贤德明智之人都难以自安，更何况普通人呢？

## 资质

资质美好的事物，要靠流通才能显示其尊贵；材质优良的事物，要通过显扬才能够被人认知。（为什么这么说呢？）黄楩木、梓木、枕木和樟木，是天下有名的木材。生长在深山之中、溪谷之侧，长在那里是树中珍品，砍伐后可制成传世之物。借江河水运，可以运抵京城，因用斧头等加工过，得以显露出美丽的花纹和色彩；上可以制帝王御用之物，下可以赏赐给王公大臣，庶民百姓不可以用来制作成工具。而当它静处在山陵之深处，受长江水系的阻隔，倒在块石累累的山崖，枯槁在幽深的山谷。最宽的地方不能行走舟车，狭窄处连步行

匠之名工，材器制断，规矩度量，贤者补朽，短者接长，大者治樽，小者治觞。彼则枯槁而远弃，此则为宗庙之瑚琏者。通与不通也，人亦犹此。

夫穷泽之民，据犁接耜之士，或怀不羁之能，有禹、皋陶之美，然身不容于世，无绍介通之者也。公卿之子弟，贵戚之党友，虽无过人之能，然身在尊重之处，辅之者强，而饰之众也。

## 至德

夫欲富国强威、辟地服远者，必得之于民；欲建功兴誉，垂名烈，流荣华者，必取之于身。故据千乘之众，持百姓之命，苞山泽之饶，主士众之力，而功不存乎身，名不显于世者，统理之非也。

天地之性，万物之类，怀德者众归之，恃刑者民畏之。归之则充其侧，畏之则去其城。故设刑者不厌轻，为德者不厌重。行罚不患薄，布赏不患厚，所以亲近而致远也。夫刑重者，则心烦；事众者，则身劳。心烦者，则刑罚纵横而无所立；身劳者，则百端回邪而无所就。是以君子之为治也，混然无

的小路都不能通过。知道其价值的人无法见到,能见到的人不懂它的价值。这个时候,这些名贵木材尚且不如道旁枯死的杨树。因为生长在大都城广阔之地,名工巧匠取材很近,于是工匠们按其能用之材依式断切,用规矩量度,好的用来修补朽坏,短的用来接续长的;大的用来作酒樽,小的用来作酒觞。名贵之木枯槁于边远之地,枯杨却成了宗庙里祭祀的贵器,这就是得到流通和得不到流通的区别。人也是如此啊!

穷乡僻壤的乡民,操持着农具耕种的百姓,他们当中或许就有才行高远之士,有着大禹、皋陶的美德,但是却没有得到当朝的容留任用,是因为没有人为之介绍、传达。王公贵族们的子弟,皇亲国戚们的朋党,虽然没有过人的才能,然而能身处在尊贵显要之位,是因为辅助的人很显贵、赞扬的人非常多的缘故。

## 至德

凡是希望国家富裕、君威提高、开辟疆域、远方归顺的,必须要得到民众的拥护(然后才能实现);凡是希望建功立业、成就声誉、名声业绩流传后世、荣耀显贵世代相传的,必须要自己立身行道(然后才能实现)。统帅着有千乘战车的军队,掌控千百人民的命运,拥有山地水泽的富饶,主掌着士兵之威势,但是功劳不承载于身,声名不显扬于世,都是治理不善造成的啊。

天地万物的规律告诉我们,怀有德行的人百姓归顺他,依仗刑罚的人百姓畏惧他;归顺他便会聚居在周围,畏惧他便会逃离他的城邑。故设置刑罚不嫌轻,修德不嫌重;处罚不嫌轻,行赏不嫌多。如此一来,近处的人受德化而更加亲厚,远方的人受感化也会来前来归顺。刑罚太重会使人心绪烦乱,事情太多让人身体疲惫。如果刑

事,寂然无声,官府若无人,亭落若无吏,邮无夜行之卒,乡无夜召之征,犬不夜吠,鸡不夜鸣,耆老甘味于堂,丁男耕芸于野,在朝忠于君,在家孝于亲。于是虽不言而信诚,不怒而威行。岂待坚甲利兵,深牢刻令,朝夕切切而后行哉?

昔者,晋厉、齐庄、楚灵、宋襄,乘大国之权,杖众民之威,军师横出,凌铄诸侯,外骄敌国,内刻百姓,邻国之雠结于外,群臣之怨积于内。而欲建金石之统,继不绝之世,岂不难哉?故宋襄死于泓之战,三君杀于臣之手,皆轻师尚威,以致于斯。故《春秋》重而书之,嗟叹而伤之。三君强其威而失其国,急其刑而自贼,斯乃去事之戒,来事之师也。

鲁庄公一年之中,以三时兴筑作之役,规虞山林草泽之利,与民争田渔薪采之饶。刻桷丹楹,眩曜靡丽。收民十二之税,不足以供邪曲之欲。缮不用之好,以快妇人之目。财尽于骄淫,力疲于不急。上困于用,下饥于食。于是为齐、卫、陈、宋所伐。贤臣出,邪臣乱,子般杀,鲁国危也。故为威不强还自亡,立法不明还自伤,庄公之谓也。

罚使人心烦了,即使刑罚再多也难以有所建树。如果事情使人疲惫不堪,想尽一切办法驱除邪僻也难以有所成就。所以君子治理政事,浑然无事,寂然无声;官府无事好像无人办公,村落安宁好似没有人治理;驿站没有夜间忙碌送公文的差役,乡村没有连夜征召的徭役;夜晚狗不叫,鸟不鸣;年长者在家享受可口的食物,青壮男子在田间劳作;在朝为官者忠于君,在家为子者孝于亲;(君主)虽无言而诚实不欺,不发怒而威信行于天下。这哪里是坚固的铠甲、锋利的兵器、大牢酷刑,从早至晚急切地促逼而能得到的呢?

  从前,晋厉公、齐庄公、楚灵公、宋襄公,凭借大国的权势,依靠着百姓众多的威风,四处出兵,欺压诸侯,外骄横敌国,内苛虐百姓。与邻国结仇于外,与群臣结怨于内,还希望建立不朽的统治,延续后世永不断绝,岂不是太难了吗?所以宋襄公死于泓水之战,其他三位君王都被臣下所杀。他们都是轻易用兵,耀武扬威,才得到如此下场。因此《春秋》对此重点加以书写,并且表示伤感和哀叹。这三位君主都是因为增强威势而失掉国家,加重刑罚而使自己蒙难,这是用前人的往事作为告诫,让后人行事时以此为鉴啊。

  鲁庄公在一年之中,用了三个季节来进行兴修土木的劳役,规定了山林湖泽的利税,与老百姓争夺耕种捕捞、打柴采摘的资源。其建筑雕梁画栋,华丽精美令人目眩。征收百姓百分之二十的重税,还不能满足他奢淫的邪欲。修缮毫无用处的玩好,以使妃子们看了高兴。国家的资财穷竭于骄奢淫逸之中,民力消耗在不急之务上面。国家困于财用,百姓衣食窘迫。于是被齐、卫、陈、宋诸国讨伐。贤臣出逃,奸臣乱权,儿子子般被杀,鲁国陷入危亡。所以想树立威望而国家还没有强盛,自己就走向灭亡;建立法令而国家还没有清明,反而使自己受害,说的就是庄公这样的人啊。

## 本行

　　治以道德为上，行以仁义为本。故尊于位而无德者绌，富于财而无义者刑。贱而好道者尊，贫而有义者荣。夫酒池可以运舟，糟丘可以远望，岂贫于财哉？统四海之权，主九州之众，岂弱于武力哉？然功不能自存，而威不能自守，非贫弱也，乃道德不存乎身，仁义不加于下也。故察于利而惛于道者，众之所谋也；果于力而寡于义者，兵之所图也。君子笃于义而薄于利，敏于行而慎于言，所广功德也。故曰：不义而富且贵，于我如浮云。夫怀璧玉，要环佩，服名宝，藏珍怪，玉斗酌酒，金罍刻镂，所以夸小人之目者也。高台百仞，金城文画，所以疲百姓之力者也。故圣人卑宫室而高道德，恶衣服而勤仁义。不损其行，以好其容；不亏其德，以饰其身。国不兴不事之功，家不藏不用之器。所以稀力役而省贡献也。璧玉珠玑不御于上，则玩好之物弃于下。雕琢刻画之类，不纳于君，则淫伎曲巧绝于下。夫释农桑之事，入山海，采珠玑，捕豹翠，消筋力，散布帛，以极耳目之好，快淫侈之心。岂不谬哉？

## 本行

　　治理国家以道德为上策,处身行事以仁义为根本。所以,对于地位尊贵但没有德行的人要予以罢黜,对聚集财富而不讲道义的人要进行惩处;对地位卑贱而讲求道德者要使其尊贵,对贫穷而讲求仁义者要使其富裕。酒池之广可以划船,糟丘之高可以望远,难道说是财力匮乏吗?统理着四海的权力,主理九州的百姓,难道说是武力不足吗?然而,论功绩不足以保全自身,论威势不足以保全国家,不是贫弱的原因,实在是因为不能够以道德来要求自己,不能够以仁义来对待百姓的缘故。所以对财利明察而于治道糊涂的人,必定会成为众人图谋的对象。敢于使用武力而缺少仁义的人,必定会成为战争谋取的对象。君子笃行仁义而淡泊名利,做事敏捷而谨慎少言,所以传出去的都是功德美名。所以孔子曾说:通过不道义的行为而得到的荣华富贵,对我来说,如天上的浮云一般没有意义。怀揣璧玉,腰系环佩,穿上名贵的衣服,收藏着奇珍异宝,玉斗斟酒,金杯刻花,这只是一些在小人面前夸耀的东西。修筑百仞的高台,雕饰彩绘的城墙,是耗尽百姓劳力的事情。所以圣人住着低矮的宫室而高扬道德,穿着粗劣的衣服而勤行仁义;不做损德行以扮美容颜的事,不做亏道德而修饰自身的事。国家不动用民力来从事无用的功业,百姓的家中也不收藏无用的器物,借此可以节省百姓的劳役,减少百姓的赋税。君上不喜用璧玉珠宝,下民就舍弃赏玩之物。君主不收藏精雕细琢的玩赏之物,那么制作奇巧奢华之品的无益手艺也就不再流传。如果放弃农桑之事,上山下海去搜罗珠宝,捕猎虎豹翠鸟,消损体力,耗散布帛,只为极力满足耳目的喜好,快慰淫逸奢侈之心,这不是太荒缪了吗?

## 明君

君明于德,可以及于远;臣笃于义,可以至于大。何以言之?昔汤以七十里之封,升帝王之位;周公自立三公之官,比德于五帝三王。斯乃口出善言,身行善道之所致也。故安危之效,吉凶之符,一出于身。存亡之道,成败之事,一起于善行。尧、舜不易日月而兴,桀、纣不易星辰而亡。天道不改,而人道易也。

夫持天地之政,操四海之纲,屈申不可以失法,动作不可以离度。谬误出口,则乱及万里之外,何况刑无罪于狱,而诛无辜于市哉?故世衰道失,非天之所为也,乃君国者有以取之。恶政生恶气,恶气生灾异。螟虫之类,随气而生;虹霓之属,因政而见。治道失于下,则天文变于上;恶政流于民,则虫生于野。

夫善道存乎心,无远而不至也;恶行著乎己,无近而不去也。周公躬行礼义,郊祀后稷,越裳奉贡而至,麟凤白雉,草泽而应。殷纣无道,微子弃骨肉而亡。行善者则百姓悦,行恶者则子孙怨,是以明者可以致远,否者以失近。

## 思务

夫长于变者,不可穷以诈;通于道者,不可惊以怪;审于

## 明君

　　君王道德圣明，就可以招来远方的百姓。臣下笃行仁义，就可以建立大功。为什么这么说？过去商汤以方圆七十里的封地，升至帝王之位。周公建立三公官制，德行可比于五帝三王。是因为口说善言、身行善道的原因。所以一个人安危的呈现，吉凶的征兆，都出于自身。存亡之道，成败之事，都起于善行。日月运转不变，尧舜之治大兴，星辰转移不变，桀纣之治灭亡。天道不曾更改，而是人所行之道有了变化啊。

　　君主秉持天地的政事，掌握四海的纲纪，所以居身不可以失去法度，举动不可以失去分寸。错误的言辞一旦出口，祸患就会殃及至万里之外的百姓。何况将无罪之人刑囚于狱、诛杀无辜于刑场！世道衰乱道德退失，不是自然界所造成的，而是治理国家的人不善的行为导致的。腐败的政治必然产生恶浊之气，恶浊之气形成后就会导致灾异现象发生。螟虫之类食庄稼的虫子，是随着恶气而生的；虹霓之类的不正之相，因为恶政而现的。人间丧失治道，上天就会有变异的天相；恶政流布民间，螟虫就会生于四野。

　　如果君王按照善道处身行事，距离再远的百姓也会投奔而来。如果君王恶行显明于身，关系再亲近的臣子也会离开。周公躬身实行礼义，大祀后稷，感得越裳国进奉朝贡而来，感召麒麟凤凰白雉等祥瑞鸟兽在草泽中应现。殷纣王无道，他的哥哥微子与他断绝亲情离开而逃亡。行善者，百姓就会欢迎他；行恶者，子孙都会怨恨他。所以英明的人能招致远方的人，邪恶的人连最亲近的人都会离开。

## 思务

　　擅长变通的人不可用诈伪的方法来揭穿他，精通道术的人不可

辞者,不可惑以言;达于义者,不可动以利。是以君子博思而广听,进退顺法,动作合度。闻见欲众,而采择欲谨;学问欲博,而行己欲敦。见邪而知其直,见华而知其实。目不淫于炫耀之色,耳不乱于阿谀之辞。虽利之以齐、鲁之富,而志不移。谈之以王乔、赤松之寿,而行不易。然后能一其道而定其操,致其事而立其功也。凡人则不然。目放于富贵之荣,耳乱于不死之道,故多弃其所长,而求其所短。不得其所无,而失其所有。是以吴王夫差知艾陵之可以取胜,而不知木隽李之可以破亡也。故事或见一利而丧万机,取一福而致百祸、圣人因变而立功,由异而致太平。尧、舜承蚩尤之失而思钦明之道。君子见恶于外,则知变于内矣。今之为君者则不然。治不以五帝之术,则曰今之世不可以道治也;为臣者不师稷契,则曰今之民不可以仁义正也;为子者不执曾闵之质,朝夕不休,而曰家人不和也;学者不操回赐之精,昼夜不懈,而曰世所不行也。自人君至于庶人,未有不法圣道而师贤者也。《易》曰:"丰其屋,蔀其家,窥其户,阒其无人。"无人者,非无人也,言无圣贤以治之也。故仁者在位,而仁人来;义者在朝,而义士至。是以墨子之门多勇士,仲尼之门多道德,文王之朝多贤良,秦王之庭多不详。故善者必有所主而至,恶者必有所因而来。夫善恶不空作,祸福不滥生,唯心之所向,志之所行而已矣。

用怪异的方法来恐吓他,言辞谨慎的人不可用语言来迷惑他,通达道义的人不可用利益来来打动他。所以君子处事要多多思考而且要多听,进退要遵循法度,举止要符合规矩;见闻要广泛,而采择要严谨;学问要广博,行为要敦厚;见到邪恶就能知道什么是正直的,透过开花就知道果实会是什么样子;眼目不沉湎于光彩夺目的美色,耳闻不迷乱于阿谀奉迎的言语;以齐鲁两国的财富来引诱他,也不会动摇他的志向;用王乔赤松子仙人之长寿来吸引他,也不会改变他的行为。然后才能专精于道而来确定自己不变的道德操守,致力于一项事业而成就其功德。凡俗之人就不是这样的,眼睛放逐于富贵荣华,耳闻迷乱于长生之道。所以抛弃其所擅长的而不用,而追求自己不能为的事情。结果不但没有得到自己缺少的东西,反而还失去了自己现在所拥有的东西。这就是吴王夫差知道艾陵之战可以取胜,而不知道木隽李之战会被越王勾践所灭的原因。所以有的事情看起来眼前能得到一点好处,却会让人丧失更大的机会;看起来能够给人一点福利,反而会给人带来百般的祸害。圣人因为懂得变革而成就了功业,因异于前人的做法而得到太平。尧舜总结了蚩尤的过失,从而思考采用敬肃明察之道来治国,因此国家太平。君子见到外部的不良现象,就知道内里导致发生变化的根本原因所在。现今的君主却不是这样,治理不采用五帝之法,却说现在的时代不能再用道德来治理了;为大臣的,不向后稷学习,却说现在的百姓不能用仁义来匡正了;做儿子的不学习曾参、闵损这些孝子从早到晚孝敬父母的行持,却说家人不和睦;求学的人不效法颜回、端木赐昼夜不懈的修学精神,却说圣贤之学在当今世道行不通,自人君到庶民百姓,自古以来从来没有不效法圣人之道、向贤者学习的。《易经》上说:高大其房屋,覆盖其家室,从门缝窥看进去,寂静得好像没有人一样。这里说

"无人"不是真的没有人,是指看不到治理国家的圣贤人物。所以仁者在朝廷执政,就会感召仁者前来;义士在朝廷执政,就会感召义士前来。所以墨子的门下多勇士,孔子的门下多道德之人,文王的朝中多贤良之臣,秦王的朝堂多不善之人。所以善者到来必有其原因,恶者到来也必有其缘由。善恶的事情不会凭空发生,祸福的报应不会随便到来,都是人心之所向、志之所行的结果而已(心志向善就得福,心志向恶就得祸)。

# 贾子

贾谊 撰

## 连语

梁尝有疑狱,臣半以为当罪,半以为无罪。梁王曰:"陶之朱叟,以布衣而富侔国,是必有奇智。"乃召朱公而问之。朱公曰:"臣鄙民也,不知当狱。虽然,臣之家有二白璧,其色相如也,其径相如也,其泽相如也。然其价一者千金,一者五百金。"王曰:"径与色泽皆相如也,一者千金,一者五百金,何也?"朱公曰:"侧而视之,其一者厚倍之,是以千金。"梁王曰:"善。"故狱疑则从去,赏疑则从与。梁国大悦。"墙薄亟坏,缯薄亟裂,器薄亟毁,酒薄亟酸。夫薄而可以旷日持久者,殆未有也。故有国畜民施政教者,臣窃以为厚之而可耳。"

## 问教

楚惠王食寒菹而得蛭,因遂吞之,腹有疾而不能食。令尹入问曰:"王安得此疾也?"王曰:"我食寒菹而得蛭,念谴之而不行其罪,是法废而威不立也;谴而行其诛,则庖宰监食者法皆当死,心又不忍也。故吾恐蛭之见也,因遂吞之。"令尹避席再拜而贺曰:"臣闻天道无亲,唯德是辅。王有仁德,天

## 连语

　　梁国曾经有一件疑案,群臣中有一半人认为有罪,一半人认为无罪。梁王说:"定陶的朱公,他是一个平民却富可敌国,他一定有极高的智慧。"于是请来朱公并相问。朱公说:"臣乃是一个低贱的草民,不会判案。虽然如此,还是讲件事给您听。臣家中有两块白玉璧,颜色是一样的,直径也是一样的,连色泽光亮都是一样的。但是它们的价值,一个值千金,一个值五百金。"梁王问:"大小色泽都一样,为什么一个值千金,一个只值五百金呢?"朱公回答:"从侧面看,有一个比另一个要厚上一倍,所以价值千金。"梁王说:"说得好!"因此梁王判案,凡是判刑入狱罪证不足,有疑点的,就免去处罚。凡立功证据不足,行赏有疑的,仍然给予奖赏。梁国上下大为悦服。"墙薄了就容易塌,丝帛薄了就容易撕裂,器物薄了就容易毁坏,酒味淡了就容易酸。刻薄而能够旷日持久的,从来没有过。所以国家要养活百姓、施行政教,臣自以为只要宽厚就可以了。"

## 问教

　　楚惠王吃腌菜的时候发现了水蛭,于是就吞了下去,却因此患了腹疾无法进食。令尹入宫询问说:"大王是怎么得上这个病的呢?"惠王说:"我吃腌菜的时候发现水蛭了,考虑到光责怪而不治罪,会废弃法律而且不能树立威严;但如果责怪并且依法惩处,那么厨工监食这些人依法都当处死,心中实在不忍。所以我怕人看到水蛭,就吞了下去。"令尹从席上站起再三叩拜,并且祝贺到:"臣听说天道公

之所奉也,病不为伤。"是昔也,惠王之后而蛭出,心腹之积皆愈。

邹穆公食不众味,衣不杂采,自刻以广民,亲贤以定国。亲民犹子,臣下顺从,若手之投心也。故以邹之细、鲁,卫不敢轻,齐、楚不能胁。穆公死,邹之百姓若失慈父,四境之邻于邹者,士民向方而道哭,琴瑟无音,期年而后始复。故爱出者爱反,福往者福来。

宋康王之时,有雀生鹯于城之陬,使史占之,曰:"小而生大,必霸天下。"康王大喜,于是灭滕,伐诸侯,取淮北之地。乃愈自信,欲霸之亟成,射天笞地,斩社稷而焚之,骂国老之谏者,为无头之冠,以示有勇,国人大骇。齐王闻而伐之,民散,城不守,王乃逃而死。故见祥而为不可。祥必为祸。

## 先醒

怀王问于贾君曰:"人之谓知道者为'先生',何也?"对曰:"此博号也。大者在人主,中者在卿大夫,下者在布衣之士。乃其正名,非为'先生'也,为'先醒'也。"彼世主未学道理,则嘿然惛于得失,不知治乱存亡之所以然,忙忙犹醉也。而贤主者学问不倦,好道不厌,慧然先达于道理矣。故未治

正,只辅助有德行的人。大王您有仁德,上天一定相助,此病不会伤害到您的。"当天晚上,惠王排泄出了水蛭,惠王的心腹之病便痊愈了。

邹穆公很节俭,饮食从不讲求多样,衣着朴素不穿华服,对自己很刻薄对百姓却很丰厚。他亲近贤明以安邦定国,爱护百姓如同自己孩子一样。因此,臣下顺从,就像手臂听从心的指挥那样默契。所以邹国虽然很小,但鲁卫这样的大国不敢轻视,齐楚这样的强国不能威胁。穆公去世,邹国的百姓像失去了慈父一样悲痛,邹国的四边邻国,士民都朝向穆公所在的方向在沿路哭泣,民间连琴瑟之音都停止了,直到一年以后才渐渐开始。所以,爱护人民的人,人民也爱护他,给他人带来福祉的人,也一定会增添自己的福分。

宋康王的时候,有一只麻雀在城角生出了一只类似鹞的晨风大鸟,康王就让史官占卜吉凶,史官说:"小而生大,必霸天下。"康王听后大喜。于是他消灭滕国,攻打诸侯,夺取了淮北之地。于是他更加地自信,急于称霸天下。不敬天地,仰射天鞭笞地以示其威武;不敬神明,将地神、谷神像从宗庙里砍断烧掉以示其霸道;咒骂年长的谏臣,做了一个无头冠以示勇敢。国人极为震惊。齐王听说后前来讨伐,百姓都逃散了,城中也无人防守,康王于是逃亡而死。所以,看到祥瑞之兆而不行祥瑞之事,祥瑞就会变成祸殃。

## 先醒

梁怀王问贾子:"人都称谓通晓天地之道,深明人世之理的人为先生,这是什么缘故呢?"回答说:"这是泛称。上则君主可称,中为卿大夫可称,下至平民百姓中的读书人,都可称。为其正名,不应称先生,应称'先醒',普通的君王未学治国大道,每日茫然,不明得失,神志不清,不明白治乱存亡的根本原因,急匆匆得像喝醉酒

也，知所以治；未乱也，知所以乱；未安也，知所以安；未危也，知所以危。故昭然先寤乎所以存亡矣，故曰"先醒"，譬犹俱醉而独先发也。故世主有先醒者，有后醒者，有不醒者。

昔楚庄王与晋人战，大克，归过申侯之邑，申侯进饭，日中而王不食。申侯请罪，王喟然叹曰："非子之罪也。吾闻之曰：'其君贤君也，而又有师者王；其君中君也，而有师者霸；其君下君也，而群臣又莫若者亡。'今我下君也，而群臣又莫若也，吾闻之，世不绝贤，天下有贤，而我独不得，若吾生者，何以食为？"故庄王战服大国，义从诸侯，思得贤佐，日中忘饭，可谓明君矣。此之谓先寤所以存亡，此"先醒"者也。

昔宋昭公出亡至乎境，喟然叹曰："呜呼！吾知所以亡失矣。被服而立，侍御者数百人，无不曰吾君圣者，内外不闻吾过，吾是以至此，吾困宜矣。"于是革心易行，昼学道而昔讲之，二年而美闻，宋人迎而复之，卒为贤君，谥为昭公。既亡矣，而乃寤所以存亡，此"后醒"者也。

昔者虢君骄恣自伐，谄谀亲贵，谏臣诘逐，政治踳乱，国人不服。晋师伐之，虢君出走，至于泽中曰："吾渴而欲饮。"

一般。而贤明的君主勤学好问孜孜不倦,好行于道而不疲厌,清醒得就好像早就明白了治国大道。所以还未达到大治,就知道如何达到。还没有出现政局混乱,就知道致乱的根本原因所在。未安定时,知道如何安定。未危亡时,知道危亡的根本原因。所以能清楚地悟出国家存亡的原因,所以称为'先醒'。譬如大家都喝酒醉倒后他能独自先醒来一样。普通的君主有先觉醒的,有后觉醒的,有不觉醒的。

过去楚庄王与晋人交战,大获全胜,归来时路过申侯的封地,申侯准备了饭食供奉。到了正午,庄王还没有进食。申侯前来请罪。庄王喟然长叹说:'不是你的罪过,我听说过:君如果是贤君,有贤师辅助可以称王;君是中等才能的君主,有贤师辅助可以称霸;君如果是下等君王,而群臣都不如君主,就会灭亡。如今我是个下等的君王,而群臣都是没有超过我的。我听说,每个朝代都会有贤人。天下有贤人,而我偏偏得不到,像我这样活在世上,还吃什么饭啊。'所以说,庄王战胜了大国,诸侯都因其有义而顺从,他却因为渴盼有贤明来辅佐,到日中竟然忘记吃饭,可以称得上是明君了。这是先觉悟到存亡之道,是先醒者。

过去宋后昭公出逃,到边境时,喟然而叹说:'啊呀!我知道为什么会丧失国土了。自从我受命称王以后,侍奉在我身边的数百人,无不说君上圣明,朝堂内外都听不到有人说我的错误,所以到了今天这一步,我今日之困是应该的。'从此洗心易行,白天学道晚上讲学。两年后,他的贤名远近闻之。于是,宋人迎接昭公回国再把他奉为国君,终于成为一位贤良的君主,谥号'昭公'。像宋昭公这样,已经亡国了,能觉悟到存亡的原因,这是后醒者。

从前虢国的君王,骄横放纵,自吹自擂。亲近并加封谄媚阿谀的人,忠心劝谏的臣子被诛杀驱逐,政局一片混乱,国民不顺服。晋国

其御乃进清酒,曰:"吾饥而欲食。"御进腶脯粱糗。虢君喜曰:"何给也?"御曰:"储之久矣。"曰:"何故储之?"对曰:"为君出亡而道饥渴也。"君曰:"子知寡人之亡也?"对曰:"知之。"曰:"知之何以不谏?"对曰:"君好谄谀而恶至言。臣愿谏,恐先亡。"虢君作色而怒。御谢曰:"臣之言过也。"君曰:"吾所以亡者,诚何也?"其御曰:"君不知也,君之所以亡者,以大贤也。"虢君曰:"贤,人之所以存也,乃亡何也?"对曰:"天下之君皆不肖,疾君之独贤也,故亡。"虢君喜笑曰:"嗟!贤故若是苦耶!"遂徒行而逃于山中,饥倦,枕御膝而卧。御以块自代而去,君遂饿死,为禽兽食。此已亡矣,犹不寤所以存亡,此不醒者也。

## 退让

梁大夫有宋就者,为边县令,与楚邻界。梁之边亭,与楚之边亭皆种瓜。梁之边亭,劬力而数灌其瓜,瓜美,楚人窳而希灌其瓜,瓜恶,楚令怒其亭瓜之恶也,楚亭恶梁亭之贤己,因往夜窃搔梁亭之瓜,皆有华焦者矣。宋就令人往窃为楚亭,夜善灌其瓜,其瓜日以美。楚亭怪而察之,则乃梁亭之为也。楚王闻之,悦梁之阴让也,乃谢以重币,而请交于梁王。故梁楚之欢,由宋就始。语曰:"转败而为功,因祸而为福。"老子曰:

出师讨伐，虢君出逃，走到泽中说：'我渴了想要喝水。'为他驾车的人于是奉上清酒。又说：'我饿了想吃东西。'车夫又奉上碎肉脯和干粮。虢君高兴地问：'这是哪里来的？'车夫说：'很早就储备下了。'又问：'为什么要储备这些呢？'回答说：'为君上您出逃路上饥渴准备的。'虢君说：'你知道寡人会逃亡？'回答说：'知道。'继续问到：'知道，为什么不劝谏提醒？'回答说：'君上您喜欢阿谀奉承，讨厌听实话。如果臣喜欢进谏提醒，恐怕早就死了。'虢君脸色大变，勃然而怒。车夫谢罪说：'臣说的言过其实了。'虢君问他：'我会逃亡，到底什么原因？'车夫回答说：'您不知道啊，您之所以逃亡，是因为您太贤明了。'虢君说：'贤明，是可以保全自己的，现在却要逃亡，为什么？'回答说：'因为天下的君王都不肖，就君王您一个人贤明，所以才会逃亡。'虢君开心地笑着说：'唉！因为贤德才这么苦啊。'于是步行逃到山中，又饿又累，枕着车夫的膝盖睡着了。车夫用石头代替自己的膝盖离开了。虢君于是饿死山中，成了禽兽的食物。像虢君这样，已经灭亡，尚且不能觉悟存亡原因的，称之为'不醒'。"

## 退让

梁国的大夫宋就，是边境上一个县的县令，与楚国交界。梁国和楚国的边亭都种了瓜。梁国边亭的守卫，勤劳尽力经常浇灌所种的瓜，于是瓜长得很好。楚国边亭的守卫懒惰，很少浇灌他们的瓜，于是瓜长得不好。楚国的县令训斥边亭的瓜照看得不好，楚国边亭守卫于是怨恨梁国边亭的瓜长得比自己这边好，就在夜里偷偷地去破坏梁亭所种的瓜，导致很多瓜都开裂枯死了。宋就便派人偷偷地去楚亭，晚上仔细地浇灌他们的瓜，于是楚亭的瓜一天比一天长得好。楚亭的长官觉得奇怪而察寻原因，发现原来竟然是梁国边亭的守卫帮

"报怨以德。"此之谓也。

翟王使者之楚，王欲夸之，故飨客于章华之台，上者三休乃至其上。楚王曰："翟国亦有此台乎？"使者对曰："不，翟婴国也，恶见此台。翟王之自为室也，堂高三尺。茨茸弗剪，采椽不刮，然且翟王犹以为作之者大苦，居之者大逸，翟国恶见此台也。"楚王愧焉。

## 官人

王者官人有六等：一曰师，二曰友，三曰大臣，四曰左右，五曰侍御，六曰厮役。智足以为原泉，行足以为表仪，问焉则应，求焉则得，入人之家，足以重人之家，入人之国，足以重人之国者，谓之师。智足以为砻厉，行足以为辅助，明于进贤，敢于退不肖，内相匡正，外相扬美，谓之友。智足以谋国事，行足以为民率，仁足以合上下之欢，国有法则退而守之，君有难则能死之，职之所守，君不以阿私托者，大臣也。修身正行，不怍于乡曲，道路谈说，不怍于朝廷，执戟居前，能举君之失过，不难以死持之者，左右也。不贪于财，不淫于色，事君不敢有二心，君有失过，虽不能正谏，以死持之，愁悴有忧色，不劝听从者，侍御也。柔色伛偻，唯谀之行，唯言之听，以睚眦

他们浇灌。楚王听说后,对梁国的私下让步感到心悦诚服,于是重金酬谢,并请求与梁王建立邦交。所以梁楚两国的友好邦交,由宋就开始。俗话说:转败而为功,因祸而为福。老子说:"报怨以德。"就是指这样的事。

翟王的使者访楚,楚王想炫耀国力,于是在章华台宴请使者。上台的人要休息三次才能登上。楚王说:"翟国也有这样的高台吗?"使者对答:"没建!翟国是穷国,哪里能见到这样的高台!翟王自己的宫室,堂高三尺。用茅草覆盖屋顶都没剪齐,用不好的木头做椽子都没刮皮。即使如此,翟王还认为建造宫室的工匠、百姓太辛苦了,居住在里面的人太安逸了。所以翟国哪里能见到这样的高台!"楚王听后羞愧不已。

## 官人

君王选取人才封任官职分为六等:一是师,二是友,三是大臣,四是左右,五是侍御,六是厮役。智慧高超如源泉无有竭尽,举止行为可以为天下的表率,人有疑问没有他不能回答的,向其求教没有不让人有所得的。他到一个卿大夫的封地,足以使这个封地名重诸侯;他到一个国家,足以使这个国家名重天下。这样的人,称之为"师"。智慧足以和君主进行切磋研讨,行事可以作为君主的辅佐,懂得引荐贤人,敢于摒退不肖。在内能辅助君主匡正错误,于外能辅助君主发扬优点。这样的人,称之为"友"。智慧足以谋划国事,行为足以为百姓的表率,仁义足以让上下和睦融洽。国家的法令制度即使退位后也一样遵行,君王有难则能以死相报。恪尽职守,君上不能以偏私相托。这样的人,称之为"大臣"。修养身心,端正行为,无愧于乡野之下。来往道路,谈论时事,无愧于朝堂之上。在君王身边做

之间事君者,厮役也。故与师为国者帝,与友为国者王,与大臣为国者霸,与左右为国者强,与侍御为国者,若存若亡,与厮役为国者,亡可立而待。

## 大政

闻之,于政也,民无不为本也。国以为本,君以为本,吏以为本。故国以民为安危,君以民为威侮,吏以民为贵贱,此之谓民无不为本也。民无不为命也。国以为命,君以为命,吏以为命。故国以民为存亡,君以民为盲明,吏以民为贤不肖,此之谓民无不为命也。民无不为功也。故国以为功,君以为功,吏以为功,故国以民为兴坏,君以民为强弱,吏以民为能否,此之谓民无不为功也。故夫民者,至贱而不可简也,至愚而不可欺也。故自古而至于今,与民为仇者,有迟有速,而民必胜之矣。道也者,福之本也;祥也者,福之荣也。无道者,必祸之本;不祥者,必失福之荣矣。故行而不缘道者,其言也必不顾义矣。故纣自谓天王也,而桀自谓天子也,已灭之后,民以骂也。以此观之,则位不足以为尊,而号不足以为荣矣。故君子之贵也,士民贵之,故谓之贵;故君子之富也,士民乐之,故谓

执戟官，能纠正君王的过失，以死进谏没有难色。这样的人，称之为"左右"。不贪财好色，侍奉君王没有二心，君王有过失时，虽然不能直言规劝，以死进谏，但因君主不听从规劝而忧伤憔悴、面带愁容。这样的人，称之为"侍御"。屈颜卑膝，和悦柔顺地唯命是从，唯听从君王的言语，以观察君王的脸色侍奉君王。这样的人，称之为"厮役"。与"师"共同治国的君主可以称帝，与"友"共同治国的君主可以称王，与"大臣"共同治国的君主可以称霸，与"左右"共同治国的君主可以强国，与"侍御"共同治国的君主，存亡没有定数，与"厮役"共同治国的君主，灭亡指日可待。

## 大政

我听说，治理国家，无不是以民为根本：国以民为本，君以民为本，官吏以民为本。因为国家是安还是危取决于人民，君王是威严还是轻贱取决于人民，官吏是尊贵还是卑贱取决于人民。这就是说，人民是一切的根本所在。人民是一切的命脉所在。国家以人民为命脉，君主以人民为命脉，官吏以人民为命脉。因为国家由人民来决定存亡，君主由人民来决定是昏君还是明君，官吏由人民来决定是贤良还是不肖。这就是说，人民是一切的命脉。人民是一切功绩的创造者：国家以人民为功，君主以人民为功，官吏以人民为功。国家由人民来决定兴旺或衰败，君王由人民来决定是强国之君还是弱小之君，官吏由人民来决定是有德能还是无德能。这就是所谓无不以人民为功绩。所以人民，虽最低贱却不可以怠慢，最愚昧却不可以欺骗。因此，从古至今，凡与人民敌对的，或快或慢，人民必定会得到胜利。道是福的根本，祥瑞是福报的荣显。不行道义，一定是受祸殃的根源。不吉祥，一定是丧失福禄的表现。行为不依循正道，言语

之富。故君子之贵也，与民以福，故士民贵之；故君子之富也，与民以财，故士民乐之。

君能为善。则吏必能为善矣；吏能为善，则民必能为善矣。故民之不善，吏之罪也，吏之不善，君之过也。呜呼！戒之戒之。故夫士民者，率之以道，然后士民道也；率之以义，然后士民义也；率之以忠，然后士民忠也；率之以信，然后士民信也。故为人君者出其令也，其如声；士民学之，其如响；曲折而从君，其如影。

渚泽有枯水，而国无枯士矣。故有不能求士之君，而无不可得之士。故有不能治民之吏，而无不可治之人。故君明而吏贤矣，吏贤而民治矣，故见其民而知其君矣。故君功见于选士，吏功见于治民。王者有易政而无易国，有易吏而无易民。故因是国也而为安，因是民也而为治。是以汤以桀之乱民为治，武王以纣之北卒为强。

不讲求仁义。所以商纣自称天子,夏桀自称大王,他们灭亡之后,人民还在咒骂。由此看来,有职位不足以值得让人尊贵,名号不足以让人荣耀。所以君子的尊贵,是士民都尊重他,所以是尊贵。君子的富有,是士民都爱敬他,所以是富有。因为君子的尊贵,在于给予人民以福祉,所以士民尊重他。因为君子的富有,在于给予人民以财富,所以士民爱敬他。

君主能够行善,那么官吏就必定能够行善;官吏能够行善,则百姓一定能够行善。所以百姓不善,是官吏之罪;官吏之不善,是君主的过失。啊!对此要警惕而又警惕啊!君主先行道德做士民的表率,然后士民就会依照道德行事;君主先行仁义做士民的表率,然后士民就会按照仁义行事;君主先行忠诚做士民的表率,然后士民就会忠诚于他;君主先行诚信做士民的表率,然后士民就会讲求诚信。所以做君主的,他发出的号令如同响声,士民的效仿就如同回声。士民的种种行为都跟从君主,就像影子追随身体一样。

世上有干涸枯水的沼泽,但没有缺乏贤才的国家。所以只有不能求得贤才的君王,而没有不可求得的贤才。所以只有不能治理好人民的官吏,而不会有治理不好的人民。只要君上圣明,然后官吏就会贤良,官吏贤良进而人民就能治理好了。所以见到这个国家的人民,就知道这个国家的君王是怎样的了。因此,君王的功绩体现在选贤任能上,官吏的功绩体现在治理人民上。治国理政,有政令的变更而不会有国土的更换,有官吏的变更而不会有人民的更换。(所以,只要得到贤才的辅助)国家就能得到安定,人民也就治理好了。所以商汤得到夏桀时的乱民却能治理成良民,武王得到商纣的败兵却能治理成强兵。

## 修政

周武王问鬻子曰:"寡人愿守而必存,攻而必得,战而必胜,则吾为此奈何?"鬻子对曰:"攻守战胜同道,而和与严其备也。故曰:和可以守,而严可以守,严不若和之固也;和可以攻,而严可以攻,严不若和之得也;和可以战,而严可以战,严不若和之胜也。则唯由和而可也。故诸侯发政施令,政平于人者,谓之文政矣。诸侯接士,而使吏礼恭于人者,谓之文礼矣。诸侯听狱断治,刑仁于人者,谓之文诛矣。故三文行于政,立于治,陈于行,其由此守而不存,攻而不得,战而不胜者,自古而至于今,未之尝闻也。今也君王欲守而必存,攻而必得,战而必胜,则唯由此为可也?"武王曰:"受命矣。"

周成王曰:"寡人闻之,圣在上位,使民富且寿云。若夫富则可为也,寿则不在天乎?"鬻子对曰:"圣人在上位,则天下无军兵之事,民不私相杀,则民免于一死,而得一生矣。君积于道,而吏积于德,而民积于用力,故妇人为其所衣,丈夫为其所食,则民无冻饿,则民免于二死,而得二生矣。君积于仁而吏积于爱,而民积于顺,刑罚废矣,而民无大过之诛,则民免于三死,而得三生矣。使民有时,而用之有节,则民无厉疾,则民免于四死,而得四生矣。兴贤良以禁邪恶,贤人必用,不肖人不作,则民得其命矣。故夫富且寿者,圣王之功也。"

## 修政

周武王问鬻子说:"寡人想要守卫就必定能够守得住,进攻就一定能够攻取,作战一定能够胜利,我应该怎么实现呢?"鬻子说:"进攻、守卫、战胜,其实道理都是一样的,用平和或猛厉的方法都能实现。比如说,用平和的方法也可以守,用猛厉的方法也可以守,但是用猛厉比不上用平和守得牢固。用平和的方法可以进攻,用猛厉的方法也可以进攻,但猛厉之得比不上平和之得稳当。平和可以作战,猛厉也可以作战,但猛厉之胜比不上平和之胜。所以只有采用平和之道最为合宜。所以诸侯发布施行政令时,为政平和对人,称之为'文政'。诸侯迎接贤士,而令官吏恭敬礼遇对人,称之为'文礼'。诸侯听理讼狱判决处治,量刑仁慈对人,称之为'文诛'。把这'三文'贯穿在为政、治国、行事的过程中,以此来守卫而没有保住,进攻而没有攻取,作战而没有获胜的,从古至今,从来没听说过。现在,君王您想保卫就能守住,进攻就能攻取,作战就能取胜,只有依此而行才能实现。"武王说:"您让我受教了。"

周成王说:"寡人听说,圣人居王位,可以使人民富足而且长寿。富足是可以做得到的,至于寿禄难道不是上天决定的吗?"鬻子回答说:"圣人居王位,因此天下没有战争,百姓不会私相拼杀,则百姓都免于一死,而得到一次生机。君王积蓄道义,而官吏积蓄德行,百姓就能积蓄民力,所以妇女能织布做衣,男人能耕田种粮,因此百姓没有受冻饿死。这是百姓免去两死,而得两次生机了。君王积累仁义,而官吏积累仁爱,则百姓积累财物,刑罚就可以废弃不用了,所以百姓没有因此受刑早死亡故的,是百姓免去三死,而得到三次生机了。使百姓富有时,用物也尚节俭,所以百姓没有灾疫,这是百姓免于四死,而得四次生机了。推荐贤良而禁绝邪恶,贤人必能当权,不肖

王曰:"受命矣。"

## 立后义

　　殷汤放桀,武王杀纣,此天下之所同闻也。为人臣而放其君,为人下而杀其上,天下之至逆也,而所以长有天下者,以其为天下开利除害,以义继之也。故声名称于天下,而传于后世。以其后世之隐其恶,而扬其德美,立其功烈,而传于久远,故天下皆称圣帝至治,其道之也当矣。

之人不能作乱,则百姓就得以保全性命了。所以说能够富足且有寿禄,都是圣王的治功。"成王说:"您让我受教了。"

## 立后义

殷汤流放夏桀,武王诛杀纣王,这是天下人都知道的。为人臣而流放自己的君王,作为人臣而诛杀自己的君主,这是天下最大逆不道的事情,但是商汤和周武王之所以能够长久地拥有天下,是因为他们为天下兴利除害,并继之以仁义之道。所以他们的声名能在全天下称扬,并且永久地流传于后世。因此后世的人隐讳他们的罪责而赞扬他们的美德,确定他们的功勋业绩,并且使之传扬久远。所以天下都称颂他们是圣明的君主,他们的治理是最好的治理,其治国之道是最适当的。